PLATON
IN DER ABENDLÄNDISCHEN GEISTESGESCHICHTE

PLATON
IN DER ABENDLÄNDISCHEN GEISTESGESCHICHTE

Neue Forschungen zum Platonismus

Herausgegeben von

THEO KOBUSCH und BURKHARD MOJSISCH

WISSENSCHAFTLICHE BUCHGESELLSCHAFT
DARMSTADT

Einbandgestaltung: Neil McBeath, Stuttgart.

Die Deutsche Bibliothek – CIP-Einheitsaufnahme

Platon in der abendländischen Geistesgeschichte:
neue Forschungen zum Platonismus / hrsg. von
Theo Kobusch und Burkhard Mojsisch. –
Darmstadt: Wiss. Buchges., 1997
ISBN 3-534-12956-3

Bestellnummer 12956-3

Gedruckt auf säurefreiem und alterungsbeständigem Offsetpapier
Satz: Setzerei Gutowski, Weiterstadt
Druck und Einband: VDD – Darmstadt
Printed in Germany
Schrift: Linotype Times, 9.5/11

ISBN 3-534-12956-3

INHALT

VORWORT

Die vorliegenden Beiträge sind die überarbeiteten Vorträge, die im Rahmen der Ringvorlesung „Platon in der abendländischen Geistesgeschichte. Neue Forschungen zum Platonismus“ im Sommersemester 1995 an der Ruhr-Universität in Bochum gehalten wurden.

Unser Dank gebührt in erster Linie den Referenten, die durch ihr Engagement zum Gelingen dieser Vorlesungsreihe beigetragen haben. Besonders zu Dank verpflichtet sind wir auch in diesem Falle* der Gerda Henkel Stiftung (Düsseldorf) und der Ruhr-Universität Bochum für ihre großzügige finanzielle Unterstützung. Für Übersetzungsarbeiten danken wir sehr Herrn Dr. Orrin F. Summerell, darüber hinaus Frau Carolin Boßmeyer, Frau Annette Sell, Frau Miriam Strube sowie Frau Hannelore Poole. Herr Dr. Tobias Trappe hat dankenswerterweise wesentlich zur Konzeption und Formulierung der Einleitung beigetragen. Darüber hinaus haben sich er, Herr Dr. Summerell und Herr Thomas Welt um die Publikation dieser Vorträge in vielfältiger Weise Verdienste erworben. Für ihre aufopferungsvolle Arbeit sei ihnen herzlich gedankt.

Bochum, im Mai 1996

Theo Kobusch
Burkhard Mojsisch

* Ein entsprechender Band „Platon. Seine Dialoge in der Sicht neuer Forschungen“ erschien bereits 1996.

EINLEITUNG

„Ich glaube, wir werden am Ende alle sagen: heiliger Plato, vergib! man hat schwer an dir gesündigt.“
(Hölderlin)

Wer Platon zu verstehen sucht, muß wissen, daß es keinen unmittelbaren Zugang zu seinem Werk gibt. Jede Edition, jeder Kommentar, jede Abhandlung zu einem seiner Dialoge ist nicht nur immer ein Spiegel der jeweiligen Zeit, sondern auch durch das, was wir die „Wirkungsgeschichte“ nennen, mitbestimmt. Unser Platonverständnis ist nicht nur zeitgebunden, sondern auch traditionsorientiert. Die Tradition des platonischen Denkens nennt man den Platonismus. Er besteht aus Renaissancen der platonischen Philosophie. Allerdings darf der Begriff der Renaissance nicht im Sinne bloßer Rezeption mißverstanden werden. Obgleich gerade die verschiedenen Renaissancen des platonischen Denkens oftmals lediglich das Bestreben hatten, dem großen Vorbild so nah wie möglich zu kommen, stellen sie in Wirklichkeit eine neue Gestalt des Geistes dar. Um es mit den Worten von E. Cassirer, dem bedeutenden Platonismuskenner, zu sagen: „Die eigentlichen und großen Renaissancen der Weltgeschichte sind immer Triumphe der Spontaneität, nicht der bloßen Rezeptivität gewesen.“ Zweifellos sind die Renaissancen des Platonismus immer auch solche Triumphe der Spontaneität und damit ein wichtiges Movens der Geistesgeschichte gewesen. Es ist daher fruchtbar und angemessen, die gesamte Geistesgeschichte unter dem Vorzeichen der universalen Bedeutung und Präsenz der platonischen Philosophie zu betrachten. Das bekannte, von A. N. Whitehead kolportierte Bonmot unterstellt sogar, daß die Geistesgeschichte überhaupt nichts anderes sei als *„a series of footnotes to Plato“*. Doch scheint dieses *in honorem Platonis* gesagte Wort weder der Bedeutung des Platonismus noch den extraplatonischen Neuansätzen in der Philosophie gerecht werden zu können. Die Geistesgeschichte ist zweifellos ohne das Werk und die Wirkung Platons gar nicht denkbar. Dennoch muß dabei bewußt bleiben, daß es nur eine, wenngleich nicht die unbedeutendste von vielen Geschichten ist, in die die Gegenwart verwickelt ist. Im Sinne dieses deutlichen, obzwar begrenzten Anspruchs, einen möglichen Durchblick durch die Geistesgeschichte zu bieten, sind die hier gesammelten Beiträge zusammengestellt worden. Wie alle Geschichten, die erzählt werden, beschränken sie sich auf das Wichtigste; das sind in diesem Falle die Knotenpunkte der Rezeption des platonischen Denkens. Ein erster Knotenpunkt dieser Art ist der Mittelplatonismus, der im Namen Platons Philosophie treibt, eben dadurch aber eine neue Gestalt des Denkens hervorbringt, die J.M. Dillon historisch und systematisch geordnet darstellt.

Von einem System im strengen Sinne kann bei den Mittelplatonikern noch nicht die Rede sein. Aber bereits Plotin versteht seine eigene Philosophie über das Gute, den Geist und die Seele im Sinne eines geschlossenen Systems. Gleichwohl erhebt er nur den bescheidenen Anspruch, diesem bei Platon noch in verhüllter Form dargebotenen System deutliche Konturen gegeben zu haben. „Diese Lehren sind also nicht neu, nicht erst jetzt, sondern schon längst, wenn auch nicht klar und ausdrücklich gesagt, und unsere jetzigen Lehrsätze sind nur Auslegungen von jenen (= platonischen) und berufen sich für das Alter dieser Lehrmeinungen auf die Schriften Platons selbst als Zeugen" (V 1, 8, 11 ff.). Der Neuplatonismus versteht sich auf diese Weise selbst als die verdeutlichende Systematisierung der bisweilen dunklen Redeweise Platons. Das gilt besonders für die Lehre vom Schlechten, die in der *Politeia,* im *Theaitetos* und im *Timaios* angedeutet ist. D. O'Meara zeigt in seinem Beitrag, daß nach Plotin dem Bösen der Charakter der metaphysischen Notwendigkeit und damit eine konstitutive Rolle im System des Neuplatonismus zukommt, die freilich innerneuplatonisch von Proklos kritisiert wird. Doch von nun an ist das neuplatonische System mit dem Anspruch einer originellen Lösung des Problems des Bösen immer eng verbunden.

Schon zu Plotins Zeiten war das Christentum längst eine Allianz mit dem platonischen Denken eingegangen. In der Tat sind die verschiedenen Formen der Rezeption des platonischen oder mittelplatonischen Denkens der Beachtung wert, besonders insofern sie bei Denkern wie Justin oder Clemens von Alexandrien deutlich zu beobachten sind.[1] Gleichwohl kann man sich mit gutem Grund repräsentativ an drei philosophischen Konzeptionen der ersten christlichen Jahrhunderte orientieren, weil sie Renaissancen des Platonismus im erörterten Sinne darstellen. Die Verbindung zwischen Christentum und Platonismus führt im Osten in der Philosophie des Origenes bzw. Gregors von Nyssa zu einer eigentümlichen Gestalt des Denkens, der im Westen – im Hinblick auf das Verhältnis zu Platon – am ehesten die des Augustinus entspricht. Denn alle drei Autoren erkennen den Platonismus als höchststehende Form der antiken Philosophie und damit als die sachgemäße Voraussetzung der christlichen Philosophie, der *vera philosophia*, an.[2] Wie A. Meredith darlegt, haben Origenes und Gregor von Nyssa – vor dem Hintergrund des platonischen Denkens – durch eine neue Idee der Freiheit

[1] Vgl. dazu Waszink 1965; Wytzes; Meifort; Outler; Dassmann.

[2] Vgl. Kobusch 1987 und 1983; Cherniss 1930; Daniélou.

und Unendlichkeit der christlichen Philosophie eine eigene Prägung verliehen (vgl. Gaith).

Was Origenes und Gregor von Nyssa im Osten für die Transformation des Platonismus bedeuten, das hat im Westen Augustinus geleistet. Insbesondere Platons Grundgedanke von einem Aufstieg der Seele und die Lehre vom „inneren Menschen" werden zu Eckpfeilern der augustinisch geprägten Philosophie. Wie W. Geerlings zeigt, sind drei große Problemkreise der christlichen Lehre, die Frage nach dem Glück bzw. nach dem Bösen, die Prädestinationslehre und die Lehre vom Willen, von Augustinus im Lichte der platonischen Metaphysik behandelt worden.

Um den eigentümlichen Charakter der christlichen Philosophien dieser drei Autoren zu unterstreichen, kann darauf verwiesen werden, daß sie eine je eigene, jahrhundertelang anhaltende Wirkungsgeschichte hatten, die z. T. noch der genaueren Erforschung bedarf.

Während das 3. und 4. Jh. wegen der bedeutsamen Synthesen mit dem Christentum für die Entwicklung des Platonismus generell von Bedeutung sind,[3] reift im 5. Jh. eine Gestalt des Platonismus, dessen Früchte erst sehr viel später im Mittelalter zu erkennen sind. Proklos und Pseudo-Dionysios Areopagites haben dem platonisierenden Denken jene systematische Form gegeben, durch die es das ganze Mittelalter hindurch neben der aristotelischen Philosophie eine alternative Denkrichtung sein konnte.[4] Inhaltlich liegt dies insbesondere auch in jenem spekulativen Gottesbegriff des Einen begründet, den Proklos (neben Damaskios) und Dionysios Areopagites als Auslegung der ersten Hypothese des platonischen *Parmenides* entwickelt haben. W. Beierwaltes macht in seinem Beitrag auf die unterschiedlichen Interpretationen des Begriffs des Einen bei beiden Autoren aufmerksam. Während Proklos das reine Eine als jenes in sich Differenz- und Relationslose jenseits des Seins begreift, das sich aller sprachlichen Festlegung, auch den Negationen entzieht und nicht sich selbst durch die Stufen des Seienden expliziert und differenziert, ist für Dionysios Areopagites das Eine der Inbegriff des Überseins und Seins zugleich. Daher ist es kein Widerspruch, sondern nur eine je verschiedene Betrachtungsart, dem Einen einerseits den Charakter der absoluten Transzendenz und Unaussprechlichkeit, andererseits die Fähigkeit zur Entfaltung in der Vielheit zuzuerkennen. Von dieser Grunddifferenz in der Spekulation über das Eine ist auch das verschiedene Verständnis des Begriffs der göttlichen Liebe – der neuplatonischen und der christlichen – bedingt.

[3] Vgl. z. B. auch Pinault; Ricken.

[4] Zur Wirkung des Proklos im Mittelalter vgl. bes. Bos/Meijer (Hrsg.) sowie Boss/Seel (Hrsg.). Zur Wirkungsgeschichte des Dionysios Areopagites siehe den Kurzüberblick bei Kobusch 1995, 96 f. mit weiterer Literatur.

Im Mittelalter war diese durch Proklos bzw. Dionysios Areopagites geprägte Form des Platonismus am einflußreichsten. Oftmals durch den *„Liber de causis"* vermittelt, dessen Abhängigkeit von der proklischen Vorlage im Mittelalter durchaus schon erkannt wurde, erscheint sie bei Denkern wie Albert dem Großen, Ulrich von Straßburg, Dietrich von Freiberg, Meister Eckhart oder Berthold von Moosburg. Der durch Proklos und Dionysios vermittelte Platonismus hat auf diese Weise der Philosophie von der zweiten Hälfte des 13. bis um die Mitte des 14. Jh. besonders in Deutschland ein eigenes Gepräge gegeben.[5]

Doch gibt es im Mittelalter durchaus noch andere typische Gestalten des Platonismus. Zunächst erscheint auch die karolingische Renaissance und besonders die Philosophie Eriugenas als eine solche. Es kann mit gutem Grund angenommen werden, daß Eriugena Platons Dialoge selbst gar nicht kannte. Seine Philosophie wie auch das Denken Alkuins und Hrabanus' Maurus verrät vielmehr den Einfluß des Neuplatonismus, gerade auch in seiner christlichen Form bei Gregor von Nyssa, Marius Victorinus oder Dionysios Areopagites.[6] Aus diesem Grunde ist die karolingische Renaissance in diesem Band nicht eigens berücksichtigt worden. Neben der neuplatonischen Spekulation über das Eine, die sich selbst als Auslegung der platonischen Dialoge *Parmenides* und *Sophistes* und somit – da in Athen und Alexandrien beide Dialoge als die platonische Form der Metaphysik galten – als die platonische Form der aristotelischen Metaphysik (= Ontologie und Theologie) verstand, gab es besonders im 12. Jh. eine weitverbreitete, ganz anders geartete Interpretation Platons, die sich vor allem an dem Dialog *Timaios* orientierte. Sie verdankt sich einem neuen Interesse an der Natur und naturphilosophischen Fragestellungen sowie der damit verbundenen Wiederentdeckung des *Timaios,* der seit Boethius' Tod für Jahrhunderte fast vergessen war.[7] Vor dem Hintergrund dieser allgemeinen naturphilosophischen Einstellung erscheint – wie der Beitrag von J. Marenbon deutlich macht – die Interpretation des *Timaios* durch Abaelard und seinen Schüler Johannes von Salisbury in ihrer Eigentümlichkeit. Denn die beiden Autoren beziehen sich vorrangig aus einem theologischen und ideenphilosophischen Interesse auf den platonischen Dialog, in dem sie die christliche Trinitätslehre und zum Teil auch eine Theorie vom intelligiblen Sein entdeckten. Ganz neu sind in diesem Zusammenhang die Hinweise J. Marenbons auf eine anonyme Abhandlung aus dem 12. Jh. über Gott, die Engel und den Menschen mit dem

[5] Vgl. Imbach; Pagnoni-Sturlese; Mojsisch 1983; de Libera 1984; Flasch 1986; Ruh 1986; Sturlese 1990 sowie 1996.

[6] Vgl. dazu Beierwaltes 1983 sowie 1990; Moran.

[7] Vgl. Gregory (1955); *The Glosae super Platonem of Bernard of Chartres* 1–8; Speer 85–92.

Incipit *„Archiformis theologia"*, die unter anderem das klassische Problem erörtert, wie die Vielheit der Ideen im Geiste Gottes mit seiner Einfachheit zu vereinbaren sei. Gerade das Thema der platonischen Ideenlehre war es, das auch im 13. Jh., in den dreißiger Jahren, besonders von Richard Rufus von Cornwall aufgenommen und weitervermittelt wurde (vgl. dazu bes. Wood).

Man könnte versucht sein anzunehmen, daß das platonische Denken nach dem Aufkommen des Aristotelismus im 13. Jh. im Mittelalter vergessen worden sei. C. Steel zeigt, daß dieser mögliche erste Eindruck täuscht, dies nicht nur insofern, als Platon auch in der Zeit der eifrigsten Aristotelesrezeption – durch verschiedene Vermittler – stets präsent war, so daß z. B. auch Heinrich von Gent oder Johannes Duns Scotus in der Renaissancezeit als Platoniker bezeichnet wurden,[8] sondern vor allem auch deswegen, weil das platonische Denken um die Wende vom 13. zum 14. Jh. durch die Philosophie des Heinrich Bate von Mechelen eine neue Blüte erlebte. Bemerkenswert bei diesem Rezeptionsvorgang ist, daß Heinrich Bate zwar die alte, neuplatonische, von Porphyrios erstmals in einer eigenen Schrift dargelegte These von der „Harmonie" der platonischen und aristotelischen Philosophie vertritt, zum ersten Mal aber auch schon ein waches Bewußtsein für den eigenen Charakter der platonischen Dialoge, soweit sie ihm übersetzt vorlagen (*Timaios, Menon, Phaidon*), gegenüber neuplatonischen Interpretationen zeigt.

Gerade durch die Favorisierung des platonischen Denkens gegenüber dem aristotelischen scheint Heinrich Bate schon auf die italienische Renaissance vorauszuweisen. Petrarca hält man im allgemeinen für den ersten Autor, der ein neues Verhältnis gegenüber Platon zum Ausdruck gebracht habe. Tatsächlich nennt er in seiner 1367 erschienenen Schrift *De sui ipsius et multorum ignorantia* Platon den Fürsten der Philosophie, dem alle Weisen – von Cicero, Vergil über Ambrosius und Augustinus – den Vorzug vor Aristoteles gegeben hätten. Er beklagt die Unkenntnis seiner Gegner im Hinblick auf die platonische Philosophie und bemerkt: „Ich habe sechzehn oder mehr von Platons Büchern zu Hause, von denen ich nicht weiß, ob sie (= die Gegner) je ihren Namen gehört haben." Bestätigt wird das durch Boccaccio, der nach dem Tode Petrarcas berichtet, er habe die Werke Platons im Hause Petrarcas gesehen. Man hat diese Bemerkung Petrarcas als den Beginn einer neuen Epoche im europäischen Platonismus bezeichnet. „Zum ersten Mal hören wir von einer griechischen Handschrift Platons im Westen. Petrarcas Handschrift war lange für verloren gehalten worden, ist aber neuerdings mit großer Wahrscheinlichkeit als die berühmteste aller Handschriften Platons identifiziert worden" (Tigerstedt 1974, 15). Gleichwohl hatte Petrarca of-

[8] Vgl. Klibansky 1939, 35, 47; Purnell.

fenbar keine näheren Kenntnisse der platonischen Philosophie, so daß – wie ein Interpret sagt – Petrarcas Platonismus nur ein frommer Wunsch ist, der erst im 15. Jh. erfüllt wird[9] – in Deutschland repräsentativ durch Nikolaus von Kues. Wie B. Mojsisch darlegt, werden in der Philosophie des Cusaners ursprünglich platonische Elemente mit typisch neuplatonischen zu einem Ganzen gestaltet. Dabei hat die Theorie von der übergegensätzlichen Einheit, deren Entwicklung in den Werken nachgewiesen wird, den Rang eines Leitmotivs, dem der Cusaner bis in die späten Schriften gefolgt ist. Der Cusaner hat jedoch nicht nur durch dieses wichtige Leitmotiv eine neue Tradition philosophischen Denkens begründet, sondern auch die frühe Naturwissenschaft beeinflußt. Bei Nikolaus Kopernikus, der eine direkte Kenntnis cusanischer Schriften besaß, begegnen zahlreiche platonische Motive, ebenso wie bei J. Kepler oder G. Galilei, wenngleich bei letzterem eher in methodologischer als in inhaltlicher Form.[10] In Italien wird der Platonismus zu einer Bewegung. Programmatisch greift in der ersten Hälfte des 15. Jh. Gemistos Plethon das neuplatonische Thema der Harmonisierung der platonischen und aristotelischen Philosophie auf, das auch Giovanni Pico della Mirandola bewegt. E.P. Mahoney ordnet die Metaphysik, Erkenntnistheorie und politische Philosophie des Marsilio Ficino, des Hauptrepräsentanten der italienischen Renaissance, in diese neue Gesamtbewegung ein, wobei der Hierarchiegedanke und die Theorie der angeborenen Ideen am meisten den platonischen Hintergrund verraten.

Ficinos Aufruf, sich wieder dem platonischen Denken, den Schriften des Hermes, Plotins und anderer Neuplatoniker zuzuwenden, wurde in Europa überall gehört. Im weiteren Verlauf dieser Bewegung der von Italien ausgehenden Renaissance des Platonismus wurde im 16. Jh. Frankreich mehr und mehr das Zentrum des platonischen Fiebers. Mag bei Faber Stapulensis in den einzelnen Phasen seines Gelehrtenlebens noch deutliche Distanz zu Platon spürbar sein, so kommt es jedenfalls bei Bovillus, bei Symphorien Champier und im Kreis um Margarethe von Navarra zu einer Wiederbelebung ursprünglich platonischer Gedanken in enger Verbindung mit mittel-, neuplatonischem und mystischem Gedankengut.[11] Für diese Form mystischer Theosophie muß Platon oft seinen Namen neben Figuren wie Hermes, Moses, Zoroaster, Orpheus und Pythagoras als Garant für das Alter der Wahrheit leihen.[12] Ficinos Aufruf zu einer neuen Beschäftigung mit Platons

[9] Vgl. Garin 1966, 250.

[10] Vgl. dazu Klibansky 1953; Fleckenstein; Cassirer 1946; Koyré; Girill; Blumenberg; Detel.

[11] Die Zusammenhänge zwischen der italienischen und französischen Platonrenaissance sind gut dargestellt bei Mönch.

[12] Vgl. dazu bes. Walker; Schmitt.

Werken wurde noch zweihundert Jahre später deutlich vernommen. Unter denen, die im 17. Jh. dieser Aufforderung nachkommen, nimmt der Kreis der Cambridger Platoniker einen hervorragenden Rang ein (vgl. Jayne). G. A. J. Rogers, dessen Darstellungen über die Oxford und die Cambridge Platonists in Deutschland schon bekannt geworden sind (vgl. Rogers 1988), zeigt in seinem Beitrag auf, daß der Platonismus in Cambridge wirklich eine neue Gestalt erhalten hat, in die das „neue Wissen", d. h. das Wissen der Naturwissenschaften, z. T. (vgl. Mores Rezeption R. Boyles) schon selbst eingegangen ist, so daß durch diese Verbindung auch eine prinzipielle Öffnung des Platonismus gegenüber den Naturwissenschaften möglich wurde.

Es ist nicht so, daß die Cambridger Platoniker im 17. Jh. in Europa die einzigen gewesen wären, die die Priorität der platonischen Denkweise herausgestellt hätten. Nicht nur weil der Graf von Shaftesbury (1671–1713), dessen „Platonismus" eigener Darstellungen wert ist,[13] sich dieser Grundhaltung der Cambridger angeschlossen hat, muß das betont werden. Im Zeitalter der Aufklärung, das auf den ersten Blick eher ein Zeitalter des Sokrates zu sein scheint (vgl. B. Böhm), gibt es durchaus auch andere Renaissancen des platonischen Denkens, sei es, daß sie im Dienste des Christentums stehen, sei es, daß sie unabhängig von ihm erscheinen (vgl. Vieillard-Baron 1979). Auch bei Leibniz, z. T. bei Spinoza wie auch bei Malebranche gibt es schon eine Renaissance platonischer Philosophie, ehe sie entweder – wie in Moses Mendelssohns *Phädon oder Über die Unsterblichkeit der Seele* (1767) – nur teilweise im Gewande rationalistischer Philosophie erscheint oder als Gegenstand einer breiten und umfassenden Beschäftigung im 18. Jh. auf philosophischer, philologischer und poetischer Ebene fungiert.[14] Allerdings muß man im Hinblick auf diese Autoren immer fragen, ob es sich wirklich um eine Erneuerung des platonischen Denkens handelt oder ob sich hier nicht ein jahrhundertelang verzweigter Neuplatonismus ausgewirkt hat.[15]

Diese Frage kann auch im Hinblick auf Hemsterhuis' Philosophie gestellt werden, die eine neue Entwicklung im Platonverständnis einleitet. M. F. Fresco zeigt in seinem Beitrag, daß Hemsterhuis' Seelen- und Liebeslehre sowie seine Dialogtheorie platonische Elemente enthalten, die er direkt aus den platonischen Dialogen entnommen hat. Bei näherem Hinsehen ist Hemsterhuis' Platon-Verständnis auch als der Beginn einer neuen Entwicklung anzusehen. Jede Platonrenaissance größeren Ausmaßes hatte einen oder mehrere bestimmte Dialoge von derselben Art zum eigentlichen Fundament ihrer Auslegung gemacht. So hatte die neuplatonische Interpretation den

13 Vgl. Cassirer 1932b; Hager 1993; Albert.

14 Vgl. dazu Brunschvicg; Gebhardt; Rotta; Wundt 1941; Blum 981.

15 Vgl. Schrecker; Belaval; Kranz; Mates; Moreau; Brunschvicg; Clark; Gebhardt; Vieillard-Baron 1979; Rotta.

Parmenides und den *Sophistes* als die Dialoge, die die platonische Metaphysik enthalten, in den Vordergrund gerückt; das 12. Jh. hatte sich am *Timaios* orientiert. Die Innovation der Hemsterhuisschen Interpretation besteht darin, daß das substantielle philosophische Interesse dem Problem der Liebe, somit unter den platonischen Dialogen dem *Symposion* und dem *Phaidros* gilt. Obwohl es freilich schon neuplatonische *Phaidros*-Interpretationen und in der Renaissance bzw. im Kreis um Margarethe von Navarra ein erhebliches Interesse am Liebesbegriff des *Symposion* gegeben hat,[16] wird jetzt, bei Hemsterhuis, aber auch bei anderen Autoren des 18. Jh., z. B. bei Lavater und Eberhard,[17] der Liebesbegriff in das Zentrum der Philosophie gestellt, und *Symposion* und *Phaidros* werden für die wichtigsten Dialoge gehalten – und nicht wenige sind es, darunter auch F. Schlegel und F. Schleiermacher, die ihm in der Meinung über die überragende Bedeutung des *Symposion* und *Phaidros* gefolgt sind.[18] Auch Winckelmann hatte, angeregt durch die Lektüre der Schriften Shaftesburys, der allgemeinen *Phaidros*-Begeisterung Vorschub geleistet, indem er dieses „göttliche Gespräch" nachzuahmen suchte (vgl. dazu Rehm 33f.). Hemsterhuis' Gedanken fanden vor allem auch durch den berühmten Kreis um die Fürstin Amalie von Gallitzin Verbreitung. Beide, die Fürstin und der niederländische Philosoph, hatten 1785 auch Goethe in Weimar besucht. Goethe hatte sich schon längst mit den Grundgedanken der platonischen Philosophie vertraut gemacht. Elemente platonischer Philosophie sind denn auch bis in die Spätzeit in seinem Werk erkennbar, darunter auch eine positive Rezeption der Gedanken der platonischen *Politeia*. Das ist hervorzuheben, weil etwa zur gleichen Zeit in der 1800–1802 erschienenen endgültigen Ausgabe des Romanfragments *Aristipp und einige seiner Zeitgenossen* von Christoph Martin Wieland die platonische Philosophie (gerade die der *Politeia*), nachdem sie in früheren Werken durchaus positiv bewertet worden war, einer herben Kritik unterzogen wird. Goethes positive Rezeption platonischer Gedanken ist weit gestreut, so daß durchaus von einem Platonismus des Dichters gesprochen werden könnte, wenn dadurch nicht die zugleich bestehenden Unterschiede beider Konzeptionen verwischt zu werden drohten.[19] Das Jahr 1785 ist aus einem anderen Grund für die Platonrezeption von entscheidender Bedeutung: Jean Paul hatte in diesem Jahr sein „Platon-Erlebnis", angeregt

[16] Vgl. Bielmeier sowie die Einleitung von R. Marcel in dem von ihm herausgegebenen Kommentar zum platonischen *Symposion* von Ficino 11–131. Vgl. auch Shorey 148.

[17] Dazu vgl. Kluckhohn und Vieillard-Baron 1979.

[18] Vgl. auch Zurlinden und Schlagdenhauffen 258f.

[19] Zu Goethes Platonismus vgl. Liebert; Reuther; Stöcklein. Auf Gemeinsames und Unterschiedliches weist am besten hin: Cassirer 1995.

durch die *Politeia*-Lektüre, das sein Denken zeit seines Lebens bestimmen sollte (vgl. dazu Kiermeier). Von der Hemsterhuisschen Orientierung am Liebesgedanken Platons wurde aber auch Hölderlin inspiriert; in seinem berühmten, mit zahlreichen Platon-Reminiszenzen versehenen Briefroman *Hyperion* gab er der Geliebten den Namen „Diotima" mit dem Wissen, daß Hemsterhuis die Fürstin von Gallitzin so genannt hatte. Darüber hinaus hatte sich Hölderlin im Jahre 1794 noch mit dem Gedanken getragen, einen Aufsatz über ästhetische Ideen zu verfassen, der „als ein Kommentar über den Phädrus des Plato" gelten kann.[20]

Noch deutlicher ist der Einfluß Platons bei F. H. Jacobi greifbar, der nicht nur zum engen Kreis der Fürstin Gallitzin gehörte, sondern sich auch selbst als Platoniker bezeichnete. Das Hemsterhuissche Leitmotiv des Liebesbegriffs steht auch hier im Vordergrund, und damit rückt das platonische *Symposion* ins Zentrum des philosophischen Interesses. K. Hammacher zeigt, daß das platonische Element in der Jacobischen Lehre von der Liebe als einer dialektischen Bewegung von Begehren und Selbstlosigkeit nur dann erkannt werden kann, wenn der generelle Einfluß der Metaphysik Platons beachtet wird. Es ist genau dieser von K. Hammacher nachgewiesene universale Einfluß Platons, der uns berechtigt, von Jacobi als einem Platoniker zu sprechen.

Schließlich muß in diese von Hemsterhuis initiierte Platon-Bewegung auch die Romantik und insbesondere F. Schlegel einbezogen werden, der – im Unterschied zur von Plotin und Hemsterhuis angeregten Philosophie des Novalis – auf die platonischen Dialoge selbst zurückgreift und mit seinem Freund F. Schleiermacher um die Jahrhundertwende den „Coup" unternimmt, sie ins Deutsche zu übersetzen. Das eigentliche Movens für dieses philologische Mammutunternehmen war aber ein systematisches Interesse an dem dialogischen Charakter der Werke Platons. Wie Th. Kobusch darlegt, lassen sich jedoch bei den beiden Freunden Unterschiede hinsichtlich des systematischen Stellenwertes der Dialogizität der philosophischen Aussage ausmachen, die noch deutlicher werden, wenn auch Solgers Dialogtheorie berücksichtigt wird. Alle drei Autoren geben der Platon-Interpretation einen neuen Akzent, der sich bis heute auswirkt. Begleitet wird dieses neue Platon-Verständnis von der denkbar schärfsten Kritik aus dem Munde eines Großen, nämlich Hegels. Richtet sich seine Kritik auch vornehmlich gegen Schlegels Ironie-Begriff, so ist in Wirklichkeit – das zeigt z. B. auch seine Rezension der Solgerschen Schriften – das gesamte dialogische Platon-Verständnis von dieser Kritik mitbetroffen. Denn hier kommt – nach Hegel – nicht mehr zum Ausdruck, daß Platon der Begründer der wahren spekulativen Dialektik ist, nach der das Absolute als die höhere Einheit des Entgegengesetzten zu verstehen ist.

[20] Vgl. Hölderlin 830 (Brief an Neuffer vom 10. Okt. 1794).

J. Halfwassen macht deutlich, daß Hegel genau deswegen auf den platonischen *Parmenides* verstärkt rekurriert, weil er hier seine Lehre von der wahren Dialektik vorweggenommen sieht. Daß jedoch von Schelling wie von Hegel auch der *Timaios* mit in den Dienst der idealistischen Metaphysik gestellt wird, ist – obwohl schon in der spätantiken Platon-Auslegung beide Dialoge nebeneinander als die „vollkommenen" bezeichnet werden – durchaus bemerkenswert, gerade wenn man an die naturphilosophische Auslegung des *Timaios* im Mittelalter denkt. Eine solche Anlehnung an Platon gerade in der Naturphilosophie ist prominent von jenem Autor als Mißgriff gebrandmarkt worden, der mit seiner an Parmenides anknüpfenden Metaphysik des schlechthin relationslosen, reinen Seins als einer der großen zeitgenössischen Gegenspieler insbesondere Fichtes[21] betrachtet werden kann: von J. Fr. Herbart. Die vor allem durch A. Boeckh 1808 heftig kritisierte Interpretation der platonischen Ideen als absoluter Qualitäten, wie Herbart (und ihm folgend: Strümpell) sie seit 1805 vertrat, richtete sich dabei vehement gegen die etwa durch den Kantianer W. G. Tennemann vertretene theologisierende Deutung der Ideen im Sinne göttlicher Gedanken.[22] Gegen eine solche auf den Mittelplatonismus zurückgehende Auslegung der Idee, wie sie sich – vermittelt durch Brucker – auch bei Kant[23] findet, aber auch gegen deren Fassung als Begriff durch Herbart wandte sich wiederum Schopenhauer (HN I, n. 124a [1814] 131). Sein Rückgang auf die für eigentlich platonisch gehaltene Bedeutung der Idee als „Objektivationsstufe des Willens" dient dem Nachweis der tieferen Identität des platonischen und kantischen Systems,[24] deren strikte Trennung zuvor von J. Fr. Fries[25] behauptet worden war. Die Übereinstimmung von Platon und Kant findet Schopenhauer nicht im Gedanken des Apriori begründet – hier sind vielmehr in seinen Augen beide Lehren einander diametral entgegengesetzt –, sondern in der engen – nach Herbart 1820, 63 jedoch unechten – Verwandtschaft des kantischen „Ding an sich" mit der platonischen Idee, die Schopenhauer in seiner Metaphysik des Schönen als das Objekt der Kunst zu bestimmen sucht (vgl. Zint).

[21] Zu Fichte und Platon vgl. Becher; Wundt 1929, 343–368; Zehnpfennig; vgl. auch Baumgartner.

[22] Vgl. Herbart 1837, §§ 143–147, S. 249–268; vgl. auch 1807 sowie 1808. Zur Kontroverse um Platos Ideenlehre bei Kant, Hegel und Herbart vgl. Bachmann. Zu Herbarts und Platos Ideenlehre in der Ethik bzw. Pädagogik vgl. A. Böhm 1915 und 1916; Klaschka; Vorsmann.

[23] I. Kant: KrV A312ff./B368ff.; Von einem neuerdings erhobenen vornehmen Ton in der Philosophie A 391ff.

[24] HN I, n. 125a (1814) 132; vgl. auch 1859, § 31.

[25] So Fries 1824, 299–316 (im Anschluß an die oben genannte Abhandlung Kants über den vornehmen Ton in der Philosophie), während Schopenhauer sich vor allem gegen Buhle, Meiners oder Bouterwerk wendet.

Mit der nach Hegels Tod einsetzenden Krise der spekulativen Metaphysik verschob sich zwangsläufig auch – sieht man einmal von Kierkegaards Verehrung für Sokrates ab[26] – die Rezeption Platons in das Gebiet der Historie,[27] so daß der Platonismus nun auch zu einer philosophiegeschichtlichen Kategorie avancieren konnte.[28] Solchen historischen Abhandlungen traten zunehmend auch theologisch-religionsphilosophisch orientierte Untersuchungen zur Seite, die das Verhältnis von Platonismus und Christentum beleuchteten,[29] also jene Debatte um die „Hellenisierung des Christentums" (vgl. Hübner) einleiteten, die vor allem seit A. Ritschl und A. v. Harnack heftig geführt wurde.[30]

Die im Zusammenhang mit solchen historischen, z. T. auch philologischen Forschungen gewonnenen Einsichten auch in die Chronologie der platonischen Schriften[31] können als Vorbereitung für das gewertet werden, was W. Jaeger den „Wandel des Platonbildes im neunzehnten Jahrhundert" genannt hat. Daß dieser Wandel sowohl eine Abkehr von Aristoteles, den Trendelenburg[32] vor dem Hintergrund seiner Hegelkritik systematisch wie historisch neu erschlossen hatte, als auch eine „Wende zu Platon" einschloß, lag vor allem an der Aneignung der platonischen Philosophie durch den (primär:

[26] Auch Kierkegaards Sokrates-Platon-Rezeption konnte hier nicht weiter aufgearbeitet werden; vgl. neben der Arbeit von Thulstrup auch Cooper; d'Agostino.

[27] Bonitz; Siebeck 1873 und 1896; Thilo 1876, 93–137, sowie 1883, 1893 a/b; Ueberweg; dazu Steinhart; Brandis 1835 und 1862; H. Ritter; Braniss 1842, bes. 161–182; sowie vor allem der Ritter-Schüler von Stein. Zu nennen sind ferner Ast; Köstlin; Hanusch; Marbach I 194–233; Prantl; Schwegler; Weiße; Zeller 1839 und 1876 (dazu Teichmüller 1876 sowie Krohn). Vgl. auch die Arbeiten von C. E. Chr. Schneider; Fries 1823 sowie 1837, 375 ff.; Trendelenburg 1826 (vgl. auch 1837); und Braniss 1830 zum Problem der 'Zahl' bei Platon (mit Bezug auf *Pol.* VIII 546). Für die Ästhetik ist einschlägig im Ausgang vor allem von Solger, Schleiermacher und Hegel der Herbart-Schüler Zimmermann bes. 1–54; aus der Schule Hegels vgl. etwa Ruge; Fischer; Schasler. Eine Rehabilitierung der platonischen Ästhetik gegenüber der aristotelischen und damit eine implizite Kritik an den entsprechenden Arbeiten von Teichmüller, Reinkens oder Döring versucht Walter. Bereits 1874 spürt Teuffel das Bedürfnis zu einer *Übersicht der platonischen Literatur.*

[28] Vgl. etwa Laas; Liebmann 297 ff.; Kronenberg.

[29] Ackermann; Baur; D. Becker; Bratuscheck 1873; Lasaulx 99–122; Michelis.

[30] Forschungsbericht zu dieser in den letzten Jahren durch die Untersuchungen von Armstrong/Markus; Armstrong 1979; Dörrie 1976; Ivánka; Meijering 1971 sowie 1974; und Waszink 1957 sowie 1965 repräsentierten Debatte um „Platonismus und Christentum" bei A. M. Ritter 1984.

[31] K. Fr. Hermann; Lutoslawski; vgl. die Übersicht bei Zeller 1889, 502 ff.

[32] Trendelenburgs Rückgang auf Aristoteles kann freilich in *seinem* Sinne durchaus auch als „Platonismus" bezeichnet werden (1847, 13 f.), sofern dieser zusammenfällt mit der sog. „organischen Weltansicht" (25 ff.)

Marburger) Neukantianismus,[33] wie sie H. Holzhey vor allem mit Blick auf H. Cohen, P. Natorp und E. Lask in seinem Beitrag beschreibt. Sie kann – bei aller Divergenz bereits im erkenntnistheoretischen Ansatz – als eine Wiederaufnahme des auf Schopenhauer zurückgehenden Motivs einer Identität des platonischen und kantischen Systems gewertet werden – ein Gedanke, der parallel dazu auch in solchen Studien erforscht wurde, die sich der Frage „Kant und Plato“ mit mehr oder weniger starkem Einsatz historisch-philologischer Mittel zu nähern versuchten.[34]

Wenn der von Cohen und Natorp entwickelte 'Idealismus' nach der provozierenden These Holzheys weniger auf Kant als vielmehr auf Platon zurückgeht, dann ist gut verständlich, daß sich der Neukantianismus mit der Phänomenologie gerade in diesem Punkte eines (durch Lotze vermittelten[35]) Platonismus verbunden wußte.[36] Der vieldiskutierte[37] Platonismus in der Phänomenologie Husserls ist überdies dadurch gekennzeichnet, daß er in engem Zusammenhang steht mit der schwelenden Kontroverse über die Grundlagen der Mathematik, in der sich platonistische und konstruktivistische Auffassungen „mathematischer Existenz“ (O. Becker, bes. 686 ff.) gegenüberstehen.[38] Eine solche vermittelnde Funktion Platons läßt sich nicht nur für die Frage nach der Idealität des Logischen aufweisen; Natorp hat vielmehr später (1912, 288 f.; 326; 1917/18, 40 ff., bes. 44) bei seiner Neuentdeckung des *Sophistes* gerade die darin formulierte Einsicht in die „Kinesis der Eide“ gegenüber Husserl (und Lipps) geltend machen können und dadurch der transzendentalen Phänomenologie mit dem Problem der „Genesis“ eine Aufgabe gestellt, die im Werke des Husserl-Schülers W. Schapp schließlich *Das Ende des phänomenologischen Platonismus* (Lübbe) einläuten sollte.

[33] Köhnke 408; vgl. 527. Daß „der Marburger Plato und die Marburger Feindschaft gegen Aristoteles von vielen Neukantianern durchaus nicht angenommen“ wurde, hat schon Marck 20 betont.

[34] Heidemann; Hemann; Valentiner; Wundt 1924; Wichmann; Heyse; Mollowitz; Heimsoeth.

[35] Vgl. 1913, 128 ff.; ferner Hua. XXII, 156 f.; Hua. XVIII, 229; Hua. XVII, 271; Hua.-Dok. III/6, 460.

[36] Natorp 1901, 12 f.; vgl. auch Husserls Bemerkung in Hua.-Dok. III/5, 137. Einen anderen, das Problem der Rhetorik und ihrer Kritik betreffenden Aspekt in den Beziehungen zwischen der Phänomenologie Husserls (auch Heideggers) und Platon analysiert Niehues-Pröbsting.

[37] Spuren dieser Diskussion, die sich vor allem an der Nominalismuskritik der *Logischen Untersuchungen* entzündete, lassen sich bis in Husserls Spätwerk verfolgen; vgl. Hua. III/1, 47; Hua. XXVII, 129, 131; zu Husserls „phänomenologischem Platonismus“ vgl. auch Hua.-Dok. III/6, 427.

[38] Dazu Schmit; Trappe.

Ganz anderer Natur sind die phänomenologisch-hermeneutischen Interpretationen der platonischen Philosophie, wie sie bei Heidegger[39] und Gadamer vorliegen. O. Pöggeler untersucht beide Ansätze und zeigt, wie ihr „Streit um Platon" letztlich eine Auseinandersetzung um das das zeitgenössische Denken mit-bestimmende Problem der Technik darstellt.

Daß damit der Einfluß Platons und platonistischen Gedankengutes für die Gegenwart erschöpfend dargestellt wäre, kann und sollte auch gar nicht behauptet werden. Schon die weitere Entwicklung der Phänomenologie hätte Gelegenheit genug geboten, den vorliegenden Band zu erweitern. Das gilt etwa für die Heidegger-kritisch ansetzenden Überlegungen des französischen Philosophen E. Lévinas, die im ausdrücklichen Ausgang von der ersten Hypothese des *Parmenides* nach einem „Guten jenseits des Seins" fragen.[40] Zu nennen wären hier auch die durch Nietzsches „Sokratismus"[41] sowie durch die Lebensphilosophie beeinflußte Platonrezeption des George-Kreises[42] oder all jene Ansätze, die neuplatonisches Gedankengut zum Teil auch religionsphilosophisch fruchtbar machen (so Bergson,[43] Jaspers[44]). Kurzum: In vielfacher Weise ist das platonische Denken im 20. Jh. repräsentiert. Noch öfter sind wir mit ihm verbunden gerade da, wo die verzweigte Wirkungsgeschichte des platonischen Denkens *nicht* zur Sprache kommt, wo wir aber in sie „verstrickt" sind, ohne diese Verstrickung zu durchschauen.[45]

Die Herausgeber

[39] Das schließt nicht aus, daß Nachwirkungen der an Husserls Begriff der kategorialen Anschauung anknüpfenden Debatte um die richtige Fassung des Apriori und damit um den Sinn des Platonismus auch bei Heidegger nachweisbar sind; vgl. GW20 [SS 1925] 63–103, bes. 102.

[40] Vgl. Lévinas 1947, 12, 19; 1949, 171, 189f., 197; 1978; zur platonisch-neuplatonischen Rede vom 'Einen' und 'Anderen' vgl. 1983.

[41] Vgl. Hildebrandt 1922; Kaufmann; vgl. auch Emge.

[42] Vgl. neben der von Hildebrandt besorgten Ausgabe des platonischen *Symposion* auch Friedemann; Salin; Landsberg; Hildebrandt 1933; Singer. Dazu Brecht 1929.

[43] Dazu Bréhier; Foubert; Giroux; Mossé-Bastide; und Peirara Rodriguez.

[44] Dazu Holl; Michaelides.

[45] Dazu jetzt auch Baldwin/Hutton.

John M. Dillon

DIE ENTWICKLUNG DES MITTELPLATONISMUS*

I. Das platonische Erbe[1]

A. Einleitung

Mit seinem Tode 347 v. Chr. hinterließ Platon seinen Nachfolgern weniger ein völlig abgerundetes und kohärentes philosophisches System als vielmehr eine Fülle höchst fruchtbarer und provokativer Probleme. Sicherlich gab es bestimmte Lehren, die man als platonische identifizieren kann, z. B. die Theorie der Formen oder die Lehre der (Drei-)Teilung der Seele, aber selbst diese erscheinen bei näherer Betrachtung als fließend und nicht abgeschlossen. Sogar die berüchtigte „ungeschriebene Lehre" Platons mit dem Zwei-Prinzipien-System des Einen und der unendlichen Dyas ist eher als Arbeitshypothese zu verstehen, die seine Nachfolger aufgreifen und weiterentwickeln sollten.

Diese Nachfolger waren außerdem keine gehorsamen Schüler, sondern selbständige Denker. Für sie war, mit den Worten des selbständigsten von allen, Aristoteles, zu sprechen, Platon ein Freund, die Wahrheit aber ein größerer. Soweit wir sehen können, verlangte oder ermutigte Platon keine unkritische Schülerschaft, wie z. B. Epikur. Das Prinzip, eher Dialoge als formelle Traktate zu verfassen, und das Verfahren der Dialektik zeigen das Gegenteil. Es bleibt in der Tat ein tiefes Geheimnis, wie Platon die Dialoge dem Publikum vorstellte oder sie „veröffentlichte" und welches Verhältnis sie zur laufenden Arbeit in der Schule gehabt haben dürften. Zumindest im Falle des *Timaios*, eines der einflußreichsten späten Dialoge, scheint angesichts der unmittelbar nach Platons Tod entstandenen Kontroverse über seine korrekte Interpretation die Schlußfolgerung fast unvermeidbar, daß hier der Meister selbst eine verbindliche Auslegung verweigert hat. Wenn Aristoteles behaupten konnte, daß Platon die zeitliche Schöpfung der Welt gelehrt habe (*De Caelo* I 12; II 2), und Speusipp sowie Xenokrates ebendies leugnen

* Aus dem Englischen übersetzt von Annette Sell und Dr. Orrin F. Summerell (Bochum).

[1] Dieses Kapitel übernimmt vieles von meinem Buch *The Middle Platonists* (1977), gleichwohl aber berücksichtigt es weiterführende Gedanken und Ergebnisse der Entwicklungen in der Forschung der letzten Jahre. Eine vollständige Bibliographie über diese Periode findet sich bei Deitz.

konnten mit der Behauptung, daß Platon nur ein Szenario διδασκαλίας χάριν, „um des Unterrichtes willen", beschrieben habe (z. B. Xenokrates *Fr.* 54 Heinze), dann kann es sicherlich nicht der Fall sein, daß Platon selbst seine Absichten deutlich dargestellt hat.

Aber was ist, wenn die Dialoge nicht der einzige Verwahrungsort der platonischen Lehre sind? Es gibt tatsächlich beträchtliche Beweise aus zweiter Hand über die Ansichten, die Platon über bestimmte Grundfragen hatte. Vieles davon wird nur von späteren Autoritäten überliefert, z. B. den Kommentatoren von Aristoteles (besonders Alexander und Simplikios), obwohl solche Informationen manchmal ausdrücklich auf Zeitgenossen Platons, z. B. Hermodoros (Simplikios, *In Phys.* 256, 8 ff. Diels), zurückgeführt werden. Die wichtigste Quelle ist aber Aristoteles selbst, der zwanzig Jahre lang ein Weggefährte Platons war. Die These von H. Cherniss in seinem bekannten Buch *Aristotle's Criticism of Plato and the Academy*, daß die Berichte des Aristoteles über die platonische Lehre, die nicht in Platons Dialogen vorkommen, auf wiederholten Mißverständnissen des Inhalts der Dialoge gründeten, finde ich inakzeptabel. Zweifellos wußte Aristoteles, worüber er jedesmal sprach. Gleichwohl gab er fast immer eine polemische und außerdem eine anspielende, nicht aber eine gelehrte und systematische Darstellung dessen, was er wußte. Die Normen des gelehrten Anstandes bei Kontroversen waren in der antiken Welt nicht hoch, und Aristoteles ist dabei sicherlich keine Ausnahme. Nichtsdestoweniger kann man, so denke ich, mit kritischem Blick auf seine Belege eine Lehre ableiten, die mindestens in ihren Hauptzügen kohärent und vernünftig ist, auch gut zu den Speusipp und Xenokrates zugeschriebenen Entwicklungen paßt. Ein solches Studium stellt m. E. eine notwendige Voraussetzung für ein vollständiges Verständnis dessen dar, was jetzt als „Mittelplatonismus" bezeichnet wird.

Die Details dieser Lehren sind unvermeidbar umstritten. Ich werde mich also auf einen Abriß der Hauptzüge beschränken, da diese allgemein akzeptiert sind.

B. Ein Überblick über die Lehre der Alten Akademie

1. Erste Prinzipien

Es ist klar, daß Platon zumindest in seinen späteren Jahren immer mehr von den philosophischen Möglichkeiten des Pythagoreismus angezogen wurde, d. h. vom Entwurf eines mathematischen Modells für das Universum. Die Mathematik scheint eine in der Akademie intensiv bearbeitete Disziplin gewesen zu sein. Die davon abgeleiteten Einsichten, die durch die Untersuchungen etwa des Eudoxos, Menaichmos und Theaitetos noch erhärtet wurden, führten Platon allmählich zu bestimmten allgemeinen

Schlußfolgerungen. Er gelangte zu einem System, das zwei entgegengesetzte erste Prinzipien sowie eine Dreiteilung der Seinsstufen enthält. Zugleich sprach er der Weltseele wie der individuellen Seele eine zentrale und vermittelnde Rolle zu. Spuren dieser grundlegenden Lehren sind in so reifen Dialogen wie der *Politeia*, dem *Philebos*, dem *Timaios* und den *Nomoi* zu finden, aber sie können nicht allein von den Dialogen abgeleitet werden.

Als erste Prinzipien führte Platon das Eine und die unbestimmte Dyas ein (Aristoteles, *Met.* I 6, 987 a 29 ff.). Dabei, wie in vielen anderen Fällen, entwickelte er die Lehre der Pythagoreer weiter. Das Eine ist ein aktives Prinzip, das der Unbegrenztheit (ἄπειρον) des entgegengesetzten Prinzips eine Grenze (πέρας) auferlegt. Die Dyas, als eine Art Dualität (von Platon auch „das Groß-und-Klein" genannt), wird als unendlich ausdehnbar oder teilbar angesehen, da sie zugleich unendlich groß und unendlich klein ist. Der Einfluß der Dyas zeigt sich in der ganzen Natur in den Phänomenen der kontinuierlichen Größen; Übermaß und Mangel müssen kontinuierlich durch die Auferlegung des korrekten Maßes eingegrenzt werden. Das Verfahren hat ebenso einen ethischen Aspekt, da die Tugenden als die korrekten Maße („Mittelwerte") zwischen den Extremen von Übermaß und Mangel in einem Kontinuum zu verstehen sind. Daß diese Theorie der Tugend nicht erst mit Aristoteles aufkam, zeigt der Abschnitt im *Politikos* (283 e–285 b), wo die Allgegenwärtigkeit des Maßes behauptet wird.[2] Die unbestimmte Dyas ist grundsätzlich die Unbeschränktheit oder „Andersheit", worauf das Eine wirkt, aber sie ist auch der irrationale Aspekt der Seele und das Substrat der physischen Welt, der sogenannte „Behälter" (ὑποδοχή) des *Timaios* (vgl. Dillon 1985).

2. Formen und Zahlen

Das Eine erzeugt die Ideen-Zahlen, indem es auf die Dyas wirkt und sie „begrenzt". Hier sind aber die Belege unklar, hauptsächlich weil Aristoteles mit seinen immer tendenziösen Hinweisen voraussetzt, daß seine Leser bzw. Hörer wissen, worauf er verweist. Leider besitzen wir dieses vorausgesetzte Wissen nicht. Es scheint, daß Platon schließlich dahin gelangte, die Formen als Zahlen oder überhaupt als mathematische Entitäten zu betrachten. Wie die Pythagoreer betont er insbesondere die „Urzahlen", eins, zwei, drei und vier, und ihre Summe, zehn (die Dekade). Die ersten vier Zahlen scheinen dem Einen irgendwie inhärent zu sein; sie kommen im Prozeß der anfänglichen Begrenzung der Dyas zur Verwirklichung. Im Kap. XIII 7 der *Metaphysik*, das eine ausführliche Kritik der platonischen Lehre der Ideen-

[2] Daß diese Lehre sowohl platonisch als auch aristotelisch ist, wurde von Krämer 1954, Kap. 2 gezeigt.

Zahlen enthält, scheint Aristoteles einen Prozeß zu beschreiben, durch den die Zahlen erzeugt werden, indem die Dyas die Zahl „Zwei" durch die Verdoppelung des Einen und dann andere Zahlen hervorbringt, wobei sie zu „Zwei" und zu jeder folgenden Zahl entweder das Eine oder sich selbst addiert. Aber das ganze Verfahren bleibt undurchsichtig, wie es vielleicht für Platon selbst der Fall war. Von dieser Wirkung der Urzahlen auf die Dyas und ihrer Reaktion auf sie werden alle anderen Ideen-Zahlen erzeugt (vgl. Aristoteles, *Met.* I 6, 987 a 29 ff.).

Diese Zahlen sind also das, was die platonischen Formen geworden sind. Wie viele von ihnen gibt es? Die Zahlen bis zur Zehn nehmen eine klare Grundposition ein, aber die Vielfältigkeit der physischen Phänomene fordert, daß sich die Grundzahlen irgendwie miteinander verbinden, um zusammengesetzte Zahlen, die als Formeln für physische Phänomene stehen können, hervorzubringen. Es muß tatsächlich eine Hierarchie unter den Formen geben. Theophrast scheint sich sogar in seiner *Metaphysik* (6 b 11 ff.) eine hierarchische Ordnung vorzustellen, wenn er sagt, Platon mache „alle anderen Dinge von den Formen und diese von den Zahlen abhängig" und komme dann „von den Zahlen zu ersten Prinzipien". An dieser Stelle wird wirklich ein Unterschied zwischen Formen und Zahlen gemacht, aber m. E. dürfen wir die hier in Frage stehenden Zahlen als diejenigen, die die Dekade ausmachen, verstehen, während die Formen die sekundären Verbindungen sind, die von ihnen abhängen.

Innerhalb der Dekade spielten die ersten vier Zahlen (die τετρακτύς) eine große Rolle in der Kosmologie Platons – wie auch in den Kosmologien seiner Nachfolger. Diese Prinzipien liefern die Verbindung zwischen der absoluten Einheit des Einen und der dreidimensionalen physischen Vielheit um uns herum. Sie haben auch einen geometrischen Aspekt, obwohl es bei Platon nicht klar ist, wie dieser mit ihrer wesentlichen Natur verbunden ist. (Im System Speusipps stellt das Geometrische sicherlich eine getrennte Seinsstufe dar.) Auf jeden Fall ist die Eins auch hier der Punkt, die Zwei die Linie, die Drei die Fläche und die Vier der Körper, wobei die letzteren zwei Dreieck bzw. Pyramide sind (vgl. Aristoteles, *Met.* I 9, 992 a 20 ff.).

3. Seele

Es geschieht vielleicht nur auf der Stufe der Seele, daß die vier Grundzahlen ihren geometrischen Aspekt erhalten. Auf jeden Fall ist die Zusammensetzung der Seele im *Timaios* eng mit der Lehre der vier Dimensionen und den Beziehungen der Proportion zwischen ihnen verbunden. Von der Seele aus werden die vier Dimensionen in Form von Zusammensetzungen von Basisdreiecken auf die Materie projiziert, um die vier Elemente, Feuer,

Luft, Wasser und Erde, zu bilden. Ein kompromißloses mathematisches Modell für das Universum wird also aufgestellt, das Aristoteles in *De Caelo* (III 1) kritisiert.

Die Lehre von der Seele ist ein Grundzug im System Platons, aber sie hat ihre Unklarheiten. Die Form, die die Ideen-Zahlen in der Seele annehmen, und die Weise, wie sie auf die Materie projiziert werden, sind Probleme, auf die man in den überlieferten Dokumenten keine befriedigende Antwort finden kann. Diese Probleme beziehen sich primär auf die Weltseele, aber die Einzelseele hat die gleiche Zusammensetzung. Ihr Verhältnis zur Weltseele wird jedoch durch die bildliche Sprache im *Timaios* (41 d) verdunkelt. In der Einzelseele entsprechen, sofern wir Aristoteles (*De an.* I 2, 404b 16 ff.) glauben dürfen, die vier Dimensionen des Punktes, der Linie, der Fläche und des Körpers den vier Stufen der Erkenntnis: dem intuitiven Wissen (νοῦς), dem wissenschaftlichen Wissen (ἐπιστήμη), der Vorstellung (δόξα) und der sinnlichen Wahrnehmung (αἴσθησις). Diese vierfache Teilung scheint auf die *Nomoi* (X, 894 a) anzuspielen; das Linien-Gleichnis in der *Politeia* (VI, 509 d ff.) scheint dieselbe anzudeuten, obwohl es in verschiedenen Hinsichten von ihr abweicht.

Die Fragen nach dem Überleben der Einzelseele und nach ihrer regelmäßigen Wiedergeburt sind aus der Perspektive des späteren Platonismus nicht vollständig beantwortet. Sicherlich argumentiert Platon für die Unsterblichkeit der Seele, aber schließt diese den niedrigeren, irrationalen Teil der Seele, den sogenannten „sterblichen" Teil im *Timaios* (69 c), in sich ein? Und ist der Vorgang der Metempsychose – der Verbindung von Menschenseelen mit Tierkörpern – ernst zu nehmen, wie der *Phaidros* (249 b) vermuten läßt, oder können die menschlichen Seelen nur in andere menschliche Körper wandern? Diese Fragen wurden von späteren Platonikern auf verschiedene Weise beantwortet, wie wir noch sehen werden.

Die Seele ist auf jeden Fall für Platon der Angelpunkt des Universums, da sie zwischen dem intelligiblen und dem sensiblen Existenzbereich vermittelt und in sich die Elemente oder Prinzipien beider enthält.

4. Ethische Theorie

Im Bereich der Ethik gibt es ausreichende Hinweise, daß sowohl für Platon als auch für Aristoteles die Tugenden als Mitte zwischen zwei Extremen von „zu viel" und „zu wenig" betrachtet werden sollen, während die Gerechtigkeit, die durch die pythagoreische τετρακτύς symbolisiert wird, die Kraft ist, die das Universum zusammenhält. Letztere ist sowohl ein metaphysischer als auch ein ethischer Begriff. Wichtig ist auch Platons Unterscheidung in den *Nomoi* (I, 631 b–c) zwischen höheren oder göttlichen Gütern – d. h. Gütern der Seele, den Tugenden – und niedrigeren oder menschlichen Gütern – d. h. Gütern des Körpers (z. B. Gesundheit oder Schönheit) und äußerlichen Gütern (z. B. gutem Ruf oder Reichtum). Dieser Abschnitt war bei den späteren Platonikern beliebt und stellte eine wichtige Grundlage für die Vermittlung zwischen den Positionen der stoischen und der peripatetischen Ethik dar, die von diesen Platonikern ständig gefordert wurde. Ein Gegenstand der lebhaften Debatte im späteren Platonismus war die Frage, ob die niedrigeren Güter eine wesentliche Komponente der Glückseligkeit (εὐδαιμονία) seien oder nicht. Die Stoiker verneinten dies; die Peripatetiker verneinten, daß diese ausgeschlossen werden könnten. Die Platoniker schwankten. Antiochos von Askalon (trotz seiner allgemein pro-stoischen Haltung), Plutarch und Tauros waren eher an der peripatetischen Position orientiert; Eudoros, Attikos und Alkinoos folgten mehr der stoischen Linie.

In bezug auf das Thema, das später grundlegend wurde, nämlich den allgemeinen Zweck des Lebens, das τέλος oder „Endziel", sagt Platon deutlich, besonders in zwei Abschnitten (*Phaidros* 64e, *Theaitetos* 176a–b), daß dieses im Sich-Zurückziehen der Seele von den körperlichen Dingen bestehe. Das ganze Höhlengleichnis in der *Politeia* (VII) drückt dieselbe Meinung aus. Dies wurde die allgemeine Definition des Terminus τέλος unter den Mittelplatonikern, und zwar in der dem *Theaitetos* (176b; vgl. auch *Timaios* 90b–d) entnommenen Form der „Verähnlichung mit Gott". Seiner insgesamt stoischen Haltung entsprechend zog jedoch Antiochos die Formel „Übereinstimmung mit der Natur" vor. Dies ist eigentlich keine Lehre Platons, wurde aber in der Alten Akademie entwickelt, besonders von ihrem letzten Schulhaupt, Polemon, und wurde dann von Zenon, dem Begründer des Stoizismus, aufgenommen.

In bezug auf die Frage nach der Selbstgenügsamkeit des Weisen und nach seiner Freiheit von den Leidenschaften, ein Thema lebhafter Debatten in späteren Zeiten, ist Platons Position ambivalent. Die *Politeia* (III, 387d–e) behauptet die Selbstgenügsamkeit des guten Menschen, scheint ihn aber als einen darzustellen, der eher seine Leidenschaften mäßigt als unterdrückt. Das Problem, wann eine gemäßigte Leidenschaft aufhört, überhaupt eine Leidenschaft zu sein, entwickelt sich in späteren Zeiten, z. B. zwischen Peripatetikern und Stoikern, zu einer ergiebigen Quelle semantischer Verwirrungen.

5. Logik

Im Bereich der Logik müssen wir zwischen dem, was wir als die echte Logik der Alten Akademie erkennen können, und dem, was letztlich in der platonischen Schule akzeptiert wurde, unterscheiden. Letztere war nichts weniger als die gesamte aristotelische Logik, einschließlich der Entwicklungen von Theophrast und Eudemos.

Die Belege deuten darauf hin, daß Platon der Akademie das System der Teilung (διαίρεσις), wie es zuerst im *Phaidros* (265 d ff.) entworfen wurde, vererbt hat. Die διαίρεσις hat auch einen kosmogonischen Aspekt. Es ist die Aufgabe der Seele, das Chaos in eine Ordnung zu bringen, indem sie die richtigen „Teilungen" vornimmt und die richtigen Mittel sowie Harmonien erzielt. Es gibt keinen Hinweis darauf, daß Platon selbst etwas so Kompliziertes wie die aristotelische Syllogistik und das aristotelische System der Kategorien entwickelt hat, obwohl die zehn „Kategorien" des Aristoteles als eine eher scholastische Ausarbeitung der zwei Grundkategorien des „Absoluten" (= der Substanz) und des „Relativen", die von der Alten Akademie übernommen wurden, betrachtet werden können. Platon selbst scheint die Grundkategorien des „Absoluten" (καθ' αὑτό) und des „Relativen-zu-anderem" (πρὸς ἕτερα) unterschieden zu haben. Letzteres wurde in „Gegensatz" (πρὸς ἐναντία) und „Relatives" (πρός τι) im strengen Sinne unterteilt, dieses hinwiederum in „Bestimmtes" und „Unbestimmtes". So viel wurde uns von Platons eigenem Schüler Hermodoros (vgl. Simplikios, *In Phys.* 247, 30 ff. Diels) berichtet. Hermodoros war mit der Praxis der Akademie persönlich vertraut; er beruft sich nicht auf die Aussage der Dialoge, obwohl Spuren einer solchen Teilung in ihnen gefunden werden können (z. B. im *Sophistes*, 255 c; im *Parmenides*, 133 c–d; im *Philebos*, 51 c–d). Ich kann keinen ernsthaften Grund entdecken, seinem Zeugnis nicht zu glauben. Wie wir noch sehen werden, gaben spätere Platoniker das alt-akademische System der διαίρεσις auf zugunsten des vollständigen Systems der peripatetischen Logik, wie diese von den Entwicklungen durch Theophrast und Eudemos bereichert und teilweise von der stoischen Logik beeinflußt wurden.

C. Schlußbetrachtung

Insgesamt wurde in den ungefähr achtzig Jahren nach dem Tode Platons ein umfassendes Corpus der Lehre zusammengestellt, das, obwohl nicht ausschließlich, auf einer sorgfältigen Edition der Dialoge – wahrscheinlich unter der Leitung des Xenokrates – gründete und darauf abzielte, die vielen losen Enden, die Platon hinterlassen hatte, miteinander zu verknüpfen. Dadurch kam eine Verbindung zwischen Platon und der pythagoreischen Tradition zustande (sowohl Speusipp als auch Xenokrates schrieben über die Lehre der Pythagoreer), die für die späteren Generationen fruchtbar wurde. M. E. darf diese Verbindung als der Ursprung der späteren „neupythagoreischen" Bewegung betrachtet werden, die wohl eher als ein irgendwie abweichender „fundamentalistischer" Flügel der platonischen Bewegung anzusehen ist.

Wenden wir uns nun der Betrachtung dessen zu, welches Schicksal dieses umfassende Corpus während der hier abzuhandelnden Periode ereilte.

II. Die Entwicklung des Mittelplatonismus (ca. 80 v. Chr. bis ca. 220 n. Chr.)

A. Allgemeiner historischer Überblick

Die Geschichte der Akademie nach Polemon unter der Leitung von Arkesilaos und seinen Nachfolgern bis zu Karneades und Philon von Larissa ist eine Geschichte, die an anderer Stelle als Teil der Geschichte des Skeptizismus erzählt werden muß. Hier soll nur folgendes gesagt werden: Obwohl der unmittelbare Nachfolger der Neuen Akademie, Antiochos von Askalon (ca. 130 bis 68 v. Chr.), die Behauptung der skeptischen Akademiker, daß sie der platonischen Tradition treu seien, aufs schärfste zurückgewiesen hat, gab es in späteren Zeiten Platoniker, z. B. Plutarch, die, obwohl sie selbst keine Skeptiker waren, bereit waren, den Beitrag der Neuen Akademie zur allgemeinen Entwicklung des Platonismus zu akzeptieren und (wie Antiochos selbst gelegentlich) neu-akademische Argumente zu verwenden, um die Stoiker zu bekämpfen.

Es ist wohl am besten, die Periode, die als Mittelplatonismus bekannt ist, in diesem Überblick so zu behandeln, daß wir leitende Themen auswählen und nicht Personen oder Schulen studieren. Man sollte aber im Gedächtnis behalten, daß beträchtliche Meinungsdifferenzen, die durch einen derartigen Ansatz möglicherweise verschleiert werden, innerhalb der platonischen Tradition erlaubt waren. Deshalb werde ich mit einem kurzen historischen Überblick beginnen. Die Platoniker pendelten zwischen den Stoikern und den Peripatetikern, obwohl sie darüber hinaus (zumindest nach Antiochos, der dem Stoizismus sehr nah blieb) eine starke Bindung an ein transzendentes, höchstes Prinzip und an eine nicht-materielle, intelligible Welt zeigten, die von der diesseitigen Welt abgetrennt ist und als ein Paradigma für sie steht. Bei Akzeptanz dieser Grundposition dürfte eine große Bandbreite von Ansichten über ethische, physikalische und logische Fragen akzeptabel sein. Es gab übrigens keine zentrale Institution, die irgendeine strenge Orthodoxie vorschreiben konnte.[3]

Vor mehreren Jahren hat H. Tarrant (1985) eine lehrreiche und anre-

[3] Ich stimme mit Lynch und Glucker darin überein, daß die platonische Akademie als eine Institution in der mittelplatonischen Periode nicht überlebt hat, sondern sich nur graduell in späteren Zeiten, vielleicht aufbauend auf dem kaiserlichen Lehrstuhl des Platonismus, der von Marc Aurel 176 n. Chr. errichtet wurde, rekonstituiert hat.

gende, zum Teil aber ziemlich spekulative Studie zur Übergangsphase vom Skeptizismus zurück zum Dogmatismus innerhalb der Akademie verfaßt. Diese Phase geht mit dem Namen der Vierten Akademie einher und wird vorwiegend mit Philon von Larissa in Verbindung gebracht. Die definitive Wende zum Dogmatismus, dem unmittelbaren Vorläufer des Mittelplatonismus, ist aber auf Philons Schüler Antiochos von Askalon[4] zurückzuführen. Irgendwann um 80 v. Chr. kam es wegen zweier wichtiger Themen zu einem offenen Bruch mit seinem Lehrer: erstens wegen der Frage, ob sich die skeptische Akademie von der wahren platonischen Tradition abgewandt habe (gegen Philon behauptete Antiochos, daß es so war); zweitens, und das ist wesentlicher, ob die stoische Definition von einer „begreifenden Vorstellung“ (καταληπτικὴ φαντασία) ohne Einschränkung zu akzeptieren sei.[5] (Philon versuchte, diese Position nicht zu beziehen.)

Antiochos hat seine eigene „Akademie“ (die Fünfte) gegründet, obwohl er nach seiner Rückkehr nach Athen im Anschluß an die Befreiung durch Sulla nicht das traditionelle Schulgelände besetzte, sondern sich lieber im Stadtzentrum niederließ. Diese „Akademie“ scheint nicht viel mehr als eine Generation überlebt zu haben. Es wird von nur zwei anderen Scholarchen berichtet: Der erste war Aristos, der Bruder von Antiochos. Um 25 v. Chr. scheint sich das Zentrum der Aktivität des Platonismus nach Alexandrien verlagert zu haben. Dort finden wir die eher schillernde Figur Eudoros, der einen transzendentaleren, vom Pythagoreismus beeinflußten Platonismus befürwortet.[6] Von Plutarch wissen wir, daß er einen Kommentar zu Platons *Timaios* schrieb. Er verfaßte auch einen kritischen Kommentar zu den *Kategorien* des Aristoteles; möglicherweise legte er damit den Grundstein für eine sich später sehr fruchtbar gestaltende Tradition. Er scheint auch über die ersten Prinzipien der Pythagoreer geschrieben und dabei seine eigene Lehre entwickelt zu haben. Wieder haben wir aber keinen Hinweis darauf, daß Eudoros eine Schule von bleibender Dauer gegründet oder einer solchen angehört hat. Nach Thrasyll[7] und dem jüdischen Philosophen Philon von Alexandrien (ca. 20 v. Chr. bis 45 n. Chr.) kommen wir in die zweite Hälfte des nächsten Jahrhunderts, und zwar zu Ammonios, dem Lehrer Plutarchs, der bekanntlich aus Ägypten stammte (vgl. C. P. Jones), aber eine Schule in Athen gegründet hat und im politischen Leben bedeutend war. Plutarch selbst hat die Schule des Ammonios nicht fortgeführt. (Es ist zwei-

[4] Eine Studie mit einer Sammlung von Fragmenten haben Luck und auch (mit einer skeptischeren Bewertung) Barnes vorgelegt.

[5] Vgl. Tarrant 1985, Kap. 3.

[6] Vgl. Dörrie 1944 und Dillon 1981.

[7] Zu Thrasyll vgl. die Studie von Tarrant 1993, die viel brauchbares, obwohl auch spekulatives Material enthält.

felhaft, ob sie überhaupt fortgeführt wurde.) Er hat aber seinen eigenen Kreis in seiner Heimatstadt Chaeronea gegründet.

Plutarch (ca. 45 bis 125 n. Chr.) bietet eine interessante Mischung von Einflüssen.[8] Einerseits unterstützte er eine fast persische Form des Dualismus in seiner Platoninterpretation, die u. a. eine wörtliche Deutung des Schöpfungsmythos im *Timaios* und einen Glauben an eine unabhängige, irrationale Weltseele enthält; andererseits zeigte er Offenheit gegenüber der Tradition der Neuen Akademie, besonders in seinen anti-stoischen Werken und in einer Anzahl von verlorenen Schriften mit interessanten Titeln. Dies unterscheidet Plutarch von der Tradition des Antiochos und des Eudoros; gleichwohl war er kein ernsthafter Skeptiker. In der Ethik neigt Plutarch mehr zum peripatetischen Maßhalten als zur stoischen Askese (vgl. insbesondere seinen Traktat *Über die Tugend*).

In der nächsten Generation in Athen (ca. 145 n. Chr.) finden wir L. Calvenus Taurus von Beirut als Haupt einer Schule von ähnlich einfacher Art wie die des Ammonios, obwohl wir nicht beurteilen können, ob er in einem strengen Sinne der Nachfolger von Ammonios war.[9] Taurus war auch, wie Plutarch, in der Ethik Peripatetiker (vgl. Aulus Gellius, *Noct. Att.* XII 5), aber er teilte nicht seine Ansichten über die zeitliche Schöpfung der Welt. Statt dessen entwickelte er eine ausgefeilte Auflistung der verschiedenen Bedeutungen von γενητός („gezeugt") neben der wörtlichen Bedeutung (vgl. Philoponus, *Aet.* VI 21, 187, 2 ff. Rabe). Der Nachfolger von Taurus in Athen war vielleicht Attikos (*floruit* ca. 176 n. Chr.).[10] Er war möglicherweise auch der erste Inhaber des kaiserlichen Lehrstuhls für platonische Philosophie, der von Marc Aurel 176 n. Chr. zusammen mit anderen Lehrstühlen wichtiger Schulen gegründet wurde (Dio Cassius 72, 31). Attikos stimmte aber mit Plutarch gegen Taurus in der Frage der zeitlichen Schöpfung der Welt überein und zeigte in der einzigen (polemischen) Arbeit, von der wir einige Fragmente besitzen, eine starke Aversion gegen die peripatetische Tradition mit einer entsprechenden Offenheit den Stoikern gegenüber. Wir kennen aber einen seiner Schüler, Harpokration von Argos. Er scheint auch von der neupythagoreischen Tradition, die von Numenios[11] ausging, beeinflußt worden zu sein.

Dies führt uns zur Frage nach der neupythagoreischen Tradition im späteren Platonismus, die nach einer besonderen Beurteilung verlangt. Einige Experten sind geneigt, die Neupythagoreer als eine getrennte

[8] Zu Plutarch vgl. den Überblick von Froidefond.

[9] Vgl. Dillon 1977, Kap. 5, 236–247.

[10] Vgl. *Fragmente*, hrsg. v. Des Places. Vgl. auch Dillon 1977, 247–258; Moraux 564–582; Baltes.

[11] Vgl. Dillon 1971.

Gruppe zu behandeln; tatsächlich wollten die meisten von ihnen als solche angesehen werden. Es scheint aber angebrachter, den Neupythagoreismus als ein Phänomen anzusehen, das aus der Alten Akademie und besonders aus der Neigung des Speusipp und Xenokrates, ihre eigenen Versionen des Platonismus auf Pythagoras zurückzuführen, hervorging. In der hellenistischen Periode wurde ein großes Corpus von pseudonymen pythagoreischen Texten[12] verfaßt, einige für ernsthafte philosophische Zwecke, andere in erster Linie vielleicht, um eine Nachfrage reicher Antiquare wie König Jubas von Mauretanien nach „echten" alt-pythagoreischen Werken zu befriedigen. Diese pseudonymischen Werke übertrugen das meiste der platonischen, aristotelischen und stoischen Lehre systematisch auf Pythagoras selbst oder auf verschiedene Pythagoreer, echte oder imaginäre (Archytas, Philolaus und Timaios von Locri gehören zu den ersten). Im frühen 1. Jahrhundert v. Chr. konnte der gelehrte Alexander Polyhistor eine zusammenfassende Darstellung der pythagoreischen Lehre vorlegen (vgl. Diogenes Laertius 8, 24–33). Nach dieser erzeugt die Monade zuerst eine unbestimmte Dyas; deren Zusammensetzung bringt die Zahlen hervor, dann Punkte, dann Linien, dann Körper, dann die vier Elemente. Dies ähnelt dem System Speusipps, abgesehen vielleicht vom Primat der Monade.

Es gibt aber keine Namen, mit denen diese Bewegung in Verbindung gebracht werden kann. Bestenfalls ist Eudoros von Alexandrien ein Mitstreiter der Akademie. Obwohl man kaum erwarten würde, daß sich ein Römer auf diesem Gebiet innovativ betätigt hat, ist der erste identifizierbare Neupythagoreer eigentlich ein Römer, P. Nigidius Figulus (98–45 v. Chr.). Er war ein Freund Ciceros, dessen Wiederaufnahme des pythagoreischen Systems Cicero im Vorwort zu seiner Übersetzung des *Timaios* lobt. Wir wissen jedoch wenig von dem, was Figulus gedacht hat. Eine wichtigere Person begegnet uns im nächsten Jahrhundert in Moderatus von Gades (*floruit* ca. 80 n. Chr.).[13] Eigentlich erkennt Moderatus die Platoniker nicht an. Statt dessen behauptet er, den wahren Lehren des Pythagoras in einem großen Werk, das den Titel *Vorlesungen über Pythagoreismus* (Πυθαγορικαὶ Σχολαί) trägt, wieder Geltung zu verschaffen.

Anfang des nächsten Jahrhunderts treffen wir auf Nicomachus von Gerasa.[14] Neben anderen Werken hat er die ausgesprochen populäre *Einführung in die Arithmetik*, eine Darlegung der pythagoreisch-platonischen

[12] Vgl. die Sammlung von Thesleff.

[13] In diesem Zusammenhang übergehe ich Apollonios von Tyana, da er eher ein „Heiliger" als ein Philosoph war – zumindest nach der Darstellung *Das Leben des Apollonius* von Philostratus. Was Moderatus betrifft, vgl. Dillon 1977, 344–351 und Dodds 1928.

[14] Vgl. Dillon 1977, 352–361.

Grundlagen der Mathematik, und ein *Handbuch der Harmonielehre*, eine Einführung in die pythagoreische Musiktheorie, verfaßt. Beide Werke sind überliefert. In der Mitte des Jahrhunderts haben wir mit dem einflußreichen Numenios von Apamea in Syrien,[15] dem „Großvater" eines großen Teils des Neuplatonismus, zu tun. Er ist für seine Offenheit und seine Kenntnisse über orientalische philosophische und religiöse Systeme, einschließlich des Judaismus, bekannt. Plotin ist, soweit wir sehen können, mehr von Numenios als von anderen Mittelplatonikern beeinflußt.

Daneben besitzen wir zwei wichtige Handbücher des Platonismus aus dem 2. Jahrhundert. Das eine, der *Didaskalikos* oder „Handbuch des Platonismus", ist unter dem Namen des Alkinoos entstanden; das andere, *Über Platon und seine Lehre*, wurde von dem ausgezeichneten nordafrikanischen Rhetoriker Apuleius von Madaura verfaßt. Seit dem Ende des 19. Jahrhunderts wurde weitgehend behauptet, das erste Handbuch stamme eigentlich von dem bekannten Platoniker Albinos, dem Schüler des Gaius, und weil beträchtliche Ähnlichkeiten der Lehre zwischen den zwei Handbüchern bestünden, hätten wir hier das Zeugnis einer „eklektischen", dem Aristotelismus weithin zugeneigten platonischen Tradition, d.h. der „Schule des Gaius". Die nähere Betrachtung der paläographischen Wahrscheinlichkeiten hat jedoch die Forschung dazu geführt, den *Didaskalikos* auf Alkinoos[16] zurückzuführen, wer immer jener auch gewesen sein mag. Feine Unterschiede in der Lehre haben die Trennung der beiden Handbücher zur Folge gehabt, obwohl sie immer noch als sehr nützliche Zusammenfassungen der platonischen Lehre in den ersten Jahrhunderten n. Chr. gelten dürfen.

B. Entwicklungen in der Lehre

Dies also sind die Entwicklungsstadien einer reichen und vielfältigen Tradition der platonischen Philosophie über fast drei Jahrhunderte. Wir können diese Periode am leichtesten überblicken, indem wir die Grunddisziplinen der Philosophie, die zuerst in der Alten Akademie von Xenokrates eingeführt wurden, d.h. Ethik, Physik und Logik, betrachten.

[15] Vgl. die von des Places herausgegebenen Fragmente des Numenios. Eine exzellente Studie von den Lehren des Numenios verfaßte Frede 1987. Vgl. auch Dillon 1977, 361–379.

[16] Vgl. der Vollständigkeit halber Whittakers Einleitung zu seiner Edition des *Didaskalikos* und auch meine Übersetzung 1993.

1. Ethik

Alle Hauptaspekte der Ethik begegnen schon in der Alten Akademie, aber sie erhielten später neue Bedeutungen. Das erste Anliegen ist natürlich der Zweck des Lebens oder, wie es auch genannt wird, das „Endziel der Güter“ (τέλος ἀγαθῶν). Dies kann auch als das Wesen der Glückseligkeit verstanden werden. Speusipp, Xenokrates und Polemon haben alle die Glückseligkeit definiert. Die Formel Polemons, „das Leben in Übereinstimmung mit der Natur“, wurde von Antiochos von Askalon (vgl. Cicero, *Fin.* 2. 34) aufgenommen. Bei den späteren alexandrinischen Platonikern, z.B. Eudoros, finden wir, daß die von den Stoikern beeinflußte Antiochische Definition zugunsten eines geistigeren und vielleicht platonischen Ideals einer „Verähnlichung mit Gott“ aufgegeben worden ist. Diese Formel blieb nachher die charakteristische platonische Definition des τέλος.[17]

Ein zweites Hauptanliegen ist die Frage, ob die Tugend für die Glückseligkeit ausreiche. Zur Zeit des Antiochos waren die Fronten zwischen den Peripatetikern und den Stoikern klar gezogen, und die Platoniker mußten ihre Wahl treffen. Obwohl Antiochos in vielerlei Hinsicht Stoiker war, entschied er sich für die Peripatetiker (und natürlich für die Alte Akademie), indem er behauptete, daß für die vollständige Glückseligkeit alle drei Klassen des Guten, die Güter des Körpers und äußerliche Güter sowie die Tugenden (vgl. z.B. Cicero, *Acad. Post.* 22–23), bis zu einem gewissen Punkt erforderlich seien. Hiermit stellte er sich erneut gegen Eudoros, der behauptete, daß die zwei niedrigeren Klassen des Guten nicht als integrale Bestandteile der Glückseligkeit oder des τέλος angesehen werden könnten; insofern entschied er sich für die Stoiker.[18] Zu dieser Zeit war aber die Streitfrage nicht ausgeräumt. Die ganze Periode hindurch gewannen beide Alternativen Anhänger, z.B. Plutarch und Taurus auf der einen Seite, die mit Antiochos und den Peripatetikern konform gingen, und auf der anderen Seite Alkinoos und Attikos, die mit der Stoa übereinstimmten.

Eine Frage, die beträchtliche Konsequenzen für die Ethik hat, obwohl sie eher eine Frage der Physik ist, ist die nach dem freien Willen und der Notwendigkeit. Mit dieser ist auch die Frage nach der Vorsehung Gottes verbunden. Bevor die Stoiker, besonders Chrysipp, das Problem des Determinismus in seiner stärksten Form erkannt hatten, scheint die Frage nicht sehr dringlich gewesen zu sein. Platon behandelt dieses Problem nur in mythischer Form in der *Politeia* (X, bes. 617d–619a) und im *Phaidros*. Aber wie Aristoteles behält er den Glauben an die Wahlfreiheit bei. In der *Nikomachischen Ethik*, Buch III, behandelt Aristoteles die Vorstellung, daß es die Frei-

[17] Vgl. Merki.

[18] Vgl. Dillon 1981, 14–17.

heit der Wahl überhaupt nicht gebe, als rein sophistisches Paradox. Xenokrates schrieb einen Aufsatz über das Schicksal (εἱμαρμένη); wir wissen aber nicht, was er darin sagte. Die Mittelplatoniker konnten jedoch das Problem des freien Willens und der Notwendigkeit nicht so leicht von sich weisen. Sie fanden keine große Hilfe bei Platon oder Aristoteles, obwohl sie auf wichtige Textabschnitte beider verwiesen, wie wir sehen werden. Wir können weder genau wissen, welche Position Antiochos bezog, da die Quelle von Ciceros *De Fato* unsicher ist, noch können wir etwas über die Position des Eudoros sagen. In *De Providentia* gibt uns Philon von Alexandrien die erste Verteidigung der platonischen Position, die eher mit Nachdruck als mit logischer Kraft die Freiheit des Willens und die Existenz der Vorsehung gegen die stoische Lehre vom Schicksal behauptet. Auch Plutarch streift das Thema mehrmals (z.B. *QC* IX 5, 740c; *De Fac.* 927a ff.), obwohl seine wichtigsten Diskussionen über diesen Gegenstand nicht überliefert sind. Die Abhandlung *De Fato*, die unter seinem Namen tradiert worden ist, stammt sicherlich nicht von ihm, obwohl sie von großem Interesse für die mittelplatonische Theorie ist.[19] Alkinoos (*Did.* Kap. 26) und Apuleius (*De Plat.* Kap. 12) liefern kurze Diskussionen zu diesem Thema. Im allgemeinen löst der Mittelplatonismus das Problem jedoch nicht, obwohl er viele scholastische Formulierungen hervorgebracht hat. Statt dessen vermachte er dieses Problem in seiner ganzen Komplexität Plotin, der eine großartige, aber ergebnislose Abhandlung in den *Enneaden* (III 2–3) vorlegte.

2. Physik und Theologie

a) Erste Prinzipien

Wie auch immer es in der Alten Akademie gewesen sein mag, so hatte der Platonismus im 1. Jahrhundert v. Chr. ein Drei-Prinzipien-System von Gott, Materie und Formen – oder, wie wir es oft formuliert finden, der „Idee“ im Singular[20] – entwickelt. Die Tatsache, daß die Formen als Inhalte des göttlichen Geistes angesehen werden, scheint nicht mit ihrem Status als einem unabhängigen Prinzip, der paradigmatischen Ursache der Welt, zu kollidieren, wahrscheinlich deswegen, weil das Objekt des göttlichen Denkens auch eine objektive Realität, das wahre Sein, ist.

Ein leitendes Thema des Mittelplatonismus ist das Wesen und die Tätigkeit des höchsten Prinzips, d. h. Gottes. Einige spätere Platoniker behielten den Gegensatz der Alten Akademie zwischen der Monade oder dem Einen und

[19] Vgl. auch Moraux II 495–505 und Dillon 1981, 320–326.

[20] Besonders bei den Doxographen. Vgl. Diels, *Doxographi Graeci* 288a1, b1.

der Dyas bei, obwohl sie das Verhältnis zwischen ihnen veränderten. Antiochos scheint sogar das stoische Paar eines aktiven und eines passiven Prinzips einfach aufgenommen zu haben (die platonischen Formen, die dem stoischen Λόγος untergeordnet sind; vgl. Cicero, *Acad. Post.* 26ff.). Eudoros aber, der die Monade und die Dyas der Akademiker bzw. Pythagoreer wieder einführt, setzt über beide ein höchstes Eines (vgl. Simplikios, *In Phys.* 181, 10ff. Diels). Dabei ist er vielleicht vom metaphysischen Schema des *Philebos* (26e–30e) beeinflußt worden. Mit Plutarch kommen wir zurück zur fundamentalen Dualität (vgl. z.B. *Def. Or.* 428f.). Aber wegen ihrer Bindung an ein vorkosmisches „Böses" oder Unordnung stiftendes Prinzip schreiben er und sein Anhänger Attikos der Dyas mehr Unabhängigkeit zu als der traditionelle Platonismus. Was die Formen betrifft, hat Plutarch sie sicherlich als Gedanken Gottes (*De Sera* 550dff.; *Quaest. Plat.* 3, 1001eff.) sowie als Λόγοι (*De Is.* 373a–b) gefaßt. Attikos (*Fr.* 9) dagegen wird, obwohl er konstatiert, die Formen seien Gedanken Gottes, von Porphyrios später beschuldigt, er behaupte, die Formen seien außerhalb des göttlichen Intellekts (vgl. Procl., *In Tim.* 394, 6ff.). Dies bedeutet wahrscheinlich nur, daß er ihre objektive Realität befürworten wollte.

Laut Alkinoos und Apuleius ist Gott dominierend und die Materie schlechthin passiv, da sie nicht einmal zur Aktualität gelangt, während die Formen die Gedanken Gottes sind (*Did.* Kap. 8–10; *De Plat.* Kap. 5–6). Dagegen scheint sich im Neupythagoreismus des Numenios ein radikaler Dualismus auszubreiten, obgleich er durch den Einfluß der Hauptlinie des Platonismus in Grenzen gehalten wurde.[21] Da der Platonismus des Numenios Plotin am intensivsten beeinflußt hat, bleibt diese Neigung zum Dualismus als Spannung innerhalb seines Denkens erhalten.

Bevor wir das Thema der ersten Prinzipien verlassen, dürfen wir das bemerkenswerte System, das von dem Neupythagoreer Moderatus am Ende des 1. Jahrhunderts n. Chr. entworfen wurde, nicht außer acht lassen. Dieses System scheint nämlich wenigstens teilweise Plotins System der Hypostasen vorwegzunehmen. Laut Porphyrios (vgl. Simplikios, *In Phys.* 230, 34ff. Diels) schrieb Moderatus Platon ein System zu, in dem folgendes gilt: „Das erste Eine ist über dem Sein und allem Wesen, während das zweite Eine, das 'wahrhaft Seiende' (ὄντως ὄν) und das Objekt des Denkens (νοητόν), in den Formen besteht; das dritte, das den Bereich der Seele ausmacht, hat an dem Einen und an den Formen teil, während die unterste Natur, die danach kommt und zur Sinnenwelt gehört, nicht daran teilhat, sondern durch die Reflexion (κατ' ἔμφασιν) von diesen anderen ihre Ordnung erhält." Darüber hinaus sieht er eine angemessene Präsenz der Materie auf jeder Stufe. Man hat angezweifelt, ob Moderatus hier richtig wiedergegeben wird. Ich

[21] Vgl. besonders das lange *Fr.* 52 über die Materie (von Calcidius).

sehe jedoch keinen zwingenden Grund, diese Überlieferung, wie merkwürdig sie auch sein mag, zurückzuweisen. Sie läßt sich erklären, wenn wir annehmen, daß Moderatus (wie auch später Iamblich) vielleicht Zugang zu einem Werk Speusipps über Platon und den Pythagoreismus hatte. Dadurch ließen sich seine eigenen Ansichten, die gewisse Ähnlichkeiten mit denen des Moderatus aufweisen, auf seinen Lehrer zurückführen.

Außer den ersten Prinzipien gibt es im späteren Platonismus zwei mittlere und vermittelnde Entitäten, die gewissermaßen miteinander im Wettstreit stehen. Diese sind der Demiurg oder Λόγος und die Weltseele. Der Demiurg entsteht als zweitrangiger Gott aus der Spekulation über die wahre Bedeutung von Platons *Timaios*. Wenn der *Timaios*, wie früher gesagt wurde, nicht wörtlich zu nehmen ist, sollte der Demiurg eigentlich verschwinden und in den höchsten, göttlichen Intellekt eingehen als sein aktiver, verursachender Aspekt (wie bei Philon von Alexandrien in *De Opificio Mundi* oder bei Alkinoos im *Didaskalikos* [Kap. 10]). Dies ist aber anscheinend nicht immer der Fall gewesen. Vielmehr wird der Demiurg als untergeordneter Gott angesehen (und zwar notwendigerweise, da er selbst die Welt der Formen nicht schafft). Manchmal, wie bei Attikos (*Fr.* 8), wird er dem stoischen Λόγος angeglichen. Manchmal, wie bei Numenios (vgl. *Fr.* 15 und 16), wird er als ein eigenständiger Schöpfer-Gott dargestellt, der einer höchsten, statischen, selbstbetrachtenden Entität untergeordnet ist, die vom höchsten Guten in der *Politeia* abgeleitet wird.

Die Weltseele ist im Grunde die Entität, deren Schöpfung durch den Demiurgen im *Timaios* beschrieben wird, aber Spuren einer erhabeneren Figur erscheinen schon bei Denkern wie Philon von Alexandrien und Plutarch. Diese Figur scheint das Speusippische Prinzip der Vielfalt wiedereinzuführen, das nicht unbedingt bösartig, aber schlechthin verantwortlich für die Vielfalt und somit für die gesamte Schöpfung ist. Bei Philon ist diese Figur die Σοφία, die Weisheit Gottes, eine Entität, die mit der Dyas austauschbar ist (vgl. *Fug.* 109; *Det.* 115–16, *Ebr.* 30), während Plutarch im Vorwort seiner Abhandlung über *Isis und Osiris* eine solche Figur zu beschreiben scheint, die er mit Isis identifiziert. Anderswo, z. B. bei Alkinoos im *Didaskalikos* (Kap. 10, 14), wird die Weltseele als eine irrationale Entität dargestellt, die von Gott als dem demiurgischen Intellekt „erweckt" werden muß. Selbst im späteren Teil von *Isis und Osiris* (372e) läßt Plutarch seine Isis, die er mit dem „Behälter" des *Timaios* identifiziert, sich an ihrer Befruchtung durch den Logos Gottes erfreuen.

3. Logik

Auf dem Gebiet der Logik bestand der grundlegende Erfolg des Mittelplatonismus darin, die aristotelische Logik zusammen mit den Entwicklungen, die auf Theophrast[22] und Eudemos zurückzuführen sind, an den Platonismus anzugleichen. Theophrast und Eudemus hatten das System des hypothetischen Syllogismus, den Aristoteles mehr oder weniger unbeachtet ließ (Alex. Aphrod., *In An. Pr.* 326, 20 ff., 389, 32 ff.), entwickelt. Dabei unterschieden sie „reine" und „gemischte" Hypothesen. Letztere sind diejenigen, die die Stoiker später aufgenommen haben, obwohl die Stoiker die ersten zu sein scheinen, die eine Logik der *Termini* statt einer Logik der Aussagen entwickelt haben.[23] Soweit die Mittelplatoniker der stoischen Logik etwas entlehnten (wie es ja auch geschah), fühlten sie sich dazu berechtigt, da sie diese Logik bereits von Theophrast vorweggenommen sahen. Diese Synthese erscheint im *Didaskalikos* (Kap. 6), ebenso bei Apuleius in *De Interpretatione* und bei Galen in seiner *Einführung in die Logik*. Nach dem *Didaskalikos* werden kategorische sowie hypothetische Syllogismen in Platons Dialogen, besonders im *Parmenides*, unterschieden. Darüber hinaus wird eine Kenntnis der zehn aristotelischen Kategorien, die Alkinoos auch im *Parmenides* und Plutarch (*Proc. An.* 1023 e) im *Timaios* (37 a–b) sieht, Platon zugeschrieben.

Weil das Verfahren der Synthese, das ausdrücklich von der stoischen Logik abhängt, schon in Ciceros *Topica* zu finden ist, kann man sagen, sein wahrscheinlicher Ursprung liege bei Antiochos von Askalon. Die Logik des Aristoteles und Theophrast mag jedoch schon in der Neuen Akademie aufgenommen worden sein. Auf jeden Fall sind das dihairetische System der Alten Akademie und die zwei Grundkategorien des „Absoluten" und des „Relativen" in der Zeit des Mittelplatonismus aufgegeben worden.

4. Schlußbemerkung

Der Platonismus der ersten zwei Jahrhunderte n. Chr. wird, was die geistesgeschichtliche Bedeutung betrifft, niemals die Alte Akademie oder den mit dem großen Werk des Plotin beginnenden Neuplatonismus übertreffen; dennoch muß man anerkennen, daß in dieser Periode die Grundlagen für die späteren Entwicklungen in der Schule selbst sowie in den vielen nichtphilosophischen geistigen Bewegungen, die damals entstanden und denen

[22] Gesammelte Fragmente mit einem Kommentar von Graeser.

[23] Zu dieser Frage vgl. Frede 1974, der behauptet, daß die antiken Philosophen diese Unterscheidung zwischen den zwei Logiken nicht beachteten.

letztlich auch das Christentum zuzurechnen ist, geschaffen worden sind. Besonders nahmen in Alexandrien am Ende des 2. Jahrhunderts n. Chr. die großen Persönlichkeiten Clemens und Origenes – freilich nur mit geringer Zustimmung – viel vom platonischen Erbe auf. Ihrerseits gaben sie es an ihre griechischen und römischen Nachfolger weiter.

Obwohl die Philosophen des mittelalterlichen Islams primär von den Neuplatonikern beeinflußt wurden, ist es so, daß ein Hauptteil ihrer grundlegenden ethischen, politischen und sogar theologischen Lehren ihre Ursprünge dem Mittelplatonismus – einschließlich der Werke von Plutarch, Theon von Smyrna, Galen und dem Aristoteliker Alexander von Aphrodisias – verdankt. Jeder von diesen wurde ins Arabische übersetzt. Einige sind sogar nur in dieser Sprache überliefert.

Die Persönlichkeiten, die diese Periode ausmachen, haben also die große Aufmerksamkeit, die sie von nun an erhalten, völlig verdient. In dieser kritischen Periode der Entwicklung der abendländischen Zivilisation wurde die Form des Platonismus, die sie darstellen, die führende philosophische Bewegung. Die anderen Schulen – die aristotelische, die stoische und die epikureische – waren auf keinen Fall tot, aber bezüglich einer umfassenden, dem breiteren gebildeten Publikum akzeptablen Lebensansicht blieben sie weit hinter den Platonikern zurück; dies gilt zumindest für den späteren Teil dieser Periode, das 2. und frühe 3. Jahrhundert. Sie wurden dann vom Neuplatonismus, der im späten 3. Jahrhundert folgte, fast gänzlich in den Schatten gestellt.

Dominic J. O'Meara

DAS BÖSE BEI PLOTIN (*ENN.* I,8)

1.

In der heutigen Diskussion mögen uns Plotins Ansichten über das Böse in seiner Schrift *Enneade* I,8 eigenartig und eher problematisch erscheinen. Obwohl seine Thesen zu Schlüssen führen, welche beim ersten Blick kaum annehmbar und sogar wenig sinnvoll zu sein scheinen, bilden diese Thesen eine klar durchdachte, streng abgeleitete Theorie, also eine anregende Herausforderung zum Überdenken und vielleicht zum Neudenken des Problems des Bösen. In diesem Sinn möchte ich Plotins Überlegungen mitverfolgen und die Logik seiner Theorie herauskristallisieren, um die Stärken, den tiefen Sinn und damit die philosophische Intention dieser Theorie so weit wie möglich zum Vorschein zu bringen.

Es wird heutzutage in der Literatur vom „moralischen" Bösen gesprochen oder altmodisch vom menschlichen Laster. Man spricht auch manchmal vom „natürlichen" Bösen, z.B. von Katastrophen, vom Leiden der Tiere, vom Tod. Doch sind beide Arten von Bösem Plotins Meinung nach zweitrangig, untergeordnet, abhängig von einer Grundform des Bösen, der Materie.[1] Es handelt sich dabei nicht um den Stoff der Dinge, etwa im Sinne einer aristotelischen Materie, sondern um einen ungestaltbaren, undeterminierten Hintergrund, auf dem die Gestalten der sinnlichen Dinge erscheinen. Weil die Materie die Grundform des Bösen bildet, weil sie weder mit moralischem noch mit natürlichem Bösen zu identifizieren ist, weil schließlich die Materie ein konstituierendes Moment der Welt ist, möchte ich dieses Böse als „metaphysisches" Böses bezeichnen. Die Materie bildet also die Grundform des Bösen, ist metaphysisches Böses, während moralisches und natürliches Böses als abgeleitete, sekundäre Erscheinungen des Bösen zu verstehen sind.[2]

Plotins Theorie des Bösen, wie ich sie hier ganz kurz zusammengefaßt habe, wirft sogleich verschiedene Fragen auf und bringt verschiedene Schwierigkeiten mit sich. Wenn wir vom Bösen reden, scheint es, daß diese

[1] S. unten, Abschnitte 2 und 3.

[2] Obwohl ich diese Terminologie des Bösen Leibniz entnehme, will ich das „metaphysische" Böse bei Plotin (die Materie) keineswegs mit dem Leibnizschen *„mal métaphysique"* (d.h. der ontologischen Unvollkommenheit und Begrenztheit der Dinge) identifizieren.

Rede sinnvoll ist, insofern es um *moralische* Sachverhalte geht. Es mag zwar sein, daß der Begriff des „natürlichen" Bösen einen gewissen Sinn haben könnte, dessen Beziehung zum moralischen Sinn genau zu bestimmen ist. Was aber mag es heißen, von einem „metaphysischen" Bösen zu sprechen? Und wie sind das moralische und natürliche Böse auf dieses metaphysische Böse zurückzuführen? Schon im Rahmen der plotinischen Philosophie tauchen Schwierigkeiten auf. Bei Plotin heißt es, daß alles einen einzigen Ursprung hat, das Eine oder das Gute. Aus dem Guten entstehen also die Ideen, die Vernunft, die Seele und sogar die Materie. Wie aber kann es sein, daß die Materie, also die Grundform des Bösen, das absolute Böse, aus dem absoluten Guten stammt? Es mag sein, daß aus etwas Gutem etwas Schlechtes entsteht, z. B. Tod aus Leben. Doch bei Plotin ist das Gute produktiv, *insofern es eben gut ist*. Wenn also das Gute nicht nur sozusagen der Entstehungsort, sondern auch das Warum der Entstehung ist, wie kann es das absolute Böse schaffen? Plotins Theorie des Bösen scheint seiner eigenen Theorie der Entstehung der Wirklichkeit zu widersprechen. Noch eine interne Schwierigkeit: Wenn die Materie die Grundform des Bösen bildet und wenn das moralische Böse von dieser Grundform abhängig ist, dann heißt das, daß die Seele, der Ort des moralischen Bösen, durch die Materie bestimmt wird. Doch soll die Seele Plotins Meinung nach überlegen und deswegen keineswegs durch die Materie beeinflußbar sein. Und was bleibt der Seele an Verantwortlichkeit und Selbstbestimmung, wenn die Materie die Ursache des moralischen Bösen ist?[3]

Solche Fragen und Schwierigkeiten wurden schon im 5. Jahrhundert von Proklos scharf formuliert. Obwohl Proklos als Neuplatoniker Plotins Philosophie im allgemeinen weiterentwickelte, fanden bei ihm einige Motive Plotins überhaupt keine Zustimmung, und zwar ganz besonders Plotins Theorie des Bösen. Mehrmals hat sich Proklos mit Plotins Theorie auseinandergesetzt. Er hat einen Kommentar zu Plotins Schriften, den *Enneaden*, verfaßt und Plotins Traktat über das Böse, *Enneade* I, 8, ausführlich behandelt. Leider ist dieser Kommentar fast spurlos verschwunden.[4] Uns zugänglich dagegen ist Proklos' systematische *Monographie* über das Sein des Bösen dank Wilhelm von Moerbekes mittelalterlicher lateinischer Übersetzung und dank Exzerpten des originalen griechischen Textes in einer byzantini-

[3] Über die Fragen, wie diese Schwierigkeiten zu lösen und ob sie überhaupt lösbar sind, herrscht bis jetzt bei Plotins Lesern keine Übereinstimmung. Ein sehr wichtiger Beitrag bleibt O'Brien 1971.

[4] Einige Fragmente (zu *Enn.* I, 1) sind bei Michael Psellos erhalten; s. Westerink. Ein Kommentar zu *Enn.* I, 8 wird, mit anderen verlorenen Schriften des Proklos zur Frage des Bösen, bei einem antiken Scholiasten erwähnt (Proklos, *Comm. in Rem publ.* II, 371, 12–18).

schen Quelle. Diese Monographie hat Michael Erler ins Deutsche übersetzt und erläutert unter dem Titel: *Proklos Diadochos. Über die Existenz des Bösen.*[5] Proklos versucht hier, im Rahmen einer systematischen Abhandlung über das Böse die Plotinische Theorie im Detail darzustellen und zu kritisieren. Der Inhalt von Plotins Traktat I, 8, Kap. 2 bis 5, wird von Proklos in den Abschnitten 30 bis 31 zusammengefaßt und in den Abschnitten 31 bis 33 streng widerlegt.[6] Die Auseinandersetzung mit Plotins Thesen taucht auch mehrmals anderswo im Text auf und spielt offensichtlich eine entscheidende Rolle beim Entstehen von Proklos' eigener Theorie des Bösen. Kurz danach hat Pseudo-Dionysios Proklos' Text paraphrasiert in *De divinis nominibus* Kap. 4, dessen lateinische Übersetzungen in der mittelalterlichen Diskussion des Problems des Bösen grundlegend waren.[7]

Die heftige Auseinandersetzung zwischen Proklos und Plotin ist nicht nur von großer geschichtlicher Bedeutung: Sie ist uns auch wertvoll, insofern sie uns erlaubt einzusehen, wie problematisch, fragwürdig, widersprüchlich und kaum haltbar Plotins Thesen über das Böse schon in der Spätantike einem Platoniker wie Proklos erschienen. Ich möchte also Proklos im folgenden begleitend heranziehen: Seine Kritik wird uns helfen, die Kohärenz und die Stärke von Plotins Thesen zu erwägen. Weil die philosophische Einschätzung dieser Thesen mein eigentliches Ziel ist, werde ich auch beim Mitdenken und Vertiefen von Plotins Ideen manchmal etwas frei vorgehen, also moderne Formulierungen, Begriffe und Überlegungen einführen.[8]

Meiner Meinung nach kann Plotins Theorie des metaphysischen Bösen in *Enneade* I, 8 durch zwei Thesen auf den Punkt gebracht werden:

These I: Das moralische Böse ist ohne das Postulat des metaphysischen Bösen unerklärbar.

These II: Der Aufbau der körperlichen Welt setzt das metaphysische Böse voraus.

Ich schlage also vor, diese zwei Thesen bei Plotin zu verfolgen sowie die entsprechenden Einwände bei Proklos.

[5] S. auch Proklos, *Trois études sur la providence* III: *De l'existence du mal.*

[6] Proklos' Widerlegung Plotins wird sehr kritisch behandelt von Hager 1977, 456ff.

[7] S. jetzt Steel 1996a. Zum Einfluß des 4. Kap. von *De div. nom.* s. u. a. de Libera.

[8] Ich beabsichtige, auch keine allgemeine Darstellung des Inhalts des Traktats I, 8 der Reihenfolge der Kapitel nach zu versuchen, wie sie z. B. schon bei Volkmann-Schluck zu lesen ist. Eine Übersicht zum Thema des Bösen bei Plotins platonischen Vorgängern bietet Alt.

2.

Die *erste* These, daß das moralische Böse ohne das metaphysische Böse unerklärbar ist, wird aus zwei Gedankengängen ersichtlich, einmal in *Enn.* I,8, Kap. 13 und dann wieder in Kap. 14. Betrachten wir also zunächst den ersten Gedankengang in Kap. 13. Hier versucht Plotin zu zeigen, daß – indem die moralische Güte, also Tugend, ein transzendentales absolutes Gutes voraussetzt – entsprechend das moralische Böse oder Laster ein transzendentales Böses voraussetzt.[9] Mit dem Wort „transzendental" will ich nur sagen, daß der Wert oder Unwert, um die es geht, Gut oder Böse, außerhalb des moralischen Bereichs stehen und von diesem Bereich unabhängig sind. Plotin meint also, daß der moralische Bereich relativ ist und keine abgesonderte, unabhängige Welt bildet: Wir sind oder werden moralisch wertvoll, tugendhaft, „gut", indem wir einen transzendentalen absoluten Wert als Ziel haben, indem wir nach diesem Ziel suchen, indem wir an diesem Ziel teilhaben. Genauso ist auch der moralische Unwert, das Laster, relativ, d. h. in Bezogenheit zu einem transzendentalen Unwert, zum absoluten Bösen, zu verstehen.

Hierzu einige Bemerkungen: einerseits zur Relativität moralischer Güte, welche ein transzendentales Gut voraussetzt, andererseits zum Vergleich zwischen der Relativität moralischer Güte und der Relativität des moralischen Bösen. Zur Relativität moralischer Güte ist vielleicht Plotins Stellungnahme nicht unmittelbar einleuchtend. Indem wir daran gewöhnt sind, scharf zwischen der Welt moralischer Werte und der Welt der Tatsachen zu unterscheiden und die Welt der moralischen Werte streng in einen Bereich menschlicher Urteile einzuschließen, kann die Relativität oder Bezogenheit moralischer Werte nur innerhalb dieses Bereichs gelten, dessen Grenzen sie keineswegs überspringen dürfen. Es kann also weder das transzendentale Gute noch das transzendentale Böse geben.[10] Doch bei Plotin bedeutet, „gut" oder tugendhaft zu *werden*, daß man eine gewisse Eigenschaft bekommt, eine gewisse Ähnlichkeit mit einem Muster. Moralische Güte ist also Annäherung an ein und Verähnlichung mit einem Muster, aber nicht mit diesem Muster identisch. Metaphysisch gesprochen, heißt das, daß moralische Güte gut *per accidens* ist, welche als solche das Gute *per se* voraussetzt, welches also transzendental sein muß. Solche Überlegungen sind allerdings von einem Platoniker wie Plotin zu erwarten. Die Idee des Guten in Platons *Staat* deutet nichts anderes an. Selbst außerhalb des Platonismus könnte man in diesem Sinn argumentieren. Wenn es der Fall ist, daß Aristoteles das

[9] I,8,13,7–14; vgl. VI,7,23.

[10] S. Holzhey 1993, 14; er argumentiert gegen die Einschränkung der Frage des Bösen auf den Bereich moralischer Urteile.

transzendentale Gute aus der Ethik verbannen will, wenn er statt dessen den musterhaften Weisen, den φρόνιμος, als Maß des tugendhaften Lebens einführt,[11] entdeckt man doch, daß die höchste Glücksform, das Leben des Erkennens, der θεωρία, eine Art Gottangleichung ist, eine Teilhabe am Gottsein.[12] Die Vollkommenheit des göttlichen Selbstdenkens bildet nicht nur für den Menschen das Muster des guten Lebens; auch die ganze Natur läßt sich als differenzierte Nachahmung der göttlichen Natur verstehen.[13] Und wenn der Stoizismus durch seine Behandlung moralischer Urteile unserer heutigen Trennung zwischen Werten und Tatsachen zum Teil entspricht, dann darf man auch darauf aufmerksam machen, daß moralische Werte für den Stoiker ein transzendentales Maß voraussetzen, indem der λόγος, das immanente Gesetz der Natur, Maß des guten Lebens bleibt. Es kann uns kaum erstaunen, daß Proklos die Idee eines transzendentalen Guten nicht in Frage stellt.

Hingegen teilt Proklos keineswegs die Meinung, daß das, was im Fall der moralischen Güte gilt, *auch* im Fall der moralischen Bosheit vorkommt, also daß sich genauso, wie die moralische Güte ein transzendentales Gut, das absolute Gut, voraussetzt, die moralische Bosheit nur auf ein transzendentales Böses beziehen kann. Um das Problem anders zu formulieren: Angenommen, daß der Begriff moralischer Güte analytisch den Begriff des transzendentalen Guten mit sich bringt, muß das wirklich auch heißen, daß der Begriff moralischer Bosheit den Begriff des transzendentalen Bösen einschließt? Dagegen sprechen, könnte man meinen, folgende Überlegungen. Erstens: Wenn moralische Güte als Angleichung, als Nachahmen eines transzendentalen Musters, zu verstehen ist, dann soll das Muster irgendwie erkennbar sein, was auch im Fall des transzendentalen Bösen gelten soll. Wenn aber das absolute Böse die Materie ist und wenn die Materie absolut undeterminiert ist, dann ist sie auch schlechthin *unerkennbar*, kann also keineswegs als Muster des moralischen Bösen fungieren. Diese Schwierigkeit läßt sich meines Erachtens lösen. Man muß sehen, daß auch das absolute Gute bei Plotin im Prinzip unerkennbar ist, weil es jenseits des determinierten denkbaren Seins steht: Wir erkennen das Gute, indem wir den determinierten vielfältigen Ausdruck des Guten im intelligiblen Sein erfassen.[14] So könnte auch das absolute Böse erkennbar werden, indem wir Gestaltungen des Bösen im körperlichen Sein begreifen können. In der Tat beschäftigt sich Plotin mit der Frage der Erkennbarkeit des Bösen in Traktat I, 8, Kap. 9 und 13. Er meint zum Beispiel, daß moralische Schlechtigkeit erkennbar ist,

11 Aristoteles, *Nikomachische Ethik* I, 6; II, 6; VI, 5 und 7.
12 *Nikomachische Ethik* X, 7–8.
13 Aristoteles, *Metaphysik* XII, 7 und 10.
14 S. meine kleine Einführung, Kap. 5.

indem man Abweichungen im Vergleich mit dem Maß der Tugend ermitteln kann.[15] Auch kann ein Begriff (ἔννοια) des absoluten Bösen entwickelt werden, indem man die Eigenschaften des Guten verneint.[16] Schließlich kann der Vernunft auch eine Art ekstatisches Erlebnis widerfahren, indem sie auf ihr inneres Licht verzichtet und die absolute Dunkelheit „erleidet". Diese Erfahrung des Bösen spiegelt ziemlich genau die mystische Erfahrung des Einen oder des Guten bei Plotin wider.[17] Es kann also eine unmittelbare oder vermittelte Erfahrung des absoluten Bösen geben, welche die Entstehung der moralischen Bosheit ermöglicht.

Es gibt aber noch eine zweite Schwierigkeit, die gegen den Vergleich zwischen der Relativität moralischer Güte und der Relativität moralischer Bosheit spricht. Nach Proklos gilt dieser Vergleich nicht (s. Abschnitte 47, 50). Die Relativität moralischer Werte schließt den Begriff eines transzendentalen absoluten Guten ein, indem diese Werte eine gewisse Gemeinsamkeit oder Ähnlichkeit teilen; platonisch gesagt: Weil bestimmten Tugenden eine gemeinsame Eigenschaft zuzuerkennen ist, heißt das, daß es ein transzendentales Muster geben muß, ein positives Maß der moralischen Güte. Moralische Bosheit, Laster haben dagegen nichts Gemeinsames im Sinne einer positiven bestimmten Eigenschaft. Aus den Arten moralischer Bosheit läßt sich also kein transzendentales Böses ermitteln.[18] Es kann wohl eine allgemeine Beschreibung der Bosheit geben; diese Beschreibung bedeutet aber nicht, daß es etwas Gemeinsames gibt, eine gemeinsame Natur, die ein transzendentales Böses voraussetzt. Proklos kann also sehr wohl die Bezogenheit moralischer Güte auf ein transzendentales Gut verteidigen, ohne eine entsprechende Ableitung eines transzendentalen Bösen aus moralischer Bosheit anzunehmen. Plotins Postulat eines transzendentalen Bösen gilt also seiner Meinung nach nicht.

Zu dieser Kritik möchte ich folgende Erwägungen anstellen. Proklos' Verneinung irgendeiner Gemeinsamkeit bei den Arten moralischer Bosheit würde Plotin sicher nicht ohne weiteres annehmen, wie aus dem folgenden Zitat ersichtlich ist:

„Man darf also unter dem Bösen nicht dies bestimmte Böse verstehen,

[15] I, 8, 9, 1–14.

[16] I, 8, 3, 12–16.

[17] I, 8, 9, 18–26; s. II, 4, 10. Die Schau der Materie, die wie bei Plotin als Prinzip des Bösen wirkt, findet schon bei Numenios (*Fr.* 11, S. 53, *Fr.* 52, S. 95–99) statt. Allerdings ist bei Numenios das Subjekt der Schau ein demiurgischer Gott. Das ekstatische Erlebnis der Materie bei Plotin unterscheidet sich von dem des Guten u. a. insofern, als die Formlosigkeit des Guten die Quelle und der Grund des determinierten Seins und des Wertes ist, während die Formlosigkeit der Materie Verneinung des Seins, Mangel, Verlust meint.

[18] S. Proklos, *Trois études sur la providence* III: *De l'existence du mal*, Abs. 47.

z. B. Ungerechtigkeit oder sonst etwas Böses, sondern jenes Böse, das noch nicht irgend eines von diesen einzelnen ist; das einzelne Böse ist eine Unterart von jenem, die durch Hinzutreten bestimmter Eigentümlichkeiten charakterisiert wird, z. B. in der Seele die Schlechtigkeit, und deren Unterarten unterscheiden sich wieder, entweder nach dem Stoff, an dem sie wirken, oder nach den Teilen der Seele oder weil die eine Art gleichsam ein Sehen ist, die andere ein Drängen oder Dulden."[19]

Gern würden wir mehr darüber hören: Eine nähere Explikation bleibt aber bei Plotin aus. Offenbar meint er, daß die Vielfalt moralischer Bosheit durch die Vielfalt der Umstände sowie die Vielfalt seelischer Fähigkeiten und Tätigkeiten entsteht. Genauso wie es eine Einheit der Tugend gibt, die sich differenziert vermittelt, so ist das Böse sozusagen eine Wirklichkeit, die sich differenziert in den Umständen und seelischen Funktionen ausdrückt.[20] Diese Stellungnahme scheint mir intuitiv glaubwürdiger zu sein als die des Proklos: Es wird der stummen, zerstörerischen Macht des Bösen Rechnung getragen, dessen Differenzierungen in ihrer Verschiedenheit eher sekundär sind. Offenbar nimmt Plotin die menschliche Bosheit als einheitliche Wirkungsmacht ernst und findet dafür eine Erklärung in ihrer Beziehung zu einem transzendentalen Prinzip, dem absoluten Bösen, wovon wir in verschiedenen Weisen eine Erfahrung haben können. Gegen Proklos' Kritik würde ich *auch* vorschlagen, daß, wenn die Begriffe „gut" und „böse" im moralischen Bereich eigentlich korrelativ sind, es dann auch heißen sollte, daß, wenn moralisch „gut" eine Bezogenheit zu einem transzendentalen Guten mit sich bringt, dasselbe dann auch im Falle des moralischen Bösen gelten sollte.

Wir kommen jetzt zum *zweiten* Gedankengang, der uns in *Enn.* I, 8, Kap. 14 zur These führt, daß das moralische Böse das Postulat eines metaphysischen Bösen voraussetzt. Plotins Meinung nach sind wir, die Menschen, keineswegs der Ursprung des Bösen: Es muß das metaphysische Böse, die Materie, vorhanden sein, um die Entstehung des moralischen Bösen zu ermöglichen. Wie geschieht das? Was ist moralische Bosheit? Was ist Laster? Soll man Laster als Schwachheit der Seele verstehen? Was heißt Schwachheit der Seele? Körperliche Schwachheit, meint Plotin, heißt Unfähigkeit zum Funktionieren sowie Anfälligkeit. So etwas soll auch bei seeli-

[19] I, 8, 5, 15–19 (dt. nach Plotin, *Schriften* Bd. V, 207–209).

[20] S. auch I, 8, 4, 7–12: „... somit nimmt also der vernunftlose Seelenabschnitt das Böse in sich auf, Ungemessenheit und Übermaß und Mangel, und aus ihnen erwächst dann Zuchtlosigkeit und Feigheit und was es sonst Böses in der Seele gibt, unwillentliche Begebnisse, welche falsche Vorstellungen erwecken, so daß die Seele das für gut oder für böse hält, was dieser Seelenteil sucht oder was er meidet" (dt. nach Plotin, *Schriften* Bd. V, 207).

scher Schwachheit der Fall sein: Die Seele wird unfähig zum Funktionieren und anfällig. Das muß in ihrer Beziehung zum Körper geschehen, insofern moralische Bosheit nur in dieser Beziehung vorkommt. Die Seele wird in dieser Beziehung unfähig und anfällig, nicht indem sie irgendwie in ihrer Natur vermindert wird, sondern indem es etwas gibt, die Materie, den Körper, welches die Seele bei ihrem Funktionieren beschränkt, behindert, verkrampft. Der Körper wirkt also nicht als einfache Gelegenheit zur Bosheit, wie z. B. körperliche Schönheit der Anlaß zur Sünde werden kann. Er wirkt der Gutheit der Seele entgegen und übt dadurch auf sie einen schlechten Einfluß aus. Die Seele wird durch den Körper sozusagen infiziert, böse gemacht.[21] Die Wirkung der Materie sowie des Körpers ist also keineswegs „wertfrei", weil sie dem moralischen Guten entgegenwirkt; als Gegensatz zum Guten ist sie als Böses zu bezeichnen. Wir kommen also nochmals zum gleichen Schluß: Moralisches Böses ist ohne transzendentales, metaphysisches Böses unerklärbar.

Hierzu kurz eine Bemerkung. Der erste Gedankengang in Kap. 13 hat schon die Erweiterung des Bereichs des Bösen über die menschliche Bosheit hinaus bewirkt: Das Böse befindet sich primär außerhalb des menschlichen Bereichs, sonst wäre menschliche Bosheit unmöglich. Folglich muß auch diese außermenschliche Wirklichkeit des Bösen auf uns wirken, und zwar als Böses. Der zweite Gedankengang in Kap. 14 kann somit als logische Begleiterscheinung des ersten Gedankengangs in Kap. 13 betrachtet werden. Es bleiben allerdings noch einige unübersehbare Schwierigkeiten: Wie kann die Materie als Ursprung des moralischen Bösen wirken, ohne menschliche Verantwortlichkeit und Selbstbestimmung zu vernichten? Wie kann die tiefste Stufe der Wirklichkeit, die Materie, Einfluß auf eine höhere Stufe, die Seele, ausüben? Wie dem auch sei, es genügt der zweite Gedankengang in Kap. 14 in Verbindung mit dem ersten Gedankengang in Kap. 13, um der These, daß das moralische Böse ohne metaphysisches Böses unerklärbar sei, Sinn und Begründung zu verleihen.

3.

Am Anfang habe ich eine *zweite* These erwähnt, welche Plotins Begriff des metaphysischen Bösen plausibel werden läßt, die These, daß der Aufbau der körperlichen Welt das metaphysische Böse voraussetzt. Ich komme also

[21] S. auch I, 8, 4, 14–25 für die Infizierung der Seele (22: ἀναπιμπλάναι; s. Platon, *Phaidon* 67 a). Gegen den Versuch (z. B. bei Benz 120, 125), die Wirkung der Materie in Traktat I, 8 abzuschwächen und nur metaphorisch zu lesen, argumentiert Narbonne 1994, 120 ff. S. auch unten, Anm. 31.

jetzt auf diese These zurück, die uns auch verdeutlichen kann, warum metaphysisches Böses, also das, was vom moralischen Bösen vorausgesetzt wird, nicht einfach mit „natürlichem" Bösen zu identifizieren ist. Wir bewegen uns somit nun außerhalb des engen menschlichen Bereichs, bewegen uns im Fragebereich der Metaphysik und Kosmologie.

Es wird heute ein Argument vertreten, welches besagt, daß die Existenz der Welt ein „ethisches Erfordernis" sei, ein „ethical requirement". Nach John Leslie ist es besser, daß es etwas gibt als überhaupt nichts. Es gibt aber etwas. Das „besser", das Gute, steht also für ein ethisches Erfordernis im Blick auf die Erscheinung der Welt. Leslie weist auf den Neuplatonismus hin, weil das Gute der Neuplatoniker auch Ursprung und Ursache der Existenz der Welt ist. Man könnte diese Überlegung weiterentwickeln und sich fragen, ob die Existenz der Welt auch das Böse voraussetzt, nicht nur im Sinne der Möglichkeit menschlicher Bosheit als Bedingung der Freiheit, sondern auch in dem Sinne, daß gerade die Existenz selbst der Welt das Böse mit einschließt.[22] Variationen dieses Arguments findet man schon bei Plotin in *Enn.* I,8. Ich werde hier drei von ihnen vorbringen.

1. In Kap. 3 (21–40) argumentiert Plotin aufgrund der Unterscheidung *per se / per accidens*: Wenn es das Gute *per se* gibt, also das absolut Gute, sowie das, was „gut" ist *per accidens*, also moralisches und natürliches Gutsein, so muß es auch das Böse *per se* geben, absolutes Böses, wie es Böses *per accidens*, moralisches und natürliches Böses, gibt. Dieses Argument führt uns meines Erachtens kaum über das hinaus, was im ersten Gedankengang über die Bezogenheit moralischer Bosheit festgestellt wird. Diese Bezogenheit moralischer Bosheit gibt dem *per se / per accidens*-Argument seinen Inhalt und seine Stärke.

2. Zwei andere Argumente werden in Kap. 7 vorgeschlagen, die uns aber weiterbringen. Das eine (I,8,7,1ff.) beruft sich auf Platons *Timaios:* Danach ist die sinnliche Welt als Mischung von Gegensätzen zu verstehen. Es wirken nämlich zwei entgegengesetzte Prinzipien bei der Entstehung der Welt: Vernunft (νοῦς) und Notwendigkeit (ἀνάγκη). Vernunft wird bei Plotin mit Seele und Form identifiziert, Notwendigkeit mit Materie; und diese Dualität Seele/Materie wird mit dem Gegensatz Gut/Böse verbunden. Wenn es also in Platons *Theaitetos* (176a) heißt, daß das Böse „mit Notwendigkeit" dasein müsse und ewig „das sterbliche Reich und die hiesige Stätte umkreise", dann ist das so, weil die sinnliche Welt durch das Böse und das Gute konstituiert wird, durch Materie und Seele.

Proklos (Abschnitt 32) weist Plotins Deutung des *Timaios* zurück, indem er eine Unterscheidung zwischen Undeterminiertheit der Materie als Be-

[22] Man denke auch an die Notwendigkeit des *„mal métaphysique"* in Leibniz' *Essais de Théodicée.*

dürftigkeit nach Form und Undeterminiertheit als Gegensatz zur Form einführt. Die Materie der Welt ist als formloser Mangel, Bedürftigkeit, ja sogar Verlangen nach Form zu verstehen und nicht als Verneinung und Gegensatz zur Form, zum Guten. Folglich besteht die Welt nicht aus entgegengesetzten Prinzipien, aus dem absoluten Bösen und aus dem Guten.

Hier handelt es sich meines Erachtens um eine allzu aristotelisierende Lektüre von Platons *Timaios*. Die antiplatonisch gedachte Unterscheidung zwischen Materie und Privation (στέρησις) bei Aristoteles wird hier von Proklos ins Spiel gebracht, während Plotin als Platoniker anderswo richtig gegen diese Unterscheidung polemisiert (s. II,4,14). Meiner Meinung nach entspricht Plotins Ansatz besser dem Grundgedanken des *Timaios* Platons. Im *Timaios* handelt es sich nicht so sehr um die eigentliche Geburt der Welt als vielmehr um das In-Ordnung-Bringen von Unordnung. Die Mechanismen der vorsokratischen Kosmogonien werden eingegliedert und subsumiert unter das Reich der Herrschaft des Guten, des Besseren, der Vernunft. Die Fragen der Kosmogonie werden systematisch durch das Prinzip des Besseren beantwortet: Der beste Hausherr ordnet die Welt, weil er das Beste will und dem besten Muster folgt.[23] Wir dürfen auch nicht vergessen, daß dieses In-Ordnung-Bringen der Welt Vorspiel und Hintergrund für die Erzählung der Geschichte eines idealen Staats sein soll: Wie die Herrscher eines idealen Staats das Leben im Staat ordnen, d.h. Unvernunft und zerstörerische Begierden begrenzen und nach dem Maß des Guten leiten, so ordnet der Weltmacher, der δημιουργός, die Welt. Als Staat, als Polis besteht der Kosmos, die Welt, aus Vernunft, Ordnung, dem Guten sowie aus Unordnung, Chaos, zerstörerischen irrationalen Kräften und Bewegungen, welche das Schlimmste bewirken, wenn sie die Macht der Vernunft überwältigen. In diesem Sinn scheint mir Plotins Deutung des *Timaios* einsichtiger als die des Proklos,[24] obwohl es auch gewisse Punkte gibt, z.B. die Gleichsetzung von Materie und Notwendigkeit, die man bestreiten könnte.

3. Ich komme schließlich zum dritten Argument Plotins zugunsten der Existenz eines metaphysischen Bösen (I,8,7,17 ff.). Nach der Deutung des *Timaios* will Plotin die Notwendigkeit des Bösen, die im *Theaitetos* behauptet wird, durch eine andere Betrachtungsweise ersichtlich werden lassen. So heißt es, daß, wenn es ein Erstes gibt, also das absolute Gute als Anfang der Entstehung der Wirklichkeit, und dann ein Zweites, es so auch ein Letztes geben muß als Endpunkt dieser Entstehung, welches nichts vom Guten haben kann: Es handelt sich um die Materie, um absolutes Böses. Kurz: Wenn es das Gute gibt, wenn es eine Ableitung der Wirklichkeit vom Guten gibt, dann muß es auch das absolute Böse geben, die Materie.

[23] *Timaios* 28a–29a, 29e–30c.

[24] S. Hager 1977, 400–1; 1987, 26–29.

Dieses Argument wirkt paradox und wurde auch von Proklos erfolgreich, wie ich meine, bekämpft. Doch bevor wir zu Proklos kommen, möchte ich einige Aspekte des Arguments hervorheben. Wenn wir dieses Argument mit der vorherigen Deutung von Platons *Timaios* vergleichen, dann können wir auch zwei Modelle vergleichen: das Modell des In-Ordnung-Bringens und das Modell der Ableitung. Nach dem Modell des In-Ordnung-Bringens, also dem Modell des Demiurgen, des Handwerkers, gibt es im Grunde genommen am Anfang *zwei* entgegengesetzte Komponenten: Vernunft und Unordnung. Nach dem Modell der Ableitung hingegen gibt es aber am Anfang *nur* das Eine, wovon das Böse schließlich abgeleitet wird. Das demiurgische Modell gehört zum traditionellen Schulplatonismus, der die Deutung des *Timaios* als Grundlage hat; das Ableitungsmodell stammt *eher* vom mathematisierenden Neupythagoreismus, der zum pythagoreisierenden Platonismus der Akademie und zu Platons sogenannter „ungeschriebener Lehre" zurückführt. Beide Modelle tauchen bei Plotin auf, obwohl er eigentlich das Ableitungsmodell radikal einsetzen will und dadurch das demiurgische Modell unterdrückt.[25] Beide Modelle werden also hier in *Enn.* I,8,7 vorgeführt, um die Notwendigkeit des metaphysischen Bösen verständlich werden zu lassen. Als solche sind aber beide Erklärungen miteinander inkompatibel: Beim demiurgischen Modell sind Gutes und Böses unabhängige Grundprinzipien, beim Ableitungsmodell gibt es nur ein Grundprinzip, das Gute, wovon das Böse abgeleitet wird.[26] Wenn wir eines dieser Modelle vorziehen sollten, würden wir das Ableitungsmodell als eher plotinisch einschätzen.

Merkwürdig beim Ableitungsmodell ist die Benutzung eines Reihenbegriffs: Wenn es ein Erstes gibt, dann ein Zweites ..., so muß es ein Letztes geben, welches nichts vom Ersten hat. Das erinnert uns u. a. an eine Umkehrung von Aristoteles' kosmologischer Reihe: Wenn ein Letztes, ... dann ein Mittelglied ... und schließlich ein Erstes. Genausowenig wie bei Aristoteles ist aber einsichtig, warum Plotins Reihe, mathematisch gesehen, endlich sein muß. Ferner ist auch der Schluß fragwürdig, daß das Letzte der Reihe absolutes Böses sein muß. Wenn die Ableitung vom Guten eine Abschwächung oder Verminderung des Guten bedeutet, dann entsteht Böses nur im Sinn einer Verminderung des Guten. Trotzdem kommt Böses – Plotins Meinung nach – keineswegs in den immateriellen, intelligiblen Abstufungen des

[25] S. mein Buch 68, 70–72.

[26] Gerson 197 versucht die zwei Argumente von I, 8, 7 (1 ff. und 17 ff.) miteinander in Einklang zu bringen, indem er das erste Argument aristotelisierend liest und die Materie nicht als Gegensatz der Vernunft versteht, sondern als hypothetische Notwendigkeit, d. h. als Bedingung der Existenz der Natur und der Gegensätze (s. auch 114). Dies entspricht aber Plotins Text nicht (I, 8, 7, 2–7).

Guten vor.[27] Warum soll ferner absolutes Böses später in der Ableitung erscheinen? Warum könnte nicht die Verminderung des Guten nur bis zum letzten Echo des Guten weitergehen? Das letzte Glied der Reihe wäre also das letzte Echo des Guten und nicht das Gegenteil des Guten. Wie kann überhaupt das absolute Böse Teil der Ableitungsreihe des Guten sein?

Zu dieser Schwierigkeit können wir Proklos' Kritik hinzufügen:

„Aber wenn die Materie böse ist ..., dann ergeben sich zwei Möglichkeiten: Entweder muß man das Gute zur Ursache des Bösen machen oder aber zwei Anfangsgründe des Seienden annehmen. Denn ein jedes, das irgendwie besteht, ist notwendig entweder Anfangsgrund von allem oder stammt aus einem Anfangsgrund. Gehört die Materie aber zu einem Anfangsgrund, dann tritt auch sie aus dem Guten in das Sein hervor; ist sie aber selbst Anfangsgrund, dann müssen wir zwei Anfangsgründe des Seienden zugrundelegen, welche miteinander kämpfen, nämlich das erstlich Gute und erstlich Böse.

Das aber ist unmöglich.

Die ersten (Prinzipien) können nämlich nicht zwei sein:

Woher denn, kurz gesagt, (gäbe es die Zwei), gäbe es nicht die Einheit? Wenn nämlich ein jedes von ihnen beiden eines ist, dann muß es vor beiden das Eine geben, durch welches diese beiden je eines sind, und nur einen Anfangsgrund.

Auch aus dem Guten kann das Böse nicht kommen. Wie nämlich die Ursache der guten Dinge in höherem Maße gut ist, so muß wohl auch das, was das Böse hervorbringt, in höherem Maße böse sein.

Auch würde das Gute nicht mehr sein Wesen behalten, wenn es den Anfangsgrund des Bösen hervorbringt.

[27] I, 8, 2, 26–32; vgl. II, 9, 13, 28–34. Das Böse läßt sich also keineswegs schlechthin als Abschwächung oder Verminderung des Guten erklären. Doch hatte Plotin diese letzte Erklärung kurz vor der Abfassung von Traktat I, 8 (51 in der chronologischen Reihenfolge) in *Enn.* III, 2–3 (47–48) bevorzugt (III, 2, 5, 25–32): „Allgemein gesprochen aber hat man im Schlechten nur ein Ermangeln des Guten zu erblicken. Notwendig aber muß hienieden ein Ermangeln des Guten eintreten, denn es weilt hier in einem Andern; und dies Andere, in dem das Gute weilt, verursacht, da es vom Guten wesensverschieden ist, das Ermangeln; denn es ist eben nicht gut. Daher heißt es auch, daß 'die Übel nicht vergehen', einmal, weil im Vergleich zur Wesenheit des Guten die einen Dinge geringer sind als die anderen; sodann, weil die anderen Dinge vom Guten völlig verschieden sind, welche die Ursache ihrer Existenz im Guten suchen, aber eine derartige Beschaffenheit haben wegen ihres weiten Abstandes" (dt. nach Plotin, Schriften Bd. V, 55–57). S. dazu Sharples 173–174, 178, 181 (das Verhältnis zu Traktat I, 8 wird nicht untersucht). Eventuell läßt sich in der Andeutung „in einem Andern" (III, 2, 5, 27) eine Beziehung zur Materie als Prinzip des Bösen in *Enn.* I, 8 feststellen.

Wenn das Erzeugte sich gewöhnlich leicht dem Erzeugenden angleichen läßt, dann müßte das Böse selber gut sein, gut gemacht nämlich durch Teilhabe an seiner Ursache, so daß das Gute böse sein wird als Ursache des Bösen und das Böse gut, weil es vom Guten hervorgebracht ist."[28]

Stringenter könnte dieser „Thomas von Aquin" des spätantiken Heidentums kaum gegen Plotin argumentieren! Ich fasse Proklos' Kritik zusammen: Wenn die Materie das Böse ist, dann gibt es entweder zwei voneinander unabhängige Grundprinzipien, Gut und Böse, oder das Gute schafft das Böse. Beide Alternativen will Proklos ausschalten und dadurch Plotins Identifikation der Materie mit dem Bösen. Plotin muß meines Erachtens die erste Alternative aufgeben, also das demiurgische Modell zweier Grundprinzipien; er muß somit die zweite Alternative verteidigen, also die Ableitung des Bösen aus dem Guten.[29] Dagegen argumentiert Proklos, indem er einen doppelten Widerspruch als Schluß aus der Ableitung zieht: Wenn das Böse aus dem Guten kommt, dann muß das Gute als Ursache des Bösen selbst böse und das Böse als Produkt des Guten gut sein. Der doppelte Widerspruch tritt auf, indem [Axiom 1] in jeder Art die erste Ursache mehr ist als das, was ihre Produkte in dieser Art sind, also die Ursache des Bösen ein größeres Böses sein muß, und indem [Axiom 2] jedes Produkt sich seiner Ursache angleicht, also das Böse sich dem Guten angleicht. Im allgemeinen muß Plotin die zwei Axiome, die Proklos als Grundlage seiner Kritik benutzt, annehmen, weil er ihnen gewöhnlich eine große metaphysische Bedeutung beimißt, ohne sie allerdings ganz so scholastisch zu formulieren. Er braucht aber nicht Proklos' Anwendung des zweiten Axioms anzunehmen, weil er der Meinung ist, daß die Materie prinzipiell keine Angleichung an ihre Ursache, an das Gute, verträgt.[30] Der zweite Teil des doppelten Widerspruchs folgt also nicht: Das Böse als Produkt des Guten wird nicht selber gut. Hingegen sehe ich keinen Ausweg für ihn beim ersten Teil des Widerspruchs: Wenn das Gute Ursache des Bösen ist und wenn [Axiom 1] die Ursache mehr ist als das, was ihre Produkte sind, dann muß das Gute ein größeres Böses als das absolute Böse sein – ein schönes Beispiel des sich vernichtenden Widerspruchs.

Hier, meine ich, ist Proklos' Kritik stichhaltig: Plotin hat zu entscheiden zwischen seiner Theorie des metaphysischen Bösen und seiner Theorie der Herkunft der gesamten Wirklichkeit aus dem Guten, zwischen dem demiur-

[28] Proklos, *Trois études sur la providence* III: *De l'existence du mal*, Abs. 31, übers. von Erler, 110–111 (statt „Teilnahme": Teilhabe).

[29] Unter der Annahme, daß die Materie Plotins Meinung nach tatsächlich aus dem Guten abgeleitet wird, wie in Traktat I, 8, 7, 17–21 angedeutet wird. Daß Plotin eine Ableitung der Materie aus dem Guten behauptet, wird von einigen Interpreten bestritten. S. dazu O'Brien 1993; Narbonne 1992, 135 ff.

[30] I, 8, 4, 22–25; vgl. III, 6, 7–19.

gischen und dem Ableitungsmodell: Beide zusammen sind unverträglich. Proklos entscheidet sich für das Ableitungsmodell. Folglich kann die Materie kein absolutes Böses sein. Es gibt für ihn kein metaphysisches Böses im Plotinischen Sinn.

4.

Weitere Einwände werden gegen Plotins Theorie des Bösen von Proklos vorgebracht, z. B. in Abschnitt 33 seiner Monographie: Wie kann so etwas Eigenschaftsloses wie die Materie auf die Seele wirken? Wo bleiben Selbstbestimmung, Selbstbewegung und Wahl, wenn die Seele durch die Materie gebildet wird? Warum sind die einen und nicht die anderen unter den Seelen von der Materie beeinflußt, wenn sie *alle* in Beziehung zum Körper und zur Materie stehen? Solche Schwierigkeiten sollte man im Rahmen einer Gesamtdarstellung der plotinischen Theorie des Bösen auch behandeln. Doch hier habe ich mich darauf beschränkt, das zu diskutieren, was am eigenartigsten und schwierigsten bei dieser Theorie zu sein scheint, nämlich den Begriff des metaphysischen Bösen, wie er in Traktat I, 8 vorgestellt wird. Wir haben also kritisch, und von Proklos assistiert, verschiedene plotinische Gedankengänge, die zum Begriff des metaphysischen Bösen führen, verfolgt. Was können wir jetzt als Bilanz ziehen?

Meiner Meinung nach ist die Ableitung des metaphysischen Bösen aus der Bezogenheit des moralischen Bösen am ehesten gelungen: Verschiedene Einwände und Schwierigkeiten diesbezüglich lassen sich lösen; vorausgesetzt, daß es irgendwie sinnvoll ist, von transzendentalen Werten zu reden, ist es auch sinnvoll, von der Einheit der differenziert ausgerichteten moralischen Bosheit zu reden, einer wirkungsvollen Wirklichkeit, welche eine vermittelte oder unmittelbare Erfahrung des absoluten Bösen einschließt. Die unmittelbare Erfahrung des absoluten Bösen, von dem Plotin spricht, ist strukturell vergleichbar mit der mystischen Erfahrung des Einen Guten und wirft ein interessantes Licht auf Plotins Denken. Plotin ist offensichtlich sehr von der Wirklichkeit und vom einheitlichen Wesen des Bösen überzeugt und will dies nicht mit unserer Natur – als Seele – identifizieren. Hingegen scheitert Plotins Versuch meines Erachtens daran, das absolute Böse in sein Ableitungssystem einzugliedern, d. h. das absolute Böse in eine Welt einzubinden, die voll und ganz vom transzendentalen Guten stammt. Hier greift Proklos' Kritik.[31] Proklos hat den Schluß gezogen, daß das absolute Böse

[31] Hager 1987, 50, 57, 156 versucht, Plotin vor dieser Kritik zu retten, indem er Plotins Materie nicht als absolutes Prinzip des Bösen deutet, sondern als „Unprinzip" und „Scheinprinzip", was wiederum Plotins Aussagen über das Böse (oben, Abschnitt 2) kaum gerecht wird.

Plotins nicht existieren kann. Er hat also das Ableitungssystem vorgezogen: Alles stammt vom Guten. Oder hätte er den anderen möglichen Schluß ziehen sollen, daß es absolutes Böses gibt und folglich keine Ableitung der Wirklichkeit aus dem Guten?[32]

[32] Für Korrekturvorschläge bin ich den Herren Th. Kobusch, B. Mojsisch, W. Beierwaltes und H. Flückiger sehr zu Dank verpflichtet.

Anthony Meredith

LICHT UND FINSTERNIS BEI ORIGENES UND GREGOR VON NYSSA*

Meine Intention ist es, den Gebrauch der zwei Bilder von Licht und Finsternis bei Origenes und Gregor von Nyssa zu untersuchen. Seit Erscheinen von J. Daniélous *Platonisme et théologie mystique* (1944) und der darauf folgenden Kontroverse ist dieses Thema eines der fruchtbarsten und arbeitsintensivsten.[1] Die Kontroverse kann so zusammengefaßt werden: Hat Gregor die Arbeit seines Lehrers Origenes treu fortgeführt, oder kennzeichnen ihn sein Insistieren auf der göttlichen Unendlichkeit (aus welchem Grund auch immer) und sein damit verbundener Gebrauch der Symbole „Licht" und „Finsternis" eher als einen Rebellen nicht nur gegenüber dem „Origenismus", wie dieser in den Schriften eines typischen Anhängers des Origenes, z. B. Gregors von Nazianz, ausgedrückt ist, sondern auch gegenüber der gesamten platonischen Tradition? Ich werde dieses Thema analysieren, indem ich (I) die wichtigsten Bibelstellen erwähne, die die beiden Autoren verwenden; (II) die Textstellen mit ihren Bildern untersuche, von denen die beiden Autoren Gebrauch machen; (III) eine Antwort auf die Frage anbiete, welchen Einfluß ihre jeweiligen Präferenzen für unterschiedliche Bilder auf ihre Theologien haben; (IV) schließlich einige Bemerkungen über die möglichen Ursachen ihrer anscheinend unterschiedlichen Haltung anfüge. Ist die Differenz, wie Crouzel (1989) in seinem Origenesbuch andeutet, hauptsächlich in den verschiedenen Herausforderungen zu finden, denen sich die beiden Autoren stellen mußten (Montanismus im Falle des Origenes, Anomoeanismus im Falle Gregors), oder entstammt sie der veränderten philosophischen Atmosphäre, in der sie sich betätigten?

I. Bevor ich die Haupttexte dieser „Kontroverse" erwähne, möchte ich zwei einleitende Bemerkungen voranstellen. Die erste ist offensichtlich. Keiner der Autoren scheint seine Meinung über die Gotteserkenntnis von der eigenen Erfahrung abzuleiten. An nur einer Stelle, in seiner ersten Predigt über das *Hohelied*, verweist Origenes auf seine eigene Erfahrung. In

* Aus dem Englischen übersetzt von Miriam Strube und Dr. Orrin F. Summerell (Bochum).

[1] Außer der bahnbrechenden Arbeit von Daniélou 1944 illustrieren die folgenden Untersuchungen das allgemeine Thema und Problem: Crouzel 1957; Mühlenberg 1966; vgl. auch die Anmerkungen von Langerbeck zu Gregor von Nyssa: *Comm. Cant.* Die beiden zuletzt genannten Autoren unterstreichen den Unterschied zwischen Gregor und Origenes.

seiner Anmerkung zu dieser Textstelle[2] macht Rousseau auf ihre Eigentümlichkeit aufmerksam. Die zweite Bemerkung bezieht sich auf die Verwendung des Wortes „mystisch“[3]. Wenn dieser Terminus einfach eine profunde Untersuchung des Sinnes der Bibel meint, dann sind Origenes sowie Gregor als mystisch einzustufen. Wenn jedoch „mystisch“ eher eine Erfahrung der Passivität beim Beten bedeutet, wie z. B. in der „tiefen Nacht der Seele“ bei Juan de la Cruz, dann sind die beiden Autoren trotz all ihrer Unterschiede, die berechtigterweise angenommen werden, in diesem Fall einer Meinung, da sie beide nicht als Befürworter einer Lehre von psychologischer Passivität angesehen werden können.

Die von Origenes bevorzugten Bibelstellen zu diesem Thema sind folgende: aus dem Alten Testament, jedoch nur in der Septuaginta, *Sprüche* 2,5: „Sensum divinum invenies“ (vgl. *princ.* I,1,9; *comm. Cant.* I,4,15) – ein Text, der zur Verteidigung der Origenistischen Lehre von den geistigen Sinnen[4] gebraucht wurde –, und *Hos.* 10,12: „Inluminate vobis lumen scientiae“ (vgl. *princ. praef.* 10; *CCels.* VI,5) – ein Text, der nach der Görgemanns/Karpp-Ausgabe (99, Anm. 33) für *De princ.* sehr wichtig ist. Es ist von Bedeutung, daß nach dem Drobner Bibelindex für Gregor die Textstelle aus den *Sprüchen* nur zweimal in seinen ganzen Werken vorkommt: einmal in einem asketischen Zusammenhang in *inst.* (GNO VIII/1, 72,2 ff.) und einmal in der ersten *Predigt über das Hohelied* (GNO VI, 34,5). Letzteres bekräftigt die Lehre von den geistigen Sinnen, obwohl Gregor diese Methode der Exegese bemerkenswerterweise seltener als Origenes zu gebrauchen scheint. *Hosea* 10,12 kommt in Drobner überhaupt nicht vor. Auf der anderen Seite erscheinen zwei Textstellen bei Origenes kaum: *Ex.* 20,21: „Moses begab sich zu der dunklen Wolke, darin Gott war“, und 33,23: „Mein Angesicht wird man nicht sehen.“ Diese Passagen nehmen sowohl im *Leben des Moses* als auch im *Kommentar über das Hohelied* eine bedeutende Rolle ein. Die erste der zwei Textstellen wird in *princ.* überhaupt nicht erwähnt, wic auch nicht in den *Predigten über Exodus* und im *Kommentar über das Hohelied*. Die einzige Textpassage, in der sie vorkommt, ist in *CCels.* VI,17 (vgl. auch *comm. Johan.* II,28,172). Die zweite Textstelle tritt in allen drei Werken (*princ.* II,4,3, *comm. Cant.* IV,2,12 und *hom. Ex.* XII,3) auf, aber,

[2] Vgl. Rousseau 95, Anm. 2.

[3] Zur Bedeutung des Terminus „mystisch“ im Unterschied zum modernen Gebrauch vgl. *PG* und *PL* s. v. μυστικός; zur Diskussion seines patristischen Gebrauches vgl. Bouyer 406 ff. Seltsamerweise wollte Plotin mehr als die Kirchenväter seine spirituelle Erfahrung beschreiben. Vgl. seine Beschreibung eines solchen Ereignisses in *Enn.* IV,8,1 und die des Porphyrios in seiner *Vita Plotini* 23. Vielleicht haben die Kirchenväter solche Erfahrungen nicht sehr geschätzt.

[4] Für weitere Hinweise auf den geistigen Sinn bei Origenes vgl. *hom. Lev.* 7,3; *CCels.* I,48; *comm. Cant. prol.* 2,10.

wie wir sehen werden, mit einer deutlich anderen Bedeutung als bei Gregor, besonders in seiner zwölften Predigt (GNO VI, 356, 11ff.). Zwei weitere Bibelstellen, die Origenes und Gregor behandeln, sind von großem Interesse: 1. *Psalm* 18 (LXX 17,12): „Er umgab sich mit Dunkelheit" (in *CCels.* VI,17, in Gregors *Leben des Moses* II 164 und *hom.* VI. *Cant.* GNO VI, 181,6ff.); 2. *Matth.* 5,8: „Selig sind, die reines Herzens sind; denn sie werden Gott schauen." Letztere ist die Passage, die Origenes dazu führt, die Idee der geistigen Sinne in *princ.* I,1,9 zu entwickeln; sie ist auch das Thema von Gregors sechster Predigt über die Seligpreisungen. Darüber hinaus gestaltet sie die Suche nach der Schau Gottes im *Leben des Moses*.

II. Ich möchte jetzt vier Abschnitte näher betrachten, zwei von Origenes und zwei von Gregor, welche die meisten gerade erwähnten Bibelstellen enthalten.

A. Während Origenes noch in Alexandrien war, hat er seinen Kommentar über Johannes angefangen und die ersten fünf Bücher abgeschlossen. Wie viele von seinen Kommentaren über die Heilige Schrift waren sie von Ambrosius, den er bekehrt hatte, veranlaßt, um den Einfluß der Gnostiker und vor allem des Heracleon zu untergraben (vgl. Eusebius, *Hist. Eccl.*, VI,23; 24). Buch II,25,158–28,174 ist ein ausführlicher Kommentar über die Bedeutung von *Joh.* 1,5: „Und das Licht leuchtet in der Finsternis, und die Finsternis hat es nicht erfaßt." Origenes beginnt seine Untersuchung über die verschiedenen Bedeutungen des Wortes „Finsternis" mit einer Diskussion seiner Bedeutung in bezug auf den menschlichen Geist. Er stellt zunächst fest, daß „Finsternis" alles, was dem „Licht der Erkenntnis" entgegengesetzt ist, impliziert. (Dabei verweist er auf *Hos.* 10,12 in der Septuaginta.) Im ersten Fall ist das Nichtwissen der Feind des Lichtes (158–160). Aber beim Voranschreiten der Analyse wird deutlich, daß „Finsternis" sich auch auf die Finsternis der Missetaten bezieht (161–162). In beiden Fällen hat „Finsternis" eine eindeutig negative Bedeutung; Origenes beabsichtigt jedoch nicht, daß wir „Finsternis" als etwas grundsätzlich Negatives verstehen sollen. Gott selbst ist vollständig ohne Finsternis (161); der Sohn kann mit Finsternis gedacht werden, da er sich selbst die vielen Einschränkungen unserer sterblichen Natur auferlegt hat (163–166). Im Abschnitt 171 wendet er sich der positiveren Seite der göttlichen Finsternis zu, wie sie in *Ex.* 19,9 und 20,21 sowie in *Psalm* 17 (18),12 angedeutet wird. Hier trägt Origenes zwei Interpretationen vor.

1. In 172 bezieht er die Finsternis auf die Schwierigkeit, mit denen sich die Geschöpfe in ihrem Versuch konfrontiert sehen, die reichen Inhalte des göttlichen Wesens zu begreifen und auszudrücken. Gemäß dieser Interpretation wird „Finsternis" ein Symbol für menschliche Unfähigkeit und göttlichen Glanz.

2. Origenes geht aus irgendeinem Grund eindeutig davon aus, daß die

erste Erklärung nicht völlig zufriedenstellend sein könne. Er schlägt also (in 173 und 174) eine weitere Erklärung vor, nach der die Finsternis die Schwierigkeit symbolisiert, die dem Verständnis der göttlichen Mysterien inhärent ist. Zur Unterstützung dieser Interpretation behauptet er nach *Sprüche* 1,6, „daß er verstehe die Sprüche und ihre Deutung, die Lehre der Weisen und ihre Beispiele". Dies bedeutet, daß die Finsternis der Heiligen Schrift in ihrem rätselhaften Charakter besteht, deren Lösung nach Intelligenz verlangt. „Finsternis" verweist also in beiden Fällen auf die Unfähigkeit oder auf die Herausforderung des menschlichen Geistes im Angesicht des göttlichen Mysteriums. Es scheint keinen Hinweis darauf zu geben, daß mit „Finsternis" die absolute Unzugänglichkeit der göttlichen Natur ausgedrückt wird.

B. Der Anfang von *CCels.* VI bestreitet das höhere Alter und die Überlegenheit Platons insbesondere und der Griechen im allgemeinen, die Celsus gegenüber der Bibel hervorhebt. Origenes (VI, 3/4) erkennt die Wahrheit in den Behauptungen des Celsus über die Gotteserkenntnis an, die vor allem im VII. Brief Platons angedeutet wird, aber er bestreitet das höhere Alter Platons und verweist auf die Inkonsequenz eines Mannes, der trotz seines edlen Gottesbegriffs im VI. Buch der *Politeia* an der Götzenverehrung in der Art teilnehmen könne, wie sie am Anfang der *Politeia* (327 a) und am Ende des *Phaidon* (118 a) erwähnt werde. In *CCels.* VI, 17 antwortet er auf die Behauptung des Celsus, daß der VII. Brief und der *Phaidros* erhabener seien als alles, was die Bibel anbieten könne. Origenes zitiert diesbezüglich *Ex.* 20 und *Psalm* 17 (18), 12. Nochmals gibt er zwei Erklärungen für die Bedeutung von „Finsternis". 1. Sie entspringe der Verunreinigung, unter der die Seele wegen ihres Lebens im Körper leide. 2. Sie entstamme unserer begrenzten Fähigkeit, Gott zu erkennen. Diese Erkenntnis werde dem Menschen nur selten vermittelt.

Wie schon in vorangegangenen Passagen ist auch hier die Annahme vorherrschend, daß der Geheimnis-Charakter Gottes nur die Auswirkung unseres eigenen begrenzten, verdunkelten und inkorporierten Intellekts sei und ihm nicht inhäriere oder ursprünglich zukomme. Diese Ansicht wird durch eine Textstelle aus der *Ermahnung zum Martyrium* unterstützt, die 235 während der Verfolgung von Maximinus Thrax verfaßt wurde. Dort wird (Abschnitt 13) unsere Gotteserkenntnis mit der Kenntnis verglichen, die Freunde voneinander besitzen. „Sie (sc. Freunde) lernen durch eine Weisheit, die der Worte, Symbole und Arten ledig ist." Der Christ schreitet aufwärts durch die verschiedenen Himmel voran. Am Ende gelangt er zur Schönheit der Wahrheit. Diese höchst intellektuelle Erklärung unseres Ziels wird durch eine Passage am Ende derselben Abhandlung verstärkt (47): „Durch ihn werden wir ernährt, in ihm werden wir die vielfältige Weisheit erhalten und durch die Wahrheit selbst geformt werden. Durch das wahre und beständige Licht der Erkenntnis wird unser Geist erleuchtet, um mit Augen, die durch das Gebot des Herrn erhellt worden sind, auf das zu schauen, was in diesem Licht zu sehen ist." Die Grundlage für diese Behauptung ist die Annahme, daß die Menschen in gewissem Sinne von derselben Art wie Gott sind, zumindest in ihrer Rationalität. Trotz des großen Unterschiedes zwischen dem Geist des Menschen (wie dem des Engels) und Gott gehören beide grundsätzlich der Klasse der rationalen Seienden an. Diese Konzeption der natürlichen Verwandtschaft zwischen Gott und dem Geist teilt Origenes mit Platon.[5]

C. Wenden wir uns jetzt zwei Passagen bei Gregor zu. Die erste entstammt seiner sechsten Predigt über das *Hohelied* (GNO VI, 181,3ff.) und ist ein Kommentar über *Cant.* 3,1: „Des Nachts auf meinem Lager suchte ich ihn, den meine Seele liebt." Gregor assoziiert die „Nacht" im Text mit der Wolke der Finsternis, die nach *Ex.* 20,21 und *Psalm* 17 (18),12 um Gott herum zu finden ist. Ständig entkommt der Geliebte der Umarmung des Liebhabers, womit der Zugriff der Vernunft gemeint ist. Gott ist nicht Gegenstand des Geistes, worunter Gregor vielmehr die lebendige Welt der Formen in Gestalt der Engel versteht. Festzuhalten ist, wie Gregor die statische Welt der Ideen in eine lebendige Agora (182,8) oder in eine lebendige und überirdische Stadt von Engeln transformiert hat. Trotz seines intellektuellen Charakters gehört Gott dieser Welt nicht an, obwohl zu Beginn der Predigt und an anderen Stellen gesagt wurde, daß Gott ein intellektuelles Wesen sei. Diese Tatsache wirft zwei Fragen nach Gregors Methode und philosophischer Einstellung auf: 1. Wie konsequent ist er in seiner Behandlung des göttlichen Wesens, wenn er es manchmal als etwas behandelt, das dem intellektuellen Reich angehört – eine Position, die sich Origenes nähert –, obwohl er gelegentlich auch, wie hier, darauf besteht, daß Gott dem intellektuellen Reich nicht angehört? 2. Inwiefern steht diese Preisung, die das göttliche Wesen über die Welt des Geistes stellt, unter neuplatonischem Einfluß?

Auf jeden Fall schließt Gregor aus seiner Suche nach Gott „in der Nacht", daß wir über die Gotteserkenntnis lediglich sagen können, Gott werde „in einem Nicht-Erfaßt-Werden" (183,3) erkannt. Gregor behauptet sogar, daß jeder Versuch, Gott durch Gedanken oder Worte zu erfassen, ein Hindernis für diejenigen sei, die ihn suchten. Der Glaube (πίστις) allein sei das Instrument, das dem Suchenden das Erfassen Gottes ermögliche (183,3).[6] Bedeutet dieses Insistieren auf Glauben[7] anstelle von Erkenntnis als dem, wo-

[5] Zum Geist als Abbild Gottes bei Origenes vgl. *princ.* II,10,7; II,11,3. Zur συγγένεια vgl. *princ.* I,1,7.

[6] Zur göttlichen Unerfaßbarkeit vgl. Gregor von Nyssa, *CEunom.* I, 373.

[7] Zur Betonung der πίστις als Mittel, durch das Gott erfaßt wird, vgl. besonders *CEunom.* II, 84–96.

durch wir Gott erfassen, eine beabsichtigte Ablehnung der intellektualistischen Position des Origenes, die den Glauben als die Vorbereitung auf Erkenntnis und Verstehen betrachtet? (Vgl. Origenes, *princ. praef.* 3, darüber hinaus Platon, *Pol.* VI 511 e 1.)

D. Die zweite Passage bei Gregor kommt aus dem *Leben des Moses* II 162–164, einer expliziten Auslegung von *Ex.* 20,21. Gregor versteht diese Textstelle als einen klaren Fortschritt gegenüber der ersten göttlichen Erscheinung in *Ex.* 3,3–14, die er in demselben Werk (II 19–25) behandelt. Dort fand die Theophanie im Licht statt, hier geschieht sie in der Finsternis. Dort war die Botschaft, Gott sei „das wirklich Seiende", hier, daß das göttliche Wesen nicht vom menschlichen Geist zu erfassen sei. Die erste Theophanie wird eindeutig nicht als eine Offenbarung des göttlichen Wesens, sondern der göttlichen Existenz behandelt. Nach der zweiten Theophanie besteht die wahre Gotteserkenntnis darin, daß man sieht, daß Gott nicht zu sehen ist, „weil das, was gesucht wird, jenseits aller Erkenntnis liegt" (163). Das Göttliche ist jenseits aller Erkenntnis und allen Begreifens. Schließlich verwendet Gregor *Psalm* 17 (18), 12, um die Passage von *Exodus* zu erhellen, wie er es im *Kommentar über das Hohelied* sowie Origenes in *CCels.* VI, 17 schon getan hatten. Dabei versuchte Gregor zu zeigen, daß die Bibel an Erhabenheit auf keinen Fall den Dialogen Platons unterlegen ist.

Wie J. Daniélou in seiner Anmerkung zu *De vita Moysis* II 163 (212 f.) hervorhebt, nähert sich Gregors Behandlung von *Ex.* 20,21 derjenigen Philons in *post. Caini* 15. Diese ähnelt sicherlich der Behandlung Philons eher als derjenigen des Origenes, der diese Textstelle entweder vollkommen ausläßt (wie in seinen Predigten über *Exodus*) oder ihr eine völlig andere Bedeutung gibt (wie in der Passage von *CCels.* VI). In keiner Passage, die wir betrachtet haben, verwendet Gregor die Lehre der geistigen Sinne, die Origenes oft gebraucht, um seine Doktrin gegen den Vorwurf des Agnostizismus zu verteidigen. Diese Lehre hatte eine große Rolle in der Theologie des Origenes gespielt, insbesondere, um sie vor dem Vorwurf zu retten, daß wir vollkommen unwissend gegenüber dem göttlichen Wesen seien. Er verwendet *Sprüche* 2,5 der Septuaginta, z. B. in *princ.* I, 1, 9, um die Existenz geistiger Kräfte in uns zu beweisen, die den natürlichen Sinnen des Körpers entsprechen. Diese Vorgehensweise zumindest ist auf die platonische Lehre von den Augen der Seele zurückzuführen, die unserem Geist die Kraft verleihen, direkten Kontakt mit der geistigen Welt aufzunehmen. Wiederum geht Origenes von der platonischen Lehre der natürlichen Affinität der geistigen Welt aus, der beide, die Menschen wie auch Gott, angehören. Im Gegensatz dazu stehen Gregors Abneigung, auf die Lehre von den geistigen Sinnen zurückzugreifen, und sein größeres Bewußtsein von der Entfernung zwischen Gott und dem Menschen, das durch das Symbol der Finsternis und sein Insistieren auf der göttlichen Unfaßbarkeit und Unendlichkeit ausgedrückt wird. Impliziert dieser Unterschied in der Bildlichkeit und in der jeweiligen Meinung über den Zugang zu Gott verschiedene Theologien? Wir müssen uns jetzt diesem Problem zuwenden.

III. In einer fruchtbaren Diskussion von *princ.* I, 1, 5/6 hat Dillon (1988) vorgeschlagen, daß Origenes keineswegs ein unkritischer Anhänger Platons sei, obwohl er ihm in vielen Hinsichten treu bleibe. Dillon sieht meines Erachtens richtig, daß *princ.* I, 1, 5 stark durch das VII. Buch der *Politeia* mit seinem Höhlengleichnis beeinflußt worden ist, da sich der Licht-Aspekt der Idee des Guten sowie die Schwierigkeit, diese wahrzunehmen, in der Behandlung widerspiegeln, die Origenes dem Vermögen unserer Gotteserkenntnis widmet. Dillon behauptet jedoch, daß Origenes die Fähigkeit des menschlichen Geistes, das Wesen Gottes zu „sehen", weniger optimistisch als Platon betrachtet, trotz der unbestreitbaren Parallelen zwischen dem VII. Buch der *Politeia* und *princ.* I, 1, 5/6. Wenn Dillons Analyse richtig ist, dann scheint der gemäßigte Optimismus des Origenes ihn näher an Gregor zu rücken, wenn es auch Unterschiede in der Bildlichkeit und der Theologie gibt, welche die Bildunterschiede möglicherweise in sich einschließen. Aber hat Dillon wirklich recht?

Um sein Argument zu bekräftigen, stellt er *princ.* I, 1, 6 der *Pol.* VII (516b) gegenüber. Er verweist auf einen „fast expliziten Widerspruch" zwischen der platonischen Behauptung, daß es letztlich möglich sei, die Sonne weder im Wasser noch an einer fremden Stelle, sondern „sie in sich selbst an ihrer eigenen Stelle" (ἐν τῇ αὑτοῦ χώρᾳ) zu sehen, und der Position des Origenes, „mens nostra ipsum per seipsum deum sicut est NON potest intueri". Origenes fährt fort, daß unsere Gotteserkenntnis wegen dieser Unfähigkeit von der analogen Folgerung „ex pulchritudine operum et decore creaturarum" abhängig sein müsse. Es wird nicht klar, ob die Informationen, die wir auf diese Weise erhalten, die Existenz Gottes betreffen – wozu eine Parallele aus *Röm.* 1, 20 und der Stoa gezogen werden darf – oder das Wesen Gottes, dessen Existenz aus anderen (nicht erwähnten) Gründen erkannt werden kann. Falls letzteres wahr ist, dann ist jedoch immer zu bedenken, daß *princ.* I, 1, 6 nicht als eine vollständige Darstellung seiner Meinung angesehen werden kann, obwohl Origenes Zurückhaltung zeigt, was Behauptungen über die Reichweite unserer Fähigkeit zur direkten Gotteserkenntnis anbetrifft. Nur drei Abschnitte später (*princ.* I, 1, 9) folgt in einer Diskussion über die Bedeutung von *Matth.* 5, 8: „Selig sind, die reines Herzens sind; denn sie werden Gott schauen", eine Erklärung seiner (nicht wirklich neuen) Lehre von den geistigen Sinnen, die deutlich verwendet wird, um dem Vorwurf des Agnostizismus zu entgehen. Es muß jedoch auch gesagt werden, daß er sich damit der platonischen Lehre im VII. Buch der *Politeia* anschließt. Es gibt einen *„oculus cordis"*, den Origenes als einen *„oculus mentis"* versteht, der im Bereich des Geistes eine ähnliche Funktion ausübt wie das körperliche Auge im Bereich der Sinne. Diese „Lehre“ wird weiter bestätigt in *CCels.* VII,36,44. Wenn *princ.* I,1,5/6 isoliert betrachtet wird, dann ist es tatsächlich wahr, daß Origenes der Möglichkeit, Gott direkt zu erkennen, zumindest was dieses Leben anbetrifft, zurückhaltend gegenübersteht. Falls aber der Rest dieser Passage und *CCels.* in Betracht gezogen werden, dann übertreffen die „Licht“-Passagen dort die vorsichtige Haltung, die *princ.* I,1,6 impliziert.

Die platonische Tradition, in der Origenes eindeutig steht, ist durch Betonung der Notwendigkeit der moralischen Reinigung und intellektuellen Ernsthaftigkeit als notwendiges Tor zur Gewinnung der Erkenntnis des Guten geprägt. Diese Erkenntnis wird oft mit Hilfe von Metaphern wie „Licht“ und dem inneren „Auge“ der Seele ausgedrückt.[8] Sie weiß oder scheint nichts vom Bild der „Finsternis“ zu wissen, obgleich dies nicht bedeutet, daß das Ziel leicht zu erreichen ist. Der Ursprung der Idee der göttlichen Unerkennbarkeit ist in ihren verschiedenen Formen von E. Norden, H. Wolfson, E. R. Dodds, H. Chadwick und A. J. Festugière zu ausführlich diskutiert worden, um hier angeführt zu werden.[9] Was aber Philons Betonung der göttlichen Unerkennbarkeit betrifft, so finden wir wenig Resonanz bei Origenes. Er betont eher die Schwierigkeit als die Unmöglichkeit der Gotteserkenntnis. Selbst Plotin, dessen Apophatizismus weit über den Platons und den des Origenes hinausgeht, vermeidet durchgängig das Bild der „Finsternis“ oder lehnt diese Verwendung ab, wenn er die Zugänglichkeit des Einen diskutiert. Die Notwendigkeit dieser Symbole kann also nicht auf platonischen Einfluß zurückgeführt werden. Im Gegenteil: Sie entsteht eindeutig aus den oft zitierten Bibelstellen.

Unser Interesse ist auf die folgende Tatsache gerichtet: Gregor scheint diese Bibelstellen nicht nur in sein System aufgenommen, sondern auch gelegentlich, wie in seinem *Kommentar über das Hohelied*, in einen Text, in dem es keinen direkten Anlaß für sie gibt, eingeführt zu haben. Origenes hingegen hat sie eher als eine Verlegenheit angesehen, die er umgehen mußte, indem er sie vermied oder wegerklärte. Der Versuch, den Unterschied zwischen den beiden darin zu begründen, daß sie mit unterschiedlichen Texten gearbeitet haben, scheitert, da zwei unbeantwortete Fragen bleiben: 1. Was hat sie anfänglich zur Wahl dieser unterschiedlichen Texte veranlaßt? 2. Warum vermeidet Origenes die Diskussion derjenigen Text-

[8] Zum platonischen „Auge der Seele“ vgl. *Politeia* 533d. Zu Origenes vgl. auch *CCels.* VII,36: 44.

[9] Die Idee der göttlichen Unerfaßbarkeit und ihre Quelle werden mit unterschiedlichen Resultaten diskutiert. Vgl. besonders Norden und Wolfson. Dodds 1933, 310; Chadwick; Festugière 307 befürworten eine hellenische Abstammung. Festugière bezieht sich auf Cicero, *de nat. deorum* 1,12,30, und Philon, *de somniis* I,184/5.

stellen des *Exodus*, die uns interessieren, sogar dann, wenn er ihn behandelt? Aber wenn weder der optimistische Glaube an die Zugänglichkeit der Gotteserkenntnis noch die verschiedene Exegese der gleichen Texte zufällig ist, was ist die theologische Differenz, die den unterschiedlichen Bildern und Interpretationen zugrunde liegt?

4. Die bisherige Diskussion läßt ein sehr wichtiges und schwieriges Problem offen. Falls es wahr ist, daß Gregor von Nyssa einige wichtige Modifikationen der Theologie des Origenes in seine eigene Theologie einführte, welche Motive und Tendenzen lagen ihnen zugrunde? Entstammt Gregors deutliche Bevorzugung der Bildlichkeit von Finsternis und der Idee von Unendlichkeit einfach einer dogmatischen Kontroverse, oder ist sie das Resultat einer grundsätzlichen Zurückweisung des „Platonismus" im Namen eines christlichen Verständnisses von Gott, der Schöpfung und der Freiheit? Es wäre banal zu bemerken, daß, ähnlich wie Origenes, der auf der göttlichen Zugänglichkeit durch den Geist bestanden hatte, um apophatischen Gnostizismus und montanistische Schwärmerei zu bekämpfen, Gregor auf der Unerfaßbarkeit und Unendlichkeit Gottes bestanden habe, weil er auf den Scholastizismus des Eunomius und seine pietätlose Behauptung über die Definition des göttlichen Wesens reagiert habe. Zweifelsohne ist dieses Bild zum Teil wahr, aber es birgt den Nachteil, Origenes ebenso wie Gregor zu „reaktionären" Theologen zu machen, die ihre Gottesideen lediglich als Reaktion auf zeitgenössische Herausforderungen gewonnen haben.

Wichtiger als dies ist aber die Tatsache, daß es andere Faktoren gibt, aufgrund deren sich diese zwei Denker unterscheiden. Ein Faktor ist in ihren unterschiedlichen Anthropologien gegeben. Ihre Auslegung des menschlichen Verhältnisses zu Gott hängt sehr von ihrer Haltung zur Bedeutung des Bildes ab. Wie wir gesehen haben, ist bei Origenes das Bild eng mit dem Geist verbunden. Dies wird besonders deutlich in *princ.* II, 10, 7 und II, 11, 3. Wir sind Gott ähnlich und mit ihm συγγενεῖς, da wir intellektuelle Wesen sind. Damit wird nicht bestritten, wie Th. Kobusch 1985 gezeigt hat, daß die christliche Philosophie des Origenes mehr Aufmerksamkeit auf die Freiheit des Menschen und aller geistigen Wesen lenkt, die ihren Platz in der Gesamtordnung der Dinge bestimmt, als es bei Platon und (*a fortiori*) bei den Gnostikern der Fall ist. Der Unterschied wird deutlich, wenn wir Origenes mit Gregor vergleichen. Gregor widmet der Diskussion über die Bedeutung von „Bild" viel Raum; seine Antworten sind jedoch nicht einheitlich.[10] Man kann sogar zumindest auf der Grundlage der *oratio catechetica* sagen, daß er das Bild im menschlichen Willen und in der Freiheit findet. Mit anderen Worten: Wir ähneln Gott aufgrund unserer Freiheit eher als aufgrund un-

[10] Der Ort des Abbildes bei Gregor ist der Wille in *or. cat.* 5 (ed. Srawley 26, 8); *de mortuis* (GNO IX/1 p. 54, 2–3).

serer intellektuellen Fähigkeiten. Diese Betonung der menschlichen und göttlichen Freiheit als der Quelle unserer Ähnlichkeit mit Gott zieht für Gregor eine weitere Konsequenz nach sich. Die Vollkommenheit der Natur, die wir immer in Gott und manchmal in uns selbst wahrnehmen können, ist unsere Tugend. Ein rätselhafter Zug seiner Schriften erklärt sich nun. Gelegentlich *ist* Gott bei ihm die Tugend – eine ziemlich unplotinische Ausdrucksweise; parallel dazu ist unser Ziel im Leben das Erstreben und das Erwerben der Tugend – diese Idee bildet die Grundlage von Gregors Abhandlung *Das Leben des Moses*. Das Ziel ist Ähnlichkeit mit Gott durch den ständigen Versuch, uns ihm anzupassen, statt, wie Origenes am Ende des zweiten Buches von *princ.* meint, des endlichen Strebens nach der Gotteserkenntnis durch die stufenweise Reinigung des Geistes und des Lebens.[11] Dies führt hin zur interessanten Schlußfolgerung, daß sich die Art und Weise, wie Gott von beiden Autoren begriffen wird, in ihrem jeweiligen Verständnis der menschlichen Bestimmung widerspiegelt. Bei Origenes wird Gott als intellektuell und begrenzt gedacht, bei Gregor als unbegrenzt und frei.

Das Vorhergehende illustriert einige wichtige Aspekte, nach denen sich Gregors Gesamthaltung – und nicht nur sein Gebrauch vom Symbol der Finsternis – von der des Origenes insbesondere sowie des Platonismus im allgemeinen unterscheidet. Da Gregor auf der göttlichen Freiheit und der unüberbrückbaren Kluft zwischen Schöpfer und Geschöpf besteht, befürwortet er die radikale Unähnlichkeit der zwei Elemente innerhalb dieser Verbindung. In einer zweideutigen Wendung beschreibt er Gott als „jenseits des Geistes“ (obwohl niemals als „jenseits des Seins“).[12] Bereits dies heißt, daß er sich formal von Plotin trennt, für den Geist und Sein zusammengehören. Gregors Betonung des kontingenten Charakters der menschlichen, ja aller erschaffenen Existenz überhaupt unterscheidet ihn von Platon, dessen Glaube an die Ewigkeit der Materie, zumindest im *Timaios*, mit derjenigen der Welt der Formen eng verbunden ist. Sie unterscheidet ihn aber auch von Origenes, dessen Lehre von Korrelaten die Existenz der erschaffenen Ordnung zu einer notwendigen Funktion der ewigen Allmächtigkeit Gottes werden läßt, wie *princ.* I,2,2/10 andeutet. Dies heißt, daß in der Theologie des Origenes ein Grundzug fehlt, der in der Theologie Gregors zu finden ist, nämlich die Betonung des göttlichen Geheimnisses und der göttlichen Freiheit.

Aus drei völlig unterschiedlichen Gründen kann Gott also nicht durch den

[11] Dies ist besonders deutlich in *de vita Moysis* II, 1–7.

[12] Dies ist zweideutig, da es „jenseits der Reichweite des menschlichen Geistes“ oder „jenseits der geistigen Sphäre“ bedeuten könnte. Letztere Ansicht wird durch den Anfang der *6. Predigt über das Hohelied* unterstützt. Beispiele der Wendung νοῦν ὑπερέχουσα φύσις finden sich in *comm. Cant.* 3 und 5 (GNO VI p. 87,8, p. 157,15).

menschlichen Geist erfaßt werden: 1. Gott ist unendlich und überschreitet daher zwingend die menschliche Intelligenz; 2. unser Geist ist erschaffen, begrenzt und gebunden an Zeit, Sünde und Sinnlichkeit, so daß er Gott nicht erfassen kann; 3. die Schöpfung hängt von einem Akt des göttlichen Willens ab, die in keinem Fall im göttlichen Wesen enthalten ist. Diese Freiheit, die für unser Verständnis vom göttlichen Wesen so wichtig ist, ist auch die Quelle unserer grundsätzlichen Ähnlichkeit mit ihm.

A. Dihle und andere haben behauptet, daß sich Gregor bei der endlosen Suche nach Gott, die er mit dem *Philipperbrief* 3,13 durch den Begriff „ἐπέκτασις" verbindet, kaum vom Platonismus entferne. E. Mühlenberg 1966 sieht in Gregor auch einen Rationalisten, der eine neue Prämisse, die göttliche Unendlichkeit, entdeckt habe.[13] Obwohl es wahr ist, daß Gregor diese Idee, die er wahrscheinlich nicht selbst entwickelt hat, häufig verwendet, verbindet sie sich in seiner Theologie mit einem Hymnus, der den Glauben über das Wissen, die Freiheit über die Natur, die Finsternis über das Licht stellt – einem Lobpreis, der schließlich in ein radikal nicht-platonisches Resultat einmündet.

Wenn die vorangehende Analyse richtig ist, wird es unmöglich, wie ich einst angenommen habe, die Differenz zwischen Origenes und Gregor einem veränderten philosophischen Klima zwischen Mittel- und Neuplatonismus zuzuschreiben. Es gibt zu vieles bei Gregor, das ihn von Plotin unterscheidet, um auf diese Weise zu argumentieren. Ich bin der Meinung, daß die Betonung der Schöpfung, des Unterschiedes zwischen Schöpfer und Geschöpf und der menschlichen und göttlichen Freiheit der Bibel selbst entstammt. Seine Haltung markiert den Sieg biblischer Ideen über die, die der platonischen Tradition zugeschrieben werden können.

Schluß

Der Versuch, den Unterschied zwischen Gregor und Origenes als Konsequenz aus Gregors Festhalten am Neuplatonismus zu interpretieren, bietet sich an, schlägt aber meines Erachtens letztlich fehl. Er gründet sich auf zwei miteinander verbundene Faktoren seiner Ausdrucksweise. 1. Wie oben bemerkt wurde, verwendet Gregor die Wendung „jenseits des Geistes" als eine Art Definition von Gott. 2. Er spricht häufig von Gott als unendlich. Getrennt voneinander überzeugen diese beiden Gesichtspunkte. Plotin setzt regelmäßig das Eine über den Geist; für ihn ist das Eine tatsächlich unendlich.

Was den ersten Punkt betrifft, so ist zu bemerken, daß der Ausdruck „jen-

[13] Plotin hat mit ziemlicher Sicherheit geglaubt, daß das Eine unendlich sei, wie *Enn.* V,5,6,14 deutlich macht.

seits des Geistes" zweideutig ist. Es ist keinesfalls deutlich, was dieser Ausdruck bedeutet, denn er könnte einfach „jenseits der Reichweite unserer Intelligenz" – mit anderen Worten: kaum mehr als die üblichere Wendung „unerfaßbar" – heißen. Auf der anderen Seite könnte „jenseits des Geistes" auch „jenseits der geistigen Sphäre" bedeuten – mit anderen Worten: ein Synonym für „schlechthin transzendent" sein. Im zweiten Fall würde Gregors Gottesbegriff tatsächlich denjenigen Plotins widerspiegeln, wenn es nicht zwei Faktoren gäbe. 1. Gregors Gott ist persönlich, das Eine Plotins nicht. 2. Bei vielen Gelegenheiten bezieht Gregor das Göttliche in das umfangreichere Genus des „Intellektuellen" mit ein. Dies wird deutlich in *CEunom.* I, 270, in dem die *divisio rerum* zwischen dem Sinnlichen und dem Intellektuellen Gott zur zweiten Klasse rechnet. Da dies der Fall ist und insofern wir eine konsequente Haltung erwarten dürfen, muß die Wendung „jenseits des Geistes" einfach „für unseren Geist schwierig zu erfassen" bedeuten; sie stimmt nicht mit der plotinischen Lehre über die drei Hypostasen zusammen. Was das zweite Argument für die Abhängigkeit vom plotinischen Gottesbegriff betrifft, das sich auf die Unendlichkeit beruft, so ist es wahr – ohne Mühlenberg zu nahe treten zu wollen –, daß Plotin und Gregor glauben, das Eine oder Gott sei unendlich; aber die Motive, die ihrer Behauptung zugrunde liegen, sind sehr verschieden. Die Haltung Plotins scheint aus seiner eigenen mystischen Erfahrung der Vereinigung entstanden zu sein, bei der der Unterschied zwischen Subjekt und Objekt verschwunden ist und das Absolute nicht definiert werden kann. Sie scheint auch dem Prinzip des unverminderten Gebens zu entstammen. Alles kommt von dem Einen, obwohl das Eine davon unberührt bleibt. Gregor hingegen gründet seine Spekulation kaum – wenn überhaupt – auf Erfahrung, sondern eher auf theologische Prinzipien, die in der Eunomischen Kontroverse ausgearbeitet worden sind, in welcher er den unerschaffenen Charakter Gottes und seine Unverfügbarkeit für uns eng miteinander verbindet. Schließlich bedeutet Gregors Lehre der freien Schöpfung im Gegensatz zu Plotins Lehre der Emanation, daß die Verbindung, die im Platonismus das Absolute mit dem Relativen verknüpft, abgebrochen worden ist. Während für Plotin das Ziel uns immer „nah" ist (*vita Plotini* 23), bleibt Gott für Gregor ein Ziel, nach dem immer gestrebt werden muß, da bei ihm die „ἐπέκτασις" die Ekstase ersetzt hat.

Sowohl Plotin als auch Gregor verlassen also die klaren Linien des platonischen Intellektualismus, denn beide glauben, wenn auch aus unterschiedlichen Gründen, daß das höchste Wesen unendlich sei. In dieser Hinsicht können also beide als „Rebellen" angesehen werden. Gleichwohl erlauben die Gründe für diese Abweichung und die daraus entstehenden Konsequenzen gerade eine strikte Trennung zwischen beiden.

Wilhelm Geerlings

LIBRI PLATONICORUM. DIE PHILOSOPHISCHE BILDUNG AUGUSTINS

Im achten Buch seiner *Confessiones* notiert Augustin, daß er dem Mailänder Priester Simplicianus die Irrfahrten seines Lebens erzählt habe. „Als ich dabei erwähnte, ich hätte einige Bücher der Platoniker gelesen, die vormals Victorinus, ein Rhetor der Stadt Rom, der, wie ich vernommen, als Christ gestorben war, ins Lateinische übersetzt hatte, wünschte er mir Glück, daß ich nicht auf andere Philosophen verfallen war, Schriften voller Trug und Täuschung nach dem Naturglauben dieser Welt. Hier werde doch Gott und sein Wort auf alle Weise nahegebracht“ (*Conf.* 8,2,3). Die von Victorinus zum Ausdruck gebrachte Hochschätzung der Platoniker hat Augustin selbst mehrfach wiederholt und unterstrichen, daß niemand uns so nah gekommen sei wie die Platoniker, daß nur wenig gefehlt hätte und sie Christen geworden wären, daß er nur den Namen Christi und das Beispiel der Demut der Inkarnation bei den Platonikern vermisse.[1] Zwar gibt es in seinen Predigten auch gelegentlich situationsbedingt abwertende, geradezu vernichtende Urteile über alle Philosophen, an der grundsätzlichen Hochschätzung der Platoniker aber ändert sich nichts. Allein die Selbstverständlichkeit, mit der Augustin gewisse platonische Denkschemata und Strukturen übernimmt, unterstreicht diese Wertschätzung.

Doch was waren diese *Libri Platonicorum*? Die Beantwortung dieser Frage hängt u. a. davon ab, daß man vorab klärt, in welchem Umfang Augustin überhaupt Griechischkenntnisse besaß, um die platonischen Bücher in ihrer Originalfassung lesen zu können.[2] Nach eigenem Eingeständnis hat er ja die *Libri Platonicorum* in der Übersetzung des Marius Victorinus benutzt.[3] Die Forschung ist sich darüber einig, daß Augustin nur rudimentäre Griechischkenntnisse besaß. Auch als er später in der Kontroverse mit Julian von Eclanum noch einmal versuchte, seine Griechischkenntnisse aufzuarbeiten, wird er keine wesentlichen Fortschritte gemacht haben. Wahrscheinlich war er in der Lage, ein griechisches Original mit Hilfe einer latei-

[1] Vgl. *tr. in Joh. ev.* 3,15 CCL 36,27; *En. in ps.* 33,1,4 CCL 38,276; *sermo* 292,3 PL 38,1322.

[2] Zur Frage der Griechischkenntnisse vgl. Altaner.

[3] Es sei nur der Klarheit wegen darauf hingewiesen, daß Augustin natürlich keinen einzigen der Dialoge Platons gelesen hat, daß es sich bei den *Libri Platonicorum* um Schriften der sog. Neuplatoniker handelt.

nischen Übersetzung zu verstehen. Insofern engt sich die Frage nach der Rezeption des Neuplatonismus bei Augustin sofort daraufhin ein, welche platonischen Schriften überhaupt in lateinischen Übersetzungen vorlagen. Nur so können wir das mögliche Rezeptionsspektrum sichten. Welche philosophischen Schriften Augustin studiert haben könnte, darüber kann uns ein Blick in seinen Studiengang aufklären.

Zu einem uns wohl unbekannten Zeitpunkt[4] wird Augustin von Thagaste in das benachbarte Madaura geschickt, um dort Grammatik und Rhetorik zu studieren. Im Jahre 370 setzt er seine Rhetorikstudien in Karthago fort. Möglicherweise hat er in Madaura die erste Phase des Studiums der lateinischen Rhetorik und der Geschichtsschreiber abgeschlossen. Vielleicht wollten ihn seine Eltern für den letzten und wichtigsten Teil seines Studiums, nämlich das Studium der eigentlichen Rhetorik, in eine bessere Schule schicken. Deshalb wohl der Wechsel nach Karthago. Wann dieses Studium abgeschlossen wurde, können wir nicht exakt sagen. Zwischen 374 und 376 scheint er von Karthago zurückgekommen zu sein und seine Lehrtätigkeit in Thagaste aufgenommen zu haben. Nach dem Tod eines geliebten Freundes hat er wohl sehr überstürzt Thagaste verlassen (*Conf.* 4,7,12) und eine Lehrstelle in Karthago übernommen. Hier blieb er bis zu seinem 29. Lebensjahr (*Conf.* 4,1,1; 5,3,3). Während dieser Lehrtätigkeit, so verrät es eine Notiz in den *Confessiones* (*Conf.* 4,3,4ff.), scheint er sich hauptsächlich für Astrologie interessiert zu haben. Denn Augustin, inzwischen Manichäer, nahm gerne die Dienste der Astrologen an, lehnte die Dienste der Haruspices jedoch ab, weil diese für ihre Leberschau Tiere töten mußten. Eine solche Tötung ließ die manichäische Lehre nicht zu. Deswegen wandte sich Augustin den astrologischen Lehren der griechischen Mathematiker zu. Hier wird er vermutlich auch auf die Widersprüche der astronomischen Grundlagen zu den Lehren der Manichäer aufmerksam geworden sein. Man darf vermuten, daß er in diesem Kontext verschiedene astronomische Schriften gelesen hat. Bei diesen Schriften handelt es sich um philosophische Schriften. Denn er sagt selbst: „Da ich nun viele philosophische Schriften gelesen und meinem Gedächtnis eingeprägt hatte, pflegte ich manches davon mit jenen weitschweifigen Fabeln der Manichäer zu vergleichen. Da schien mir denn einleuchtender, was jene sagten, die immerhin so viel vermochten, daß sie die irdische Welt zu würdigen wußten, wenn sie auch ihren Herrn auf keine Weise finden konnten. Denn mit dem Verstand und dem Geist, den du ihnen verliehen, suchen sie das zu erforschen, haben auch vieles gefunden und

[4] Vgl. *Conf.* 2,3,5. Die nachstehende Darstellung folgt I. Hadot 1989, 118–127. Eine nähere Altersangabe läßt sich nicht mit Sicherheit erheben. Lepelley II,128 spricht von einem Alter von 11 Jahren. Wir wissen nur, daß Augustin im Alter von 15 Jahren wegen Geldmangels aus Madaura nach Thagaste zurückkehrte. *Conf.* 2,28,6.

viele Jahre vorher Sonnen- und Mondfinsternisse nach Tag und Stunde und Umfang vorausgesagt, ohne sich zu verrechnen" (*Conf.* 5,3,3–6).

Während dieser karthagischen Zeit hat Augustin darüber hinaus sicher alle philosophischen Schriften Ciceros gelesen, denn diese sind zweifellos gemeint, wenn er von den Ansichten der Akademiker spricht: „Es stieg in mir der Gedanke auf, klüger als alle anderen seien jene Philosophen gewesen, die man die Akademiker nennt. Denn sie waren der Meinung, man müsse an allem zweifeln, und hatten gelehrt, nichts Wahres könne vom Menschen als sicher erkannt werden. Denn auch mir schien, wie man gemeinhin annahm, daß dies unstreitig ihre Ansicht gewesen sei, weil ich ihre wirkliche Absicht noch nicht durchschaute" (*Conf.* 5,10,19).

Dieses Urteil Augustins läßt erkennen, daß er zu dieser Zeit nur rudimentäre Kenntnisse der Geschichte der Philosophie besaß. Denn bereits im mittleren Platonismus hatte man die Skepsis der Akademie nur als methodische Skepsis, nicht als wirklich angesehen. Auch diente der Skeptizismus dazu, die platonischen Lehren vor der breiten Masse zu verbergen. Diese Interpretation der skeptischen Akademie hatte Augustin wesentlich später, erst in Mailand, bei der Lektüre der neuplatonischen Schriften in der Übersetzung des Marius Victorinus kennengelernt. In seinem Dialog *De academicis* referiert und verwertet er diese skeptische Entwicklung des Platonismus. Daraus kann geschlossen werden, daß diese Interpretation für die zeitgenössische Philosophie nichts Neues mehr war, und Augustin hätte sie eigentlich in Karthago kennenlernen können, wenn er Kreise von Philosophen besucht und deren Schriften gelesen hätte. Augustins skeptische Periode kann also nur angesehen werden als Anachronismus und folgt aus seiner Art des autodidaktischen Studiums. Wahrscheinlich hat es unter seinen zeitgenössischen Philosophen niemanden gegeben, der eine solche skeptische Ansicht vertrat.

In Mailand macht ihn die Predigt des hl. Ambrosius erstmals mit der allegorischen Interpretation der Heiligen Schrift bekannt (*Conf.* 5,14,24). Diese allegorische Interpretation entstammt einer langen heidnisch-philosophischen Tradition, welche sich die griechischen Kirchenväter angeeignet hatten. Damit waren Augustins größte Schwierigkeiten mit der Bibel beseitigt. Aber ganz offensichtlich konnten ihm die Predigten des Ambrosius noch nicht das philosophische Rüstzeug dafür vermitteln, daß er nun in der Lage gewesen wäre, an die unkörperliche Realität Gottes zu denken. „Ich hätte gerne eine geistige Substanz gedacht, aber ich konnte es nicht" (*Conf.* 5,14,25).

Der Einfluß des Ambrosius auf Augustin

Seit den Forschungen von P. Alfaric kennen wir die These, daß die Bekehrung Augustins eine rein philosophische Entwicklung voraussetzte und daß die persönlichen Beziehungen, die er zum Bischof von Mailand gehabt habe, sehr locker gewesen seien und nur schwer seine Entwicklung hätten beeinflussen können. Augustin selbst habe den Einfluß des Ambrosius in den *Confessiones* abgeschwächt. Courcelle referiert die Meinung Alfarics: „Diesem ganzen Bericht zufolge wäre er also Christ geworden, bevor er Platoniker wurde. Noch mehr, er hätte sich nur deshalb dem Platonismus angeschlossen, weil er ihn im Großen und Ganzen mit dem Christentum in Übereinstimmung befunden hätte. Er selbst hätte ohne Zögern das Werturteil abgegeben, die Bücher von Porphyrius und Plotin seien den Heiligen Schriften weit unterlegen." Alfaric schließt daraus: „Moralisch und intellektuell gesehen bekehrte er sich eher zum Neuplatonismus als zum Evangelium" (Courcelle 1968, 93f.).

Alfarics Beurteilung des Ambrosius, dessen Schwerpunkt nicht in der Philosophie lag, kann man zunächst als Arbeitshypothese annehmen. Zwar konnte Ambrosius Griechisch und hatte ausgedehnte Studien zu Philo und Origenes betrieben, allerdings zeigt seine Bibelauslegung, daß er sich von einer metaphysischen Vertiefung der Texte weit entfernt hielt. Denn er hielt von den Philosophen nicht viel. Selbst dort, wo man philosophische Themen in seinen Schriften verarbeitet findet, wie in *De officiis ministrorum*, tritt des Ambrosius Vorliebe für Probleme des Alltagslebens zutage und zeigt sich seine Hinneigung zur Moral statt zur Metaphysik.

Leider ist die Schrift des Ambrosius *De philosophia*, von einigen Fragmenten abgesehen, verlorengegangen, so daß wir die grundsätzliche Auseinandersetzung des Ambrosius mit der Philosophie nicht exakt bestimmen können.[5] Es läßt sich allerdings erkennen, daß er in dieser Schrift die platonischen Theorien über die Seelenwanderung und die Erschaffung der Körper durch die niederen Götter bekämpfte. Augustin notiert in Brief 31 an Paulinus von Nola, Ambrosius habe „die Neuplatoniker bekämpft, die behaupten, daß der Herr Jesus Christus aus den Büchern Platos profitiert habe"[6]. Das Urteil von Alfaric über den philosophischen Minimalismus des Ambrosius wird übernommen und verstärkt von Henry, der den Einfluß Plotins auf christliche abendländische Schriftsteller im 4. und 5. Jahrhundert untersucht hat. Er meint, nicht eine einzige Anspielung oder ein direktes Plotin-Zitat bei Ambrosius entdecken zu können.[7]

[5] Grundlegend dazu Madec 1974.

[6] *Ep.* 31 CSEL 34,8.

[7] Vgl. demgegenüber Courcelle 1968, 106–117.

Was also hat Augustin von Ambrosius gelernt? Nach dem Bericht des fünften Buches der *Confessiones* verdankt Augustin vor allem der symbolischen Auslegung einiger Predigten des Ambrosius, daß dunkle Stellen des Alten Testamentes ihm erhellt worden seien und daß die manichäischen Einwände endgültig widerlegt wurden. Nach der Ankunft seiner Mutter Monika hat Augustin nämlich regelmäßig jeden Sonntag die Predigten des Ambrosius an der Seite seiner Mutter aufgesucht. Anfänglich hatte er diese Predigten nur als Kunstliebhaber besucht, um festzustellen, ob der Ruf des Ambrosius als Kanzelredner begründet sei. Nach den Forschungen von P. Courcelle hat Ambrosius zwischen 385 und 387 in seinen Schriften *De Jacob*, *De interpellatione Job et David* mehrfach gegen die Manichäer gepredigt und die Bibelstelle *Genesis* 1,26 ausgelegt. Ambrosius unterstreicht, daß Gott dem Menschen keinesfalls in körperlicher Beziehung ähnele, da Gott unkörperlich und unsichtbar sei. Nur die Seele des Menschen sei vermöge ihrer geistigen Natur das Ebenbild Gottes.

Neben dieser Hinwendung zum Sechstagewerk hat Ambrosius in seinen Predigten über Gesetz und Propheten wiederholt auch das Pauluswort „der Buchstabe tötet, aber der Geist macht lebendig" (2 *Kor.* 3,6) zitiert. Die Predigten zum Sechstagewerk wie die zum Pauluswort datieren nach den Forschungen von Courcelle auf den Anfang des Jahres 386. Zwar gelingt es dem Ambrosius, Augustins Skepsis gegenüber der wörtlichen Auslegung des Alten Testaments zu beseitigen, jedoch war Augustin noch nicht hinsichtlich des zweiten Hauptpunktes, d.h. der Einheit der Offenbarung im Alten und Neuen Testament, überzeugt. Nach seiner Auffassung läßt sich die Lehre des Paulus nicht mit dem Zeugnis des Gesetzes und der Propheten vereinbaren. *Confessiones* 7,21,27 verrät, daß dieser Zusammenhang ihm erst nach der Lektüre der neuplatonischen Bücher aufging: „So griff ich eher gierig nach dem ehrwürdigen Buche deines Geistes, vorab nach dem Apostel Paulus. Und von selber schwanden jene Fragen von ehedem, als es mir noch geschienen hatte, er bewege sich im Widerspruch mit sich selbst und der Wortlaut seiner Verkündigung stimme mit den Zeugnissen des Gesetzes und der Propheten nicht zusammen."

Jedoch kann man nicht so uneingeschränkt wie Alfaric und Henry vom philosophischen Minimalismus eines Ambrosius sprechen. Madec und Courcelle haben deutlich gezeigt, daß Ambrosius umfangreiche Plotinstudien betrieben hat. Namentlich zwischen der ambrosianischen Schrift *De Isaac vel de anima* und den *Enneaden* Plotins gibt es fast wörtliche Textparallelen (vgl. Courcelle 1968, 106–117). Wie Plotin definiert Ambrosius das Übel als Mangel des Guten. Beide charakterisieren in den genannten Schriften das Gute mit fast denselben Ausdrücken. Es handelt sich dabei nicht um vereinzelte zufällige Übereinstimmungen. Die letzten Seiten der ambrosianischen Schrift *De Isaac* bilden zweifelsohne eine durchgehende Paraphrasierung des Textes, gelegentlich sogar eine wortgetreue Übertragung der drei letzten Kapitel des Plotintraktates *Über das Schöne*. Gelegentlich wird ein griechischer Begriff durch zwei lateinische Synonyme übersetzt oder umgekehrt. Ambrosius übernimmt also nicht einfach Plotin, sondern bildet ihn bereits um. Als Fazit der detailgenauen Untersuchungen von Courcelle – wie immer man Einzelpassagen beurteilen mag – muß festgehalten werden: Wenn Augustin nach seiner Bekehrung in Cassiciacum jene Plotinkapitel über das Schöne, die Ambrosius in seiner Predigt verwandt hat, gelesen hat, dann muß er auch die gesamten *Enneaden* Plotins, soweit sie ihm zugänglich waren, im Lichte ihrer Umschreibung durch Ambrosius gelesen haben.

Hierbei ergeben sich aber auch Übereinstimmungen zwischen Ambrosius und Augustin in der gemeinsamen Ablehnung des Plotin. Wenn Plotin feststellt: „Du bedarfst nicht mehr eines Führers: Blicke unverwandt auf dich und sieh!", dann hat Ambrosius diesen Satz schweigend übergangen. Augustin geht sogar darüber hinaus, indem er im VII. Buch der *Confessiones*, das sich teilweise eng an Plotins Traktat *Über das Schöne* anlehnt, sagt, er habe den Blick in sein Innerstes nur tun können, weil Gott sich für ihn zu seinem Führer und zu seiner Hilfe gemacht habe. „Intravi in intima mea duce te et potui, quoniam factus es adjutor meus; intravi et vidi" (*Conf.* 7,10,16).

Man wird aber auch mit Courcelle feststellen, daß darüber hinaus mehrere Predigten des Ambrosius Augustin in bestimmte Hauptgedanken der plotinischen Lehre eingeführt haben. Ob die These von Courcelle, Ambrosius habe neben Plotin auch *De regressu animae* des Porphyrios gelesen, schlüssig ist, muß offenbleiben. Er kann auf einige parallele Stellen verweisen, die darauf hindeuten, daß Ambrosius wahrscheinlich um den 4. April, den Karsamstag des Jahres 386, diese neuplatonische Schrift benutzt hat.

Als Ergebnis der Forschungen Courcelles wird man festhalten dürfen, daß er die einseitigen Thesen von Alfaric und Henry zurückgewiesen hat und daß wir in Ambrosius einen Vertreter eines bereits stark ausgeprägten verchristlichten westlichen Platonismus zu sehen haben. Da zwei ambrosianische Werke, *In Jesajam* und *De philosophia*, leider verloren sind, ist es uns nicht möglich, den Neuplatonismus des Ambrosius präziser herauszuarbeiten.

Sicher ist, daß zwischen April und Juni 386 Augustin durch die Predigten des Ambrosius eine Philosophie entdeckt hat, die im Gegensatz zum Manichäismus stand und sich mit dem Christentum vereinigen ließ. Ambrosius hat ihm einen christlichen Spiritualismus und eine platonische Theologie aufgezeigt. Die Erschließung und die methodische Durchdringung scheint Augustin jedoch erst wenig später erhalten zu haben.

Da Augustin aufgrund mangelnder Griechischkenntnisse keinen direkten

Zugang zu Schriften griechischer Väter, wie etwa Clemens oder Origenes, hatte, in denen er diese Synthese von platonischer Philosophie und Christentum hätte studieren können, gelang ihm der Durchbruch erst in dem Augenblick, als er die *Libri Platonicorum* in der lateinischen Übersetzung des Marius Victorinus erhielt. Sowohl die Dialoge von Cassiciacum als auch das Zeugnis der *Confessiones* sprechen beredt von der Begeisterung, die Augustin erfaßte, als er die besondere Qualität des Geistigen erkannte.[8] Es muß dies ein ungeheurer Durchbruch gewesen sein, der von da an Augustins Denken veränderte. Die lateinische voraugustinische Tradition hatte sich sehr schwer getan, das Wesen des Geistes zu beschreiben. Noch für Tertullian ist Geist eine besonders feine Form von Materie. Daß es sich um einen Seinszustand neuer und anderer Qualität handelt, diese Erkenntnis verdankt Augustin erst den neuplatonischen Schriften. Wer ihm diese neuplatonischen Schriften vermittelte, ist nicht bekannt. Augustin nennt seinen Namen nicht. Er bezeichnet ihn nur als einen von ungeheurem Hochmut aufgeblähten Mann.[9] Darunter wird man einen Heiden verstehen müssen, denn Hochmut ist die Charakterisierung für die heidnische Philosophie und für deren Vertreter. Hochmut ist auch die Kurzformel für alle diejenigen, die nicht an den Gott der Christen glauben.[10] Sicher ist, daß sich unter den *Libri Platonicorum* sowohl Werke des Plotin als auch des Porphyrios befunden haben (vgl. Courcelle 1968, 96–136).

Unter diesen Schriften muß eine gewesen sein, welche ein Schema zugrunde legt, das Augustin von den Frühschriften an bis zum Ende beibehalten wird, den stufenweisen Aufstieg der Seele zu Gott. In den Frühschriften bindet Augustin diesen Aufstieg an die sukzessive zu absolvierenden Studien der sieben freien Künste. Als Quelle hierfür kann mit Sicherheit Plotin ausgeschlossen werden. Mit I. Hadot 1989, 127ff. kann vermutet werden, daß Augustin den Stoff zu seiner Darlegung einer Schrift des Porphyrios[11] entnommen hat, die in der lateinischen Übersetzung *De regressu animae* betitelt war. Denn im zweiten Buch von *De ordine* beschreibt Augustin eindringlich, daß der am sichersten sich bewegt und zur größtmöglichen Vollkommenheit gelangt, der den in dieser Schrift beschriebenen Bildungsgang durchschreitet. Er wird dann mit einer gewissen Selbstverständlichkeit

[8] *C. Acad.* 2,2,5; *de beat. vit.* 1,4.

[9] *Conf.* 7,9,13: „procurasti mihi per quendam hominem inmanissimo typho turgidum quosdam Platonicorum libros.“

[10] Vgl. *de civ. Dei* 5,17,2 CCL 47,170.

[11] Zu dieser Zeit wußte Augustin wohl noch nicht um die Feindschaft des Porphyrios gegenüber dem Christentum. Später (Osterzeit 405–410) notiert er *sermo* 241,7 PL 38,1137: „magnus eorum philosophus posterius Porphyrius, fidei christianae acerrimus inimicus, qui jam christianis temporibus fuit; sed tamen ab ipsis deliramentis erubescendo, a Christianis ex aliqua parte correptus ...“

zum Christentum hin gelangen. Es spricht für diese Vermutung, daß *De regressu animae* ihn inspirierte und Vorlage für den Plan war, den Augustin nach seiner Rückkehr von Cassiciacum nach Mailand faßte, die einzelnen Wissenschaften innerhalb eines Bildungsprogramms zu beschreiben. Da dies in dialektischer Methode, also in Dialogform geschah, kann man vermuten, daß Augustin diese Methode anwandte, weil er so bejahend und verneinend seinen Gesprächspartner und sich selbst in sicherer Stufenfolge vom Körperlichen hin zum Unkörperlichen führen lassen konnte.

Von den geplanten Schriften über die einzelnen Wissenschaften brachte Augustin nur zwei Schriften zu Ende: *De grammatica*, die er zur Zeit der Abfassung der *Retractationes* nicht mehr besaß, und die sechs Bücher über die Musik (vgl. Keller). Die fünf anderen Wissenschaften, Dialektik, Rhetorik, Geometrie, Arithmetik und Astronomie, hatte er zwar begonnen darzustellen, besaß aber diese literarischen Anfänge selbst nicht mehr. Wir sind jedoch in der glücklichen Lage, in der Schrift über die theoretische Musik genau zu verfolgen, wie der Bildungs- und Denkplan, den er in *De ordine* entwickelt hat, nun praktisch umgesetzt wurde. Sehr schön zeigt Augustin, wie die körperlichen und intelligiblen Zahlen letztlich von der Vernunft regiert werden und dazu bestimmt sind, die intelligible Quelle der sinnlich wahrnehmbaren Musik deutlich zu machen.

So sehr war Augustin optimistisch diesem Bildungs- und Denkkanon verhaftet, daß er noch in den *Soliloquien* der Philosophie einen großen Spielraum einräumt und feststellt, daß es nicht nur einen einzigen Weg gibt, der zur Weisheit führt. Diese Bemerkung nimmt er natürlich in den *Retractationes* kraß zurück, und man hat den Eindruck, er versucht, den Einfluß des Porphyrios, dem er sich zweifelsohne zur Abfassungszeit der Frühdialoge unterworfen hatte, einfach zu leugnen.

Wenn man den Duktus und den Klang der Frühschriften im Ohr hat, dann läßt sich aus der Perspektive der *Retractationes* das Ausmaß des Bruches, den Augustin bewußt vollzogen hat, erahnen. Während er vorher noch von der Zweckmäßigkeit, Nützlichkeit, ja sogar Notwendigkeit der antiken Bildung überzeugt war, so vollzog sich in und mit der Bekehrung ein Bruch, der ihn zur Verachtung all dessen führte, was vorher sein Leben bestimmt hat. Das Wissen, begleitet von Tugendstreben, das den Menschen bereichert und zu Gott hinführt, hat nun keinen Wert mehr, ja es ist ein Zeichen aufgeblasenen Hochmuts. Es zählt allein die Gnade Gottes, die auch völlig Unwissende erwählen kann.

Wie weit er sich von dem platonischen System entfernt hat, zeigt ein Blick in seine programmatische Schrift *De doctrina Christiana*. Hier entwickelt er eine Hermeneutik, die scheinbar ohne platonische Methodologie auskommt (vgl. Lorenz 1955/56 passim).

Augustin hat also einen eingeschränkten und durch die Interpretation des

Ambrosius bzw. Marius Victorinus vorgeformten Neuplatonismus kennengelernt. Wie sieht dieser von Augustin rezipierte und von ihm umgebildete Neuplatonismus aus? Läßt sich aus den uns vorliegenden Daten ein „System" augustinischer Philosophie erheben?

Zunächst ist festzuhalten, daß Augustins Philosophie ganz in den Horizont der antiken *beatitudo*-Lehre, der Frage nach der Glückseligkeit, eingebettet ist (vgl. Holte). Auf der Folie dieser *beatitudo*-Lehre lassen sich zwei platonische Prinzipien, die das gesamte Werk Augustins durchziehen, herausstellen. Augustin ist von diesen beiden Prinzipien nie abgewichen, auch dort nicht, wo er den Platonismus kritisiert.

Das grundlegendste philosophische Prinzip ist für Augustin der *ascensus*, der Aufstieg und Überstieg der sinnlich wahrnehmbaren Welt hin zur intelligiblen und göttlichen Welt (vgl. Wittmann).

Eng damit verknüpft ist das zweite Prinzip, die Einkehr beim Menschen selbst: „Noli foras ire, in te ipsum redi. In interiore homine habitat veritas."[12]

Damit ist knapp und programmatisch zusammengefaßt, was Augustin als Weg menschlichen Denkens ansieht. Die Einkehr bei sich selbst aber ist eine Zwischenstation, denn auch den Menschen gilt es zu überwinden: „transcende et te ipsum."[13] Mit diesen beiden platonischen „Prinzipien" kann Augustin jedes philosophische und theologische Problem lösen. Auch seine Ekklesiologie und Sakramentenlehre lebt von diesen beiden Prinzipien.

Neben diesen beiden formalen Prinzipien wuchsen Augustin aber – biographisch bedingt – drei große Problemkreise zu. Die neun Jahre, die Augustin im Manichäismus verbrachte, führen ihn zum Problem des Bösen in der Welt. Die kurze Begegnung mit dem Skeptizismus führt ihn zum Problem von Vernunft und Autorität. Beide Fragen sind aber eingebettet in die gemein antike Frage nach der *beatitudo*.

Das Problem des *finis bonorum*, die Frage, wie das zu erstrebende Ziel der Glückseligkeit zu erreichen sei, beantwortet Augustin mit einer Formel: *uti-frui*. Der rechte Gebrauch aller Dinge macht die Dinge dieser Welt für das Endziel verfügbar, verhindert, daß diese sich verselbständigen, und sorgt dafür, daß alle Dinge auf das *frui* hingeordnet sind. *Frui*, eine Sache um ihrer selbst willen lieben und genießen, das kann nur in bezug auf Gott geschehen. Die augustinische Ethik lebt also von diesem dialektischen Paar *uti-frui* (vgl. Lorenz 1950/51 passim). Wenn die angestrebte *beatitudo* aber im Genuß Gottes besteht, dann stellt sich für Augustin sofort das Problem nach dem Verhältnis von Gott und der Seele. „Gott und die Seele will ich erkennen, nichts sonst" (vgl. Geerlings 213–216). Deshalb ist für das wahre

[12] *De vera religione* 39, CCL 32,234.

[13] *De vera religione* 39, CCL 32,234; vgl. *sermo* 153,9 PL 38,830; *sermo* 223 A, MiAg 1,13.

Glück die Unsterblichkeit der Seele erforderlich, und der *ascensus*, den der Mensch übernimmt, führt von den sichtbaren Dingen zur Einkehr in die eigene Seele und von dort zu Gott. Allerdings entdeckt Augustin sehr bald, daß für diesen Aufstieg die menschliche Kraft allein nicht ausreicht. Die *beatitudo* kann nur erlangt werden, wenn dem Menschen Hilfe gewährt wird. Deswegen wendet sich Augustin Christus zu. Dieser ist ein Weg zur *beatitudo*, und die Hilfe, die er gewährt, geschieht *per adiutorium* und *per exemplum* (vgl. Lütcke).

Der Skeptizismus verweist Augustin auf das Problem von *ratio* und *auctoritas*. Unbestritten steht für Augustin fest, daß das Denken ein unbezweifelbares Wissen besitzt, da es ja um sich selbst weiß. Das Problem des selbstbewußten Wissens führt Augustin dann nicht nur zum Ausbau einer Erkenntnistheorie. Deren Kernstück, die Illuminationslehre, ist sehr umstritten. Die Wissenschaft selbst aber ist auf der Unterscheidung von *res* und *signum* aufgebaut. Die *signa* verweisen auf die letzte *res*, auf Gott. Die augustinische Wissenschaftstheorie aber ist nicht denkbar ohne Verweis auf die Autorität. Die Autorität gehört zu den Erkenntnisquellen, indem sie nicht selbst erfahrene, sondern aufgrund von Autorität anderer bezeugte Wahrheiten und Sachen vermittelt. Die höchste göttliche Autorität ist uns in Christus faßbar geworden, sie wird von der Kirche und der Schrift bezeugt. Christliche *auctoritas* und philosophische *ratio* sind weitgehend deckungsgleich. Da aber die durch den Sündenfall geschwächte *ratio* auf Hilfe angewiesen ist, leitet auch die *auctoritas* Christi zur Erkenntnis an. Mit dieser wechselseitigen Zuordnung von *auctoritas* und *ratio* ist für Augustin auch das Verhältnis von Glaube und Wissen gelöst.

Das Problem des Bösen hatte Augustin schon als 19jährigen gequält. Der Manichäismus löste scheinbar die Frage, indem er das Problem auf ein physisch-metaphysisches Prinzip zurückführte; die Substanz des Bösen, welche in der Welt und im Menschen vorhanden ist, bewirkt das moralische und physische Übel. Vom Dualismus und Pessimismus dieser Auffassung und von ihrem Materialismus befreite sich Augustin durch den Platonismus. Das Böse ist keine Substanz, sondern ein Mangel des Guten. Allerdings strebt das Böse hin zum Nichts. Eng verwoben mit dieser platonischen Lösung ist die augustinische Schöpfungslehre. Der Schöpfer aller Dinge ist nicht Urheber des Bösen, sondern er ist Schöpfer und Ordner der Welt. Er hat sogar das Böse durch seine Gerechtigkeit und sein Gericht in seine Weltordnung einbezogen. Augustin bejaht ausdrücklich Plotins Vorsehungslehre, und seine Schöpfungslehre ist ein Versuch, die neuplatonische Metaphysik mit dem biblischen Schöpfungsbericht zu vereinbaren.

Andererseits führt die Schöpfungslehre auch zur Prädestinationslehre. Da Gott ein ewiges Wissen seiner Schöpfungsideen hat, hat er alles auf das Zukünftige hin schon getan. Die Ideen Gottes sind in der zweiten Person der

Trinität, dem Verbum, zusammengefaßt. Deshalb ist die Prädestination christologisch verankert.

Eng damit verbunden ist weiterhin die Frage nach dem Willen. Augustin hatte bei Ambrosius gelernt, daß der freie Wille des Menschen Ursache des Bösen ist. Er verbindet das mit dem plotinischen Gedanken des Bösen als Beraubung des Guten. Der böse Wille hat keine bewirkende Ursache, sondern es fehlt ihm eine Ursache. Diese Willenshaltung, die sich auf das Böse richtet, ist Ausdruck der *superbia*. Der Mensch liebt das Niedere mehr als Gott.

Die drei genannten Problemkreise bilden – soweit es möglich ist – die systematische Struktur des Augustinismus. Augustin selbst hat also einen eingeschränkten, sozial verkürzten Neuplatonismus rezipiert.

Die platonisch geprägte Gestalt, die Augustin dem Christentum gegeben hat, ist die bis in die Neuzeit hinein beherrschende Form geblieben. Der Platonismus lebt im Abendland in christlicher Gestalt weiter, und deshalb ist das – wenn auch böse – Wort Nietzsches, Christentum sei Platonismus fürs Volk, in vieler Hinsicht zutreffend.[14]

[14] Eine fortlaufende *Bibliographie raisonnée* findet sich in: Revue des Études Augustiniennes 1 (1955) ff.

Werner Beierwaltes

DIONYSIOS AREOPAGITES – EIN CHRISTLICHER PROKLOS?

Yoitiro Kumada amico dedicatum, qui Dionysium de Monte Martyrum ad Montem Fujiama transtulit.

I

Das Denken des Dionysios ist als eine von der neuplatonischen, insbesondere der proklischen Philosophie[1] motivierte, geleitete, in ihrem Wesen geprägte und ihre eigene Sache von eben dieser Philosophie her aufschließende *Theologie* zu verstehen. Diese innere Bestimmung des Dionysios durch Proklos ist nicht nur für die philosophischen Voraussetzungen der christlichen Theologie (im Sinne des Modells *„philosophia ancilla theologiae"*), sondern mehr noch für die philosophische Reflexionsstruktur des Christentums und für die in ihr gedachte Sache in bestimmten geschichtlichen Kontexten bedeutsam: Gerade die langanhaltende Identifizierung des Dionysios mit dem Apostelschüler hat mit seiner eigenen sachlichen Autorität auch die seines philosophischen „Fundamentes" gesteigert, ob dessen proklische Herkunft nun bekannt war oder nicht.

Es ist evident, daß sich die Intention der proklischen Philosophie von der dionysischen Theologie in manch Wesentlichem unterscheidet: *Proklos* entfaltet aus einem primär philosophischen Interesse heraus die in Platons Dialogen ursprünglich gegebenen und in einer langen, in sich unterschiedlichen Auslegungstradition weitergedachten Gedanken zu einer „systematischen", d.h. logisch abgesicherten und das Sein im ganzen analysierenden „Theologie", die ebensosehr Welt und Mensch umfaßt und auch auf eine spezifisch religiöse Praxis (die „Theurgie") hin wirkt. *Dionysios* versucht das Wesen Gottes durch eine philosophische Analyse der Aussagen über ihn – philosophisch *und* biblisch – zu umschreiben, sich ihm in Symbol, Metapher und Allegorie zu nähern und letztlich seine Unerkennbarkeit und Unsagbarkeit durch Negationen auszugrenzen. Darin ist er Proklos noch eng verbunden. Im Bereich der Wirkung des göttlichen Ursprungs konstituiert er gemäß dem philosophischen Modell der Entfaltung des Einen die Ordnung der *Engel* und bestimmt die Ordnung der *Kirche* von der

[1] Überlegungen zu den philosophischen (neuplatonischen) Voraussetzungen des Proklos und des Dionysios, ferner zum Verhältnis von griechischer Metaphysik und christlicher Theologie konnten hier aus Platzgründen nicht aufgenommen werden.

Funktion der sie tragenden Stände her. Hierin und in dem bewußt gesetzten Bezug des Stufenmodells – der „Hierarchien" – auf die Ordnung einer Gemeinde und auf die Begründung einer Liturgie hin, in deren Zentrum die Sakramente stehen, geht Dionysios seinen eigenen Weg.[2] Diesen durchaus nicht geringfügigen Abweichungen voneinander steht indes ein intensiver sachlicher Bezug des Dionysios zu Proklos in den Grundkonzeptionen, der Dynamik und inneren Form der Theorie gegenüber.[3] Aus ihnen will ich im folgenden nur einige, aber zentrale Momente herausheben; die Metamorphosen oder Modifikationen desselben sollen dabei jedoch nicht verdeckt werden.

In der Reflexion auf Grund und Entfaltung der Wirklichkeit ist beiden gemeinsam die Annahme eines universalen, in sich transzendent bleibenden *Ursprungs*: des *Einen* oder *Guten* selbst, das mit dem Gott selbst (αὐτόθεος)[4] identisch gedacht werden muß; die sich aus dem Einen/Guten entfaltende Vielheit ist für beide gemäß Intensitätsgraden von *Einheit* und „Mehr- oder Weniger-*Sein*" in sich gestuft, durch einen ursächlichen Zusammenhang als eine in sich relationale Einheit bestimmt. In der entfalteten Wirklichkeit gewinnt auch das Böse keinen eigenen ontologischen Stand; es ist nur im freien Handeln des Menschen durch Abwendung von dem, was in ihm jeweils verwirklicht werden *soll*, denkbar und ermöglicht. – Die Bewahrung der Einheit *in* Vielheit und Andersheit gegenüber dem Einen selbst ist durch einen Rückbezug zum Ursprung garantiert, der jede Dimension in sich zu einer in ihr selbst ständigen Einheit fügt und zugleich das Ganze der Wirklichkeit als Bild des Einen durch Ähnlichkeit aus der Unähnlichkeit heraus auf den universalen Ursprung hin richtet. Die Relationalität des Ganzen ist als solche und in ihren einzelnen Dimensionen durch die Grundgesetzlichkeit von „Verharren – Hervorgang – Rückkehr", μονή – πρόοδος – ἐπιστροφή, durchgängig bestimmt. Die „Rückkehr" hat für Proklos und für Dionysios auch eine wesentliche Bedeutung für die Gestaltung der Lebensform: Rückgang in sich selbst, denkende und das Handeln bestimmende Befreiung von Phänomenen der Vielheit und Andersheit – die ἀφαίρεσις – und

[2] Dennoch ist auch die Bestimmung der Stände, des liturgischen Ritus und der Sakramente in proklischen Termini und Konzepten vollzogen, die nicht unmittelbar plausibel machen, daß in diesem Bereich die Adaption der philosophischen Theorie notwendig und für die spezifisch christliche Ausprägung der Sachverhalte förderlich gewesen sein soll.

[3] Zu diesem Problembereich vgl. außer den Arbeiten von H. Koch 1895 und 1900: Stiglmayr, Corsini sowie Saffrey und außer Ivánkas Versuch der Abgrenzung des Dionysios vom Neuplatonismus trotz *auch von ihm* herausgestellter sachlicher Affinitäten: Schiavone und Gersh.

[4] Proclus, *in Parm.* 1096, 26–29. *In Tim.* III 207, 8: τὸ οὖν αὐτοὲν μόνως θεὸς καὶ αὐτόθεος.

der mit ihr verbundene innere Aufstieg sind das Movens zu einer Einung mit dem göttlichen Einen hin, die als vollendendes Ziel lebensgeschichtlich identifizierbarer Augenblicke erfahren wird.

Den „Stufen“ und Bewegungen dieser das Sein im ganzen und auch die Lebensform des Menschen bestimmenden Grundgesetzlichkeit – „Verharren“ oder In-sich-es-selbst-bleiben, „Hervorgang“ oder Entfaltung des Ursprungs und „Rückbezug“ oder Rückkehr in eben diesen – folge ich nun in der Skizze einiger das proklische und dionysische Denken verbindender Gemeinsamkeiten.

II

1. *Proklos* denkt das Erste, den Grund und Ursprung des Seins im ganzen, als reine Einheit: das *Eine selbst*, welches alle Vielheit, die sich aus ihm frei entfaltet, aus sich selbst *als* Vielheit wesensgemäß ausschließt. Insofern ist dieses nur in der Weise der Annäherung durch *Negationen* des Vielheitlichen umschreibbar oder ausgrenzbar: als das *Nichts* all dessen,[5] was es selbst begründet und in seinem jeweiligen Sein bewahrt. Die Negationen zeigen gerade, was es selbst *nicht* ist, und geben so einen Hinweis auf seine radikale Andersheit oder absolute Differenz, auf sein Über-Sein und damit auf seine „Transzendenz“ gegenüber jedem einzelnen Seienden *und* dem Sein im ganzen. Das Nichts des Einen ist jedoch nicht als abstrakte Leere oder privative Unbestimmtheit zu verstehen, sondern als die differenz-freie Fülle dessen, was „noch“ nicht zu einem selbständigen, mit sich identischen und voneinander differenten Seienden geworden ist. Gemäß dem literarischen und philosophisch-sachlichen Bezugspunkt des Proklos, dem platonischen *Parmenides*, ist das Eine als intensivste Wirklichkeit nicht mit Kategorien aussagbar, die für den Bereich des Vielen zutreffen mögen, weil es dies an ihm selbst, sofern es reine Einheit sein soll, gar nicht sein *kann*: Es ist im Sinne eines dialektischen Durchdenkens der ersten Hypothesis des *Parmenides* nicht Stand und Bewegung, nicht Selbigkeit und Andersheit, nicht Ähnlichkeit oder Gleichheit, nicht Gestalt und Grenze, nicht Etwas *als* abgrenzend Unterscheidendes oder Unterschiedenes, es ist noch nicht einmal mit dem allgemeinsten Prädikat „sein“ benennbar, da es „seiend“ alle anderen Prädikate oder Kategorien und damit auch jede Form von Differenz in sich schlösse. Diese Differenzlosigkeit des reinen Einen bedingt dessen Re-

[5] *In Parm.* 1108, 24f.: πάντων γὰρ ὂν αἴτιον οὐδέν ἐστι τῶν πάντων. Zu den hier genannten „Bestimmungen des Einen“ vgl. meine Darstellung 1979, 339ff. („negative Dialektik“); 343ff. („das Eine selbst“); 348ff. („die Nichtigkeit des Ursprungs als Übermaß“); 357ff. („Negation und Paradoxie“); 361ff. („Negation der Negation“) und 367ff. („das Eine selbst und das Eine in uns“).

lationslosigkeit in ihm selbst: Es ist keine Selbstgleichheit oder Selbstidentität, kein Selbst-Bezug in ihm denkbar, damit aber auch kein auf ein Etwas bezogenes Denken oder *Selbst*-Denken, wie es dem aristotelisch gedachten Ersten, dem Gott, zukommt; vielmehr ist es reine Unmittelbarkeit in ihm selbst als Vorbedingung universaler, an sich selbst teilgebender Selbstvermittlung. Affirmative Aussagen über das Eine – sogar diese: das „Eine", eingeschlossen – wie Grund, Ursache, Ursprung, Quelle, Gott-selbst (αὐτόθεος) oder Gutheit sind von den Negationen her jeweils als vorläufige oder uneigentliche Benennungen zu verstehen – nicht, daß das Eine etwa nicht „gut" wäre! Die Etwas zusprechende Aussage trifft nicht das „Wesen" des Einen; Sprache als ein Phänomen der Differenz, die im Prädizieren eines Subjektes immer auf Etwas bezogen ist und so in der Relation die Differenz öffnet und offenhält, ist daher für das selbst Differenz- und Relationslose unangemessen.[6] Die Überzeugung, daß Etwas zusprechende Aussagen das Eine, wie es an ihm selbst ist, nicht angemessen zu erfassen vermögen und daß die ausgrenzenden Negationen eben dieses Eine zum Nichts von Allem steigern, sein „Wesen" aber ebensowenig begreifend ausdrücken, führt in die von der intendierten Sache her geradezu notwendige Paradoxie: daß das Eine „Etwas" *ist* und zugleich *nicht* ist. *Wäre* das Eine (im Sinne des kategorial faßbaren Seienden), dann wäre es bereits nicht mehr das *Eine*-Selbst im Sinne der reinen Einfachheit, durch „seiend" wäre bereits die erste Differenz in es gesetzt. *Sprache*, die das an sich Unbegreifbare und daher Unaussprechbare dennoch – in Paradoxien zwar – zu sagen versucht, hebt sich selbst auf: Am Ende der Aufstiegsbewegung der negativen Dialektik auf das Eine hin steht die „Negation der Negation" – per negari removere abnegationes.[7] Der Versuch eines Denkens des Undenkbaren und eines Beschreibens von dessen Unsagbarkeit durch die Sprache geht über in das *Schweigen*: Silentio autem conclusit eam que de ipso theoriam.[8] Schweigen ist deshalb auch Anzeige dafür, daß das Eine selbst nur in einer dem Wort und daher dem diskursiven Denken sowie dem Etwas-bezogenen Sehen absolut enthobenen Dimension durch eine „intuitive" Einung mit ihm er-

[6] Vgl. *Theol. Plat.* II 6; 41. Vgl. II 4; 37, 17ff. Zur „Benennung" als einem „unterscheidenden Werkzeug": Proclus, *in Crat.* XLVIII; 16, 12ff.

[7] *In Parm.* VII; 76, 6. Ebd. 72, 1: merito ergo ultimo et ipsas abnegationes removit ab uno. 74, 14: ultimo et abnegationes auferre ab uno. *In Parm.* 1172, 35: ὑπεραποφάσεις. In die Negation der Negation tendiert auch der Gebrauch von ὑπέρ (vgl. z. B. *in Parm.* 1071, 1–3; 1086, 5. *Theol. Plat.* III 24; 84, 4. W. Beierwaltes 1979, 352f.) – eine Anzeige der Transzendenz und Differenz des Einen, die Dionysios dann geradezu exzessiv verfolgt.

[8] *In Parm.* VII 76, 6f. *In Parm.* 1171, 8. *Phil. chald.* 4; 210, 22 f. (des Places): Vor dem Logos, der Sprache oder dem Wort, ist das Schweigen, aus dem das Wort kommt (und in das es durch die Negation der Negation wieder zurückgeht).

fahren werden kann. Diese vollzieht sich als durch Dialektik vorbereitete, *durch* den Begriff *über* ihn hinausgehende und damit jede innere Bezüglichkeit von Denken und Sprechen verlassende Ekstasis des Menschen. Dieser Akt ist gerade dadurch, daß sein Gelingen durch intensivstes Denken als eine Form des immer mit sich selbst Einiger-Werdens ermöglicht und jeweils vorbereitet wird, wesenhaft unterschieden von einem dumpfen oder schwärmerischen, den Begriff grundsätzlich verweigernden Irrationalismus.

Die abstrakteste und zugleich präziseste Aussage über das an sich unaussagbare Eine betrifft seine *absolute Differenz* zum Bereich des Aussagbaren und daher Seienden: Über-Sein, Nichts von Allem, Jenseits von Sein, Denken und Sprache. Genau in diesem inständigen Herausheben der Andersheit, der „Nichtigkeit" oder der „Jenseitigkeit" des mit Gott identisch zu denkenden Einen trifft sich Dionysios mit Proklos. Ein Index hierfür aus der Erforschung des Denkens und der Sprache beider ist die immer noch ambivalente Beurteilung der Verfasserschaft des uns anonym überlieferten Hymnus „Ὦ πάντων ἐπέκεινα": Da der Gedankenzusammenhang beiden gemeinsam ist, kann er mit Gründen auch beiden – Proklos *und* Dionysios – zugesprochen werden. Ich selbst neige zu Proklos als dem Verfasser. Hier die Übersetzung des Hymnos:

Du jenseits von Allem! Wie anders ist es recht, Dich zu besingen?
Wie soll ich Dich, den in Allem Überragenden, preisen?
Wie soll Rede Dich rühmen? Du nämlich bist durch keine Rede sagbar;
Einzig Unsagbarer, da Du zeugtest, was gesagt werden kann;
Wie soll Denken Dich begreifen? Du nämlich bist keinem Denken faßbar,
Einzig Unerkennbarer, da Du zeugtest, was gedacht werden kann.
Alles Redende und Nicht-Redende ruft Dich;
Alles Denkende und Nicht-Denkende feiert Dich.
Versammelt ist Sehnsucht, versammelt Schmerz alles Seienden
Um Dich.
Zu Dir betet Alles; auf Dich singt Alles, Deine Zeichen erkennend, schweigenden Hymnus.
Aus Dir ist Alles erschienen; Du aber bist als Einziger um nichts willen.
In Dir bleibt Alles, zu Dir eilt Alles hin;
Und Aller Ende bist Du, Einer und Alles bist Du,
Nicht Eins seiend, nicht Alles.
Allnamiger, wie soll ich Dich nennen, den Einzig Unnennbaren?
Welch himmlischer Geist wird in Deine überhellen Schleier eindringen?
Sei gnädig!
Du jenseits von Allem! Wie anders ist es recht, Dich zu besingen?

Das proklische Eine selbst als der αὐτόθεος und der dionysische Gott als αὐτοοὲν καὶ τριὰς ὑπερούσιος[9] sind beide aus derselben Quelle des Gedan-

[9] Vgl. *MT* I 1; 141, 3.

kens heraus[10] und damit auch gemäß derselben Intention und Denkform als das *„Jenseits von Allem“* (πάντων ἐπέκεινα oder ἐπέκεινα πάντων) benannt und konsequent mit anderen Prädikationen der Differenz und Transzendenz des Einen göttlichen Ursprungs verbunden.[11]

Die Grundabsicht von *Dionysios' Περὶ τῶν θείων ὀνομάτων, De divinis nominibus*, ist die philosophisch und biblisch begründende Explikation von Gottesprädikaten, aus denen „das Eine“ – im erstaunlich strengen Gefolge von Proklos' Auslegung der ersten Hypothesis des *Parmenides* – naturgemäß herausgehoben ist. „Ἕν“ ist für Dionysios in gewisser Weise der allgemeinste Gottesname, weil er formal und inhaltlich die Bedingung jedes anderen Namens ist und zugleich der Absicht negativer Theologie gerade aufgrund seiner Allgemeinheit und „Abstraktheit“ am meisten entgegenkommt.[12] In Dionysios' Umschreibung des Einen als Gottesprädikat erscheinen für das Wesentliche dieselben Begriffe in denselben oder analogen Formulierungen wie in Proklos' *Parmenides*-Kommentar oder in der *Theologia Platonis*. So ist das Pendant zum absoluten, relationslosen Einen im Sinne der neuplatonisch verstandenen ersten Hypothesis des *Parmenides* eine Form von göttlicher Einheit, die *sie selbst* über Allem ist, was durch Differenz bestimmt ist und solche bewirkt: über dem Sein also als Nichts von Allem „absolut“ herausgehoben, über den Konkretionen von vielheitlichem Sein, über Gestalt und Grenze selbst grenzelos und unendlich, auch über dem Akt reflexiver Bewegung auf das viele Zu-Denkende hin, also auch über dem Denken. Daß Dionysios indes diese negativen Bestimmungen des göttlichen Einen als des Über- oder Nicht-Seienden, des nicht-denkenden und relations-losen einen Ursprungs in die *Affirmation* von Sein, Denken oder Geist und trinitarischer Relationalität aufhebt und sie miteinander bestehen läßt, ist motiviert und geleitet durch die Aussagen der Heiligen Schrift und der mit ihr entwickelten christlichen Lehre – durch die Absicht also, sie in einem untrennbaren Zusammenhang mit den *philosophischen* Konzepten angemessen darzustellen.

[10] Proklos identifiziert das „Gute selbst“, das in Platons *Politeia* als „jenseits des Seins“ bezeichnet wird (509b), mit dem αὐτοέν des *Parmenides*, so etwa in *Theol. Plat.* II 6; 40, 2ff. Ebd. 7; 49, 20ff. und 9; 57, 13ff. Zur „einen Wahrheit über das erste Prinzip“: III 7; 23, 7ff.

[11] Zu den Überlieferungsproblemen und der Interpretation dieses Textes von Proklos her vgl. Beierwaltes 1985, 312ff. Daß der Hymnus von nicht-christlichen Autoren wie Ammonios Hermeiu (ca. 445–um 520) und Olympiodoros (2. Hälfte des 6. Jh.) zitiert wird, spricht eher für eine nicht-christliche neuplatonische Provenienz (s. Westerink 1962, XVI). – Die Formulierung schon bei Plotin, *Enn.* V 3, 13, 2: ἐπέκεινα πάντων. Bei Dionysios passim, z.B. *MT* I; 143, 17; 144, 13. V; 150, 9. *DN* IX 5; 210, 20. *Ep.* 2; 158, 3 (1068 A). Zu Plotins und Proklos' Gebrauch des ἐπέκεινα vgl. meine Hinweise in 1991, 129ff., 218f.; 1979, 353[67]; 1985, 316[22].

[12] Vgl. Beierwaltes 1987, 467f. (dort ausführliche Textbelege).

Proklos unterscheidet Intensitätsgrade der Einheit, indem er, dem negierenden Duktus der ersten Hypothesis des *Parmenides* folgend, die erste und reine Form von Einheit als das – wie schon erörtert – über-seiende Eine denkt, gemäß der zweiten Hypothesis hingegen die Konkretion oder erste Entfaltung des Einen selbst als *seiendes* Eines begreift, das als Einheit *in* der Vielheit oder *in* der Differenz ontologisch dem ersten Einen „untergeordnet" ist. Ihm, dem seienden Einen, können alle Prädikate, die dem Einen selbst als der reinen Einfachheit abgesprochen worden sind, zugedacht werden; es ist demnach die erste und weitreichende Verwirklichung von Differenz und Relation, durch es und in ihm ist auch Denken (νοῦς) als zeitfreier Selbstbezug möglich, der zugleich auf seinen Ursprung, das nichtdenkende Eine, zurückbezogen ist. – Da es *Dionysios* um die Explikation der Einen, in sich nicht gestuften Gottheit geht (und nicht, wie Proklos, um eine begriffliche Fassung der Entfaltung eines *nach* dem absoluten Einen sich vielfach differenzierenden Seins des Göttlichen), führt er Über-Sein und Sein-Denken-Relationalität in die Einheit des einen Gottes zusammen; von der neuplatonischen – sowohl plotinischen wie proklischen – Auslegung des *Parmenides* her gesehen heißt dies: Alle Momente der ersten und wesentliche der zweiten Hypothesis begründen die auf das Selbe, d. h. auf den Einen und trinitarischen Gott zielenden Aussagen. Gott ist im Sinne der Selbstaussage Jahwes in *Exodus* 3, 14 („Ich bin der ich bin") das *Sein selbst* „als reine Wirklichkeit" und Unveränderlichkeit, zugleich aber auch als aktives Umfassen der Ideen, d. h. des eigenen Seins als des Vor-Seins oder des denkenden Vor-Entwurfs von Welt: absolutes Sein als das in sich einige Zusammenbestehen dessen, was „dann" durch creative Veräußerung als Gegensatz im Bereich des vielheitlich Seienden – der Welt – erscheint. Im *Denken* (θεῖος νοῦς) ist Gott auf sich selbst, d. h. auf seine Ideen, wissend und erkennend bezogen, durch es „hat" er in der Weise von γνῶσις, σοφία und λόγος Alles einig und einigend in sich „vorweggenommen"[13]. Die Auszeichnung des Einen als eines zentralen, philosophisch *und* biblisch authentischen Gottesnamens hat ihm allerdings den Gedanken einer innergöttlichen Entfaltung der Einheit in Dreiheit, also eine bestimmte Form der *Trinitäts*-Lehre, nicht verwehrt.[14] Die gegenseitige Durchdringung der Drei, das Relationsgeflecht der je eigentümlichen göttlichen (personal gedachten) Hypostaseis, hat Dionysios in die Formel zu fassen versucht: „Geeint durch

[13] *DN* VII 2; 196, 12 ff. (869 A).

[14] Zur Trinitätslehre des Dionysios vgl. mein Kapitel über „Einheit und Dreiheit" in: 1994, 207–218. – In der Zusammenführung der beiden ὑποθέσεις des *Parmenides* als Aussagen über das göttliche Prinzip oder Eine ist dem Dionysios wohl Porphyrios vorausgegangen; vgl. hierzu Beierwaltes 1985, 198 ff. Über das „seiende Eine" bei Proklos: ebd. 201 ff.

Unterscheidung und durch Einung unterschieden“ (ἡνωμένα τῇ διακεκρίσει καὶ τῇ ἑνώσει διακεκριμένα).[15] Trotz der Heraushebung der Einheit als Grundzug des „Wesens“ Gottes – „im Göttlichen herrscht die Einung über den Unterschied [oder: über die Unterscheidung], und sie besteht zuvor“[16] (d. h. vor der creativen Entfaltung) – soll die innergöttliche Differenzierung als denkender Selbstbezug des göttlichen „Seins“ denkbar bleiben. Oder umgekehrt: Wenn die „ureinige Dreiheit“ (ἐναρχικὴ τριάς)[17] von ihren biblischen Vorgaben und dem philosophischen Konzept der Trias her beschreibbar sein soll, dann muß gerade durch das relationale Ineinander-Sein der Drei die Identität jedes Einzelnen der Drei gewahrt sein. Die Selbstunterscheidung der göttlichen Einheit in das je *Eigene* der Hypostaseis „betrifft und bestimmt in einem gegenseitig sich einenden Bezug zugleich das *ganze* Wesen der Gottheit“[18].

In der Zusammenführung der beiden vom *Parmenides* her als unterschieden gedachten Denk- und Seinsdimensionen kann Dionysios dem Über-Sein Gottes neben Sein, Denken und trinitarischer Relationalität auch noch andere Namen zusprechen, die für die neuplatonische *Parmenides*- und die damit verbundene *Sophistes*-Interpretation bestimmend geworden sind. Danach ist Gott in sich selbst zugleich *Identität* und *Differenz*, *Ständigkeit* und *Bewegtheit* – dies im Sinne innerer Momente der Einheit Gottes, seines creativen Selbstaufschlusses in sich selbst *und* nach „außen“; die gedankliche Ermöglichung von Trinität als einer in sich zeit-frei bewegten Drei-Einheit ist also auch für die Zusammengehörigkeit dieser Prädikate in dem Einen Gott maßgebend.[19] Sie sind allesamt Weisen des Seins *im* Über-Sein.

„Sein“ *und* „Über-Sein“ als Grundzüge des einen trinitarischen Gottes bilden keinen Widerspruch. Sein als Prädikat hebt das Über-Sein nicht auf, sondern zeigt sich als dessen Implikat, dem vom Über-Sein her der Charakter der Absolutheit und reinen Einheit zukommt: Der affirmative Blick auf das „Sein“ Gottes ist die Voraussetzung und zugleich die Implikation der Verneinung; er wird durch Negation in diese selbst aufgehoben und bleibt als der Bezugspunkt des Negierens auch in diesem bewahrt. Analog der Zusammengehörigkeit des methodischen Zugangs zu Gott – affirmative oder symbolische und negative Denk- und Sprachbewegung als aufeinanderfolgende Einheit – sind auch Sein und Nicht- oder Über-Sein in Gott als Eins zu denken. Auch die dem proklischen *Parmenides*-Kommentar folgende Negation des

[15] *DN* II 4; 127, 7 (641 B).
[16] *DN* II 11; 137, 5 f. (625 A).
[17] *DN* II 4; 126, 15 (641 A).
[18] Beierwaltes 1994, 217.
[19] Vgl. Beierwaltes 1980, 49–55.

Eins-Seins oder der Einheit durch Dionysios – „Gott ist weder Eines noch hat er am Einen" teil[20] ... „Gott ist weder Dreiheit noch Einheit"[21] –, auch die eine radikale Transzendenz des Gottes heraushebende Bezeichnung „Über-Eines"[22] destruiert das über die Drei-Einheit Gottes Gesagte nicht; sie macht vielmehr bewußt, daß auch die Prädikation ἕν und τριάς angesichts der prinzipiellen Unaussagbarkeit der göttlichen Wirklichkeit nicht als endgültig fixierende oder als eigentliche, dem „Wesen" angemessene Aussage über es gelten kann. Die Übersteigerung der Einheit der beiden sich gegenseitig fordernden Zugänge (Affirmation und Negation) in eine „theologia per eminentiam" ist das Pendant der Einsicht in die Unzulänglichkeit und durchgängige Ungenauigkeit einer auf das Absolute bezogenen Sprache, zugleich der Einsicht in die Notwendigkeit, daß wir, sofern wir das Unaussagbare sprachlich umkreisen und ausgrenzen, immer in unserer eigenen Begrifflichkeit und Sprachlichkeit befangen bleiben.[23] Ohne die Möglichkeit einer eindeutigen, genau treffenden Aussage über die Einheit von „Sein" und „Über-Sein", von „Eines" und „Über-Eines" in Gott bleiben sowohl die symbolischen und affirmativen als auch die negativen und das Negative noch einmal negierenden Sätze im Hinblick auf ihr Ziel in einer conjecturalen Schwebe. Im Grunde entspricht der göttlichen Wirklichkeit weder die Aussage, sie sei „Sein und zugleich Nicht- oder Über-Sein", noch deren Negation: Sie sei „weder Sein noch Nicht- oder Über-Sein". Wie bei Proklos endet auch bei Dionysios der Weg der Anstrengung, den „Namenlosen" (ἀνώνυμος) durch Vielnamigkeit oder als „Vielnamigen" (πολυώνυμος) in der Sprache der Differenz zu entfalten, in der Aufhebung eben dieser Tätigkeit – im *Schweigen*.[24] Der Abschluß des dionysischen Traktats *De mystica theologia*, der, wie die ganze Schrift, auf die radikale Negativität und abso-

[20] *DN* II 11; 136, 10 (649 C).

[21] Vgl. *MT* V; 149, 8 ff. („... weder Eins noch Einheit, weder Gottheit oder Gutheit; auch nicht Geist, ... nicht Sohnschaft und nicht Vaterschaft ...").

[22] *DN* II 11; 136, 10 f. (649 C): ὑπὲρ τὸ ἕν. Vgl. schon Porphyrios, *in Parm.* II 10 (Hadot): οὔτε ἓν οὔτε πλῆθος (vom θεός als der umfassenden Ursache gesagt). *Neupythagoreische* Intention mag sich auch in des Clemens Alexandrinus Erhebung des Gottes über „das Eine" und „die Einheit" als Wesensprädikat spiegeln: ἓν δὲ ὁ θεός, καὶ ἐπέκεινα τοῦ ἑνὸς καὶ ὑπὲρ αὐτὴν μονάδα (*Paed.* I 8; 131, 18 f. [GCS I, ed. O. Stählin]). Proclus, *in Parm.* 1190, 4–1191, 9 über die inadäquate Benennung des Einen selbst durch das Prädikat „Eines". Damascius, *De princ.* I 19, 10 (ὑπὲρ τὸ ἕν); 84, 4; II 17, 10 f.: ὑπὲρ τὸ ἓν ἔσται μία ἀρχή, τὸ ἄρρητον. I, 84, 16: ἐπέκεινα τοῦ ἑνός. A. Linguiti 15 ff.

[23] Vgl. z. B. I 4; 115, 6 ff. 5; 115, 19 ff. (592 C/593 A). *DN* II 7; 131, 5 ff. (645 A). V 8, 4 ff. (824 A/B). Ebd. 9; 188, 13 ff. (824 D/825 A). – Zu diesem Problembereich: Mühlenberg 1993, bes. 140 ff.

[24] *CH* XV 9; 59, 13. *MT* I 1; 142, 2.

lute Transzendenz (ὁ πάντων ἐπέκεινα) und Andersheit Gottes[25] gegenüber einer kategorialen Denk- und Aussageweise zielt, stellt die Selbstaufhebung der Sprache in der (immer noch sprechenden) Negation der Negation besonders eindringlich vor: Gott, die Ursache von Allem, „ist weder Seele noch Geist, auch besitzt sie weder Einbildungskraft oder Meinung oder Sprache [λόγος] oder Denken; sie *ist* auch nicht Sprache oder Denken, noch wird sie ausgesprochen noch gedacht; sie ist weder Zahl noch Ordnung, noch Größe oder Kleinheit, noch Gleichheit oder Ungleichheit, noch Ähnlichkeit oder Unähnlichkeit. Sie steht auch nicht [*ist* nicht Stand in sich], noch bewegt [verändert] sie sich, noch hält sie Ruhe; sie besitzt auch keine Macht, noch *ist* sie Macht oder Licht; sie lebt auch nicht und ist nicht Leben; weder Sein [Wesen] ist sie noch Ewigkeit, noch Zeit; von ihr gibt es weder eine geistige Berührung noch ein Wissen; weder Wahrheit ist sie noch Königsherrschaft, noch Weisheit, sie ist weder Eines noch Einheit, auch nicht Göttlichkeit oder Gutheit; auch nicht Geist ist sie, so wie wir ihn kennen, nicht Sohnschaft, nicht Vaterschaft, nicht irgendetwas anderes von dem, was uns oder irgendeinem anderen Wesen bekannt ist; sie ist nicht Etwas vom Nicht-Seienden, aber auch nicht Etwas vom Seienden, weder erkennt das Seiende *sie*, wie sie selbst ist, noch erkennt sie selbst das Seiende, wie Seiendes ist; es gibt keine Aussage über sie noch Benennung, noch Erkenntnis von ihr; weder ist sie Dunkelheit noch Licht, weder Irrtum noch Wahrheit; man kann ihr weder überhaupt etwas zusprechen noch absprechen, sondern, wenn wir ihr etwas von dem, was nach ihr ist, zusprechen oder absprechen, dann sprechen wir nicht ihr selbst etwas zu oder ab, da sie über jeglichem Zusprechen die vollständige und [in sich] einige Ursache von Allem ist, und über allem Absprechen ist sie der Überschwang [ὑπεροχή] des von Allem einfachhin Gelösten [‚Absoluten'] und jenseits des Ganzen."[26]

Die *Negation* affirmativer Prädikate (auch biblischer Herkunft) *und* negativer Aussagen (wie etwa Nicht-Seiend) ist von Dionysios her im Bewußtsein dessen vollzogen, was er in anderen Kontexten durchaus als affirmative und negative Aussagen (Metaphern, Namen, Benennungen, Begriffe) für das „Sein" und „Über-Sein" Gottes entwickelt hat. So greifen Affirmation, Negation eben dieses Affirmierten *und* die Aufhebung beider durch Negation der Negation ineinander in einer sich steigernden Bewegung auf (scheinbare oder erhoffte) Adäquatheit hin. Dieser Prozeß *muß* jedoch vollzogen werden, damit nicht derjenige, der sich letztlich „nicht erkennend" auf den „über jeglichem Sein und Erkennen" Seienden hinspannt,[27] die „Erfah-

[25] *MT* I 3; 143, 17. 144, 13.

[26] *MT* V 149, 1–150, 9 (1045 Dff.). Übersetzung von Beierwaltes.

[27] *MT* I 1; 142, 8 f. (997 B): ... πρὸς τὴν ἕνωσιν, ὡς ἐφικτόν, ἀγνώστως ἀνατάθητι τοῦ ὑπὲρ πᾶσαν οὐσίαν καὶ γνῶσιν.

rung“ des Göttlichen[28] in der ekstatischen Einung mit ihm nicht als einen Fall in ein apriori Irrationales mißverstehe, das auch ohne den Weg der „Reinigung“ und „Erleuchtung“ des Denkens und Handelns *unmittelbar* erreicht werden könnte.

2. Für das zweite Moment in der Grundsätzlichkeit μονή – πρόοδος – ἐπιστροφή, den *„Hervorgang“*, möchte ich in diesem Zusammenhang lediglich *einen* Hinweis geben.[29] Er betrifft die Frage, ob neuplatonisches Denken, und mit ihm auch Dionysios, als *pantheistisch* begriffen werden kann. Eine derartige Charakterisierung der neuplatonischen Theoriemotive und ihrer Ausformung ist meist verbunden worden mit der Auffassung der neuplatonischen Philosophie als eines „Emanationssystems“[30].

Dem philosophischen Neuplatonismus und der theologischen Konzeption des Dionysios gemeinsam ist der Gedanke, daß das Eine, mit dem Guten identisch,[31] sich nicht aus innerem Zwang, sondern aufgrund seines Wesens frei entfaltet und so erst Anderes im Modus der Vielheit zu einer selbständigen und zugleich auf den Ursprung zurückbezogenen Existenz bringt. „Neidlos an sich selbst teilzugeben“ ist die Bestimmung des Guten, seit Plotin vor allem durch die Metapher der Quelle, des Lichtes („Sonnengleichnis“) und des sich aus seinem Zentrum entfaltenden und damit sich (als Dimension des Vielen) konstituierenden Kreises ausgedrückt. Im Akt der Teilgabe an ihm selbst bleibt jedoch das Eine/Gute in sich Es selbst; es ist zwar in Allem gründend gegenwärtig – die umfassende Ursache oder der begründende Ursprung von Allem –, geht jedoch in seinem Wesen, sozusagen sich selbst verlassend, nicht in das durch Es gegründete Andere über: Trotz seines In-Seins *in* Allem bewahrt es seine absolute Transzendenz. Creativer Hervorgang des Ursprungs und sein Insichbleiben sind demnach als eine Einheit zu verstehen. Dem philosophischen Verständnis des plotinischen Satzes: „Das Eine ist Alles und noch nicht einmal Eins von Allem“[32] (es ist kein Einziges dessen, was *aus* ihm ist, *wesenhaft*; es ist nie mit Etwas, welches durch es ist, als identisch zu setzen), entspricht durchaus der Gedanke des *Dionysios*, daß die sich verströmende göttliche Gutheit, die „überwallende Licht-Schüttung“, als Grund und Ursprung gerade konstitutives,

[28] *DN* II 9; 134, 1 f. (648 B): οὐ μόνον μαθὼν ἀλλὰ καὶ παθὼν τὰ θεῖα.

[29] Zum Problem im Ganzen: Trouillard. Ferner: die Kapitel „Realisierung des Bildes“ und „Entfaltung der Einheit“ in: Beierwaltes 1985, 73 ff.; 155 ff.; Kremer; O'Rourke 215 ff.

[30] Dies mindestens seit Brucker II 427 ff. *(systema emanativum)*. Vgl. hierzu Beierwaltes 1989, 1187 ff.; Jäsche 143; 146: Dionysios als Quelle von Eriugenas „Pantheismus“.

[31] Proclus, *Elem. theol.* 13; 14, 25 u. ö.; Steel 1981.

[32] Plotin, *Enn.* V 2, 1, 1. Vgl. auch VI 7, 32, 12 ff. Zur genaueren Analyse dieses Problems: Beierwaltes 1985, 38 ff. („All-Einheit“).

bestimmendes und immanent bewahrendes „Sein von *Allem*", in Allem wirkend gegenwärtig ist.[33] Dem Gedanken des plotinischen Satzes: daß das Eine kein Einziges von dem sei, d. h. mit ihm wesensmäßig identisch gedacht werden dürfe, was aus ihm hervorgehe, entspricht des Dionysios Insistieren auf der „Jenseitigkeit" des Gottes, obgleich er als universale Ursache aus sich selbst heraus – Sein gründend – wirkt: Die sich creativ verströmende Gutheit des Gottes „unterscheidet sich in sich einig (geeint bleibend), vervielfältigt sich als in sich Eins, ohne das Eine [in ihm] zu verlassen"[34]. In Alles gründend hervorgehend, bleibt also der Gott dennoch in sich selbst „über-seiendes Eines"[35], trotz seines konstitutiven und bewahrenden Inne-Seins ist er *zugleich* – „herausgehoben" und „unvermischt" – absolutes Nichts von Allem. Die Einsicht in die Zusammengehörigkeit beider Seins- und Wirkensweisen des Gottes – analog dem neuplatonisch gedachten Einen/Guten – verbietet es, neuplatonisches Denken und seine für die Zukunft der Theologie wirkungsreiche Rezeption durch Dionysios als eine Form des „Pantheismus" zu verstehen, die eine die absolute Differenz vergessende und einebnende Identifikation von göttlichem Ursprung und entsprungener Wirklichkeit (Welt) favorisiert.

3. „Alles, was aus etwas hervorgeht, kehrt gemäß seinem Sein in das zurück, aus dem es hervorgeht."[36] Ἐπιστροφή, „Rückkehr", „Rückgang" oder „Rückwendung" („reflexio"), ist im Sinne des *Proklos* das dritte Moment in der triadischen Grundgesetzlichkeit μονή – πρόοδος – ἐπιστροφή; es realisiert in je verschiedenen Dimensionen die aktive Verbindung oder Verbundenheit des Hervorgegangenen mit seinem verursachend in sich bleibenden Ursprung, mit seinem sein-gebenden Anfang. Dieser Rückbezug schließt ab oder vollendet den Hervorgang zu einer Einheit; er zeigt an, daß das im Verursachenden jeweils hervorgebrachte Sein als eine innere, *kreishafte* Bewegtheit zu begreifen ist,[37] die das Verursachte gerade im Rückbezug zur Ursache als es selbst sein läßt und in seinem Sein bewahrt.

[33] τὸ γὰρ εἶναι πάντων ἐστὶν ἡ ὑπὲρ τὸ εἶναι θεότης: *CH* IV 1; 20, 16 f. (177 D). – Der biblische Ausdruck dieses Philosophems im *1. Cor.* 15, 28, daß „Gott Alles in Allem sei", wird von Dionysios des öfteren als Ausgangspunkt oder als Bestätigung herangezogen (z. B. *DN* I 7; 119, 13 f. [596 C]). *DN* IV 6; 150, 2 (701 A): ὑπερβλύζουσα φωτοχυσία. XI 6; 223, 11 (956 B): ἄφθονος χύσις.

[34] *DN* II 11; 135, 14 ff. (649 B): ἡνωμένως μὲν διακέκριται, πληθύεται δὲ ἑνικῶς καὶ πολλαπλασιάζεται ἐκ τοῦ ἑνὸς ἀνεκφοιτήτως. Vgl. den weiteren Kontext dieser Stelle. – ἐπὶ πάντα προϊὼν καὶ μένων ἐφ' ἑαυτοῦ: *DN* V 10; 189, 12 (825 B), mit den von Suchla angegebenen Parallelstellen.

[35] *DN* XIII 3; 229, 3 (980 D).

[36] *Elem. theol.* 31; 34, 28 f.

[37] *Elem. theol.* 33; 36, 11 ff.

Kreishafte ἐπιστροφή ist unterschiedlich wirksam in den einzelnen Bereichen nach dem Einen: etwa im Bereich des Geistes, der gegenüber dem Materiellen durch die Fähigkeit zum Selbst-Bezug ausgezeichnet ist,[38] oder in der Universal-Seele, die als Kreis um den Geist oder auf diesen hin sich aktiviert, in ihrer Bedeutsamkeit nicht minder im Kosmos, in dem die jeweiligen Prozesse in ihrer Differenziertheit durch „Sympathie" und Ähnlichkeit mit- und untereinander *und* mit dem universalen Ursprung verbunden sind (ἀναλογία, δεσμός), so daß das Ganze als ein Kreis von Kreisen in sich besteht.[39] *Ähnlichkeit* im Verursachten zur jeweiligen Ursache und zum ersten Ursprung hin übertrifft die durch den Hervorgang (qua διάκρισις) entstehende und in der Entfaltung der „Stufen" wachsende Differenz. Rückwendung des ursächlich Vermittelten (μέσον) *in* den Anfang (ἀρχή) als das sinn-bewahrende Ziel (τέλος) des bewegten Seins ist durch die je verschieden wirkende Kraft (δύναμις) der Ursache ermöglicht.[40] Die logische, ontologische oder kosmologische Rückwendung des Ganzen ist auch für das Sein des Menschen, für die Realisierung seiner Möglichkeiten, maßgebend: Rückgang des Denkens (der Seele und des Nus) in sich selbst als der sich seiner selbst vergewissernde Anfang des inneren Aufstiegs, der in der Weise einer universalen ἀφαίρεσις, einer „Abstraktion" alles dessen, was dem „Einen in uns" fremd ist, in eine Einung mit dem Einen, zumindest aber in eine das Denken übersteigende Berührung des Einen führen soll.[41]

Dionysios ist dem ontologischen und kosmologischen Grundgedanken einer kausalen Rückwendung, die *im* Vielen allererst dessen zusammenhängende Einheit begründet und die Welt im göttlichen Einen als ihrem Ziel begründet sein läßt, sachlich eng verbunden. Auch in der Reflexion auf die Stufen des Weges zur mystischen Henosis[42]: κάθαρσις – ἔλλαμψις – τελείωσις, und mit der Konzeption der radikalen Abstraktion steht er – trotz mancher Modifikation – zu Proklos in intensiver sachlicher, begrifflicher und sprachlicher Nähe – nicht zuletzt in den verschiedenen Aspekten des Begriffes ἐπιστροφή. „Philosophische Mystik" als Lebensform ist nicht nur das geschichtlich bereitliegende, sondern das sachlich-typologische Modell für eine Lebensform, die als ausgeprägt christliche verstanden werden möchte

[38] *Elem. theol.* 15; 16, 30ff.

[39] *Elem. theol.* 33; 36, 11ff.

[40] Vgl. Beierwaltes 1979, 72ff.

[41] Zu diesem Fragenkomplex vgl. Beierwaltes 1979, 275ff., 313ff., 319, 367ff.; 1985, 270ff. (zu Proklos), 128ff. (zu Plotins Begriff der „Henosis").

[42] Für diesen Begriff (z. B. *DN* II 9; 134, 3), der eine, wenn nicht *die* Grundintention des Dionysios anzeigt, ist eine umfassend interpretierende Darstellung von Ysabel de Andia 1996 zu erwarten.

und die auch der die eigene Entwicklung prägende Anfang einer sich selbst als genuin christlich verstehenden Mystik geworden ist.[43]

Der ontologische, kosmologische *und* mystische Aspekt von ἐπιστροφή ist bei *beiden* in ihren Reflexionen auf den Bezug zweier Begriffe verbunden, die Platons Blick auf das Wesen des Philosophen und der Philosophie folgen: *Schönheit und Eros*. Im neuplatonischen Denken ist dieser Bezug als Grundfrage bewußten Lebens entfaltet worden; Dionysios hat eben diese Entfaltung in charakteristischer Weise aufgegriffen und mit dem christlichen Gedanken des „göttlichen Eros" verbunden. So ist bei beiden „Liebe zur Schönheit oder zum Schönen" und „Liebe zum Göttlichen oder zu Gott" als eine untrennbare Einheit zu verstehen. „Liebe zum Schönen" richtet sich auf eine *Erscheinungsform* des Guten und Göttlichen selbst; „Liebe zu Gott" ist so letztlich auf das Inbild von Schönheit, den absoluten Grund des Schönen als Idee oder alles Einzel-Schönen, hin orientiert.

Plotin hat das Verhältnis von absoluter Einheit (des Einen selbst), Geist und Seele zu den Formen der Göttlichkeit und der Schönheit als deren je verschieden ausgeprägte Wesenszüge thematisiert; die Haltung des Menschen seinem eigenen göttlichen Grund gegenüber, der ihm als Schönheit erscheint, sieht Plotin durch Eros bestimmt und geleitet. Kein Philosoph, der sich nach Platon durch dessen Denken bestimmen ließ, hat die Verbindung von Schönheit mit der Dimension des göttlichen Seins und dem liebenden Bezug zu Schönheit und Göttlichkeit intensiver durchdacht als Plotin. Die Verwirklichung des Eros auf Schönheit hin ist die Voraussetzung für das Gelingen einer Einung mit dem Einen, in der sich der bisher *denkende* Nus in den *liebenden* gesteigert hat. Die Frage nach dem Schönen ist bei Plotin, wie schon in Platons *Symposion*, durch einen „ethischen" Ansatz- und Zielpunkt motiviert, der die Lebensform als ganze prägen oder leiten soll.[44]

Proklos hat den plotinischen Eros-Gedanken sowohl im Blick auf die Schönheits-Struktur des Kosmos als auch im Blick auf das Schöne als das Ziel des lebensgestaltenden Strebens, das im Vorgriff das Eine selbst repräsentiert, in manchen Aspekten weiter entfaltet. Im Horizont des Grundsatzes, daß alles Seiende in einer nie ablassenden *Sehnsucht* nach dem Einen hin bewegt sei und daß diese durch das „Eine in uns", das vorreflexive Begreifen des Einen selbst, ermöglicht und bewegt werde, muß *Eros* als die jeweils konkrete Realisierung eben dieses Grund-Strebens verstanden werden. Die ontologische und theologische Bedeutung von Eros zeigt sich u. a. in der Trias πίστις – ἀλήθεια – ἔρως, „Glaube (Vertrauen) – Wahrheit –

[43] S. hierzu vor allem Ruh 1990, 31–82, bes. 71 ff. über den „Einstand des Corpus Dionysiacum im Abendland", und McGinn 157–182.

[44] Aufschlußreich hierfür ist neben anderen Texten vor allem der späte Traktat Plotins, der eigens dem Eros gewidmet ist (III 5 [50]). Hierzu: P. Hadot.

Liebe". Während πίστις – über rationales Erkennen hinaus und selbst „ohne jegliche Andersheit" – jedes Seiende ins Eine oder Gute gründet und mit ihm unvermittelt verbunden ist, Wahrheit aber der Grund des Sichtbar- und Erleuchtet- und damit des Intelligibel-Seins aller Bereiche der Wirklichkeit ist, hat *Eros* die Funktion, vom Intelligiblen bis zum Materiell-Kosmischen durchdringend, „Alles auf die göttliche *Schönheit zurückzuführen*"[45] – Eros also als eine kosmisch bewegende, teleologische Kraft, durch die das Ganze der Wirklichkeit zu einer in sich differenziert-bezüglichen Einheit gefügt wird; Eros stiftet in Allem „ein Band und eine unlösliche Liebe zueinander und zum Schönen selbst"[46] und sammelt dadurch jedes Einzelne in seine Ursache und diese insgesamt in die umfassende Ursache von Allem hin.[47]

Der platonische *Phaidros*[48] bestimmt das Wesen des *Göttlichen* durch Schön-, Weise- und Gut-Sein; Proklos hat daraus eine zweite Trias abgeleitet in dieser Folge: „Gutheit – Weisheit – Schönheit", dies im Sinne von eng miteinander verflochtenen Grundzügen des Bereiches des Göttlichen selbst. Schönheit ist einmal als in sich seiende, intelligible Struktur verstanden, zum anderen als „schön-machende Ursache", die für das Verursachte eine bestimmte, formende „Attraktivität" besitzt; Grund von Geordnetheit und Symmetrie, von liebendem Zusammenhang des Seienden untereinander und damit Grund von Einheit; „Form der Formen"[49] als intensivstes Sein von Form *und* als Grund aller Geformtheit. Die Wirkung des Schönen, seine Kraft der Manifestation und Attraktion, charakterisiert Proklos – wiederum im Rückgriff auf Platon – durch drei Aspekte: Das Schöne ist „zart" oder „mild" (ἁβρόν), weil es in und durch sich eine Teilhabe am Guten vermittelt; es ist „licht", leuchtend und Anderes erleuchtend, weil es das Verborgene der Gutheit als intelligibles oder göttliches Licht erscheinen läßt und so auch selbst als Möglichkeit einer Einübung in den Grund dieses Lichtes fungiert – „glänzender und liebenswürdiger anzusehen als der Morgenstern"[50]; gleich-

[45] *In Alc.* 51, 15 ff., 52, 10 ff.; *Theol. Plat.* I 25; 109, 4 ff.; *in Tim.* I 212, 21 ff: Die genannte Trias in Verbindung mit „Hoffnung" ist die Vorbedingung zu „ekstasis" (Z. 23). Dies geht auf Porphyrios zurück; *ad Marcellam* 24 nennt Porphyrios als die vier „Elemente" in der Beziehung des Menschen zu Gott „Glaube, Wahrheit, Liebe, Hoffnung": „Man muß *glauben*, daß das einzige Heil die Rückkehr zu Gott ist, und dies glaubend, soweit als möglich sich bemühen, das *Wahre* über ihn zu *erkennen*, und dies erkannt habend das Erkannte *lieben*, und dies liebend die Seele mit guter *Hoffnung* nähren zeitlebens." – Zum Verhältnis dieses Textes zu Paulus *1 Cor.* 13 vgl. jetzt Sodano 117–126.

[46] *In Alc.* 33, 10 f.

[47] Ebd. 31, 3: συνάγειν.

[48] 246 d8–e1.

[49] *Theol. Plat.* III 8; 63, 2. 25: εἶδος εἰδῶν.

[50] *Theol. Plat.* I 24; 108, 25. Reminiszenz an Aristoteles *Eth. Nic.* 1129 b 28 f., dort auf „Gerechtigkeit" bezogen.

bedeutend mit den zwei genannten Momenten ist das Schöne „in höchstem Maß liebenswert" (ἐρασμιώτατον): Ziel des Verlangens, des Eros, der gerade aufgrund des *im* Schönen oder *als* Schönes sich manifestierenden Guten die Um- oder Rückkehr des aus dem Einen Entfalteten voranbringt und in sein Telos führt. Das Schöne wiederholt in diesen drei Aspekten in der ihm eigentümlichen Wirkform die Alles bewegende und bestimmende Grundgesetzlichkeit von Verharren, Hervorgang und Rückkehr – ein intelligibler, durch Teilgabe des Göttlichen an ihm selbst und durch Eros auf sein Zentrum zurückbezogener Kreis.[51]

Die hier nur angedeutete verbindende und rückführende Kraft des Eros im Bereich des *Kosmischen* und *Göttlichen* ist zugleich der Grund dafür, warum Eros auch im Bereich *menschlichen* Denkens und Handelns – sozusagen als die „Nachahmung" des großen Eros – zu wirken vermag.[52] In ihm ist er als die innere Triebkraft des Denkens, durch die es sich auf das es selbst Begründende hinwendet, und damit als das initiierende, fortbewegende und in das Ziel durchtragende Element des dialektischen Aufstiegs, des Ähnlichwerdens mit dem Ursprung zu verstehen. Dieser „göttliche", d.h. der auf das Göttliche gerichtete Eros, ist in einer allgemeinen Charakterisierung zu denken: als „hinaufführend und gutwirkend und Vollendung gewährend, Geleiter des Geistes und Ursache des Lebens nach dem Geiste"[53]. Eros wird so zum Grundverhalten des Philosophierenden, da er dessen Suche nach Wahrheit leitet und sie durch Umkehr und Rückkehr aus dem Schön-Scheinenden in die überseiende *göttliche* Schönheit letztlich in der „glaubenden Hingabe"[54] an sie vollendet.[55]

Die erotische Beziehung zum Schönen oder zur göttlichen Schönheit selbst realisiert einen Grundzug des Schönen, der sich für Proklos schon in der Deutung des Wortes καλόν zeigt: Es ist in seinem Sinne abzuleiten von καλεῖν oder κηλεῖν, „rufen" und „bezaubern" – es „*ruft* Seiendes und Denkendes zu sich", es „berückt" und „bezaubert" es.[56] Während im Bereich der Prinzipien das Schöne, Gute und Gerechte zwar als aufeinander bezogen, aber dennoch als je eigene Wesenheiten betrachtet werden müssen – das Gute selbst als die Quelle des Guten im ganzen ist, für Proklos ebenso wie für Plotin, jenseits des Schönen im eigentlichen Sinne[57] –, so sind sie aber „im Zentrum alles Seienden, welches die *Seele* ist, miteinander vereint"; sie

[51] Zum Ganzen vgl. *Theol. Plat.* I 24; 106, 5ff.

[52] *In Alc.* 55, 15f. 32, 9f.

[53] Ebd. 61, 3–5.

[54] πίστις steht *über* νόησις. Vgl. hierzu Beierwaltes 1979, 321f.

[55] *In Alc.* 29, 15 f. 30, 15ff. 33, 6. 37, 11. 52, 12.

[56] *In Alc.* 328, 11ff. *Theol. Plat.* I 24; 108, 7ff. Platonischer Ansatzpunkt: *Crat.* 416 b 6ff.; *In Alc.* 328, 12.

[57] *In Alc.* 320, 5f. Für Plotin vgl. meine Überlegungen in: 1980b, 18ff., bes. 25f.

können ebensowenig wie Sein, Leben und Denken ohne einander sein, sie sind vielmehr, sich tragend und manifestierend, gleichrangig *ineinander*: bestimmende Strukturen oder Wesensmomente der Seele. Die Erfahrung der göttlichen Schönheit durch Eros – eine Analogie zu der Einweihung in die Mysterien[58] – schreitet in das Verstehen der göttlichen *Weisheit* fort, „von der erfüllt der Geist das Seiende erkennt“[59]. Aus dem Gedanken der Identität von Weisheit, Wahrheit und Gutheit folgt: Im Guten selbst als dem lichten Grund von Wahrheit *und* Schönheit findet Eros letztlich sein Ziel. Damit dieses Gute als das Erste *und* Letzte oder als das „Letzte“ in der Rückbewegung zum „Ersten“ hin sich dem von Eros bewegten Denken zeige, muß es sich selbst in einen „festen Stand“ (ἵδρυσις καὶ μόνιμος κατάστασις) aufgehoben haben, der der πίστις gleichkommt: Das Denken selbst negierend und übersteigend (μύσαντας), „übergibt“ die Seele sich selbst dem „göttlichen Licht“ oder dem Einen Ursprung.[60]

Der zwischen Sinnlichem und Geistigem, zwischen Vielem auf das Eine hin vermittelnde und sammelnd-einigende Eros treibt also die durch diese Bewegung Geist-gewordene Seele noch über sich selbst hinaus und eint sie „in einem Leben, das höher ist als Denken, mit der ursprunghaften und verborgenen Schönheit“[61]. Nicht nur das *Sehen* des Schönen, sondern gerade die *Einung* mit ihm und letztlich mit dem Einen selbst ist für Proklos, wie schon für Plotin, der Zielpunkt jeder denkenden, sich in sich selbst zurückwendenden und in sich selbst aufsteigenden Bewegung, die in den eigenen, *nicht mehr denkenden* Grund zu gelangen sucht. Die wesentliche Absicht der proklischen Spiritualität, die eine philosophische Lebensform bestimmen soll, könnte man deshalb in einem Satz des *Parmenides*-Kommentars umschrieben sehen: „Ad incomprehensibilem autem supereminentiam unius ascendens desiderio quidem nature illius fertur ad ipsum, circumcurrens ipsum et amplecti volens et *summo amore* ipsi adesse perfecte volens, et secundum posse uniens et omnem sui ipsius purgans multitudinem, ut *aliqualiter una perficiatur.*“[62]

Im Kontext der Gott zugesprochenen „positiven“ Prädikate: daß er als die „quellhafte“ universale Ursache die sich verströmende Gutheit sei,[63] daß er, analog der Sonne, als gestaltgebendes, erleuchtendes, durch seine Kraft belebendes und zugleich das Viele zusammenführend einendes Licht sich

[58] *In Alc.* 64, 60, 12. 61, 7ff.

[59] I 25; 109, 17f.

[60] *Theol. Plat.* I 25; 110, 10. 111, 18: ἐπιδίδωσιν ἑαυτήν.

[61] *In Alc.* 64, 17–19: ἑνίζων τῷ πρώτῳ καὶ κρυφίῳ κάλλει τὸν νοῦν τὸν νοητὸν κατά τινα νοήσεως κρείττονα ζωήν.

[62] *In Parm.* VII 44, 32–46, 3.

[63] *DN* IV 1ff.; 143, 12ff. (693 B). Ebd. 2; 145, 6 (696 B): ... ἐκ τῆς παναιτίου καὶ πηγαίας ... ἀγαθότητος.

zeige, benennt ihn *Dionysios* auch als „*das Schöne*" oder als „*Schönheit*" (καλόν, κάλλος, καλλονή).[64] Diese Benennung ist, wie in Platons *Symposion* und bei seinen neuplatonischen Auslegern,[65] mit ἔρως oder, bei Dionysios hinzukommend, mit ἀγάπη eng verbunden: gedacht entweder als aktive, liebend-begründende Beziehung des Ursprungs zu dem aus ihm Entsprungenen oder als *dessen* Antwort auf die Anziehungskraft des Ursprungs selbst. Im Sinne des zuletzt genannten Aspekts versteht Dionysios – wie Proklos im Rückgang auf den platonischen *Kratylos* – das Schöne aus der griechischen Wortbedeutung heraus als das „Alles zu sich Rufende" (πάντα πρὸς ἑαυτὸ καλοῦν).[66] Durch seine Identität mit dem Guten[67] ist das Schöne einmal der Grund dafür, daß im Bereich des Entfalteten gegensätzlich oder unterschiedlich Seiendes (Einzelnes) in eine Gemeinsamkeit miteinander sich fügt, daß Seiendes untereinander „zusammenhält" oder „zusammenpaßt", daß das Einzel-Seiende trotz seines gegenseitigen Bezugs jeweils es selbst bleibt, miteinander „eine unvermischte Einung" oder „Harmonie" bildet – und dies nicht nur in der Weise *einzelner* Vorgänge oder *einzelner* sich vollziehender und bleibender Formen, sondern als in sich vielfältig bezogene Struktur des *Ganzen*.[68] Zum anderen bewirkt die Identität des Schönen mit dem Guten die für jedes Seiende unterschiedlich (d.h. seinem eigenen Bereich gemäß) geltende Bewegtheit oder Rückbezüglichkeit auf eben diese Identität als vollendende „Grenze" und „Zielgrund"[69]. Die bewegend-vermittelnde Kraft dieser universalen Rückwendung ist für alle Dimensionen des Intelligiblen *und* Materiellen: *Eros* zur Schönheit[70] und damit auch zum Guten als dem „Erstrebten", weil „Geliebten"[71], so daß der alles Verursachte bestimmende Satz gilt: „Einfachhin alles Seiende *ist aus* dem Schönen und Guten und *im* Schönen und Guten und wendet sich zurück *in* das Schöne und Gute."[72] – Damit ist durch einen – Allem imma-

[64] *DN* IV 7; 150, 15ff. (701 C). Auch XI 6; 223, 7ff. (956 B).

[65] Außer dem zuvor über Proklos' Begriff des Schönen Angedeuteten könnte ein uns nicht mehr erhaltenes Werk des Proklos über die Rede der Diotima im platonischen *Symposion* eine Quelle für Dionysios' Konzeption des Schönen gewesen sein. Vgl. hierzu H. Koch 1900, 64; Beutler 197.

[66] IV 7; 151, 9 (701 C).

[67] IV 7; 152, 7 (704 A).

[68] Vgl. bes. IV 7; 152, 10ff. (704 B f.).

[69] IV 7; 151, 19; 152, 9 (704 A f.).

[70] IV 7; 152, 4 (704 A).

[71] IV 10; 155, 8 (708 A): ἐφετὸν καὶ ἐραστὸν καὶ ἀγαπητόν.

[72] IV 10; 154, 20–22 (705 D): Καὶ ἁπλῶς πᾶν ὂν ἐκ τοῦ καλοῦ καὶ ἀγαθοῦ καὶ ἐν τῷ καλῷ καὶ ἀγαθῷ ἔστι καὶ εἰς τὸ καλὸν καὶ ἀγαθὸν ἐπιστρέφεται. Vgl. auch 154, 23–155, 7. Dionysios bekräftigt den philosophischen Gedanken des Kreises der Ursachen durch den *Römer-Brief* 11, 36: ... ὅτι ἐξ αὐτοῦ καὶ δι' αὐτοῦ καὶ εἰς αὐτὸν τὰ πάντα.

nenten – „rückwendenden Eros“[73] die Vielfalt des Entfalteten je in sich geeint, zugleich in den absoluten Anfang ursächlich zurückgeführt, in ihn zur Bewahrung seines je Eigenen „zurückgebunden“.

Die Einheit von Gutheit und Schönheit im sich verströmenden göttlichen „Anfang“ wird von Dionysios – durch den christlichen Grundgedanken motiviert – selbst als *Liebe* gedacht: „Der aufgrund des Übermaßes an Gutheit Alles Verursachende *liebt Alles*, schafft Alles, vollendet Alles, hält Alles zusammen, führt Alles zurück und *ist* Alles, und die göttliche gute Liebe (ἔρως) geht auf das Gute hin wegen des Guten. Denn die gut-wirkende Liebe zum Seienden selbst, die in dem Guten im Übermaß vorherbesteht, ließ ihn nicht unfruchtbar in sich selbst verharren, sondern bewegte ihn vielmehr zum [schöpferischen] Tun gemäß dem Alles zeugenden Übermaß.“[74]

In der Identifikation des göttlichen Einen – Guten – Schönen mit „Liebe“ (ἔρως und/oder ἀγάπη) unterscheidet sich Dionysios von *Proklos’* Begriff des an sich selbst neidlos und frei teilgebenden Einen/Guten. Proklos führt zwar in der aus dem Einen sich entfaltenden Dimension des Göttlichen den Begriff des ἔρως προνοητικός, des fürsorgenden, nach „unten“ wirkenden Eros ein; durch ihn macht er das Mythologem, daß die Götter ihre eigenen Geschöpfe lieben, philosophiefähig: Diese Art der Liebe „rettet“, „vollendet“ und „vereinigt“ das Geliebte mit der Kraft des Liebenden.[75] Diese rettende, vollendende und vereinigende Bewegung vom Göttlichen her setzt sich in der liebenden und fürsorgenden Hinwendung des einzelnen Menschen zum anderen fort.[76] Proklos überträgt jedoch das pronoetisch-liebende Verhalten der Götter zu ihren „Geschöpfen“ – im Bereich *nach* dem Einen verwirklicht – *nicht* auf das Wesen des Einen selbst, weil dessen absolute Transzendenz trotz seines universalen Ursache-Seins durch ein Engagement für das Verursachte irritiert werden könnte. Es selbst bleibt ἀμιγές, „vermischt“ sich als das „Nichts von Allem“ nicht mit Anderem. Als solches schlösse es auch eine „Inkarnation“ aus, die das Resultat einer aktiv liebenden Selbsthingabe an die Geschaffenen wäre.

Demgegenüber ist für *Dionysios* aus der christlichen Grundüberzeugung heraus, daß *Gott selbst Liebe* sei,[77] dieser Wesenszug Gottes ein für sein eigenes Denken zentraler Gedanke. Liebe des Gottes als eine schon von ihm

[73] IV 10; 155, 9f. ἐπιστρεπτικῶς ἐρῶσι.

[74] IV 10; 155, 14–20 (708 A/B). Vgl. auch IV 12; 158, 13ff. (709 D).

[75] *In Alc.* 55, 10ff. Zu Pronoia als dem Grundzug jedes göttlichen Wesens, dem verursachenden und erhaltenden Bezug zu Allem, was durch die Götter ist, vgl. Beierwaltes 1985, 228ff.

[76] *In Alc.* 32, 16. 38, 14f. 41, 11. 45, 2ff.

[77] *1 Joh.* 4, 8. 16: ὁ θεὸς ἀγάπη ἐστίν.

selbst aufgrund seiner Gutheit ausgehende schaffende, bewahrende, einende und an sich selbst rückbindende Zuwendung ist als eine intensivere zielgerichtete Bewegung zu verstehen als eine solche, die „nur" durch den Akt des Verursachens – metaphorisch durch das Bild der „Quelle" und auch des „Lichtes" angezeigt – charakterisiert ist. Während man mit gewissem Recht behaupten kann, daß die christliche Theologie, vom griechischen Neuen Testament ausgehend, für Gottes Liebe vorwiegend den Begriff ἀγάπη verwendet, verteidigt Dionysios den Gebrauch des Begriffes ἔρως für denselben Sachverhalt; er zieht ἔρως sogar ἀγάπη vor und gebraucht dann beide Begriffe synonym.[78] „Göttliche Liebe" (ἔρως und/oder ἀγάπη) meint primär die sich selbst entfaltende, aus sich selbst herausgehende und auf das Sein konstituierend zugehende Aktivität Gottes: Diese seine Liebe ist wesentlich „*ekstatisch*"[79]; in ihr oder durch sie geht er aufgrund seiner einen Gutheit schaffend und „fürsorgend" aus sich selbst heraus, liebt das Geschaffene und führt es ebensosehr aufgrund seiner anziehenden Schönheit auf sich selbst zurück. Gottes liebende Ekstasis gibt sich – analog der neuplatonisch gedachten sich verströmenden und dennoch in sich bleibenden Quelle – nicht in seinem Wesen aus, sondern bleibt sie selbst als Moment seiner Einheit und Gutheit in ihm selbst. Die göttliche, liebende Ekstasis beschreibt Dionysios in dem Satz: „Man muß auch dieses über die Wahrheit zu sagen wagen, daß der Alles Verursachende selbst durch die schöne und gute Liebe (ἔρως) zu Allem aufgrund des Überschwangs seiner liebenden Gutheit aus sich selbst herausgeht in den auf alles Seiende bezogenen fürsorgenden Akten und gleichsam durch Gutheit und Hingabe (ἀγάπησις) und Liebe (ἔρως) bezaubert wird und aus seinem Über-Sein und Über-Allem-Erhaben-Sein zu dem In-Allem-Sein heruntergeführt wird gemäß seiner ekstatischen überseienden Kraft (δύναμις), die sich selbst nicht verläßt."[80] Durch seinen – paradox gesagt – in sich bleibenden Hervorgang und durch seine teleologische Anziehungskraft als Schönheit und Gutheit zugleich wird der θεῖος ἔρως zur Ursache eines „ewigen Kreises" von lichthafter, d.h. lichtender, das Schön-Seiende setzender und erhaltender Entfaltung *und* liebender Rückkehr: „Der göttliche Eros zeigt das End-lose seiner selbst und sein Anfangs-loses in herausgehobener Weise wie ein ewiger Kreis, der sich *wegen* des Guten, *aus* dem Guten und *in* dem Guten und *auf* das Gute *hin* in ständiger Drehung bewegt [herumgeht] und in dem

[78] *DN* IV 10; 155, 16f. (708 B). 11; 156, 1ff. (708 C). 12; 157, 9ff. (709 B); paradigmatisch für Dionysios der Satz aus Ignatios: Ὁ ἐμὸς ἔρως ἐσταύρωται. 14; 160, 1ff. (712 C). – Rist 1966, 235–243. Zu allgemeineren Aspekten in dieser Frage: Armstrong 1961; Andia 1994, bes. 437.

[79] IV 13; 158, 19ff. (712 A): ἔστι δὲ καὶ ἐκστατικὸς ὁ θεῖος ἔρως.

[80] IV 13; 159, 9–14 (712 A/B). Vgl. hierzu auch Beierwaltes 1994, 46ff.

Selben und gemäß dem Selben immer hervorgeht und bleibt und wieder zurückkehrt."[81]

In die universale Bewegung der Rückkehr oder des Rückgangs in den Ursprung gehört – als „Antwort" auf die liebende Ekstasis des Gottes in die Welt – die *„soteriologische" Ekstasis des Menschen*, der als der „wahre Liebhaber" (ἀληθὴς ἐραστής) Gottes nicht mehr sein eigenes, sondern das Leben seines Geliebten lebt, so wie Paulus dies sagt, der, ergriffen vom göttlichen Eros, Teil gewonnen hat an dessen ekstatischer Kraft: „Nicht mehr ich lebe, sondern Christus lebt in mir."[82] – Der sich selbst reflektierende Rückgang des Denkens oder der Seele in sich selbst, in das Ziel einer sich selbst auf den Ursprung hin übersteigenden („ekstatischen") Liebe übergegangen, entspricht in der Theologie des Dionysios dem zuvor angedeuteten philosophischen Konzept der denkenden Rückwendung in sich selbst und des inneren Aufstiegs, durch Eros bewegt und geleitet, der in dem ekstatischen Selbstüberstieg des Denkens in die differenzlose Einung mit dem Einen selbst führt.[83] In dieser Einung kommt die Bewegung des „rückführenden Eros" (ἔρως ἐπιστρεπτικός)[84] zur Ruhe – metaphorisch ausgedrückt: aus der „Odyssee des Geistes", aus der „Gegend der Unähnlichkeit" in die beruhigende und bergende „Heimat" (πατρίς)[85] des Einen selbst (πατήρ) oder in den jede Bewegung beruhigenden „mystischen Hafen"[86].

[81] IV 14; 160, 13–15 (712 D/713 A).

[82] IV 13; 159, 3ff. (712 A); *Galater* 2, 20 (der „mit Christus Gekreuzigte"). Vgl. auch H. Koch 1900, 66ff., 173.

[83] Für Plotin: Beierwaltes 1985, bes. 140ff. Für Proklos: 1979, 379.

[84] *In Alc.* 53, 6ff.

[85] Vgl. Plotin *Enn.* I 6, 8, 16; auch: VI 9, 7, 33ff.

[86] *In Parm.* 1015, 41; 1025, 34; 1171, 4 und 6. Zur „Odysseus"-Metapher vgl. Beierwaltes 1985, Index s. v. „Odysseus", und C. Bonner. – Sowohl von *De divinis nominibus* als auch von der *Theologia mystica* des Dionysios her wäre zu zeigen, daß man der Behauptung Endre von Ivánkas schwerlich wird zustimmen können, gerade durch den Begriff der *Liebe*, die ohne ein „stufenweises geistiges Emporsteigen" zu einer *unmittelbaren* Vereinigung der Seele mit Gott – kraft der ekstatischen Wirkung der Liebe – hinführe, vollziehe sich eine „Abwendung vom neuplatonischen Denken in seinem wesentlichsten Punkte" (Ivánka 283). Neuplatonisches Denken hat eine „Identität" der Seele mit „Gott" oder des „Seelengrundes mit Gott", die als eine *„gegebene"* angenommen werden könnte, niemals gedacht, sondern „nur" dessen *Ähnlichkeit* mit dem Ursprung; diese aber – etwa als das proklische „Eine in uns" – ist der Grund und Ansatzpunkt dafür, daß sich der Geist in der Seele zumindest *punktuell* zur Einheit oder Identität in der Ekstasis *steigern* kann. *Diesem* Aspekt neuplatonischen Denkens gegenüber gibt es bei Dionysios keine wesentliche Differenz: Einheit oder Identität mit dem göttlichen Grund ist für ihn ebensosehr als ein in der Ekstasis allererst *erreichbares* Ziel gedacht. – Auch den Weg- oder Stufengedanken hat Dionysios in modifizierter Form beibehalten: Der Übergang in die „ἀγνωσία" setzt einen

III

Die Frage: „Dionysios Areopagites – ein christlicher Proklos?“ suggeriert für Dionysios durchaus die Prävalenz der philosophischen Theorie unter inhaltlicher, begrifflicher und auch sprachlicher Hinsicht gegenüber dem christlichen Gedanken, den Dionysios in enger Verbindung zu dessen geschichtlichem Ursprung zu entfalten gedachte – freilich ohne einen expliziten Hinweis darauf, wie die innere Begriffsform seiner eigenen Theorie *ohne* Selbstanknüpfung und *ohne* tieferes Eindringen in die neuplatonische Philosophie hätte erreicht werden können.

So thematisiert Dionysius besonders in *De divinis nominibus*, in *De caelesti hierarchia* und *De mystica theologia* eine ganze Reihe von Problembereichen, die auf das „Wesen“ Gottes bezogen sind, weiterhin auf die in sich gestufte Struktur von Welt als der Erscheinung Gottes, auf das Sein des Menschen und dessen Zugangsmöglichkeit zu Welt und Gott („Symbolik“, „affirmative“ und „negative Theologie“) bis hin zur Einung mit ihm; für sie allesamt ist eine grundsätzliche Entsprechung in neuplatonischem Denken evident. Sie nehmen von dort her, im Blick auf ihre eigene Formation, ihren sachlich bestimmenden Ausgang, der auch in seiner christlichen Modifikation maßgebend bleibt. Nicht extrem und einfachhin sollte Dionysios als *„Platonicus primo ac deinde Christianus“* verstanden werden, wie Marsilio Ficino ihn charakterisiert,[87] so daß das Christliche in ihm u.U. zum überflüssigen, ja sogar störenden „Anhängsel“ verfiele und sich nicht minder die *philosophische* Gedankenstruktur im neuen Kontext gerade aufgrund des bisweilen gewaltsamen Adaptionsprozesses als vielfach beschädigt oder als in ihrer Intention verformt erwiese. Gegenüber der Einschätzung, der dionysische Versuch einer „Synthese“ von Christentum und griechischer Metaphysik sei zumindest für die *christliche* Grundintention mißlungen, kann man freilich aus einer präzisen Kenntnis beider Bereiche heraus auch nicht

reflexiven inneren Aufstieg voraus, dessen Reichweite und Intensität gegenüber Plotin und Proklos allerdings eingeschränkt erscheint. Die Termini διαβαίνειν, ὑπερβαίνειν, κάθοδος durch Affirmation und ἄνοδος bzw. ἐπανάβασις durch Negation (der Weg herab und hinauf als Einkreisen durch Affirmation und Negation) und nicht zuletzt der Denken und Leben umfassende Akt der ἀφαίρεσις signalisieren immerhin einen zu gehenden Weg. Vgl. *MT* I 3; 143, 14ff. (1000 C). II; 145, 7ff. (1025 B). *DN* VII 3; 197, 20ff. (869 D). *MT* I und II (ἀφαίρεσις). Zudem bieten die philosophischen und biblischen Gottesprädikate eine differenzierte Möglichkeit zur *Reflexion*, die zur Ekstasis hin *vermitteln*.

[87] Ficino, *Oratio de laudibus philosophiae* I, 768. – Zu den vier Traktaten des Dionysios bemerkt Sheldon-Williams 1964/65, 293: „Together they compose the most systematic exposition of fifth-century Neoplatonism that we possess; and the exposition is a Christian one. Dionysius is the Christian Proclus ...“

die Emphase favorisieren, mit der z. B. Hugo Ball das Neuplatonische (er sieht vor allem das Plotinische) in Dionysios grob herabsetzt.[88]

Des Dionysios Versuch einer Präsentation seiner Theologie aus einem ursprünglichen philosophischen Gedankengeflecht heraus in der Erfassung und Ausbildung seiner einzelnen, durch die christliche Offenbarung vorgestellten und vorgegebenen Intentionen konnte oder sollte für einen philosophierenden oder auch nur philosophisch interessierten Zeitgenossen akzeptabel erscheinen; er konnte vielleicht auch für das Christentum gewinnend wirken. Christen, für deren Glauben oder für deren Theologie Philosophie sachlich bedeutsam war und nicht nur die Rolle einer *„ancilla exigua"* für das vermeintlich Eigene spielte, konnten mit ihm sogar christlich denken und leben – von Maximus Confessor und Eriugena angefangen bis hin zu Nicolaus Cusanus, Marsilio Ficino und Edith Stein.

Genuin Christliches, wie nicht nur wir dies gegenwärtig bestimmen, sondern wie es auch die frühen Theologen sehen konnten und gesehen haben, hat Dionysios nicht mit der erwartbaren oder zumindest wünschbaren Intensität diskutiert. Zwar setzt er das Alte und Neue Testament[89] zur Begründung der Gottesprädikate und für andere Fragestellungen in einer oft bizarren Weise ein; er bedenkt den Hervorgang der Welt aus der Einen, überseienden Ursache – dies jedoch eher nach dem neuplatonischen Modell der Entfaltung des Einen/Guten als gemäß dem Schöpfungsbericht der Genesis;

[88] Obgleich Hugo Ball sehr zu achten ist u. a. aufgrund seiner hohen Sensibilität für die gefährliche politische Entwicklung am Ende der zwanziger Jahre, so ist im Blick auf seine philosophie- und theologiegeschichtliche Arbeit dies kritisch zu bedenken: Die stilisierende Abgrenzung des Christen Dionysios gegenüber seinen philosophischen Quellen ist zwar bei jemandem verständlich, der vom Dadaismus zum „byzantinischen Christentum" konvertierte („als mir das Wort 'Dada' begegnete, wurde ich zweimal angerufen von Dionysius. D. A. – D. A. ...": Ball 1992, 286); sie ist jedoch sachlich gesehen nur durch folgenreiche Mißverständnisse der neuplatonischen Philosophie möglich geworden – so z. B., wenn Ball in *Byzantinisches Christentum* penetrant das „Gefühl" gegen den „Begriff" ausspielt und zudem behauptet, das Leben werde durch die Platoniker „sterilisiert", sie seien intellekthaft, übergescheit, alleswissend etc. In seinem Affekt gegen den „Begriff" geht er so weit zu behaupten, daß für den „typischen Platoniker die Abstraktion das höchste Wesen sei; er vergottet die Abstraktion" (1958, 107f.). Dieser Fiktion stellt er den sinnfällig sich mitteilenden Gott, die „Fleischwerdung des Irrationalen" in Jesus gegenüber. Obgleich Dionysios die Inkarnation thematisiert (vgl. das Folgende), kann man seine Theologie wahrhaftig nicht „christozentrisch" nennen.

[89] Für die Bezeichnung der Hl. Schrift durch λόγια oder λόγιον, was bei den Neuplatonikern dem theologischen „Orakel" entspricht, d. h. der auf göttliche Autorität gründenden Lehre des „Orpheus" oder der „Chaldaeer" (Oracula Chaldaica), vgl. H. Koch 1900, 39ff., ferner die Hinweise von Suchla zu *DN* I 1; 107, 5.

aus seinem Hierarchie-Gedanken heraus und im Blick auf das neuplatonische Konzept der „Henaden“ baut er die Ränge der Engel;[90] er entwirft

[90] Vgl. Roques 1954, 135ff.; Sheldon-Williams 1972; Beck. Die Engel-Hierarchie hat der Maler *Anselm Kiefer* (geb. 1945 in Donaueschingen) in seinen geistesgeschichtlichen Interessenkreis einbezogen. So werden seine beiden Bilder „Die Ordnung der Engel“ von 1983/84 und 1984/86 zum jüngsten Beispiel der Wirkungsgeschichte des Dionysios Areopagites im Bereich der Kunst. Die erste Version befindet sich in „The Art Institute of Chicago“ und hat die Größe von 3,30 x 5,55 m, die zweite im „Walker Art Center“ in Minneapolis mit derselben Größe. Das Bild in Chicago hat den Titel „Dionysius Aeropagita [sic] die Ordnung der Engel“. Im oberen rechten Teil sind die Namen der neun Engelchöre neben- und untereinander geschrieben; von ihnen gehen jeweils Strahlen aus, die innerhalb eines schwarz-braun-blaugrauen Raums auf Felsen oder Steine treffen. Die neun Steine sind jeweils mit römischen Zahlen bezeichnet und sind von unterschiedlicher Größe. Zwischen dem Stein II und III windet sich eine Schlange – gedacht als Repräsentation der Engel (Seraphime als geflügelte Schlangen). – Anselm Kiefers Bilder haben einen starken symbolischen Charakter; sie sind Ausdruck einer vielschichtigen, in sich unterschiedlichen „Mythologie“. So auch „Die Ordnung der Engel“: Die von den neun Bezeichnungen der Engel ausgehenden Strahlen – auf die Steine gerichtet und mit ihnen verbunden – assoziieren ein weiteres, mit Dionysios verbindbares Thema, das Kiefer in derselben Zeit in mindestens drei Versionen gestaltet; er gibt diesen Bildern den Titel „Emanation“ und „Ausgießung“. Sie signalisieren den *Hervorgang* einer göttlichen Kraft aus dem Himmel auf Wasser oder Erde hin und verweisen, zusammen mit dem Symbol der Leiter und Schlange in einem, auf die *Rückkehr* dieser Bewegung in ihren Anfang: entsprechend der kreishaften Bewegung von μονή – πρόοδος – ἐπιστροφή bei Dionysios, aber auch in der jüdischen Kabbala; mit ihr, vor allem mit der Entfaltung der zehn Sefiroth, hat sich Kiefer beschäftigt. Ein Gedanke, der durch diese hervorgehende und rückkehrende Bewegung ausgedrückt werden soll, ist die *Wiederherstellung einer idealen Ordnung*. – Die Schreibweise auf dem zuerst genannten Bild „Dionysius *Ae*ropagita“ ist kein Lapsus, sondern weist auf die Einfügung eines „Propellers“ in der zweiten Fassung der „Ordnung der Engel“ voraus. Man könnte dies als einen „Witz“ auffassen *oder* aber als den Versuch verstehen, alte Vorstellungen mit modernen zu verbinden; man kann es aber auch mit Dionysios in Zusammenhang bringen: Die Spiralbewegung nämlich, die der „Propeller“ verursacht, entspringt der in sich ständigen Spiralbewegung der „göttlichen Geister“ (*DN* IV 8; 153, 7–9 [704 D/705 A]): In-sich-Bleiben und aus sich hervorgehende Bewegung in einem, fürsorgendes Umkreisen des Bedürftigen und Umkreisen der „schönen und guten Ursache“ ihrer eigenen „Selbigkeit“; die Spiralbewegung verbindet also Kreis und Gerade. Zugleich steht der „Propeller“ für das Element Luft (Aer ...), welches die in den anderen Bildern präsenten Elemente von Erde, Wasser und Feuer zum Geviert ergänzt. Er mag auch an die durch das Fliegen symbolisierte „Leichtigkeit“ erinnern, die seit Platon als Symbol des Transzendierens über die materielle Welt hinaus gilt. Vgl. Platon, *Phaedr.* 248b ff.: Der Seele wachsen durch das Sehen der Ideen auf der „Ebene der Wahrheit“ Flügel, sie wird durch die Wahrheit „genährt“, die Flügel und diese Nahrung der Wahrheit macht die Seele „leicht“ (c1 f., „die Natur des Flügels,

weitläufig und differenziert (wie anfangs schon angedeutet) eine Begründungsstruktur für die Kirche und für die sie tragenden Stände in einer strengen hierarchischen Ordnung; er entwickelt Grundzüge monastischer Theologie; er reflektiert auf Wesen und Funktion der Sakramente, vor allem der Taufe (φώτισμα), der Eucharistie (κοινωνία) und des Sakramentes des Heiligen Öls (μυστήριον τελετῆς μύρου) – unmittelbar verbunden mit den Stufen des Weges von der Reinigung zur Erleuchtung und Vollendung oder Einung; von diesen wesentlich bestimmt, durchdenkt er Sinn und Struktur des liturgischen Ritus; seine Überlegungen zur Eschatologie betreffen vor allem Tod und Bestattung des Menschen und sein Leben im Jenseits, *nicht* aber wird ihm *Leiden*, *Kreuz* und *Auferstehung Jesu Christi* zum leitenden, zentralen Gedanken. Er erörtert freilich Einzelprobleme der Christologie, etwa die Frage, wie in der *Mensch-Werdung* Jesu, des ausdrücklich so genannten πάντων ἐπέκεινα, sein durch φιλανθρωπία motiviertes Werden zum wahren Menschen (ἀληθῶς ἄνθρωπος γεγονώς) mit seinem in ihm selbst bleibenden Über-Sein und seiner „Über-Menschlichkeit" als kompatibel und daher als wahr zu denken sei.[91] – Indes sind auch all diese und andere Theologumena in ihrer Denk- und Darstellungsform wesentlich durch philosophische Theorie geprägt, ohne daß dadurch die theologische Botschaft *radikal* verfremdet würde; sie konnte aber auch nicht in ihrer ursprünglichen „biblischen" Intention Gestalt gewinnen.[92] Die Bedeutung des *philosophischen* Elementes in einem *theologischen* Grundgedanken, ja in dem alles Andere bestimmenden Grund und Zentrum des Christentums, möchte ich abschließend in Erinnerung rufen durch einen Hinweis auf den dritten Brief des Dionysios.[93] Er thematisiert die *Inkarnation* Jesu, indem er auf eine wohl fingierte Frage des Mönches Gaius antwortet: „'Εξαίφνης" [*'Plötzlich'*] bedeutet: wider Hoffnung [unverhofft, unvermutet] und dasjenige, was aus dem bislang Nicht-Erscheinenden in die Erscheinung tritt.[94] Für die Menschenliebe Christi will, so glaube ich, die Theologie [hierdurch] auch dieses andeuten: Aus dem Verborgenen ist der Über-Seiende in die uns gemäße Erscheinung [Offenbar-Sein] hervorgegangen als einer, der *mensch-*

durch den die Seele erleichtert wird") – dies im Gegensatz zum „Vergessen" (ἀ-λήθεια: λήθη) und zur κακία, welche beide die Seele „schwer" machen, ihr die Flügel abfallen lassen, so daß sie selbst auf die Erde fällt (κουφίζεται [248 c2; 249 a8]; βαρυνθεῖσα πτερορρυήσῃ [c7 f.]; ἐπὶ τὴν γῆν πέσῃ [c8]).

[91] *Ep.* 4; 160, 3 ff. (1072 A).

[92] Zu Dionysios' biblischer Hermeneutik und zur Verbindung der Liturgie mit philosophischen Konzeptionen s. Rorem. (Hierzu meine Rezension 1988, 411 f.) Zur Frage der Entfaltung oder Verdrängung des spezifisch Christlichen bei Dionysios vgl. Schiavone; Williams 116 ff.; Wesche, bes. 63 f., 67 f., 72; Brons.

[93] Zu den Briefen vgl. Hathaway; Ritter 1994, 63 ff., 90 ff.

[94] Oder: „in die Offenbarkeit herausgeführt wird oder sich herausführt".

lich ist [seiend geworden ist]. Verborgen aber ist er auch *nach* seinem Erscheinen oder, um es Gott angemessener zu sagen, auch *in* seinem Erscheinen. Also auch dies nämlich bleibt an Jesus verborgen, und mit keinem Wort und mit keinem Denken ist sein Geheimnis offenbar gemacht worden; denn auch das [jetzt über ihn als den Mensch-Gewordenen Gesagte] bleibt unaussprechbar und das [über ihn] Gedachte unerkennbar."[95]

'Εξαίφηνς – „plötzlich", „unversehens", „im [zeitlosen] Augenblick", „im Nu" – ist an den Stellen der Bibel, an denen Dionysios diesem Adverb begegnen konnte, nicht von zentraler, weiterreichender Bedeutung, schon gar nicht ist es Index der Weise oder des Vorgangs der Mensch-Werdung Gottes. Am nächsten kommt dem noch die Verheißung der Ankunft des Herrn in *Malachias* 3, 1, 1: „Sieh, ich will meinen Boten senden, und er wird den Weg vor meinem Antlitz bereiten, und plötzlich wird in seinen Tempel kommen der Herr, den ihr sucht."[96] – Dionysios charakterisiert die Ankunft Gottes im Sinne der Mensch-Werdung Jesu als ein unvermutet eintretendes Ereignis – erwartet vielleicht, aber dennoch *im* entsprechenden Zeitpunkt seines Geschehens „plötzlich", mit „*einem* Schlag", „unvermittelt" sich vollziehend. Er sieht es als einen abrupten, unvermittelten Übergang *aus* dem Nicht- oder Noch-nicht-Erscheinenden, *aus* dem bisher Un-scheinbaren (ἀφανές) oder Verborgenen (κρύφιον) *in* die lichte Erscheinung (ἐμφάνεια), ins sichtbare Sich-Zeigen (ἔκφανσις) oder in das Offenbar-Sein. Inkarnation ist damit zugleich der aus Liebe zu den Menschen (φιλανθρωπία) vollzogene Übergang oder Abstieg des „*über*-seienden" Gottes,[97] des πάντων ἐπέκεινα („Jenseits von Allem"),[98] in den Bereich des *Seienden* – ein Übergang, der im Sinne des Paulus einer κένωσις, einer „Selbstentäußerung", gleichkommt.[99] Im Sinne des Dionysios bleibt jedoch Jesus *nach* diesem im ἐξαίφνης sich vollziehenden Übergang als ein dann wahrhaft menschlich „*Seiender*" in der Zeit dennoch in seiner „Über-seiendheit

[95] *Ep*. 3; 159, 3–10: 'Εξαίφνης ἐστὶ τὸ παρ' ἐλπίδα καὶ ἐκ τοῦ τέως ἀφανοῦς εἰς τὸ ἐκφανὲς ἐξαγόμενον. 'Επὶ δὲ τῆς κατὰ Χριστὸν φιλανθρωπίας καὶ τοῦτο οἶμαι τὴν θεολογίαν αἰνίττεσθαι, τὸ ἐκ τοῦ κρυφίου τὸν ὑπερούσιον εἰς τὴν καθ' ἡμᾶς ἐμφάνειαν ἀνθρωπικῶς οὐσιωθέντα προεληλυθέναι. Κρύφιος δέ ἐστι καὶ μετὰ τὴν ἔκφανσιν ἤ, ἵνα τὸ θειότερον εἴπω, καὶ ἐν τῇ ἐκφάνσει. Καὶ τοῦτο γὰρ 'Ιησοῦ κέκρυπται, καὶ οὐδενὶ λόγῳ οὔτε νῷ τὸ κατ' αὐτὸν ἐξῆκται μυστήριον, ἀλλὰ καὶ λεγόμενον ἄρρητον μένει καὶ νοούμενον ἄγνωστον.

[96] ... καὶ ἐξαίφνης ἥξει εἰς τὸν ναὸν ἑαυτοῦ κύριος, ὃν ὑμεῖς ζητεῖτε. – Für eine analoge Bedeutung von ἐξαίφνης im Neuen Testament vielleicht das plötzlich hereinbrechende Licht bei des Paulus Bekehrung: *Act. Ap*. 9, 3. 22, 6.

[97] *Ep*. 3; 159, 5 (1069 B).

[98] *Ep*. 2; 158, 3. 4; 160, 3, von Jesus gesagt.

[99] *Philipper-Brief* 2, 7: ἑαυτὸν ἐκένωσεν – er „entleerte sich".

übervoll und immer überseiend“[100]. Paradigma dieser Inkarnation ist der Sein-stiftende Hervorgang der ekstatischen Liebe Gottes, dem zugleich das transzendente In-sich-Bleiben entspricht.

Wenn also ἐξαίφνης – „plötzlich“ – einen solchen unvermittelten Übergang, Hervorgang (προεληλυθέναι) oder Umschlag vom Noch-nicht-Sein (der Verborgenheit) ins Sein und in die zu ihm gehörige Bewegtheit bedeuten soll, dann konnte Dionysios an eine von Platon und den Neuplatonikern signifikant eingeführte Bedeutung von ἐξαίφνης anknüpfen. Dabei ist weniger an den Gebrauch von ἐξαίφνης als Bezeichnung für den zwar vorbereiteten, aber dennoch unvermutet, in zeitlosem Nu sich ereignenden Übergang oder Umschlag vom Nicht-Wissen ins Wissen, von unklarer Ahnung oder Meinung in die Erleuchtung oder Erfahrung der Einung mit dem Ursprung zu denken,[101] sondern eher an den zeitlosen Umschlag eines Seienden aus der Ruhe in Bewegung oder aus der Bewegung in Ruhe. Diesen Vorgang hat Platon in der bisweilen als „dritte Hypothesis“ des *Parmenides*[102] aufgefaßten Passage (156d1–e7) skizziert, die allerdings in einer angemesseneren Interpretation des Dialog-Verlaufs wohl als ein „corollarium de tempore“ zum zweiten Argumentationsgang („Wenn Eines *ist*“) der ersten Hypothesis verstanden werden sollte.

Um das Bewegte – so etwa Platons Gedanke – in Bewegung zu halten und damit die es bestimmenden Zeit-Weilen zu einer Kontinuität zu verbinden, muß ein Prinzip eben dieser Kontinuität angenommen werden, welches selbst nicht in der Weise der Zeit und des Ortes, also selbst „*dis*kontinuierlich“ ist. Das Bewegte *bewegt* sich in einer bestimmten Zeit, es *ruht* auch in einer bestimmten Zeit. Wenn es sich nicht *immer* bewegt und auch nicht *immer* ruht, gibt es dann – so ist zu fragen – auch eine Zeit, in der das Bewegte (welches jetzt als das ἕν gelten soll, auf das sich die Hypotheseis des *Parmenides* konzentrieren) das Sein, durch das es *in* Zeit ist, *ergreift*, und eine andere, in der es dieses Zeit-Sein wieder läßt, von ihm „abläßt“? Oder aber ist der *Übergang* oder *Umschlag* von Ruhe (aus einer Ruhe-Zeit) in Bewegung (in eine Bewegungs-Zeit) *nicht in* einer *Zeit* denkbar? *Ist* er dann gar nicht, wie man nach der Koextension der Begriffe Sein und Zeit eigentlich annehmen müßte? Jedenfalls muß man voraussetzen, daß ein Umschlag weder in einer Zeit stattfinden kann, in der sich das ἕν bewegt, noch in einer

[100] *Ep.* 4; 160, 9f. (1072 B).

[101] In diesem Sinne bei Platon, *Symp.* 210 e 4. *Ep.* VII, 341 c 7. Plotin, z. B. V 3, 17, 29; VI 7, 34, 13.

[102] Neuplatonische Ausleger des *Parmenides* betrachten diese Passage als die „dritte Hypothesis“, welche die Seele zum Gegenstand habe (dies ist offensichtlich schon Plotins Intention in *Enn.* V 1, 8, 23ff.). Zur Geschichte der Parmenides-Interpretation vgl. Proclus, *In Parm.* 1051, 34ff.; Saffrey in Band 1, 3, 4 und 5 der *Théologie Platonicienne*.

Zeit, in der es sich nicht mehr bewegt, also ruht. Dies widerspräche schon dem Begriff des Umschlags oder des Übergangs, der zur Erklärung des Wechsels der verschiedenen Zustände (Bewegung *oder* Ruhe) notwendig ist. Man kann in ihm auch nicht einen *Zusammenfall* von Bewegung und Ruhe, deren punktuelle Einheit, annehmen. Also ist der Umschlag als der zeitlose und ortlose Augenblick, „*zwischen* der Bewegung und der Ruhe sitzend", weder Bewegung noch Ruhe, nichts von beiden, aber dennoch die notwendige Bedingung des Umschlags, sofern eine Kontinuität von zeithafter Bewegung sein können soll. Er ist damit das zeit-lose Prinzip von Zeit, ihre paradoxe Bedingung, jeweils unaufgeschlossener, aber den Aufschluß in Zeit wirkender Ausgangs- und Zielpunkt des Werdens oder zeithafter Veränderung, *durch* den und *zwischen* dem jeweils Zeit oder Zeithaftes *ist*.

Das Analogon zu dem inkarnatorischen ἐξαίφνης des *Dionysios* sehe ich in dem unvermuteten, im zeitlosen Augenblick sich vollziehenden Übergang oder Umschlag von einer bestimmten Weise des Seins in eine von dieser verschiedene, aber dennoch mit ihr verbundene, die auf sie als ihren Ausgangspunkt bezogen bleibt.[103]

Das „parmenideische" ἐξαίφνης hat in der *Parmenides*-Interpretation des Neuplatonismus, soweit ich sehe, nur bei *Damaskios* eindringlichere Spuren hinterlassen.[104] Dieser betrachtet den in Frage stehenden Text aus dem *Parmenides* (155e4–157b5) als dritte Hypothesis des Dialogs, die nach dem Einen selbst und dem Bereich des seienden Einen und Geistigen nun den der Seele oder des Seelischen thematisiert. Der Mitte-Stellung des Seelischen zwischen Sein und Werden entspricht auch das in ihr wirkende ἐξαίφνης als Kraft vielfältiger *Vermittlung*: zwischen Stand und Bewegung, Bewegung und Stand, Ewigkeit und Zeit, Zeit und Ewigkeit, zwischen unwandelbarem Nus und zeithaft veränderlichen Formen der Genesis;[105] ἐξαίφνης vermittelt insofern zwischen Zeitfreiem und Zeithaftem, als es in seinem Bezug zum Zeithaften (in den Tätigkeiten der *Seele*) das „Ewige verzeitlicht und

[103] Ausführlicher hierzu, mit einem Blick auf die Wirkungsgeschichte des platonischen *und* dionysischen ἐξαίφνης in Kierkegaards Gedanke des christologischen Augenblicks als Synthesis von Ewigem und Zeitlichem: Beierwaltes 1967.

[104] Der proklische Parmenides-Kommentar bricht mit dem Ende der ersten Hypothesis (142a) ab. *In Parm.* 844, 5ff.: ἐν τῷ ἐξαίφνης entsteht ein neues εἶδος. – Grondijs. – Zur möglichen, aber durchaus strittigen Verbindung des Dionysios zu Damaskios: Rist 1964, 138; Hathaway, 17–21. Die Vermutung einer inhaltlichen und terminologischen Verbindung mit Damaskios, die *grundsätzlich* auch durch Texte des Proklos abgedeckt werden könnte, sollte jedoch nicht zur Identität des Autors des Corpus Dionysiacum mit Damaskios fortgeführt werden, wie Hathaway 25–29 und 35 dies zumindest suggeriert. S. hierzu Ritter 1994, 9[24], 126.

[105] Damascius, *Dubit. et Sol.* II 271, 25f.

das Zeitliche ewig macht"[106] – letzteres im Sinne einer Rückführung und Aufhebung des Zeitlichen in seinen zeitlosen Grund in Seele und Nus. Selbst aber ist das ἐξαίφνης als vermittelndes Prinzip von Tätigkeiten und Prozessen *zeit*-los (ἄχρονον).[107] Allgemein vom Wesen der Seele als dem vermittelnden Ort von Gegensätzen her gesagt, heißt dies: Das ἐξαίφνης ist der ortlose „Ort" und die zeitlose „Zeit", welches als Index der Selbstbewegung der Seele alle in ihr denkbaren Gegensätze ineinander umschlagen läßt.[108] In dieser seiner auf Anderes gerichteten Aktivität ist ἐξαίφνης selbst „gegensätzlich": Zum einen ist es als Ausgang von Bewegung ein „demiurgisches [schaffendes] und lebenzeugendes Eidos", zum anderen ist es das, „was die Seele am meisten gründet, beständig [beständigend] und zusammenhaltend"; Bewegung geht von ihm aus und zu ihm hin – als deren Grenze, Ruhe und Zielpunkt: ὅτι ἀρχὴ μὲν τῆς προόδου, τέλος δὲ τῆς ἐπιστροφῆς ἡ τοῦ ἐξαίφνης αὕτη ἰδιότης.[109] Es wirkt also *im* Zeithaft-Bewegten als gründende und teleologische Kraft der Seele, selbst aber ist es der Zeit enthoben.[110]

Das im ἐξαίφνης sich realisierende Phänomen des Übergangs, vor allem des Umschlags aus Über-Sein und Zeitlosigkeit in (Bewegt-)Sein und Zeitlichkeit, ferner die vom Wort ausgehende „etymologisierende" Assoziation dieses Vorgangs aus dem „Noch-nicht-Erschienenen", „Verborgenen", aus den transzendenten („herausgehobenen") Ursachen in den „Erscheinungs-Bereich" der Seele[111] hat – möglicherweise – Dionysios zu seiner christologischen Deutung des ἐξαίφνης inspiriert. Ob er nun in einer direkten Kenntnis des *Parmenides*-Textes oder im Blick auf die aspektreiche neuplatonische Auslegung von ἐξαίφνης diesen Begriff zum philosophischen Grund oder Modell seines eigenen Gedankens machte: Eine sogeartete Umformung eines philosophischen Begriffs, der für vielfältige Arten von Übergängen steht, in die Anzeige der heilsgeschichtlich zentralen Bewegung Gottes aus dem Zeitlos-Unendlichen in die Endlichkeit des Menschen ist wahrhaft kühn. Sie zeugt noch einmal von des Dionysios Vertrauen in die Erschließungskraft philosophischen Denkens für das Christliche. Marsilio Ficinos Charakterisierung des Dionysios als *„Platonicus primus, ac deinde*

[106] Ebd. 263, 21f.: τό τε ἔγχρονον αἰωνίζεταί πως καὶ οὐσίωται τὸ γενητόν· καὶ αὖ τὸ αἰώνιον χρονίζεται, καὶ τὸ ὂν τῇ γενέσει συμπλέκεται.

[107] Ebd. 261, 26; 262, 20 und 24; 263, 4.

[108] 267, 17ff. Für den sachlichen Kontext auch 266, 1ff. „Gegensätze": ἐναντιώσεις (246, 26); ἀντικείμενα (266, 7ff.).

[109] Vgl. 267, 24. Ab Zeile 19 als Auslegung von *Parmenides* 156d6f.

[110] Auch 264, 23; 265, 16f.

[111] 264, 25 f.: τοῦτο δὲ ἐξαίφνης ὠνόμασεν ὡς ἐκ τῶν ἀφανῶν καὶ ἐξῃρημένων αἰτίων ἧκον εἰς τὴν ψυχήν. Für Dionysios *Ep.* 3; 159, 3: ἐκ τοῦ τέως ἀφανοῦς εἰς τὸ ἐκφανὲς ἐξαγόμενον ... προεληλυθέναι (6).

Christianus“[112] möchte ich variieren in: „*Dionysius: Christianus simulque vere Platonicus*“.[113]

[112] Vgl. oben Anm. 87

[113] Anmerkung bei der Korrektur: Nach Abschluß meines Manuskriptes erschien ein Aufsatz von Beate Suchla, auf den ich eigens verweisen möchte, da er von einer ähnlichen Sicht des Verhältnisses von „Philosophie“ und „Theologie“ im historischen Kontext des Dionysios bestimmt ist wie die vorliegende Abhandlung: „Verteidigung eines platonischen Denkmodells einer christlichen Welt. Die philosophie- und theologiegeschichtliche Bedeutung des Scholienwerks des Johannes von Skythopolis zu den areopagitischen Traktaten“. Nachrichten der Ak. d. Wiss. in Göttingen, I. Philol.-hist. Kl., Göttingen 1995.

John Marenbon

PLATONISMUS IM 12. JAHRHUNDERT: ALTE UND NEUE ZUGANGSWEISEN*

„Aristotelismus" und „Platonismus" sind Begriffe, die von den Historikern der mittelalterlichen Philosophie verwendet wurden, um ihren Gegenstand zu bestimmen und um über ihn schreiben zu können. Indem sie sich dem Denken des 13. und 14. Jahrhunderts durch die Rezeption des Aristoteles näherten, konnten sie philosophische von theologischen Anliegen unterscheiden. Sie entwickelten einen Fragenkomplex (Wie authentisch ist dieser Aristotelismus? Wie wurde er mit dem Christentum „synthetisiert"?), der eine bestimmte Art und Weise der Analyse verlangte. Obwohl der Platonismus niemals mehr als ein untergeordnetes Thema in den Diskussionen über das spätmittelalterliche Denken war, machte ihn die Forschung des frühen und mittleren 20. Jahrhunderts zu ihrem, vielleicht sogar *dem* leitenden Thema, um die Philosophie des 12. Jahrhunderts zusammenfassen und aufwerten zu können. Neuere Entwicklungen in unserem Verständnis von einzelnen Autoren und in unseren Haltungen zur Philosophie im allgemeinen drängen jedoch den Platonismus des 12. Jahrhunderts an den Rand des historischen und intellektuellen Interesses. Wie ist es dazu gekommen? Und inwieweit sollte man es gutheißen? Um diese Fragen zu beantworten, müssen wir der Historiographie des Platonismus des 12. Jahrhunderts nachgehen.

Obwohl der Platonismus als ein historiographisches Motiv von mindestens einem Gelehrten des 12. Jahrhunderts, Johannes von Salisbury, verwendet wurde, begeisterte zuerst ein anderes Thema des intellektuellen Lebens dieser Zeit die späteren Historiker. Der Streit zwischen Nominalisten und Realisten verhalf Aventinus (200–202) im frühen 16. Jahrhundert dazu, ihre Berichte über die Philosophie des 12. Jahrhunderts auf den Punkt zu bringen und zu strukturieren (vgl. Courtenay). In Verbindung mit diesem breiteren Thema kam der Platonismus wieder ins historische Blickfeld. Tatsächlich hatte die Debatte des 12. Jahrhunderts über die Universalien wenig mit dem Platonismus zu tun. Sie war eher ein Konflikt zwischen dem Antirealismus und unterschiedlichen Arten des aristotelischen Realismus. Einige Historiker – z. B. Hegel in seinen *Vorlesungen über die Geschichte der Philosophie* (41: 265–271) – deuten darauf hin, daß der strittige Punkt in

* Aus dem Englischen übersetzt von Annette Sell und Dr. Orrin F. Summerell (Bochum).

dieser Debatte die Existenz der platonischen Ideen gewesen sei. Wenn Gelehrte Texte des 12. Jahrhunderts entdeckten, die ausdrücklich mit Platons *Timaios* verbunden waren oder Materie und Form auf eine unverkennbar platonische Art und Weise diskutierten, war es selbstverständlich, daß sie diese Texte in diesen Interpretationsrahmen einfügten. Deshalb diskutiert Barthélemy Hauréau in seiner *Histoire de la philosophie scolastique* 1872 eine große Auswahl an Schriften von Thierry von Chartres, Wilhelm von Conches, Bernardus Silvestris und Gilbert von Poitiers. Alle diese Werke sind wohl Erzeugnisse der „realistischen" Schule, die Wilhelm von Champeaux vertrat und die wieder aufblühte, nachdem Abaelard, ihr Hauptgegner, von der Bildfläche verschwunden war. Auch De Wulf hat den Platonismus, der in Chartres vertreten wurde, mit dem Universalienstreit, der bei seiner Behandlung des 12. Jahrhunderts maßgebend ist, in Verbindung gebracht. Die Ansichten von Bernhard von Chartres sind nach De Wulf „ein extremer Realismus (*réalisme outré*), der sich am engsten an den antiken Platonismus anlehnt" (De Wulf 195). Auch Clerval, der große Historiker der Schule von Chartres, bezog die Philosophie dieser Meister auf den Streit zwischen Realismus und Nominalismus, obwohl er meinte, daß ihr Realismus weniger übertrieben und durch den aristotelischen Einfluß gemäßigter sei, als Hauréau zugestehen würde (Clerval 244–267). Ein ähnlicher Zugang erscheint in zeitgenössischen Arbeiten, z.B. in *The Evolution of Medieval Thought* von David Knowles. Knowles betrachtet Abaelard als Wiederentdecker einer aristotelischen Position in der Universalienfrage und die Meister von Chartres als Konstrukteure eines Systems, das „eine entfernte Wiedergabe der platonischen Ideen", jedoch durch den aristotelischen Einfluß gemäßigt sei (Knowles 105).

Lange Zeit zuvor hatte Clemens Baeumker aber einen anderen Zugang zum Platonismus des 12. Jahrhunderts entdeckt. Baeumker schätzte die Platonismus-Forschung besonders, weil sie humanistische und wissenschaftliche Aspekte des mittelalterlichen Denkens offenbarte, die von Historikern, die sich auf die Hauptströmungen des theologisch orientierten Aristotelismus konzentrierten, vernachlässigt wurden. Er charakterisierte die Denker der Schule von Chartres des 12. Jahrhunderts als „humanistische Platoniker". Auf ähnliche Weise brachte Etienne Gilson in seiner einflußreichen *History* der mittelalterlichen Philosophie den Platonismus des 12. Jahrhunderts mit dem Humanismus und Chartres in Verbindung. Diese Verbindung wird noch enger hergestellt in Jeauneaus Studien (1973) über die Rezeption des platonischen *Timaios* und anderer Schriften antiker Autoren bei den Meistern von Chartres, die den verborgenen, aber wahren Sinn dieser Schriften entdeckt zu haben glaubten. Vor dem Hintergrund beider Glossen und der platonischen *Prosimetra* von Bernardus Silvestris und Alanus von Lille konnte Winthrop Wetherbee seine Studie über den literarischen

Einfluß der Schule von Chartres *Platonism and Poetry in the Twelfth Century* betiteln (1972). Verbindungen wurden auch erkannt zwischen dem Platonismus des 12. Jahrhunderts und der Entwicklung der Naturwissenschaft, zwischen den Ideen des *Timaios* und des Macrobius und denjenigen, die in den neu zugänglichen arabischen wissenschaftlichen Quellen zu finden waren. Deshalb hat Eugenio Garin 1958 davor gewarnt, einen Kontrast zwischen dem „Humanismus" des 12. Jahrhunderts und dem „Naturalismus" des 13. Jahrhunderts zu sehen, während Tullio Gregory argumentiert hat, daß im Verlaufe des 12. Jahrhunderts eine neue Idee der Natur von dem kontrovers ausgelegten platonischen Begriff der Weltseele abgeleitet worden sei (vgl. Gregory 1958; 1955; 1975).

Zu dieser Zeit hat noch eine andere wichtige Entwicklung stattgefunden. Gelehrte begannen, die unterschiedlichen Arten des Platonismus des 12. Jahrhunderts herauszustellen. In seinem Programm für ein *Corpus platonicum medii aevi* hat Raymond Klibansky 1939, 22–29 bereits einige Linien des Platonismus, die dem lateinischen Mittelalter überliefert wurden, aufgelistet. Die treffend betitelte Studie Chenus *Les platonismes du XIIe siècle* ging weiter, indem sie den Einfluß des augustinischen Platonismus, des Platonismus des *Timaios* und des Boethius, der pseudo-dionysischen und hermetischen Ideen und des arabischen Neuplatonismus differenzierte (vgl. J. Koch 1956/57). In letzter Zeit hat Stephen Gersh (1986) diesen Ansatz weitergeführt. Er hat die verschiedenen Formen des Mittel- und Neuplatonismus, die die lateinische Tradition von Cicero bis Boethius für das 12. Jahrhundert so einflußreich gemacht hat, sorgfältig beschrieben. Darüber hinaus hat er gezeigt (1982), wie die verschiedenen Elemente in den Kommentaren eines Platonikers des 12. Jahrhunderts auf die verschiedenen Stufen der platonischen (und aristotelischen) Tradition zurückzuführen sind.

Von solchen Studien unterstützt, haben die Entdeckung und das Edieren von Texten den zeitgenössischen Wissenschaftlern ein solides, jedoch verschiedenartiges Korpus von platonischen Materialien des 12. Jahrhunderts geliefert. Die unvollständige Übersetzung des Calcidius von Platons *Timaios* und sein Kommentar waren grundlegend für die Platoniker des 12. Jahrhunderts, das einzige Werk von Platon selbst, das sie studieren konnten. (Die Übersetzungen des *Menon* und des *Phaidon* durch Henricus Aristippus fanden erst im nächsten Jahrhundert Berücksichtigung.) Zwei vollständige *Timaios*-Kommentare des 12. Jahrhunderts sind jetzt veröffentlicht worden. Einer soll von Bernhard von Chartres selbst stammen, der andere stammt sicherlich von seinem Schüler Wilhelm von Conches.[1] Wilhelms

[1] Wichtige Nachrichten über die anderen *Timaios*-Kommentare des 12. Jahrhunderts (mit Auszügen) in: Gregory 1958, 53–150 und Jeauneau 1973, 195–264; vgl. Gibson.

noch unveröffentlichter Macrobius-Kommentar ist ein weiterer wichtiger Zeuge seines Platonismus (vgl. Jeauneau 1960), während sich der Kommentar zu Martianus Capellas *De nuptiis*, der früher und wahrscheinlich fälschlicherweise Bernardus Silvestris zugeschrieben wurde, immer wieder dem *Timaios* zuwendet. In der Mitte des 12. Jahrhunderts waren die kurzen theologischen Abhandlungen des Boethius die ergiebigsten Quellen der gewagtesten platonischen Kommentare, die mit dem Namen Thierrys von Chartres zu verbinden sind; sie sind ihm allerdings weniger zuverlässig zuzuordnen, als es ihr Herausgeber annimmt.[2] Die *Cosmographia* des Bernardus Silvestris, Hermann Carinthias *De essentiis*, viele der Werke von Alanus von Lille[3] – all diese ergänzen das Bild vom Platonismus des mittleren bis späten 12. Jahrhunderts. Darüber hinaus begegnen uns die Schriften des Dominicus Gundissalinus (bes. *De processione mundi*), eines Übersetzers aus Toledo, die von arabischen und west-platonischen Quellen ausgehen, und der *Liber de causis primis et secundis*, eine seltsame Mischung von augustinischen, eriugenischen und avicennischen Materialien.

Trotz dieser eindrucksvollen Materialienfülle, die teilweise schon untersucht worden, teilweise noch zu erforschen ist, wird der Platonismus heute an den Rand der Erforschung der Philosophie des 12. Jahrhunderts gedrängt. Dies bedeutet aber weder, daß die Arbeit der Experten aufgehört hat oder aufhören wird, noch, daß die Philosophiegeschichten die Platoniker des 12. Jahrhunderts nicht berücksichtigen. Aber der Platonismus dient nicht mehr als Hauptthema, um diese Epoche der Philosophie zu erfassen.

Ein Grund für diese Perspektivenverschiebung läßt sich den Bemerkungen des Historikers Richard Southern entnehmen. Im Anschluß an seinen Versuch, die Wichtigkeit der Schule von Chartres herabzusetzen, hat er den Platonismus untersucht, der mit ihr gewöhnlich in Verbindung gebracht wird (Southern 8–40). Er behauptet, dieser unterscheide sich nur wenig von der Platon-Auffassung, die in allen anderen Schulen der Zeit vertreten werde. Diese Auffassung bestehe in einem scholastischen Interesse an wissenschaftlichen Fakten über die Kosmogonie, die im *Timaios* zu finden sei. Dieses Interesse habe aber abgenommen, nachdem andere Quellen wissenschaftlicher Informationen zugänglich geworden seien. Southern dachte wahrscheinlich viel zu verächtlich über Chartres. Aber seine Ansicht über den Platonismus nähert sich gedanklich nur dem, was sich bis auf Baeumker zurückführen läßt. Wir könnten trotzdem vielleicht einen humanistischen,

[2] Über die Autorschaft der Kommentare vgl. Southern 29–30 und Marenbon 1988, 146–148.

[3] Vgl. Alain de Lille, *De planctu naturae*; sowie *Anticlaudianus* und die von d'Alverny edierten Texte.

literarischen und poetischen sowie einen wissenschaftlichen Aspekt des Platonismus von Chartres befürworten, was Southern mit einer gewissen Engstirnigkeit ablehnt. Unter diesem Aspekt betrachtet, scheint der Platonismus des 12. Jahrhunderts jedoch keine *philosophische* Position oder Methode zu sein und keine *philosophischen Fragen* zu stellen.

Meine eigene *Introduction* in die frühmittelalterliche Philosophie hat diese Ansicht ausdrücklich entwickelt. Meines Erachtens war das Resultat der „eingehenden Aufmerksamkeit für die Quellen des Platonismus" seitens der Gelehrten des 12. Jahrhunderts nicht „die Entwicklung einer Art platonischer Philosophie", sondern, wie der Titel eines Kapitels meines Buches verlauten läßt, „Gelehrsamkeit, Wissenschaft und Poesie" (Marenbon 1983, 119).

Andere neuere Philosophiegeschichten des Mittelalters tendieren in ähnlicher Weise dahin, wenn auch weniger explizit, den Platonismus des 12. Jahrhunderts an den Rand der Diskussion zu drängen. In seinem Buch *La philosophie médiévale* nimmt Alain de Libera den Platonismus von Chartres ernst, aber er erwähnt ihn nur flüchtig auf einer von fünfzig Seiten über das 12. Jahrhundert (1993b, 314f.). Kurt Flasch 1986 gelingt es, das philosophische Denken im 12. Jahrhundert nahezu ohne eine Erwähnung des Platonismus zu diskutieren, wohingegen der Platonismus ein wichtiges Thema in seiner Behandlung des Denkens des 13. Jahrhunderts ist.[4] Brocchieri/Parodi 219–222 nennen den Platonismus nur flüchtig in Verbindung mit Bernhard und Thierry von Chartres. Am auffälligsten ist die Behandlung in der *Cambridge History of Later Medieval Philosophy*, einem Band, dessen Herausgeber darauf stolz sind, die Werkzeuge der modernen analytischen Philosophie auf mittelalterliche Texte angewendet zu haben. Der Platonismus des 12. Jahrhunderts erhält nur einen Satz (vgl. Kretzmann u.a. 445), und die Platoniker des 12. Jahrhunderts sind fast vollständig von der Geschichte ausgeschlossen. (Wilhelm von Conches kommt vor, aber nur als Grammatiker.) Vielleicht überraschen uns diese Tatsachen nicht, da sich die *Cambridge History* ausdrücklich auf die aristotelische Tradition konzentriert. Aber dann ist es diese Tradition allein, die die Herausgeber als philosophisch interessant ansehen. In der von ihm herausgegebenen *History* der Philosophie des 12. Jahrhunderts vermeidet Peter Dronke sorgfältig solche Engstirnigkeit. Er verteidigt die Neuartigkeit und Vielfältigkeit der platonischen Tradition, so wie Tullio Gregory (1989) in einem gehaltvollen Kapitel über den Platonismus (vgl. auch Wetherbee 1989). Selbst hier, d.h. besonders hier, vielleicht auch wegen des Versuchs, Breite und Gleichgewicht zu erreichen, wird die begrenzte Rolle des Platonismus in der zeitgenössischen Ansicht vom Denken des 12. Jahrhunderts deutlich. Gegenüber dem „plato-

[4] Flasch 1986, 207–243; über den Platonismus des 13. Jahrhunderts vgl. 310–316.

nischen Erbe" müssen (wie das Anliegen des Buches impliziert) auch das stoische und das arabische Erbe und die Menge an wissenschaftlichen und medizinischen Übersetzungen, spekulative Grammatik und Logik in Betracht gezogen werden, während unter den einzelnen Denkern, die diskutiert werden, nur Thierry von Chartres primär als Platoniker behandelt wird.

Der Untergang des „Platonismus des 12. Jahrhunderts" als leitendes Thema ist für die Historiker der Philosophie nicht zu bedauern. Allzu oft ermöglicht er den Wissenschaftlern eine Ausrede für die Vernachlässigung der philosophischen Fragen zugunsten von Quellen, Systemen und Motiven und die Vernachlässigung des historischen Zusammenhangs auf der Suche nach einer transhistorischen platonischen Tradition. Darüber hinaus wurde der Platonismus des 12. Jahrhunderts, als seine schwache Verbindung zum Universalienstreit festgestellt wurde, zu einer Parenthese in der Geschichte der Philosophie. Das Ausbleiben von interessanten oder rigorosen Argumenten wurde durch den Bezug auf den Humanismus oder die Naturwissenschaft entschuldigt. Da nun das Etikett des Platonismus weniger häufig gebraucht wird, kommen der Reichtum und die Komplexität von solchen Denkern wie Wilhelm von Conches und Gilbert von Poitiers zum Vorschein. Die Vielfältigkeit der Quellen und der Einflüsse auf das Denken des 12. Jahrhunderts ist schwieriger zu umgehen. Die Wichtigkeit, die fast jeder Denker dieser Zeit der Logik und Grammatik zuschrieb, und ihr Anliegen, sich mit grundlegenden Problemen auseinanderzusetzen, liegen auf der Hand.

Den Platonismus des 12. Jahrhunderts als Thema aufzugeben, bedeutet jedoch nicht, einen Freibrief zu bekommen, um die Präsenz Platons im 12. Jahrhundert und die mit ihm verbundenen philosophischen Ideen beiseite zu lassen. Wie können diese aber in eine Untersuchung, die historisch sowie philosophisch ist, integriert werden? Zwei unterschiedliche, sich ergänzende Zugangsweisen bieten sich an. Einerseits können wir das Platon-Bild verschiedener Autoren dieser Zeit und die mit ihm verbundenen Positionen beschreiben. Andererseits können wir die Bedeutung und die Absicht verfolgen, die individuelle Sichtweisen und Standpunkte platonischen Ursprungs für die Denker des 12. Jahrhunderts hatten: Auf welche Fragen haben sie geantwortet? Welchen Stellenwert nehmen sie im Denkgefüge ihrer Verfechter ein? Es sollen nun zwei darauf Bezug nehmende exemplarische Untersuchungen durchgeführt werden. Zunächst soll das Platon-Bild Abaelards (Marenbon, im Druck a) und seines Schülers Johannes von Salisbury untersucht werden. Dann werde ich einen neuen Text über die platonischen Ideen aus der zweiten Hälfte des 12. Jahrhunderts analysieren und ihn philosophiehistorisch einordnen.

Als Abaelard 1115 Mitte 30 war, hatte er seinen Ruf als führender Logiker Frankreichs etabliert. Er hat über die logischen Lehrbücher des Aristoteles, Porphyrios und Boethius gelesen. Wie in seiner *Dialectica* zu sehen ist – die man anfangs zeitlich dem Ende seiner Karriere zuschrieb, obwohl sie tatsächlich ziemlich sicher seiner Schaffensperiode der obengenannten Zeit oder kurz später entstammt –, bestand sein Zugang zu Platon aus einer Mischung von Ignoranz und Geringschätzung (vgl. Mews bes. 78–89; sowie Marenbon, im Druck b). In seiner Diskussion der Kategorien tritt Platon gemäß dem Anliegen des Kommentars des Boethius als Befürworter einer unbefriedigenden umfassenden Definition auf, die die Relationen als die Relata (z. B. Väter und Söhne, Herren und Knechte) und nicht als die Relationsverhältnisse selbst identifiziert.[5] Später streift er in dieser Schrift kurz das Thema der Schöpfung und erklärt, wie die vier Elemente in Himmel und Erde vermischt seien: Er gibt sich damit zufrieden, sich auf Ideen zu berufen, die er in der patristischen Exegese der *Genesis* leicht finden konnte, ohne jedoch eine klare Kenntnis des *Timaios* zu zeigen (*Dial.* 419: 1–12). Die umfangreichste Diskussion von Platon in der *Dialectica* ist eindeutig feindselig (*Dial.* 558: 18–559: 14). Abaelard behandelt dort die platonische Lehre der Weltseele, die er als „eine jeglicher Wahrheit entgegengesetzte Einbildung" zurückweist: Sie würde implizieren, daß es zwei Seelen in jedem Menschen gebe. Die Versuche derjenigen, die sich „überschwenglich gegenüber der Allegorie" zeigen und Platon einen Glauben an die Trinität zuschreiben, indem sie das Gute mit dem Vater, den νοῦς mit dem Sohn und die Weltseele mit dem Heiligen Geist gleichsetzen, werden von ihm verworfen, da dieser „platonische Glauben" die göttlichen Personen ungleich machen würde. Nur um Platon zu verdammen, deutet Abaelard überflüssigerweise darauf hin, daß er an die Präexistenz der Seelen glaubte. Diese Passage wird traditionell als Beleg dafür genommen, daß die *Dialectica* erst am Ende von Abaelards Leben geschrieben oder überarbeitet wurde. Sie ist auch als ein Widerruf seiner früheren Ansichten, die Platon gegenüber wohlgesinnt waren, gelesen worden. Es gibt jedoch keine weiteren Gründe für eine späte Datierung oder einen Widerruf, und wenn Abaelard hier seine Ansichten, die er in seiner *Theologia* vorgebracht hat, zurückweisen sollte, hat er ihre Komplexität vollständig verfehlt.

Nach seiner Kastration im Jahre 1117 trat Abaelard in das Kloster von St. Denis ein. Seine Haltung gegenüber Platon blieb zunächst unverändert. In den logischen Kommentaren, die er ca. 1118–1119 schrieb, diskutiert er die Ansichten Platons über die Relation auf die gleiche Weise wie in der *Dialectica*, und die Stellungnahme zu den Universalien, die er in Verbindung mit Platon und Priscian bringt, wird von seiner Hauptanalyse dieses Problems getrennt.[6] Nun hatte aber Abaelard Zugang zu einer großen Bibliothek. Er scheint den *Timaios* und andere platonische Texte zum ersten

[5] Petrus Abaelardus, *Dial.* 83: 5–10; vgl. Boethius, *In Praed.* [PL 64] 217 C.

[6] Petrus Abaelardus, *Die Glossen zu Porphyrius* 22: 28–24: 24.

Mal sorgfältig gelesen zu haben. Als er ein oder zwei Jahre später seine *Theologia Summi Boni* schrieb, hatte sich seine Haltung gegenüber Platon verändert. Jetzt argumentiert er, wenn Platon über die Weltseele geschrieben habe, habe er nicht beabsichtigt, wörtlich genommen zu werden, „sonst würden wir Platon, den größten der Philosophen, als den größten Narren betrachten" (vgl. *TSum* 101: 430f. = *TChr* 116: 1365f. = *TSch* 386: 1922–3). Jedes Detail von Platons *involucrum* oder *integumentum* könnte als eine Erklärung der wahren, aber verdeckten Trinitätslehre gelesen werden. Abaelard findet sogar einen Weg, um zu erklären, warum Platon sagt, daß die Weltseele, die der Heilige Geist ist, einen Anfang in der Zeit habe. Der Name „Weltseele" stammt von der Funktion der Beseelung oder Belebung; aber bevor etwas anderes existierte, gab es nichts, was hätte beseelt oder belebt werden können. Obwohl der Heilige Geist ewig existierte, konnte er also erst als Weltseele bezeichnet werden, nachdem etwas anderes erschaffen worden war (*TSum* 198: 1265–200: 1334).

Ein Einwand, der gegen Abaelard von seinen Kritikern erhoben wurde, war, daß er heidnische Autoren wie Platon als Autoritäten für die Trinität verwendet habe. In seinen Überarbeitungen der *Theologia Christiana* (ca. 1125) und der *Theologia Scholarium* (ca. 1134) unterstrich und verstärkte er seine Enträtselung von Platons *integumentum* (*TChr* 100: 897–124: 41; *TSch* 368: 1411–397: 2232). Das ganze zweite Buch der *Theologia Christiana* widmet er der Rechtfertigung seiner Verwendung von heidnischen philosophischen Autoritäten, indem er ein idyllisches Bild von Leben und Lehre der Denker des antiken Griechenlands und Roms zeichnet. Platon wird besonders gelobt. Augustins *De civitate Dei* wird gezielt zitiert, um die Ansicht zu stützen, daß für Platon gut philosophieren „Gott lieben" heiße. Der *Timaios* wird angeführt, um die Pietät und die Demut eines Autors zu illustrieren, der es für richtig hielt, einer philosophischen Diskussion ein Gebet vorangehen zu lassen (*TChr* 145: 466–147: 534).

Abaelard hat so mehr aus Platon gewonnen, als wenn er ihn nur als Antizipation geoffenbarter Wahrheiten und christlicher Haltungen angesehen hätte. Der Abschnitt am Anfang des *Timaios*, der an die Ideen der *Politeia* erinnert, diente ihm als Grundlage einer politischen Theorie.[7] Er nahm kaum die spärlichen Details dieser Darstellung zur Kenntnis, statt dessen konzentrierte er sich auf den Gedanken, daß Platon eine Herrschaftsform befürwortet hat, der gemäß alles für das Gemeinwohl getan wird, in der Besitz ein Gemeineigentum ist und die die Herrscher ein enthaltsames Leben führen läßt (*TChr* 150: 623–151: 679). Abaelard hat Platons Staat als kein

[7] Calcidius, *Timaeus* 8: 1–10: 7.

unmögliches Ideal betrachtet: Er versteht Platons Empfehlungen als praktische Anweisungen, und er argumentiert dafür, daß die Klöster diesen folgen sollten – freilich umsonst. Der *Timaios* lieferte Abaelard auch die Idee, die für sein gesamtes Verständnis des Verhältnisses Gottes zur Welt zentral wurde. Platon schrieb, „alles, was entsteht, entsteht notwendig wegen einer Ursache, denn nichts geschieht, ohne daß eine legitime Ursache und ein Grund seinem Werden vorausgeht". Ein wenig später erklärte er, daß der Schöpfer der Dinge neidlos sei und deshalb, weil er selbst der Beste sei, alle Dinge sich habe ähnlich machen wollen, „insofern das Wesen eines jeden der Glückseligkeit fähig" sei.[8] Abaelard zitiert diese beiden Abschnitte bei verschiedenen Gelegenheiten, und er verbindet diesen platonischen Gedankengang mit den Bemerkungen Augustins, daß, welche Auswüchse des Bösen Gott auch zulasse, er dieses doch gut verwende.[9] Darauf baut Abaelard seine Ansichten über die göttliche Macht, seine kontroverse Ansicht, daß Gott nicht anders handeln könne, als er es tue, und seine komplexe Lösung für das Problem der Theodizee auf.

Abaelards Haltung gegenüber Platon hat sich also entwickelt. Im Gegensatz dazu entstammen alle drei Diskussionen über Platon und die platonische Lehre seitens seines Schülers Johannes von Salisbury demselben Lebensabschnitt. Der *Policraticus* und das *Metalogicon* wurden 1159 fertiggestellt; der *Entheticus de dogmate philosophorum* kann nicht vor 1155 geschrieben worden sein, obwohl die Möglichkeit besteht, daß der Abschnitt, der die antiken Philosophen behandelt, ein wenig früher entstanden ist.[10] Merkwürdig ist, daß in jedem dieser Werke Johannes' Annäherung an Platon und den Platonismus vollkommen anders ist. Der *Entheticus* betrachtet Platon aus einer anderen Perspektive als derjenigen Abaelards oder sogar aller anderen zeitgenössischen Gelehrten. Johannes ist überhaupt nicht daran interessiert, eine versteckte christliche Lehre hinter Platons *integumenta* zu finden. Er gibt offen zu, daß Platon manchmal irre, glaubt aber, daß Platon sorgfältige Leser nicht in die Irre führen werde: *Non nocet errantem cautis audisse Platonem, qui male pauca docet et bona plura malis* (*Enthet.* 167–77; 937–1118).

Nur *en passant* werden andere Themen, die die Platoniker des 12. Jahrhunderts beschäftigt haben, erwähnt, nämlich die Weltseele und das Verhältnis zwischen dem Demiurgen, den Ideen und der Materie. Die plato-

[8] Calcidius, *Timaeus* 20: 20–22 und 22: 18–23: 4.

[9] *TChr* 73: 30–44; *Dialogus* 168: 3356–169: 3380; *TSch* 502: 91–2, 512: 404–12, 513: 436–9.

[10] Vgl. Thomson, bes. 295. Kerner 43–48 untersucht die Beziehungen zwischen Johannes von Salisbury und dem mittelalterlichen Platonismus, bemerkt jedoch nicht die Unähnlichkeit zwischen Johannes' verschiedenen Erörterungen Platons.

nische Kosmologie wird diskutiert, aber für Johannes gilt hierbei Platons Interesse hauptsächlich der menschlichen Seele, ihren Kräften, ihren Begrenzungen und ihrem Schicksal. Seine Diskussion der formlosen Materie, der ὕλη, konzentriert sich auf die Tatsache, daß sie durch den Geist auf seiner Suche nach Verständnis entdeckt werden müsse, obgleich die Vernunft sie nicht ganz erfassen könne.[11] Auf ähnliche Weise erklärt Johannes, wie nach Platon die Vernunft den formlosen und einfachen Gott nicht begreifen könne (*Enthet.* 1033–1037; vgl. 971–976). Johannes, der sich wahrscheinlich neben anderen Quellen auf eine Textstelle des *Phaidros* bezieht, die im Kommentar des Calcidius zitiert wird, stellt die menschliche Seele gemäß der platonischen Lehre als selbst-bewegend, unsterblich und gottähnlich, aus dem Geteilten und Ungeteilten bestehend und den gegensätzlichen Bewegungen der Vernunft und der Leidenschaften ausgesetzt dar.[12] Während er an die Idee des Körpers als Gefängnis sowie an das Höhlengleichnis der *Politeia* (erwähnt von Calcidius) erinnert, betont er zugleich die Fehlbarkeit der menschlichen Erkenntnis und die Notwendigkeit, sich mit Vernunft dem Licht der Wahrheit zuzuwenden.[13] Die Errungenschaft Platons wird in der Bemerkung zusammengefaßt, „er lehrte, was jeder erkennen und nicht erkennen kann, so daß alle erschaffenen Dinge ihr geeignetes Maß erhalten könnten" (*Enthet.* 1091 f.).

Im starken Gegensatz dazu beschäftigt sich fast der ganze Teil des *Policraticus*, den Johannes Platon widmet, mit den Beziehungen zwischen dessen Lehre und dem Christentum (*Policrat.* vii, 5: II, 107: 27–111: 19). Im Anschluß an Augustins *De civitate Dei* erwägt und verwirft er dann die Möglichkeit, daß Platon nach Ägypten gefahren sei, wo er die Prophezeiungen des Jeremias gehört habe. Johannes erinnert auch an den Abschnitt in Augustins *Confessiones*, wo dieser behauptet, er habe in den Büchern der Platoniker das gelesen, was am Anfang des Johannesevangeliums steht (*Policrat.* vii, 5: II, 108: 4–14). Ähnlich wie Wilhelm von Conches und Thierry von Chartres betont Johannes die Parallelen zwischen der Darstellung der Schöpfung bei Moses und bei Platon (*Policrat.* vii, 5: II, 109: 10–20). In einer Sprache, die derjenigen Wilhelms von Conches in seinen *Glosae in Timaeum* sehr nah ist, bemerkt Johannes, daß Platon im *Timaios* „die Trinität, die Gott ist, deutlich auszudrücken scheint, indem er die Wirkursache in die Macht Gottes, die

[11] *Enthet.* 943–956. Die Übersetzung des Herausgebers (J. van Laarhoven) von *'invenit'* (943) als *'invents'* ist übertrieben: Johannes sieht ὕλη nicht als eine bloße geistige Erdichtung an.

[12] *Enthet.* 977–988; vgl. Calcidius, *Timaios* 104: 18–105: 18 und van Laarhovens Anmerkung a. a. O. *Enthet.* 985 (p. 345).

[13] *Enthet.* 1097–1108; vgl. Calcidius, *Timaios* 340: 11–14 für die Allegorie der Hölle.

Formursache in die Weisheit Gottes und die Zielursache in die Güte Gottes setzt, was allein ihn dazu führte, jedes Geschöpf an seiner Güte teilnehmen zu lassen, insofern die Natur eines jeden der Glückseligkeit fähig ist"[14]. Der letzte Teil dieser Bemerkung nimmt eines von Abaelards Lieblingszitaten aus dem *Timaios* auf. Johannes ist ein treuer Schüler seines Lehrers, wenn er Platon als den Liebhaber Gottes porträtiert, der in seinen Augen die Tugendhaften belohnt (*Policrat.* VII, 5: II, 109: 4–9). Angesichts des Tenors dieser Beschreibung überrascht es nicht, daß Johannes sein Argument für Platon auf die Aussagen der Kirchenväter stützt: „Wenn du auf den *Liber de dogmate Platonis* (von Apuleius) schaust, dann werden die Preisungen des Origenes, Hieronymus und Augustins, die auf dem Zeugnis aller Philosophen gründen, ausreichen" (*Policrat.* VII, 5: II, 110: 28–30).

Das *Metalogicon* bietet noch einen weiteren Zugang zu Platon und zum Platonismus, einen, der von einer gewissen Feindseligkeit durchdrungen ist, die teilweise das Ergebnis der Bemühungen des Johannes ist, die echte aristotelische Lehre vorzulegen. Johannes' Geist war vielleicht der subtilste und geschliffenste seines Jahrhunderts. Er war aber kein Philosoph im technischen Sinne, und noch weniger war er ein Logiker. Der eigentliche Universalienstreit der Zeit ging um die Position derjenigen, die behaupteten, die Universalien seien nur Wörter oder (wie bei Abaelard) Ausdrücke (*sermones*). Aber Johannes verwarf ihre Ansichten (*Metalog.* II, 17: 81: 16–29) und stellte den Streit als ein Aufeinanderstoßen von zwei großen klassischen Autoritäten, Platon und Aristoteles, dar. Obgleich er zugibt, daß Platons Ansicht Nachfolger hatte, Augustin eingeschlossen, tritt er zielstrebig für die aristotelische Position ein. Wiederholt und zustimmend wendet er sich an die neu zugänglichen *Ersten Analytiken*, in der Aristoteles die Formen Platons als „Repräsentationen" oder (in einer anderen Übersetzung) als „Geschwätz" beschreibt (*Metalog.* II, 20: 96: 397–8). Man fragt sich aber, ob Johannes nicht eine positivere Haltung zu Platon am Ende der Schrift einnimmt, wo er auf Platons Ansicht über das ewig unveränderbare Intelligible und die Lehrmeinungen Bernhards von Chartres, *perfectissimus inter Platonicos seculi nostri*, Bezug nimmt, wonach Hinweisen des Boethius in *De Trinitate* zufolge zwischen platonischen Formen und ihren materialisierten Abbildern unterschieden wird (*Metalog.* IV, 35: 173: 30–174: 68). Dies scheint jedoch nicht der Fall zu sein, da Johannes nach seiner Darstellung mit offenkundiger Ironie sagt: „Lassen wir uns nun mit den Peripatetikern etwas von der Höhe Platons hinabsteigen." Die Peripatetiker, fährt er fort, „philosophieren auf eine menschlichere Weise. Im Unterschied zu den Platonikern schwärmen sie nicht um Gottes und ihrer selbst willen, sondern sie bleiben

[14] *Policrat.* VII, 5: II, 108: 16–22; vgl. Wilhelm von Conches, *Glosae in Timaeum* 99 (und vgl. die Anm. des Herausgebers des *Policraticus* [C. Webb] a. a. O., 108).

nüchtern um ihrer Mitmenschen willen" (*Metalog.* IV, 36: 175: 13–15). Johannes hat mit Sicherheit Bernhard von Chartres als Grammatiker und Ausleger von klassischen Texten verehrt. Es ist aber zweifelhaft, ob die Beschreibung von ihm als „dem vollkommensten Platoniker unseres Zeitalters" in diesem Zusammenhang als Kompliment gemeint war.

Weder Abaelard noch Johannes von Salisbury scheinen irgendeinen vorgefaßten Begriff vom Platonismus gehabt zu haben. Der *Timaios* übte einen zentralen Einfluß auf das Denken Abaelards aus, da er ihn gut kannte. Abaelard nahm aber von ihm genau das auf, was er wollte, wobei er Platons Kosmologie und Ideentheorie, ja das meiste von dem, was gewöhnlich mit Platonismus (sogar mit dem Platonismus des 12. Jahrhunderts) assoziiert wird, außer acht ließ. Im Gegensatz dazu machte Johannes aus Platon jeweils diejenige Figur, die seine eigenen umfangreichen rhetorischen und thematischen Absichten erforderten, z. B. den skeptischen Denker des *Entheticus*, den Ur-Christen des *Policraticus* oder den wolkigen Idealisten des *Metalogicon*. Wenn der Platonismus des 12. Jahrhunderts ausschließlich in Kategorien verstanden wird, die die Einstellung gegenüber Platon ausdrücken, kann er vielleicht (wie diese exemplarische Untersuchung vermuten läßt) nicht als Ordnung stiftendes Thema, sondern als Unordnung stiftendes Prinzip für unser Verständnis des Denkens dieser Zeit verwendet werden. Wenn wir uns von Platon selbst abwenden und uns einer der mit ihm am engsten verbundenen Theorien zuwenden, der Theorie der Ideen, sehen wir wieder, daß ein offener Begriff vom Platonismus des 12. Jahrhunderts als Ordnung stiftendes Thema für die Philosophiegeschichte aufgegeben werden muß zugunsten einer rätselhafteren und vielleicht interessanteren Ansicht.

Man könnte erwarten, daß die Ideen ein Aspekt des Platonismus waren, der für die christlichen Autoren nicht weniger problematisch war als z. B. die Weltseele. Falls man dem Schema des *Timaios* folgte, wären die Ideen unabhängige, ewige Wesen, denen in der christlichen Auffassung kein Platz einzuräumen wäre. Eine Lösung für dieses Problem war seit der Spätantike geläufig: Die Ideen sollten sich im Geist bzw. in der Weisheit Gottes befinden, die gewöhnlich mit der zweiten Person der Trinität, dem Sohn, identifiziert wird. Es bleibt jedoch zu erklären, wie sie Gott innewohnen können, ohne Vielfalt in die göttliche Einheit einzuführen. Den Autoren des 12. Jahrhunderts scheint dieses Problem innerhalb der Ideendiskussion Gelegenheit gegeben zu haben, das Verhältnis zwischen dem absolut einen Gott und der Vielfalt des Geschaffenen zu erklären.

Der Haupttext der Mitte des 12. Jahrhunderts war ein ausdrücklich christlicher Traktat, und zwar *De Trinitate* des Boethius. Der Abschnitt, auf welchen die Autoren ihre Diskussionen gegründet haben, war jedoch weder offensichtlich christlich noch unmittelbar für ihre Zwecke geeignet. „Von den

Formen, die jenseits der Materie sind", schreibt Boethius, „stammen die Formen, die in der Materie sind und den Körper gestalten" – diese Formen sollten deshalb eigentlich „Abbilder" genannt werden (*De Trin.* II: 154: 49–51). Nach Johannes von Salisbury hat Bernhard von Chartres das System des Boethius am Anfang des Jahrhunderts einfach übernommen, obwohl die Tatsache, daß er von der „Idee" im Singular und nicht von „Ideen" gesprochen hat, auf die Entwicklungen verweist, die in den Kommentaren zu *De Trin.* um 1150 zu finden sind (*Metalog.* IV, 35: 173: 40). Eine Sammlung dieser Kommentare ist irrtümlicherweise unter dem Namen Thierrys von Chartres veröffentlicht worden. Auf jeden Fall basiert einer davon (*Librum hunc*) auf seiner Lehre. Die anderen sind von ihr zumindest beeinflußt, aber was die zentralen Themen, z. B. die platonischen Ideen, betrifft, sind die Ansichten, die sie enthalten, keineswegs einheitlich.[15] Alle verwenden die von Boethius eingeführte Unterscheidung zwischen Formen und Abbildern, um zu behaupten, daß nur die Abbilder, die die Materie berühren, vielfältig seien und daß die Formen, von denen sie stammten, eigentlich nur eine Form, d. h. Gott, die Form der Formen, seien.

Das Argument wird auf zwei Weisen entwickelt. Im *Librum hunc* wird behauptet, daß die Formen von allem aus der einen, einfachen, göttlichen Form „hervorgehen" (*emanare*). Diesen Formen und der einen, wahren Form ist gemeinsam, daß sie eine „Gleichheit des Seienden" sind: Z. B. wird die Form des Menschen durch einen zugegebenermaßen seltsam klingenden Ausdruck als „die Gleichheit des Menschseins" beschrieben, denn es ist genau das, was für etwas erforderlich ist, um ein Mensch zu sein, während die göttliche Form „die Gleichheit des Seienden" ist, da sie „die Ganzheit und Vollkommenheit von allem" ist. Nichtsdestoweniger besteht der Kommentator darauf, daß diese Formen nicht wirklich Formen, sondern lediglich Abbilder der Formen seien. Die Pluralität, so fährt er fort, entsteht ausschließlich durch das Zusammentreten der Form, die eins ist, und der Materie, die auch in sich eins ist.[16] In den anderen beiden vollständigen Kommentaren ist nicht von der Emanation, sondern eher vom Denken Gottes die Rede.[17] Das Beispiel des menschlichen Handwerkers liefert hier eine Analogie. Der Handwerker kann die exemplarische Vorstellung dessen, was er machen will, nur hervorbringen, indem er die Materie, die er verwenden wird, berücksichtigt: Das Vorbild ist nicht selbst materialisiert, sondern es

[15] S. oben, Anm. 2.

[16] Thierry von Chartres, *Comm. on Boethius* 81: 1–7; 82: 25–33 (die Quellen dieser Textstellen sind von Gersh 1982, 517–524 analysiert).

[17] „Aggreditur propositum ..." („Thierrys Glosa"), *Comm. on Boethius* 275: 11–276: 39 und „Intentio auctoris" („Thierrys Lectiones") ebd. 168: 76–170: 33; 176: 45–50.

muß in Verbindung zur Materie gesehen werden. Auf ähnliche Weise betrachtet Gott, der selbst die Form der Formen ist, die Formen von allem in Verbindung zu ihrer Materie. Dann vereinigt er sie mit dieser, wobei sie aufhören, Formen zu sein, und Abbilder werden. Es scheint also drei Ebenen von Formen zu geben: erstens die Form der Formen bzw. Gott; zweitens die Vielfalt der Formen, die er in Verbindung zur Materie betrachtet; und drittens die materialisierten Formen, die nur Abbilder sind. Der Kommentator läßt nur ungern zu, daß es eine Vielfalt in Gott gebe, und in Anspielung auf eine Bemerkung in Platons *Parmenides*, die Calcidius in seinem Kommentar des *Timaios* erwähnt, schlägt er vor, daß „alle Formen, indem sie Formen und ohne Unterschied sind, Form der Formen" seien.[18]

Diese Diskussionen bezogen sich des weiteren auf Pseudo-Dionysios, einen Autor, dessen Einfluß im 12. Jahrhundert manchmal unterschätzt wird. Zwischen 1169 und 1177 schrieb Guglielmo da Lucca – der vielleicht mit dem Schüler Abaelards zu identifizieren ist, der früher die *Summa dialectice artis* geschrieben hatte und der sicherlich stark durch Gilbert von Poitiers beeinflußt wurde – einen Kommentar über das dritte Buch von *De divinis nominibus* des Pseudo-Dionysios. Nur das erste Achtel dieses Kommentars ist überliefert, aber es umfaßt über 200 gedruckte Seiten.[19] Unter den Autoren, die Wilhelm am stärksten heranzieht, um Pseudo-Dionysios zu interpretieren, findet sich Boethius; eine seiner wichtigsten Diskussionen der Ideen gründet auf einem ausführlichen Zitat aus *De Trin.* (ebd. 100–102). Wilhelm betrachtet die wahren Ideen als die Attribute Gottes – z. B. seine Weisheit, Güte und Wahrheit, von denen die Weisheit, Güte und Wahrheit im Menschen stammen *(defluxerunt)*. „Von jeder der Formen Gottes", sagt er, „fließt das Abbild in seine Geschöpfe." Aber wie, fragt er sich, kann dies sein, wenn Gott nur eine Form, die Form der Gottheit (*divinitas*), hat? Die Antwort lautet, von den Formen Gottes werde gesagt, sie seien „viele aufgrund der vielen Wirkungen seiner einen Form"[20]. Die Wirkungen Gottes sind das Ergebnis seines Willens. Deshalb bestimmt Wilhelm etwas später den Willen Gottes als „die Idee von allem", das Vorbild, von dem „alles, was nicht war, stammt, so daß es ist" (ebd. 194). Wilhelm untersucht die Beziehungen zwischen dem Willen Gottes und seinem Intellekt nicht. Statt dessen spricht er in einem früheren Abschnitt von dem Vorherwissen Gottes in

[18] *Comm. on Boethius* 276: 34–5; 176: 47–50; vgl. Calcidius, *Timaeus* 277: 3.

[19] Wilhelmus Lucensis, *Com. in tertiam Ierarchiam Dionisii*. Vgl. xcii–xciii zur Datierung sowie xxi–xxvii zur Autorschaft der *Summa dialectice artis*.

[20] Ebd. 101: „Sed iterum corripis me, quia dixi 'ex omni forma Dei', cum Deus non habeat nisi unam solam formam, que est ipsa divinitas. Sed multas dixi Dei formas, propter multos unius sue forme effectus."

bezug auf alles, was existiert, und auch bezüglich der exemplarischen Formen des Wissens von allem, was existiert: Wir gelangen zum Wissen durch diese Formen (und können kein Wissen *von* dem haben, was nicht existiert, obwohl wir freilich Wissen *darüber* haben können) (ebd. 59–61). Ausgehend von dem, was von diesem Kommentar überliefert ist, ist also nicht klar, wie Wilhelm seine Ansichten über den Willen Gottes, die Ideen und das menschliche Verständnis genau zusammenbringen wollte.

Eine klarere Position tritt in einem anderen Werk, das sich eng an Pseudo-Dionysios anlehnt, hervor – einem bisher noch unerforschten Werk. Dies ist eine anonyme, unbetitelte und wahrscheinlich fragmentarische Abhandlung über Gott, die Engel und den Menschen, die sich in einem Manuskript des 12. Jahrhunderts (*Cambridge University Library* II.4.19 [*C*]) befindet.[21] Der Katalog gibt sein Incipit falsch (und unsinnig) wieder mit *„[A]rchiforans theologia ...“*. Die korrekte Lesart, die *„Archiformis theologia ...“* lautet, zeigt deutlich eine Verbindung mit Pseudo-Dionysios in der Übersetzung des Johannes Scotus Eriugena (col. 1090). Pseudo-Dionysios ist jedoch nicht der einzige platonische Autor, der in diesem Manuskript unterschwellig zitiert wird: Es werden ebenfalls Sätze aus dem *Timaios* selbst entnommen.[22] Der Wortschatz und die Argumentation deuten darauf hin, daß diese Abhandlung nicht später als in den 90er Jahren des 12. Jahrhunderts verfaßt worden sein dürfte, sehr wahrscheinlich jedoch nicht vor 1150 oder 1160.

Der Aufbau, den die *Archiformis theologia* bietet, ist vertraut, obgleich sie einem Naturbegriff, der stark an Alanus von Lille erinnert, verpflichtet ist. Außer den Formen, die die Menschen auf der Grundlage der Natur erschaffen (z.B. die Formen im Geist des Handwerkers), gibt es diejenigen, die in der Materie von der Natur selbst geformt worden sind, sowie diejenige Form (oder *„species“*, wie Alanus sie nennt), die in sich existiert, und zwar nicht in Verbindung mit der Materie. Materialisierte, zeitgebundene Formen stammen von den exemplarischen, ewigen Formen, die der Autor mit dem Willen Gottes, seinem Wissen und seiner „Kunst“ (*ars*) identifiziert. Weil der Geist Gottes einfach ist, existieren in ihm „die Formen von allem und die ursprünglichen Spezies“ einförmig und ursächlich (*uniformiter et causaliter*).[23] Der Autor gibt sich jedoch damit nicht zufrieden, nur die Ein-

[21] C ff. 75^r–91^r; vgl. Catalogue, 455f.

[22] C f. 78r ist Calcidius, *Tim.*, 20: 20–22 entnommen.

[23] C ff. 77^v–78^r: „Sunt quippe tria formarum genera: unum artificiale, quod ab homine secundum naturam fingitur; aliud naturale, quod a natura secundum typos diuinae rationis in materia formatur; tertium immateriale, quod in diuina ratione uel intelligentia continetur, quod neque fingitur neque formatur, sed est species existens per se, non tamen ex materia et specie, per quam natura absoluitur. Natura etenim est

heit der Formen im Geist Gottes zu behaupten. Er hat bereits eine Untersuchung der Lehre vom göttlichen Geist vorgelegt, die diese erklärt. Gott und sein Verstand (*intelligentia*) sind nicht unterschieden, andernfalls wäre der Verstand Gottes sein Geschöpf. Das würde heißen, daß Gott irgendwann einmal ohne seinen Verstand existierte. Wenn aber der Verstand Gottes Gott selbst ist, dann ist dieser, wie Gott, in Wahrheit eine Einheit. Eine Einheit kann nicht geteilt werden. Der Verstand, durch den Gott sich selbst erkennt, ist also nicht von dem, durch den er seine Geschöpfe erkennt, unterschieden. Gott ist also ein einheitliches Sich-selbst-Verstehen, in dem er und seine Schöpfung eins sind. In Gott, so schreibt der Autor, „ist jedes Geschöpf das, was Gott ist", und Gott kennt jedes Geschöpf in sich selbst der Form nach und ursächlich.[24]

quae per habitudinem diuina arte in natiuitatem procedit, cuius diuinae artis solutionis sunt plantae et animalia et fructus ac elementorum in inuicem translationes atque omnimoda per se substantia eorum quae oriuntur, principium motus existens et status. ... Quod autem mouet primitus immobile est uerbum in toto quod est diuina ars quam diximus naturam, speciem existentem non tamen ex materia et specie. ... Sic igitur formae diuinae rationis principia sunt, et exempla sunt earum quae sunt naturae, ut hae exempla sunt earum quae sunt in artificis opere. At uero illa duo formarum genera et in tempore fiunt et intra seriem temporis dissoluuntur. Tertium autem hoc, quia ueritas est immortalis, nec in tempore nascitur, nec in tempore dissoluitur ... (f. 78r) ... Etenim duo mundi sunt. Vnus archetypus, id est principalis forma, in qua omnes rerum omnium formae et species originales uniformiter et causaliter subsistunt. Alter secundariae figurae et illius principalis imaginariae secundum distinctionem, partium diuersas suscipiens imagines."

24 Cf. 76r: „Si ergo [sc. Deus] seipsum intelligens, quae sunt, intelligit, ipse est ea, quae sunt. Aut enim alibi existens eadem intelligit, aut in seipso, aut semet existentem. Sed non existentia non possibile est intelligere. Vbi enim existentia in sensibilibus sunt, sensibilia quippe non sunt existentia, utpote conuersibilia existentia et facta et pereuntia. Seipsum itaque et in seipso intelligit. ... (f. 76v) His igitur concludere licet Deum non esse aliud atque aliud intelligentiam suam. Sin autem consequetur necessitas ut et intelligentiam Dei creaturam esse, et ipsum fateamur aliquando sine intelligentia extitisse et non etiam existere posse. Sed hoc inconueniens et impossibile. Non est igitur aliud Deus, aliud intelligentia sua, sed Deus est existens intelligentia sua et intelligentia sua est ipse Deus existens, et quoniam Deus est vera unitas et intelligentia eius est vera unitas. Vera autem unitas nulla ratione in duo diuidi potest. Non sunt igitur Dei duae intelligentiae, sed una, sicut nec duo dii, sed unus. Fit ergo consequens ut non alia sit intelligentia Dei qua intelligit seipsum, alia qua intelligit creaturas, sed sit una et eadem pro eo quod uera unitas non est receptiua alteritatis, uarietatis, multiplicitatis, nec materialium fantasiarum, nec adumbratur corporalium similitudine, sed manet simplex et purissima. Alioquin aut unitas diuideretur, aut uera eternitas commutaretur, aut summa magnitudo augmentaretur, aut uera immaterialitas phantasiis insigniretur, aut pura incorporalitas similitudines corporum indueretur. Quod, cum sit rationis alienum, constat unam et eandem esse intelligentiam

Die *Archiformis theologia* bringt durch die Betonung der Einheit aller Dinge in Gott die Diskussion um diesen Gegenstand einen erstaunlichen Schritt voran. Es war geläufig und leicht, die formlose Materie in Platons *Timaios* dem Christentum anzupassen, indem sie als getrennt von Gott und von ihm erschaffen betrachtet wurde. Dieser Autor denkt aber ganz anders. Wenn die formlose Materie erzeugt (*genitum*) wird – ein Terminus, den der Autor als Äquivalent für „erschaffen" verwendet –, dann muß sie, so argumentiert er, das erste Erzeugte sein. Aber die „*theologia*" – hier die *Genesis* – zeigt, daß die Welt das erste Erzeugte sei, indem gesagt wird: „Am Anfang schuf Gott Himmel und Erde." Die Welt und die formlose Materie können auch nicht dasselbe sein, weil die Welt eine Form hat sowie zusammengesetzt ist und die Materie formlos sowie einfach ist. Die Materie muß also eine einfache Wesenheit (*essentia*) sein – es sei denn, sie wäre eine Wesenheit, von der wir nicht einmal sagen könnten, daß sie ist und einfach ist. Die Materie ist kein Akzidens, und somit ist sie eine Substanz (*substantia*) – oder zumindest ist die Materie eine Substanz, indem sie durch jegliche Art von Akzidens informiert wird; aber wenn sie ohne Akzidens betrachtet wird, muß sie eine einfache Wesenheit genannt werden. Die Substanz, fährt der Autor fort, ist „unerzeugt und in sich der eine Anfang und die Ursache und das Fundament von allem. Alles ist eins in ihr, obwohl die Spezies, die Akzidentien und die ihr gemäßen Hervorgänge viele sind". Diese Substanz, die „alles als eins in sich umfaßt und alles durch ihre Kraft als Ursache und Ursprung von allem enthält", so schließt der Autor, ist das, „was Gott genannt wird"[25].

Dei qua se intelligit et qua creaturas: intelligit enim se, sed ipse est existens intelligentia sua; intelligit creaturas, sed ipse est existens intelligentia sua. Non tamen aliter existens intelligentia intelligendo se ipsum atque aliter intelligendo creaturas, sed uniformiter. Nam secundum quod intelligit, unum sunt ipse et creatura. Est enim in ipso omnis creatura quod ipse, et ipse utpote causa et principium eius omnis creaturae in se, nec extra se intelligit creaturam sed in seipso – formaliter, ut ita dicam, atque causaliter siue substantialiter, non assumptiue et accidentaliter, uel imaginatorie siue imitabiliter. Non est enim aliud ei intelligere quam substantialiter esse et eius intelligentia existens est substantia ..."

[25] Cff. 78^r–78^v: „Non ergo informis materia est genita nisi unum idemque accipiamus et mundum et informem materiam, quod habet formam et quod caret forma. Sed hoc inconsequens, nisi in parte[m]. Pars enim est mundi informis materia. Nam mundus quiddam est compositum. Ma/f. 78^v/teria uero, ut informis, ita et incomposita. Simplex igitur est aut essentia aut non essentia. Sed si non essentia, nec simplex nec aliud quicquid uel dici potest uel est. Est igitur simplex essentia et incomposita; quare aut substantia, aut quod est in substantia. ... Non enim qualitas siue accidens: omnium enim qualitatum siue accidentium uel formarum receptiua est, non ipsa. Substantia ergo est et dicitur. Sed, cum sine omni accidente cogitatur, 'essentia simplex'

Ob er oder die anderen Autoren des 12. Jahrhunderts, die ich diskutiert habe, mit ausreichender Schärfe argumentieren, um die kühnen metaphysischen und theologischen Schritte zu rechtfertigen, die sie vornehmen, ist eine Frage, die ich an dieser Stelle nicht beantworten werde. Dies würde eine detailliertere Untersuchung der Texte erfordern, als es an dieser Stelle möglich ist. Aber von diesen Skizzen her entsteht ein klarer Eindruck, *warum* die Gelehrten der zweiten Hälfte des 12. Jahrhunderts die platonischen Ideen diskutiert haben; *welche Fragen* sie dadurch zu beantworten versuchten; und *welche Rolle* sie diesen Fragen in ihrem intellektuellen Zusammenhang zuschrieben. Diese Gelehrten interessierten sich nicht für die platonischen Ideen, um irgendein platonisches System zu untersuchen oder wieder zu konstruieren. Statt dessen waren die platonischen Ideen wichtig für sie, weil diese Ideen die Antwort auf eine zentrale Frage der christlichen Theologie ermöglicht haben, nämlich, welche Beziehung zwischen Gott und seiner Schöpfung besteht. Die Bedeutung ihrer Versuche, diese Frage zu beantworten, seien sie auch noch so ungeschickt, kann nicht stark genug hervorgehoben werden. Der schwächste Aspekt der Theologie des frühen 12. Jahrhunderts lag genau in ihrem Versäumnis, eine vollständige Analyse dieses Verhältnisses anzubieten. Vereinzelte Probleme der christlichen Lehre – z. B. der Einheit Gottes und der Trinität, der Attribute, Menschwerdung und erlösenden Funktion Gottes, der Sünde, Gnade und Tugend und der Sakramente – wurden diskutiert. Die Probleme, die im Gebrauch der menschlichen Sprache auftauchen, wenn das Göttliche beschrieben wird, wurden erkannt und analysiert. Aber eine umfassende metaphysische Struktur, in der das Verhältnis zwischen dem Göttlichen und dem Erschaffenen erklärt werden könnte, fehlte oder wurde, wie es scheint, absichtlich vermieden. Abaelard legt z. B. eine rein ethische Darstellung von Gott in seinem Verhältnis zur Welt vor. Demgegenüber haben die Theologen des 13. Jahrhunderts (ob gut oder schlecht) verschiedene allgemeine Richtlinien für die Analyse der Abhängigkeit der Geschöpfe und der Transzendenz

dicitur; cum vero accidentibus quasi substare consideratur, 'substantia' perhibetur. Substat enim omnibus accidentibus siue qualitatibus uelut fundamentum ... Omnia enim in ipsa unum sunt, licet speciebus et accidentibus et processionibus secundum se multa sint. At uero ipsa omnia est uniuersaliter, quia nullum existentium est non participans illius unius ... Omnia enim in seipso unum uniformiter praeambit et circumprehendit. Si ergo interimas substantiam quae uere unum est propter simplicitatem et impartibilitatem secundum se, nichil existentium erit. Omnia enim in seipsa substantia uniformiter praeambit et circumprehendit et sua ui continet, utpote causa et origo omnium, ipsa quoque carens origine, nec sustentata alterius uirtute, sed omnium uirtutum et differentiarum sustentamentum. Est igitur ingenita et principalis existentia quae dicitur Deus ..."

Gottes ausgearbeitet. Die Diskussionen, die wir betrachtet haben, sind Teil des Prozesses, der diese Veränderung ermöglicht hat. Wenn der Platonismus nicht mehr ein Ordnung und Einheit stiftendes Prinzip für das Verständnis der Philosophie des 12. Jahrhunderts liefern kann, dürfen wir, indem wir seinen vagen Spuren folgen, etwas noch Wichtigeres entdecken – aber etwas Beunruhigendes für diejenigen, die an eine einfache Geschichte des „Platonismus" oder sogar der „Philosophie" glauben: die Ursprünge der herausragendsten Denkweisen des 13. Jahrhunderts.

Carlos Steel

DAS NEUE INTERESSE FÜR DEN PLATONISMUS AM ENDE DES 13. JAHRHUNDERTS

1. Platonischer Aristotelismus

Seit der Spätantike hat man Aristoteles immer in einem platonischen Kontext gelesen. Die großen Kommentatoren, wie Simplicius, waren selber neuplatonische Philosophen. Die arabischen und jüdischen Philosophen haben die platonisierende Interpretation des Aristoteles weitergeführt. Unter dem Namen des Aristoteles zirkulierten viele ursprünglich (neu)platonische Lehren. Daher ist es auch leicht verständlich, daß man in der Diskussion gewisser Fragen problemlos platonische Argumente anwendet, um Aristoteles' Auffassung zu komplementieren.

Dieser platonische Einfluß ist besonders deutlich in den Schriften Alberts des Großen. Albert hat nicht nur die Grundlage für die Integration der aristotelischen Philosophie in die scholastische Theologie geschaffen, sondern er hat durch seine Emanationslehre und seine Spekulationen über Licht, Intelligenz und Formursache auch Anlaß zu einer neuen Entwicklung platonischer Themen gegeben. Diese Platonisierung hat schon bei seinem Schüler Ulrich von Straßburg eingesetzt und wird weitergeführt in der deutschen Dominikanerschule. In eine andere Richtung ist Thomas von Aquin gegangen. Er hat versucht, seine Philosophie konsequent auf der Grundlage der Aristoteles-Rezeption zu entwickeln, obwohl auch er viele platonische Motive aufgreift. Aber Thomas ist in seinem konsequenten Aristotelismus eher Ausnahme als Regel unter den Theologen des 13. Jahrhunderts und steht mit seiner Bevorzugung des Aristoteles den Philosophen der *Artes*-Fakultät viel näher. Die meisten Theologen bleiben in gewisser Weise argwöhnisch gegenüber Aristoteles, obwohl sie seine große Kompetenz *in rebus naturalibus et rationalibus* nicht bezweifeln. Aber ihre Haltung gegenüber Aristoteles ist eklektisch. Sie übernehmen die Lehren, die ihnen nützlich scheinen, und verbinden sie mit platonischen Themen, wenn diese so besser in die christliche Weisheit integriert werden können. Beispielhaft für diese Haltung ist Bonaventura. Diese augustinisch geprägte Präferenz für Plato findet man bei vielen Theologen am Ende des Jahrhunderts, vor allem bei Heinrich von Gent.

Es ist also nicht ganz richtig, von einem 'neuen Interesse' für den Platonismus am Ende des 13. Jahrhunderts zu sprechen, weil die Faszination für den Platonismus immer erhalten geblieben ist. Aber doch hat dieses Interesse am Ende des Jahrhunderts einen neuen Impuls bekommen. Den Anlaß gab eine

Reihe von neuen Übersetzungen, vor allem die Übersetzung der *Elementatio theologica* des Wilhelm von Moerbeke im Jahr 1268. Wenige Monate nach Beendigung der Übersetzung zirkulierte die *Elementatio theologica* schon an der Pariser Universität und fand viele Leser, was doch erstaunlich ist, weil niemand diesen Proklos kannte. Wahrscheinlich hat Thomas eine Kopie des Textes aus Italien nach Paris mitgebracht. Er war gewiß der erste, der ein Exemplar der neuen Übersetzung bekam. Zu seiner großen Überraschung entdeckte er, daß der *Liber de causis*, der bisher immer als ein aristotelischer Text zum Abschluß des Metaphysikstudiums gelesen wurde, eigentlich eine Paraphrase des Werkes dieses unbekannten platonischen Philosophen Proklos war. In seinem Kommentar zum *Liber de causis* (ca. 1271–72) bemerkt er: „Alles, was man in diesem Buch findet, steht viel ausführlicher in dem Buch von Proklos". Durch die Entdeckung des platonischen Charakters des *Liber de causis* wird, wie Loris Sturlese darlegt, die traditionelle Abgrenzung zwischen Plato und Aristoteles radikal modifiziert. Ein ganzer Bereich des Wissens, die Wissenschaft der ersten Prinzipien und der separaten Substanzen, die Lehre des Fluxus aus der ersten Ursache, geht nun von Aristoteles über zu Plato. Die aristotelische Philosophie wurde dadurch gewissermaßen entplatonisiert, während die Erkenntnis des Platonismus eingreifend erweitert wurde.[1] Der Enthusiasmus für die neue Übersetzung war groß. Man hatte hier erstmals einen unmittelbaren Zugang zu einer platonischen Metaphysik ohne christliche Adaption. Hier entdeckt man eine wirklich philosophische *scientia divina*, streng wissenschaftlich und systematisch aufgebaut, *more geometrico* aus ersten evidenten Prinzipien.

Die erste lebendige Auseinandersetzung mit dem neuen Proklos-Text findet an der Pariser Universität in den Jahren 1269–72 mit Thomas und Siger von Brabant als Protagonisten statt, aber das Interesse dauert nicht lang. Der Einfluß von Proklos wird schon bald zurückgedrängt von dem dominierenden Aristotelismus. Aber während in Paris das Interesse für Proklos und den Neuplatonismus allmählich abnimmt, entsteht eine neue Begeisterung für Proklos außerhalb der traditionellen Universität: im Studium Generale der Kölner Dominikaner bei Dietrich von Freiberg, Meister Eckhart und vor allem in der Mitte des 14. Jahrhunderts bei Berthold von Moosburg, der Proklos einen monumentalen Kommentar widmet. Über diese *„philosophi teutonici"* ist in den letzten Jahrzehnten viel veröffentlicht worden[2]: Die neuen Forschungen haben unsere Kenntnis des Platonismus im 13. und 14. Jahrhundert vertieft und erweitert. Ich werde darum in diesem Aufsatz meine Aufmerksamkeit auf einen weniger bekannten Platoniker richten: Heinrich Bate aus Mechelen, der Ende des 13. Jahrhunderts im Herzogtum Brabant und im Fürstentum Lüttich lebte, also nicht so weit von Köln entfernt. Auch hier haben wir es mit

[1] Vgl. Sturlese 1987.

[2] Vgl. *Corpus philosophorum teutonicorum medii aevi*.

einem Philosophen außerhalb der offiziellen Universität zu tun, der den Platonismus mit Enthusiasmus als eine Alternative zum scholastischen Aristotelismus studierte und kultivierte. Auch er betrachtete den Platonismus nicht als einen Weg zur Mystik, sondern er erkannte hier das metaphysische Fundament für eine neue Wissenschaft der Natur.

2. Heinrich Bate von Mechelen: ein Platoniker am Ende des 13. Jahrhunderts

Heinrich Bate ist 1246 in Mechelen geboren und nach 1310 gestorben.[3] Er studierte von ca. 1266 bis 1272 in Paris an der *Artes*-Fakultät. Wahrscheinlich setzte er sein Theologiestudium nicht fort: Er hat jedenfalls keine theologischen Interessen und behandelt niemals theologische Probleme. Er ist ein typischer Repräsentant der Mentalität innerhalb der Pariser philosophischen Fakultät zu jener Zeit. Allein deshalb schon ist er ein sehr wertvoller Zeuge: Wir kennen das intellektuelle Klima in Paris ja fast ausschließlich aus der Perspektive der dominierenden Theologen: Thomas, Heinrich von Gent, Gottfried von Fontaines, Aegidius von Rom usw. Gerade in seiner Studienzeit befand sich die Pariser Universität in einer dramatischen Krisis mit heftigen Kontroversen über philosophische Fragen, wie die Ewigkeit der Welt, die Einheit des Intellekts oder die hylemorphistische Theorie der Seele. Diese Kontroverse wird 1277 zur berüchtigten Verurteilung von heterodoxen philosophischen Thesen führen. Der widersprüchlichste Magister an der *Artes*-Fakultät war Siger von Brabant, ein Landsmann Heinrichs. Wahrscheinlich haben die beiden einander gut gekannt. Die größte Autorität an der theologischen Fakultät war Thomas von Aquin, der gerade im Jahr 1268 aus Italien nach Paris zurückgekehrt war und bis zu seiner Rückkehr im Jahr 1272 intensiv an der Polemik teilnahm. Thomas war nicht nur Theologe; er genoß auch als Philosoph und Aristoteles-Interpret großes Ansehen in der *Artes*-Fakultät. Er muß einen tiefen Eindruck auf den jungen Heinrich gemacht haben, der ihn zugleich bewunderte und heftig bekämpfte, oft aus Eifersucht und Ressentiment. In seinem *Speculum* kopiert er viele Texte aus Thomas' Aristoteles-Kommentaren und benutzt sie oft ohne Angabe der Quelle. Thomas fungiert neben Averroes als die große Autorität in der Auslegung der aristotelischen Philosophie. Um ihn von dem „*commentator*" zu unterscheiden, wird Thomas als der „*famosus expositor*" zitiert. Während der Redaktion des *Speculum*

[3] Das „De Wulf-Mansion Centrum" am Philosophischen Institut in Leuven besorgt die Gesamtausgabe der Werke des Heinrich Bate. Bibliographische Hinweise finden sich in den Einleitungen zu T. I und XI–XII des *Speculum divinorum et quorundam naturalium*.

lagen die beiden Kommentare zu Aristoteles immer auf Heinrichs Arbeitstisch. Das hatte auch den Vorteil, daß zwei verschiedene Übersetzungen des Aristoteles-Textes miteinander konfrontiert werden konnten: diejenige aus dem Arabischen und die *„translatio correcta de Graeco"*, die Wilhelm von Moerbeke angefertigt hat. Sein großer Respekt vor Thomas als *„expositor"* hinderte ihn jedoch nicht daran, dessen philosophische Positionen scharf zu kritisieren. Er ärgerte sich vor allem darüber, wie Thomas philosophische Probleme empiristisch anging, z. B. in seiner Auffassung der Seele als *„forma corporis"* oder in seiner Skepsis über die Möglichkeit der Erkenntnis der „separaten oder transzendenten" Substanzen. In all diesen Fragen bevorzugte Heinrich ein platonisches Vorgehen und versuchte, Aristoteles in Harmonie mit Plato zu interpretieren. Wenn er die Kontroverse unter modernen Mediävisten über den 'radikalen Aristotelismus' gekannt hätte, würde er gewiß Thomas und nicht Siger oder einen anderen Professor der *Artes*-Fakultät zu dieser Richtung gerechnet haben (Flasch 1986, 355–362).

1281 wurde Heinrich Präbende in Lüttich: Er wurde zum *„Archediaconus* und Cantor" der Kathedrale und zum *„Praeceptor"* von Guy d'Avesnes, dem späteren Prinzbischof von Utrecht, ernannt. Von nun an konnte er sich ganz der Wissenschaft und der Philosophie widmen. Er schuf in Zusammenarbeit mit einem jüdischen Gelehrten Übersetzungen von arabischen astronomischen Texten. Er konstruierte ein Astrolabium und Equatorium, er erstellte neue astronomische Tabellen und schrieb auch sein eigenes Horoskop. All diese Arbeiten zeugen von seinem großen Interesse für praktische Astrologie. Während der letzten Jahre seines Lebens, etwa zwischen 1281 und 1310, arbeitete Heinrich an einer monumentalen philosophisch-wissenschaftlichen Enzyklopädie, dem *Speculum divinorum et quorundam naturalium*, die insgesamt 23 Bände mit 558 Kapiteln umfaßt. Die Vorarbeiten zu dieser Enzyklopädie datieren wahrscheinlich schon aus der Zeit in Paris. Bates *Speculum* bietet einen umfassenden Einblick in fast alle philosophischen und wissenschaftlichen Fragen, die gegen Ende des 13. Jahrhunderts an der *Artes*-Fakultät ohne jegliche Berücksichtigung theologischer Fragen behandelt wurden. Im Gegenteil, er vermeidet ausdrücklich solche Fragen. Die Enzyklopädie ist kompilatorisch: Zwei Drittel der Texte sind *„ad litteram"* aus Autoritäten kopiert. Heinrich ist außerordentlich gut informiert: Neben den klassischen Autoritäten Aristoteles, Avicenna, Averroes und arabischen naturwissenschaftlichen Texten (Alhazen, Albategni, Alpetragius) kennt er auch die neuesten Übersetzungen wie den Kommentar zu *De caelo* des Simplicius oder zur *Meteorologica* von Alexander oder das *Colliget* des Averroes (ca. 1285 übersetzt und sofort benutzt[4]). Von den Modernen zitiert er neben Thomas

[4] Vgl. *Speculum* I c. 29, 192, 23–24: „pervenit ad nos liber Averrois qui Colliget intitulatur."

auch einige Male Albert und Aegidius Romanus. Aber vor allem seine platonische Rezeption ist beeindruckend: Neben dem wohlbekannten *Timaeus* des Calcidius und *De consolatione philosophiae* des Boethius besitzt er ein Exemplar der *Elementatio theologica* des Proklos, der *De anima*-Paraphrase von Themistius und des Kommentars des Johannes Philoponus; der letztere Text war sehr wenig verbreitet. Er kennt auch das Fragment aus dem *Timaeus*-Kommentar des Proklos: Er ist der einzige Benutzer dieser Übersetzung, die er wahrscheinlich selber von Moerbeke bekommen hat. Er war ja befreundet mit dem flämischen Dominikaner, den er in Lyon während des Konzils von 1274 kennengelernt hatte. Er zitiert auch viele Seiten aus dem *Phaedo* und dem *Meno*, aus Dialogen, die im 12. Jahrhundert von Heinrich Aristippus auf Sizilien bereits übersetzt worden waren, aber von kaum jemandem gelesen wurden (vgl. Steel 1990). Obwohl bisher nur die Hälfte der Bate-Edition abgeschlossen ist, kann man schon jetzt aus den Indices ableiten, daß er eine sehr umfassende Bibliothek besessen haben muß, die Bibliothek eines Gelehrten.

Der Titel *Speculum*, Spiegel, war für Arbeiten gebräuchlich, die einen Überblick, eine *'summa'*, für einen gewissen Bereich bieten. Bate will eine *'summa'* über den ganzen Bereich der *„divina et naturalia"* schreiben. *„Divina"* ist hier keine Verweisung auf die Lehre der christlichen Theologie, wie Trinität, Sakramente, Christologie – all diese Themen werden in dieser Arbeit nicht berührt. Der Terminus hat hier eine neuplatonische Bedeutung, die Lehre über die göttlichen Substanzen, das heißt, die von der Materie getrennten Substanzen: Gott und die Intelligenzen. Wie aus der Vorrede klar hervorgeht, ist die Erforschung der *„divina"* für Heinrich die erste Aufgabe, weil keine Erkenntnis wichtiger und beglückender als diese ist. Denn die separaten Substanzen sind die „Prinzipien des Seins und der Erkenntnis für alle niederen Seinsklassen". Bei der Behandlung der *„divina"* ist Bate genötigt, einige *„incidentales digressiones"* hinzuzufügen, die indirekt zur Erläuterung des Hauptthemas beitragen. Diese Ausführungen behandeln vor allem Themen aus der Naturphilosophie. Doch bleibt die Erforschung der göttlichen Seienden das Hauptthema des ganzen Werkes, wie aus dem Gebet, das den Abschluß des *Speculum* bildet, hervorgeht: „Wir bieten Dir, o Gott, als Zeichen unseres liebenden Verlangens dieses Opusculum an, das aus den Schriften der Philosophen so getreu und wahrhaftig wie möglich zu einer konkordanten Lehre zusammengestellt ist. Und weil wir vor allem beabsichtigen, durch dieses Werk die göttlichen Seienden zu betrachten, damit wir durch sie letztendlich zu einer Betrachtung von Dir, der Du Gott über allen Göttern bist, aufsteigen mögen, darum dachten wir, daß der Titel dieser Kompilation besser *Speculum divinorum* lauten sollte, da es das wichtigste Thema ist."

Obwohl diese separaten Substanzen aufgrund ihrer Natur am intelligibelsten sind, ist es für unseren menschlichen Geist schwierig, sie zu erfassen. Denn wie Aristoteles es in *Met.* II, 1, 993 b 9–11 sagt: „Wie sich die Augen der

Eulen gegenüber dem Tageslicht verhalten, so verhält sich die Vernunft unserer Seele zu dem, was seiner Natur nach unter allem am offenbarsten ist." Man soll aber diesen Text nicht interpretieren, sagt Bate, wie der *„famosus expositor"* es tut.[5] Thomas nämlich behauptete, daß unser Intellekt die separaten Substanzen niemals direkt zu erfassen vermag. Wir können höchstens ermessen, daß sie existieren, indirekt ausgehend von den Effekten, aber niemals werden wir ihr Wesen und ihre Wirkungen kennenlernen. Thomas gründete seine Position auf ein epistemologisches Prinzip: Der menschliche Intellekt kann ohne *„phantasmata"* oder sinnliche Bilder nicht erkennen. Darum können wir nur indirekt und negativ etwas über jene Substanzen, die alle *„phantasmata"* überschreiten, aussagen. Das *„obiectum proprium"* der menschlichen Erkenntnis sind die materiellen Substanzen. Unser Intellekt gehört ja zu den niedrigsten unter den Intelligenzen und kann nicht direkt das Wesen der immateriellen Substanzen erfassen. Heinrich kritisiert diese Lehre des Thomas heftig und weist auf verschiedene Inkohärenzen hin. Die Erkenntnis der separaten Substanzen ist gewiß schwierig, aber nicht unmöglich. Diese Erkenntnis ist ja das höchste Ziel des menschlichen Lebens, und wir erlangen darin das größte Glück, die Erfüllung unseres natürlichen Verlangens. Das Ideal, das Bate hier beschreibt, finden wir bei vielen Repräsentanten der *Artes*-Fakultät, so z. B. bei Siger oder Boethius von Dacia oder später auch bei Dietrich von Freiberg. Bei Heinrich Bate aber hat dieses Ideal einen explizit averroistischen Charakter. Die göttlichen Substanzen sind die unbewegten immateriellen Formen der Himmelssphären, und wir können ihr Wesen und ihre Eigenschaften kennenlernen durch die Erforschung der Bewegungen ihrer himmlischen Körper. Gott ist der Beweger der ersten Himmelssphäre und der ersten *„causa formalis"*, von der alle anderen göttlichen Intelligenzen abhängen. So ist es möglich, Metaphysik, Kosmologie und Astrologie in einer umfassenden Synthese zusammenzubringen.

Mit dem Fortschreiten der Edition wird immer deutlicher, daß Bate einer der ersten Averroisten im 13. Jahrhundert war. Seine Auffassung über die geschaffenen himmlischen Götter, über die Ewigkeit der Welt, über die Einheit des Intellekts wären von theologischen Instanzen gewiß verurteilt worden, wenn sie ihnen bekannt gewesen wären. Aber Bate war weise genug, seine eigenen Thesen hinter einer massiven Kompilation zu verbergen, so daß es fast unmöglich war, irgendeine These zu verurteilen, die man ihm hätte zuschreiben können. So bemerkt er selbst in seinem Vorwort: „Wir haben nicht ohne Grund beschlossen, in diese Kompilation auch verschiedene und widersprüchliche Sentenzen, die einander aufheben, aufzunehmen, damit, wenn die Glaubenslehren von philosophischen Argumenten bekämpft zu werden

[5] Vgl. *Speculum*, Prooemium, 59, 69–70: „sicut quidam opinati sunt non de minimis inter famosos, occasionem ex hoc exemplo Philosophi extorquentes."

scheinen, sie mit diesen selben Argumenten eine nicht unvernünftige Verteidigung haben dürften. Außerdem, wo immer widersprüchliche Argumente zu finden sind, vermag jeder Vernünftige diese klug zu untersuchen und diejenigen zu wählen, die der wahrhaftigste und festeste Grund unterstützt" (*Epistola*, 4, 29–36).

3. Aristoteles in Konkordanz mit Plato

In dem zitierten 'Prooemium' des *Speculum* erklärt Bate, daß es auch eine wichtige Absicht seines Werkes ist, „die Texte von Plato und Aristoteles, die bei oberflächlichem Lesen diskordant sind, in eine wirkliche Konkordanz zu bringen"[6]. Die Absicht, eine „Harmonie" in den Werken von Plato und Aristoteles wiederzufinden, ist natürlich nicht originell. Wie schon gesagt, haben die neuplatonischen Aristoteles-Kommentatoren wie Ammonius und Simplicius dieses Harmonie-Prinzip als Ausgangspunkt für ihre Aristoteles-Exegese gewählt. So auch Boethius, der in einer oft zitierten Passage seines Kommentars zu *De interpretatione* erklärt, „daß er nicht unterlassen will, die Meinungen von Aristoteles und Plato in eine Konkordanz zu bringen" (*De interpr.* II, 80, 2–4). Aus der Formulierung geht deutlich hervor, daß Bate dieses hermeneutische Prinzip Boethius entnommen hat. Auch in seinem Widmungsbrief formuliert Bate dieselbe Absicht seines Werkes: „Wir haben versucht, Mißverständnisse und verkehrte Interpretationen der Gedanken und Worte von Aristoteles und Plato aufzudecken und die Kraft ihrer Argumente und die Potenz ihrer philosophischen Lehren zu entwickeln und sie zu erweitern auf die erhabensten Dinge, von denen man oft meint, daß sie uns als unbegreiflich auch nicht zugänglich sind" (*Epistola*, 4, 47–53). Hier wird wieder hingewiesen auf eines der wichtigsten Themen des *Speculum*, das Wissen um die separaten 'göttlichen' Substanzen, und es werden implizit die „verkehrten Interpretationen" des Thomas und all derjenigen kritisiert, die Aristoteles mit Plato konfrontieren und streng an der empirischen Grundlage alles Wissens festhalten. Aber wie Bate immer wieder zu beweisen versucht, ist die Gegenüberstellung von Plato und Aristoteles falsch.

Man kann natürlich nicht leugnen, daß beide Philosophen eine ganz andere Methode haben und aus einer anderen Perspektive heraus philosophieren, wie Heinrich es selbst zusammenfaßt (XXIII, c. 17): „Aristoteles philosophiert meistens der Wissenschaft gemäß, Plato aber scheint sich, soweit es ihm möglich ist, am Göttlichen zu orientieren. Und darum sagt Albert in seiner *Metaphysik* zu Recht, daß die Philosophie ihre Vollendung nur

[6] Vgl. *Speculum*, Prooem., 47, 14–16: „dissonantes quoque superficialiter sermones inter se Platonis et Aristotelis, in unam realem seu concordem quodammodo sententiam redactos."

aus der Integration beider Philosophien findet. Zwischen Plato und Aristoteles besteht also kein wirklicher Widerspruch [*'realis contrarietas'*]." Sie sind niemals gegensätzlich, sondern komplementär. Diese konkordistische Interpretation findet man im ganzen *Speculum*, wie schon aus den Titeln mancher Kapitel deutlich wird, z. B. „Wie die Objektionen des Philosophen dem Denken von Plato nicht widersprechen" (VII, 8); „Ein Kapitel, in dem eine Disputation des Philosophen gegen Plato diskutiert wird, um zu zeigen, wie die Absicht des einen der Absicht des anderen nicht widerspricht" (VII, 11); „Noch eine Diskussion, die Aristoteles in Konkordanz mit Plato bringt" (XI, 7); und „Wie der Philosoph, ausgehend von seinen eigenen Prinzipien, in die platonische Position fällt" (XVI, 7). Aber die wichtigsten Texte zur Konkordanz zwischen Plato und Aristoteles findet man in den Teilen VII und XI–XII, die ganz dieser Frage gewidmet sind. Aus vielen Passagen im *Speculum* geht hervor, daß Bate versucht hat, möglichst viele platonische Texte zu sammeln und sie optimal zu benutzen, um eine zuverlässige Darstellung der platonischen Lehre zu geben. Darum war er auch so begeistert von der neuen Übersetzung von Proklos' *Elementatio theologica*: Er zitiert fast zwei Drittel des Textes und viele Propositionen mehrere Male. Der *Liber de causis* dagegen ist fast ganz abwesend. Aber so gern er auch Proklos zur Darstellung der platonischen Lehre benutzt, ist Heinrich sich doch bewußt, daß Proklos nicht Plato ist. Oft stellt er Plato und die *„Platonici"*, die ihn nicht immer gut verstanden haben oder seine Lehre weiterentwickelt haben, einander gegenüber. Dies ist einer der interessantesten Aspekte der Teile XI–XII. Heinrich formuliert es so: „Man sollte bemerken, daß, obwohl einige Platoniker (i. e. Proklos), die Plato zu imitieren versuchten, so viele Weisen der Teilhabe und Nicht-Teilhabe angegeben haben, wir nichts davon in den Büchern von Plato und Sokrates gefunden haben, die uns bisher erreicht haben, d. h. im *Timaeus*, im *Meno* und im *Phaedo*" (*Speculum* XI, 12, 3–9). Hierzu ist zu bemerken, daß Heinrich sich sehr wohl bewußt ist, wie beschränkt seine Plato-Kenntnis ist: „die Bücher, die uns bisher [*'hucusque'*] erreicht haben". Er weiß ja, daß es noch viel mehr Dialoge gibt, aber diese sind leider noch nicht übersetzt worden. So hat er von Wilhelm von Moerbeke vernommen, daß Plato im *Parmenides* viele interessante Fragen über das Thema der Partizipation behandelt, aber durch den Tod des Übersetzers hat er keine Kopie dieses Textes bekommen können. Auch in der wichtigen Frage über die Kenntnis der himmlischen Intelligenzen bemerkt Heinrich, wie mangelhaft unsere Kenntnis der platonischen Philosophie ist. Obwohl die Platoniker nichts *„expresse"* über dieses Problem bestimmt haben, „haben sie uns zur Erforschung dieser Frage einige Sentenzen und Prinzipien hinterlassen, die *'realiter'* übereinstimmen mit dem Philosophen, der selber uns dennoch nichts anderes darüber überliefert hat, jedenfalls nichts, was bis heute bei uns zu finden ist, als einige Prinzipien, die mit den platonischen übereinstimmen"[7]. Diese platonischen Prinzipien für die Lehre der Intellekte findet Bate in Proklos' *Elementatio theologica*, aus der er in diesem und den folgenden Kapiteln ausführlich zitiert.

Wenn wir eine unmittelbare Kenntnis von Plato hätten, frei von neuplatonischer Transformation, könnten wir Plato vielleicht auch besser gegen die aristotelische Kritik verteidigen. So schreibt Heinrich am Anfang von Teil XII: „Um den Sinn und die Intention von Sokrates und Plato zu diesem Thema tiefer und sorgfältiger untersuchen zu können und zu verstehen, wie Plato von Aristoteles kritisiert wurde, nicht wirklich hinsichtlich seiner geistigen Intention, sondern hinsichtlich der Oberfläche seiner Darlegung, laßt uns extensiver seine Argumente durchgehen, soweit wir sie aus den Büchern entnehmen können, die uns bisher erreicht haben." Und es folgen lange Zitate aus dem *Phaedo* und aus dem *Meno*, die beweisen, daß Plato und Sokrates niemals die Irrtümer verteidigt haben, die ihnen Aristoteles und Averroes zuschreiben.

Im letztzitierten Text finden wir die Formulierung des hermeneutischen Prinzips, das in allen konkordistischen Interpretationen von Plato und Aristoteles angewendet wird. Obwohl Aristoteles in all seinen Werken Plato immer zu kritisieren scheint, greift er nie die Lehre selbst an. Seine Opposition bezieht sich nur auf die „Oberfläche der Ausdrücke" (*„superficies sermonum"*). Denn Plato benutzt die Sprache oft in metaphorischem Sinne (z.B. wenn er über „die Bewegung" der Seele oder über ihre „Teile" spricht), und er ist auch nicht vertraut mit der technischen Formalisierung der verschiedenen Demonstrationsweisen, die in Aristoteles' logischen Abhandlungen sorgfältig untersucht worden sind. „Weil der Teil der Logik, der sich mit dem Vorgehen der Wissenschaft befaßt, zu seiner Zeit noch schwach und unvollkommen war, konnte Plato noch nicht solche exquisiten und hochentwickelten Argumente benutzen wie Aristoteles und die späteren Philosophen", die Nutzen aus der Perfektion der Logik zogen (*Speculum* VII,7, 38–41).

Übrigens sollten wir Aristoteles manchmal dankbar sein, denn seine kritischen Bemerkungen helfen uns, die tiefere Intention Platos zu verstehen: „Für den scharfsinnigen Leser ist evident, wie notwendig die Auseinandersetzung des Aristoteles mit den Argumenten Platos gewesen ist. Denn wenn einst die Spreu der Worte diskutiert und die Rinde der metaphorischen Dar-

[7] Vgl. *Speculum* XXIII, 8: „licet platonici non expresse determinaverint, ad illius tamen investigationem aliqualem sententias quasdam et principia nobis reliquerunt, realiter quidem concordantia cum philosopho, qui nihilominus ipsemet inde nihil aliud nobis tradidit, repertum inquam apud nos usque ad haec tempora, praeterquam etiam ipsis Platonicis consimiliter aut proportionaliter quodammodo quaedam universalia nobis adhuc principia relinquendo."

legung abgestreift ist, wird das Korn der rechten Intention und der Kern der Wahrheit übrigbleiben, und die wörtliche Ablehnung enthält in einer großartigen Weise die Kraft eines Exposés, das den Verstand davor schützt, durch die verschiedenen und oberflächlichen Bedeutungen des Textes zu irren und in einen Irrtum zu verfallen. Denn Plato und Aristoteles hatten unterschiedliche Arten und Stile der Darlegung und ebenso unterschiedliche Vorgehensweisen in der Wissenschaft" (*Speculum* VII, 2, 5–12). Aristoteles ging immer von den Sinnen aus und versuchte, sich so wenig wie möglich von der sinnlichen Erfahrung zu entfernen. Er blieb bei den unmittelbaren Ursachen der physischen Phänomene, die auch leicht erforschbar sind. Plato dagegen spekuliert „von oben": Er widmete all seine Aufmerksamkeit den ersten und fundamentalsten und (von uns aus) entferntliegenden Ursachen. Dennoch, in ihren wesentlichen Lehren (wie der von der Existenz der ersten Ursache, den Ideen oder formalen Ursachen, der Teilhabe, der Natur der Seele und ihres Verhältnisses zum Körper, dem Vermögen des menschlichen Wissens) stimmten Aristoteles und Plato überein – wenn man sie zu interpretieren weiß!

4. Die Verteidigung der Ideenlehre

Es ist nicht möglich, hier alle platonischen Themen bei Bate zu behandeln. Ich beschränke mich auf die wichtigste Lehre des Platonismus: die Ideen als *„causae formales"* oder *„exemplares"*. Die Ideenlehre ist auch heute noch für jeden Studenten der Prüfstein des Platonismus. Nun ist es auffallend, daß fast kein mittelalterlicher Philosoph die Ideenlehre als solche abgewiesen hat. Man kannte natürlich die Argumente des Aristoteles gegen die Lehre, aber man versuchte immer, diese Kritik zu entkräften, indem man zeigte, daß die Argumente nicht zutreffen, wenn man die Ideen als Ideen in Gottes Geist versteht, wie es etwa bei Augustinus der Fall ist. So sagt Thomas in seinem *Metaphysik*-Kommentar: „Man muß wissen, daß dieses Argument des Aristoteles wohl die separaten Exemplarursachen, die Plato angenommen hat [*'exemplaria separata a Platone posita'*], vernichtet, aber keineswegs bestreitet, daß die göttliche Kenntnis selbst die exemplarische Ursache aller geschaffenen Seienden ist." „Inconveniens est ponere ideas rerum naturalium per se subsistentes; non est autem inconveniens ponere eas in mente divina."[8]

Zu Recht haben die mittelalterlichen Denker begriffen, daß man die christliche Schöpfungslehre schwerlich ohne die Ideenlehre philosophisch verständlich machen kann. Denn wenn die Hypothese der Ideen verworfen wird, kann Gott nicht mehr als freier intelligenter Schöpfer verstanden

[8] Vgl. *In Metaph.* I, lectio 15; *De veritate*, q. 3, a. 1, ad 4.

werden: „Weil die Welt nicht aus Zufall entstanden ist, sondern von Gott gemacht durch Intelligenz, darum muß im göttlichen Geist eine Form sein, nach deren Gleichnis die Welt erschaffen ist", sagt noch Thomas, und „in hoc consistit ratio ideae"[9]. Schon Proklos hat Aristoteles vorgeworfen, daß er Gott nicht als *„causa efficiens"*, das ist als Schöpfer der Welt, denken könne, weil er die Ideenlehre verworfen hat. Für Aristoteles ist ja die Gottheit nur *„causa finalis"*. Aus demselben Grund könne Aristoteles auch keine Vorsehung in der Welt denken: Wenn Gott keine Ideen hat, kann er auch keine Vorsehung ausüben (vgl. Steel 1984). Die meisten mittelalterlichen Philosophen würden Proklos in diesem Punkt gern zustimmen. Für Bonaventura liegt die spezifische Aufgabe der Metaphysik oder Weisheit sogar darin, daß man die *„causae exemplares rerum"* studiert. Die anderen Ursachen können auch in den anderen Wissenschaften erforscht werden. Denn die *„causa efficiens"* wird in der Physik erforscht, während die *„causae finales"* Thema der Ethik sind. Nur die Metaphysik hat das Privileg des Studiums der *„causae exemplares"*. Gerade weil Aristoteles diese exemplarischen Ideen als Ursache verworfen hat, konnte er nach Bonaventura nicht zum Niveau der *„sapientia"* aufsteigen. Und aus der Verwerfung der exemplarischen Ursache folgen auch alle anderen Irrtümer seiner Lehre, wie die Leugnung der Providenz.[10] Ähnliche Argumente *„pro ideis"* findet man auch bei anderen Theologen, z. B. bei Heinrich von Gent.

Heinrich Bate widmet ein ganzes Buch (VII) des *Speculum* der Verteidigung der Ideenlehre gegen Aristoteles' Argumente in der *Metaphysik*. Die Argumente aus Buch I, VII und XIII werden von Bate Stück für Stück widerlegt. In der Einleitung meiner Ausgabe habe ich diese Diskussion analysiert. Ich kann mich also hier auf die wichtigste Frage beschränken: Warum brauchen wir überhaupt die *„causae exemplares"* neben den vier von Aristoteles analysierten Ursachen? Wie bekannt, behauptet Aristoteles, daß diese exemplarischen Ursachen ganz überflüssig sind. Sie erklären nichts, weder das Sein noch das Werden der Dinge, noch die Möglichkeit ihrer Erkenntnis. Treffend wird dies in *Metaph.* VII, 7, 1034a 2–9 formuliert: „Der Mensch erzeugt wieder einen Menschen. Es ist dann deutlich, daß es nicht nötig ist, eine Art Form als Urbild anzunehmen. Sondern es genügt, daß das Erzeugende hervorbringe und Ursache der Form an der Materie sei." „Homo generat hominem." Wir brauchen keine Idee „Mensch", um zu erklären, warum hier und jetzt ein Mensch geboren wird. Der neue Mensch bekommt

[9] Vgl. *Summa theologiae* I, q. 15, a. 1; *De veritate*, q. 3, a. 1.

[10] Vgl. Bonaventura, *Collat. in Hexaemeron* VI, 2–4: „Aliqui negaverunt in ipsa (sc. prima causa) esse exemplaria rerum, quorum princeps videtur fuisse Aristoteles, qui exsecratur ideas Platonis. Unde dicit quod deus solum novit se etc... Ex isto errore sequitur alius error etc... ex quibus sequitur triplex caecitas etc..."

seine Form von seinem Erzeuger, diesem individuellen Vater. Aber, so bemerkt Heinrich, diese Erklärung ist nicht ausreichend. Denn auf diese Weise kann man nur erklären, warum und wie hier in einer bestimmten Materie eine bestimmte Form realisiert ist. Aber der erzeugende Mensch ist nicht selbst Ursache der Form, er ist nur Ursache, daß hier und jetzt die Form als anwesend gesetzt ist. Was erklärt denn, daß es überhaupt Menschen in alle Ewigkeit gibt? Was ist, wie Bate fragt, die „Ursache der ewigen Permanenz der Species", die Ursache ihrer *„intransmutabilitas"* und *„immobilis actualitas"*? Das kann nicht eine effiziente Ursache sein: Es muß also die *„causa conservans esse speciei"*, eine Formal-Ursache sein. Diese *„essentialis et per se causa perpetui esse speciei"* wird von Plato zu Recht *„idea"* genannt.[11]

Diese Ideen sind also die primordialen *„causae essendi"* aller Dinge in Werden und Vergehen. In einer metaphysischen (oder 'platonischen') Perspektive sind nur die „primordialen Formen" oder Ideen Substanzen, die *„per se"* existieren. Die sogenannten sinnlichen Substanzen, die Gegenstand der Naturwissenschaften sind, subsistieren nur insoweit, als sie an jenen Formen partizipieren. Darum kann man sie metaphorisch als „Abbilder" oder „Schatten" der Ideen bezeichnen.

Die Ideenlehre tritt nicht an die Stelle einer physischen Erklärung, sondern bietet eine metaphysische Begründung, die bei den Kosmologen fehlte. „Obwohl also die Form, die aus der Potentialität der Materie entwikkelt wird [*'educta de potentia materiae'*], hinsichtlich der Natur die unmittelbare Seinsursache ist, dennoch ist hinsichtlich der 'Realität des Seins' die immaterielle Form die unmittelbare und innerliche Ursache" (*Speculum* VII, 2, 64–68). Bate ist oft entsetzt darüber, wie sehr Aristoteles Plato mißverstanden hat. Wie ist es überhaupt möglich, seufzt er, daß so ein intelligenter Philosoph „solch stupide und sophistische Argumente angeführt hat"? (*„tam debiles quasdam et quasi sophisticas argumentationes induxisse ..."*, *Speculum* VII, 14, 4–8). Der Grund für dieses Mißverständnis ist, daß Aristoteles die platonische Idee immer als ein Abstraktum versteht, ein *„universale logicum"*, ein mentales Konzept, das eine gewisse Ähnlichkeit mit den vielen konkreten Entitäten hat. Vielleicht ist Aristoteles' Kritik nicht so sehr gegen Plato selbst gerichtet als vielmehr gegen einige *„de secta Platonicorum"*, die Plato nicht immer gut verstanden haben und irregeführt sind *„per aequivocationem nominis speciei et universalis"*. Denn sie nehmen *„universale"* und *„species"* oder *„idea"* als gleichbedeutend und behaupten darum auch, daß *„genera et differentiae et species logicae"* separate Formen sind, was absurd ist. Und hier hat Aristoteles recht mit seiner Kritik. Diese

[11] Vgl. *Speculum* VII, 1, 11–26. Über die Bedeutung der *„causa essentialis"* vgl. de Libera 1990, 167ff.

Platoniker haben nicht verstanden, daß, obwohl einige Species oder Ideen Universalia sind, daraus doch nicht folgt, daß alle Universalia Ideen oder separate Substanzen sind. Jedenfalls haben Sokrates selbst und Plato, „der seine Philosophie redigiert hat", niemals diesen Fehler begangen. Sie haben einen sehr klaren Unterschied zwischen dem *„universale logicum"*, das nur eine *„similitudo intentionalis"* ist, und dem *„universale reale"*, das Substanz und Ursache des Seins *„per causalitatem et participationem"*[12] ist, gemacht.

Diese Idee ist, wie gesagt, für Plato das Wesen der Dinge selbst, transzendent gegenüber den stofflichen Bedingungen und doch niemals abgeschnitten von den konkreten Instanzen. Hier liegt ein zweiter Grund des Mißverständnisses vor. Weil Plato so sehr auf dem separaten Status der Idee besteht, könnte man den Eindruck gewinnen, daß die Idee und das konkrete Ding, das daran teilhat, voneinander getrennte *„per se entia"* sind. Wenn aber die *„causa exemplaris"* in diesem Sinne eine separate Idee wäre, dann könnte sie niemals das Wesen der Dinge sein. Hier hat Aristoteles schon wieder recht. Aber er versteht nicht, daß die Idee an sich subsistieren kann und doch Ursache der vielen konkreten Dinge ist, die an ihr teilhaben. Die Idee ist ja *„intrinsecus"* verbunden mit den von ihr geformten Dingen, ist ja *„intimius"* darin anwesend als jene aus der Materie erzeugten Formen. Die Idee und das sinnliche Ding sind also nicht zwei separate *„entia per se"*. Wie wir gesehen haben, ist nur die Idee in wirklichem Sinne eine Substanz *„per se"*, aber sie bleibt in dieser Transzendenz doch nicht abgeschieden von den Dingen, deren Wesen sie ist. Was für Aristoteles das Summum der Absurdität ist, ist für Bate die beste Charakterisierung der Idee: Sie ist eine Form, die zugleich universal und in den vielen individuellen Dingen anwesend ist; eine Form, die ihre transzendente Einheit und Identität behält und doch mit den vielen partikulären Dingen identisch ist. So haben alle individuellen Menschen teil an der transzendenten Form „Mensch", die Ursache ihres spezifischen Seins ist, und doch bleiben sie alle numerisch unterschieden. Das wäre im Fall der stofflichen Form nicht möglich. Wo immer es eine materielle Form für viele Dinge gibt, verschwindet die individuelle Differenzierung und bleibt nur ein Ding. Wir bleiben dagegen viele individuelle Menschen, weil die exemplarische Form immateriell ist: „Denn die Einheit in der partizipierten Form verträgt sich mit der individuellen Vielfalt in den partizipierenden Instanzen."[13] In der Priorität der Formalursache (identifiziert mit der *„causa exemplaris"*) liegt für Bate das Wesen des Platonismus.

Zum Schluß sei bemerkt, daß diese Priorität der Formursache für Bate

[12] Vgl. *Speculum* VII, cap. 7: „Wie der Philosoph wirklich beweist, daß eine Art Universale keine Substanz ist und daß auch Plato ihm nicht widerspricht."

[13] Vgl. *Speculum* VII, 8, 44–45: „Unitas etenim quae in participata specie est in participantibus speciem multitudinem compatitur numeralem."

auch eine wichtige kosmologische Bedeutung hat. Das ganze kosmologische System wird vom ersten Himmel und seiner Bewegung zusammengehalten. Die Form dieser letzten Himmelssphäre ist also auch die Formursache aller Dinge in der Welt. Gott ist diese „*prima forma*" und ist als Form auch unbewegte Ursache der Bewegung. Als reine immaterielle Form kann Gott innerlich mit allen Dingen verbunden sein und doch transzendent bleiben, was, wie gesagt, nur für eine immaterielle Form möglich ist. Gott ist nicht nur die „*prima forma*", sondern enthält als Intelligenz in sich auch die „*exemplaria*" aller Dinge (*Speculum* XXIII, c. 14).

Die platonische Lehre der „*causae formales*" macht es Bate möglich, in Verbindung mit der averroistischen Lehre der Himmelssphären ein Weltbild zu entwickeln, in dem der Einfluß der intelligiblen Substanzen auf den sublunaren Bereich rational erklärt werden kann. Wie später in der Renaissance viele andere, dachte Bate, im Platonismus eine Alternative zum unfruchtbaren Aristotelismus zu finden, der an den *Artes*-Fakultäten gängig war: eine logisch-formale Wissenschaftslehre, die nur ein Disputieren und Klassifizieren ermöglichte, jedoch keine Erklärung der realen Welt bot.[14] Was nützt uns ein solches Universale, so Bate, wenn in der Realität alle Dinge individuell durch unendlich viele Eigenschaften unterschieden sind, die niemals in einem allgemeinen Begriff erfaßt werden können? Ein solches abstraktes Universale kann niemals Grundlage einer wirklichen Wissenschaft sein. Aber ist Platos Ideenlehre besser? So paradox es auch scheint, Bate erkannte in der platonischen Partizipationslehre ein metaphysisches Fundament für diese Hinwendung zu individuellen Dingen. Die individuellen Dinge partizipieren in unendlich verschiedenen Weisen an ihren Formen. Aber in ihrer individuellen Verschiedenheit hängen sie doch geheimnisvoll mit der ersten Formursache durch Partizipation und durch die Vermittlung der himmlischen Intelligenzen und der von ihnen bewegten Sterne und Planeten zusammen.

Hierin liegt neben dem religiösen Anliegen (wie bei Meister Eckhart) ein zweiter Grund für das neue Interesse an Plato am Ende des 13. Jahrhunderts: ein Versuch, eine Verbindung zwischen dem sublunaren Bereich und dem göttlichen Himmelsbeweger sowie den metaphysischen Formen zu finden. In diesem Weltbild sind auch astrologische Vorhersagung und okkulte Phänomene wie Erscheinungen von Geistern nach dem Tod 'philosophisch' zu erklären. Und in diesem Sinne greift Bate der Renaissance vor, der einzigen Periode, in der seine Arbeit aufmerksame Leser – wie Giovanni Pico della Mirandola und Nikolaus von Kues – gefunden hat.

[14] Zur Kritik Bates an der gängigen aristotelischen Wissenschaftslehre vgl. Steel 1996b.

Burkhard Mojsisch

PLATONISCHES UND PLATONISTISCHES IN DER PHILOSOPHIE DES NIKOLAUS VON KUES

Nikolaus von Kues[1] gilt als Vertreter des Platonismus im 15. Jahrhundert, und zwar zu Recht. Er selbst fühlte sich dem sokratisch-platonischen, besonders aber auch dem neuplatonischen Denken verpflichtet, dies aus mindestens drei Gründen:

1. Der Sokrates der Dialoge Platons war, obwohl er als der Weise schlechthin angesehen wurde, selbst im Zweifel, ob er diesem Anspruch gerecht zu werden vermochte; Sokrates befragte die Politiker, Dichter und Handwerker, ob *sie* denn wissend seien, erhielt auch stets die Antwort, sie seien im Besitz des Wissens, traute ihren Antworten jedoch nicht, weil sie zwar die Meinung vertraten, Wissende zu sein, diese Meinung aber nicht durch Wissen zu korrigieren in der Lage waren (Plat., *Apol.* 23c 6–7); Sokrates wußte zwar, daß ihre Meinungen nicht durch Wissen korrigierte Ansichten waren, so daß er wußte, diesen unwissenden Meinungen gegenüber mehr zu wissen, wußte aber auch, daß selbst er nicht im Besitz des Wissens war; sein Wissen war dem Schein-Wissen der Meinenden überlegen, war zugleich aber nicht das Wissen selbst, sondern eben *sein* Wissen; im Blick auf das Wissen selbst war sogar sein Wissen nichtig oder doch nur das Wissen selbst nicht-wissendes Wissen (Plat., *Apol.* 22c 9–d 2); das Wissen selbst war das Daimonion des Sokrates, das ihm wegen seines Wirkens, seines stets nur abratenden Wirkens (Plat., *Apol.* 31c 7–d 4), zwar bekannt war, von ihm selbst aber nur in diesem seinem Wirken, nicht als es selbst gewußt wurde; denn hätte er dieses Wissen gewußt, wäre er selbst im Besitz des Wissens gewesen, wäre dieses Wissen gewesen und hätte als dieses Wissen sich selbst negative – oder sogar positive – Ratschläge für sein Handeln geben können; weil Sokrates aber wußte, daß er nicht das Wissen selbst war, dieses Wissen ihm aber gleichwohl wegen seiner Wirkung in ihm bekannt war, wußte er, daß er nur auf nicht-wissende Weise das Wissen selbst wußte; gegenüber dem Schein-Wissen der Politiker, Dichter und Handwerker war Sokrates somit wissend, weil sie vom Wissen gar nichts wußten und somit gar nicht wußten; gegenüber dem Wissen war Sokrates selbst zwar auch nicht-wissend, weil er

[1] Zur bio- und bibliographischen Information vgl. Meuthen; Senger 1987; Kandler 9–75. – Zum Platonismus im Mittelalter generell vgl. Beierwaltes (Hrsg.) (zu Cusanus vgl. 528: s. v. 'Cusanus'). Zu den jüngsten Arbeiten über den Platonismus bei Nikolaus von Kues gehört die Untersuchung von Hösle 1996.

von ihm aber wußte, ohne das Wissen selbst zu sein, auf nicht-wissende Weise wissend.

Cusanus bekundet in der *Apologia doctae ignorantiae* sein Befremden darüber, daß die Aristoteliker seiner Zeit nicht einmal Platons *Apologie* kannten; denn wenn sie mit ihr vertraut wären, könnten sie seiner eigenen Theorie der *docta ignorantia,* des wissenden Nicht-Wissens, zumindest Verständnis entgegenbringen und ihre Einwände als Phantastereien erkennen (*Apol. doct. ign.* h II, 31, 10–12). Damit ließ er zugleich manifest werden, worauf es ihm in seinem Denken ankam: Das absolute – aus jeder Verschränktheit losgelöste, illimitierte, nicht-wißbare, nicht-benennbare, unbegreifbare – Wissen sollte selbst dem Verstand in seinem determinierten komprehensiven Wissen zugänglich sein, sollte also gewußt werden können, freilich nur auf nicht-wissende Weise. Es gibt bei Cusanus eine Vielzahl von Aussagen, die in diese Richtung weisen, etwa: Das Unerfaßbare soll auf unerfaßbare Weise erfaßt werden (*De ven. sap.* XII n. 31 h XII, 31, 3–4 cum adn. 31), Aussagen, die nur dies zum Ausdruck bringen sollen: Das Wissen selbst, für Cusanus freilich nicht mehr das Daimonion des Sokrates, dieser Halb-Gott, der nur abratende Funktion besitzt, sondern der Gott als das absolute Wissen, als der absolute Begriff (*conceptus absolutus; De non-aliud* XX h XIII, 49, 20–21), dieses Wissen selbst kann nicht präzis gewußt werden, wohl aber approximativ, eben auf nicht-wissende Weise. Das ist „die Rückkehr des Sokrates", wie es K. Flasch (1987, 195) einmal treffend formuliert hat, damit aber auch – so könnte man ergänzen – die Rückkehr Platons, insofern gerade Platon in seiner *Apologie* Sokrates ein derartiges nicht-wissendes Wissen zugeschrieben hat, nicht aber Xenophon (vgl. Martens 134), der zudem die auch zuratende Funktion des Daimonions herausgestellt hat. Wie dem auch sei – für seine Theorie des wissenden Nicht-Wissens beruft sich Cusanus selbst auf Platons *Apologie* und darf deshalb als sokratisierender Platoniker verstanden werden.

2. Im Gesamtwerk des Cusanus ist eine Tendenz unübersehbar: Die *Aristotelica secta* (*Apol. doct. ign.* h II, 6, 7) ist ihm ein Dorn im Auge. Im Anschluß an Aristoteles ist es ihr 'gelungen', sogar eine geschwätzige Logik (*garrula logica; Apol. doct. ign.* h II, 21, 11) konstruiert zu haben. Aber selbst eine noch so brillant angewandte Logik ist dem, was der Mensch wissen kann und sollte, und der Methode, wie er es wissen kann, eher hinderlich. Mochte besonders im 13. und 14. Jahrhundert die Logik in geradezu rasanter Weise fortentwickelt worden sein,[2] für Cusanus war sie kein wesentlicher Teil der Philosophie, was bereits Albert der Große entsprechend formuliert hatte *(dialectica non est aliqua pars essentialis philoso-*

[2] Vgl. Kretzmann u. a. 1014–1015 (s. v. 'logic', 'logical ...', '*logica moderna*', '*logica nova*', '*logica vetus*', 'logicians'); Pinborg; de Libera 1996, 230–455.

phiae; Alb., *Metaph.* III tr. 3 c. 6; Ed. Colon. XVI/1, 145, 36). Die Logik ist nämlich dem Prinzip vom zu vermeidenden Widerspruch *(principium vitandae contradictionis)* verpflichtet. Dieses Prinzip ist für Cusanus jedoch unzureichend, für alle Wissensbereiche – auch und gerade für den Bereich, der auf nicht-wissende Weise gewußt wird – leitend zu sein. Mögen Aristoteles daher auch im Bereich der Logik – sowie Ethik – Einsichten von unverkennbarem Wert zuzubilligen sein, im Blick auf die *philosophia mentalis* ist er gescheitert (*De non-aliud* XIX h XIII, 47, 10–12). Indem der Geist nämlich sich selbst erforscht, erkundet er in sich selbst die koinzidentale Struktur seiner selbst, mit der er methodisch sich dem koinzidentalen Objekt seiner selbst zumindest approximativ zuzuwenden vermag, dem Objekt, das in eminentester Weise als translogisch-gegensatzlos zu begreifen ist, dem Objekt, dem gerade die *Platonici* – Proklos, besonders aber Dionysios Pseudo-Areopagites (*De non-aliud* XX h XIII, 47, 27–28) – den Namen *Eines schlechthin* verliehen. Dieses Eine ist in ausgezeichneter Weise allem Entgegengesetzten gegenüber vorgängig, überragt alles vielheitliche Nicht-Eine in seiner Überfülle, durch die es zugleich aber nach außen überströmt, um alles Nicht-Eine *werden zu lassen.* Dann aber kommen Cusanus Bedenken: Es kann gedacht werden, daß dem Einen das Nicht-Eine gegenübersteht und auf diese Weise das Eine nicht gegensatzlos ist. Mit den *Platonici* kommt er sich und den *Platonici* zu Hilfe: Das Eine neuplatonischer Provenienz ist nur dann gegensatzloses Eines, wenn es mit Dionysios als das supersubstantiale Eine, als das Eine vor dem Einen, angesehen wird (*De non-aliud* XV h XIII, 38, 25–39, 2). Cusanus selbst bevorzugt den Begriff des Nicht-Anderen *(non-aliud)* – dies im Anschluß an Meister Eckharts Terminus des Ununterschiedenen (*indistinctum*; vgl. Mojsisch 1983, 86–95). Kurz: Den zugleich skeptische und affirmativ-progressive Konnotationen implizierenden Gedanken des wissenden Nicht-Wissens leitet Cusanus von Sokrates/Platon her; seine Theorie der Koinzidenz der Entgegengesetzten – in welchen Schattierungen auch immer – führt er selbst auf Dionysios Pseudo-Areopagites zurück (vgl. Meier 324). Insofern ist die Rede vom Platoniker Cusanus nicht unangemessen. Gleichwohl ist zu konstatieren: Bei aller Wertschätzung, die Cusanus der Philosophie Platons entgegenbrachte – er kannte sie nur aus den Mitteilungen des Diogenes Laertios, wie er selbst zu erkennen gibt (*De ven. sap.* prol. n. 1 h XII, 3, 11–14; I n. 3 h XII, 6, 7–8, 16–18). Proklos – besonders dessen *Parmenides*-Kommentar,[3] aber auch die *Elementatio theologica* – und Dionysios Pseudo-Areopagites waren jedoch die Autoritäten, deren Werke er – freilich nicht komplett – direkt studierte, wenn auch nur in lateinischen Übersetzungen, wobei er Dionysios für einen Vorläufer des Proklos hielt (*De non-aliud* XX h XIII, 47, 23–24) – fälschlicher-

[3] Vgl. Klibansky 1939, 304–312.

weise. Wer sich im 15. Jahrhundert wirklich die Mühe gemacht hat, u. a. die Werke Platons, Plotins und Dionysios' selbst zu übersetzen, mehr oder weniger ausführlich zu kommentieren und im Anschluß an sie eigene Schriften zu verfassen, war Marsilio Ficino,[4] dem es freilich gleichwohl nicht gelang, seine *philosophia mentalis* so progressiv zu gestalten, wie das bei Cusanus der Fall war (vgl. Mojsisch 1995).

3. Im Denken des Cusanus begegnen viele platonisch-neuplatonische Theoreme, und in vergleichenden Gegenüberstellungen von *Platonici* und *Peripatetici* sind es fast immer die *Platonici,* deren Theorien den Zuschlag erhalten (vgl. bes. Cusanus' sprachphilosophische Betrachtungen in: *De mente* II n. 64–66 h V, 98, 1–103, 20). Was Cusanus aber gerade an der Richtung der *Platonici* im einzelnen zu schätzen wußte, erhellt ein Strukturvergleich zwischen dem Denken des Platonikers des Mittelalters par excellence, Bertholds von Moosburg, und dem des Cusanus.[5] Cusanus kannte ohne jeden Zweifel Bertholds Opus *Expositio super Elementationem theologicam Procli,* hat sich mit diesem voluminösen Werk jedoch nicht en detail auseinandergesetzt. Es ist müßig, darüber zu spekulieren, warum Cusanus eine derartige Auseinandersetzung für nicht erforderlich hielt. Eines ist jedoch gewiß: Auch Berthold war für Cusanus nur einer, der schrieb, ohne im Besitz des Berylls zu sein (vgl. dazu Cusanus' generelle Bemerkung: *Hi omnes et quotquot vidi scribentes caruerunt beryllo; De beryllo* n. 32 h XI/1, 35, 1), eines Berylls, der allein es sollte gewährleisten können, daß das translogisch-koinzidentale Wissen sich zu seinem translogisch-koinzidentalen Gegenstand zu erheben vermag, weil Wissensmethode und gewußter Gegenstand in ihrer strukturellen Konformität einander nicht ausschließen. Bei aller Anerkennung philosophischer oder theologischer Autoritäten – Cusanus hat seine eigene *philosophia mentalis* nie unter den Scheffel gestellt, hielt es vielmehr gelegentlich für erforderlich, sogar darauf hinzuweisen, daß es allein ihm gelungen sei, das, was alle suchten, auch gefunden zu haben, obwohl alle das Gesuchte auch hätten selbst finden können, weil nichts so leicht auffindbar sei wie das Gesuchte, zeige es sich doch überall, sogar in den Gassen (*Idiota de sap.* n. 3 h V, 6, 1; *De apice theor.* n. 5 h XII, 120, 11–12). Bisweilen formuliert Cusanus höflicher, daß alle das Gesuchte gefunden, stets aber mit anderen Namen benannt hätten (*De apice theor.* n. 14–15 h XII, 126, 4–129, 20), um dann zu ergänzen: Er selbst sei auch immer auf der Suche gewesen, doch nie habe sich ihm das Gesuchte so gezeigt wie im Namen *Können-selbst (posse ipsum)*; allein dieser Name sei der Name alles Nennbaren, sei der einzig gültige Name für das Unbenennbare (*De*

[4] Vgl. Garfagnini (mit ausführlichem Literaturverzeichnis); Leinkauf.

[5] Vgl. die Einleitung zu Berthold von Moosburg von Flasch XXXV–XXXVIII. – Zur Philosophie Bertholds selbst vgl. de Libera 1984, 317–423; Sturlese 1986; Riccati.

apice theor. n. 5 h XII, 120, 1–6). Diesen Namen hat vor Cusanus in der Tat niemand gefunden, weder Platon noch die Neuplatoniker der Spätantike oder des Mittelalters. Selbst der trefflichste Name für das Gesuchte besitzt nach Cusanus jedoch nur Symbolcharakter oder änigmatische Funktion (vgl. Mojsisch 1997), da das Gesuchte, das absolute Prinzip, in sich selbst noch vor allen Namen allein es selbst ist – insofern holte der Neuplatonismus Cusanus' Denken wieder ein.

In *De docta ignorantia* finden sich mehrere Namen für das absolute Prinzip, darunter auch der der Einheit, ein Name, den Cusanus stets in besonderer Weise geschätzt hat, weil er letztlich auf Platons Dialog *Parmenides* zurückging, mit dem Cusanus über Proklos vertraut war (vgl. Anm. 3). Auch die Komplettierung der *unitas* durch die *entitas (unitas, quae est et entitas; De doct. ign.* I 2 h I, 7, 6) verrät neuplatonisches Denken, da Cusanus mit dieser Wendung auf die Chartrenser zurückgreift.[6]

Das absolute Prinzip ist für Cusanus jedoch eine ausgezeichnete Einheit, da diese Einheit nichts anderes meint als Koinzidenz von *maximum* und *minimum* – so Cusanus' neue Einsicht. Weil dem Größten *(maximum)* nichts entgegensteht, durchzieht es alle durch ein Mehr oder ein Weniger determinierten und dadurch verschränkten Seienden, dies bis hin zum Kleinsten *(minimum)*, dem möglichen Sein *(possibile esse)*, das mit dem Größten, eben weil diesem nichts entgegensteht, koinzidiert (*De doct. ign.* I 2 h I, 7, 4–12).

In der Theorie des Größten, mit dem das Kleinste koinzidiert, verbirgt sich aber noch ein Element, das an Platon, die Neuplatoniker und das am Neuplatonismus orientierte Denken des Mittelalters erinnert: Das Größte als solches ist kein Sein (*esse*); es kann zwar zum Sein verschränkt werden, im Größten ist das Sein aber nichts anderes als das Größte (*De doct. ign.* I 6 h I, 14, 1–6; in Zeile 2 ist das „non esse" durch „esse" zu ersetzen). Bei Platon etwa ist entsprechend von der selbst das wesentliche Sein transzendierenden Idee des Guten die Rede (Plat., *Pol.* VI, 509 b 9); im *Liber de causis* findet sich die Sentenz: *Causatum ergo in causa est per modum causae* ... (das Verursachte ist demnach in der Ursache auf die Weise der Ursache; *L. de causis*, prop. XI [XII]; Pattin 162). Für das platonisch-neuplatonische Denken der Antike und des Mittelalters ist nicht die Reflexion auf das Sein vorrangig, sondern auf etwas das Sein noch Transzendierendes. So ist die Frage, ob das Größte, mit dem das Kleinste koinzidiert, auch *ist*, um überhaupt Größtes/Kleinstes zu *sein,* für Cusanus nur von sekundärer Bedeutung.

Die platonisch-neuplatonische Theorie der Weltseele *(anima mundi)*[7]

[6] Vgl. Flasch 1973, 241 (Hinweis auf Thierry von Chartres).

[7] Vgl. Gregory 1955; Speer.

wird von Cusanus allerdings strikt abgelehnt; hier irrten die *Platonici,* denn zwischen dem Absoluten und dem Kontrakten gibt es nichts Mittleres (*De doct. ign.* II 9 h I, 89, 26–96, 11), keine Weltseele, aber auch keine von den Neuplatonikern angenommene Vielheit von dem impartizipablen Erst-Gott nachgeordneten partizipierbaren Göttern (*De principio*; Philos.-theolog. Schriften II, 262).

Zentral für *De coniecturis* ist die Übernahme des neuplatonischen Quaternars von Einheiten, die der Geist selbst *(mens ipsa)* in sich umfaßt und mit den Namen 'Gott', 'Intelligenz', 'Seele' und 'Körper' benennt (*De coni.* I 4 n. 12–16 h III, 18, 3–21, 9); die göttliche mentale Einheit ist für Cusanus reine Negation aller Entgegengesetzten, die intellektuale mentale Einheit die Einheit von Negation und Affirmation, die rationale (seelische) Einheit die Einheit von Affirmation oder Negation, die körperliche Einheit reine Affirmation (*De coni.* I 8 n. 33 h III, 38, 1–39, 8); mit den neuplatonischen Termini 'Teilhabe' (*De coni.* I 11 n. 54–60 h III, 55, 3–61, 6) und 'Andersheit' (*De coni.* I 9 n. 37–43 h III, 42, 3–47, 5) beschreibt Cusanus die Dependenz alles der göttlichen mentalen Einheit Nachgeordneten, um schließlich noch anzuzeigen, daß der *descensus* innerhalb des Quaternars mit dem *ascensus* identisch ist (*De coni.* I 8 n. 36 h III, 41, 1–42, 12). Trotz des unverkennbar massiven neuplatonischen Einflusses war Cusanus wegen seiner Theorie der *mens ipsa,* seiner neuartigen Koinzidenztheorie und überhaupt der grundlegenden Fassung des translogischen Bereichs der intellektualen sowie der göttlichen mentalen Einheit so sehr bei sich selbst und über sich hinaus – er wollte über *Mutmaßungen* schreiben, schrieb aber über das Nicht-Wißbare nicht auf nicht-wißbare, sondern auf wißbare Weise[8] –, daß er gerade diese Theorie in seiner Schrift *De aequalitate* implizit widerrufen haben dürfte (*De aequal.*; Philos.-theol. Schriften III, 416).

Schon im *Idiota de mente* vertritt er eine gegenüber *De coniecturis* deutlich abgeschwächte Theorie: Während in *De coniecturis* Gott, Intelligenz, Seele und Körper die den Geist selbst differenzierenden und von ihm umfaßten Einheiten waren, werden im *Idiota de mente,* einer Schrift, in der Cusanus primär einen Laien über den Geist handeln läßt, eben dem Geist folgende Kräfte zuerkannt: *virtus intelligendi* (Erkenntniskraft), *virtus ratiocinandi* (Kraft des diskursiven Verstehens), *virtus imaginandi* (Vorstellungskraft) und *virtus sentiendi* (Wahrnehmungskraft) (*De mente* XI n. 140 h V, 193, 2–4). Dies sind die dem Geist jetzt immanenten Kräfte, nicht mehr ist der Geist selbst so allumfassend, daß eine seiner mentalen Einheiten die göttliche mentale Einheit wäre. Die progressive Theorie der *mens ipsa* spielte keine Rolle mehr, was später unverhohlen so kommentiert wurde:

[8] Vgl. Mojsisch 1982; 1985; 1991; 1995. – Vgl. dagegen die folgenden mißglückten Interpretationsversuche: J. Koch 1956; Senger 1979; Borsche 1992; 1995.

Mit dem Purpur des Kardinals sei ihm das Maul gestopft worden (vgl. Meier-Oeser 93, Anm. 260). Cusanus, der so den freien Lauf seiner Gedanken bremste, näherte sich damit aber wieder dem Neuplatonismus: Das Eine ist keine der *mens ipsa* immanente Einheit, sondern ist in sich autarkes Prinzip und zugleich absolutes Urbild für sein geistiges Abbild.

Den Gedanken, daß selbst das Eine transzendierbar ist, dachte Cusanus in *De non-aliud* (vgl. Dupré). Denn das Eine steht dem Nicht-Einen gegenüber, ist somit nicht schlechthin ohne Gegensatz (*De non-aliud* IV h XIII, 10, 11). Das war eine offene Kritik am Neuplatonismus mit seiner Favorisierung des Einen, an Aristoteles und den Transzendentalientheoretikern des Mittelalters – was für das Eine gilt, trifft auch auf das Seiende, Wahre oder Gute zu: Seiendes steht Nicht-Seiendem, Wahres Nicht-Wahrem und Gutes Nicht-Gutem gegenüber, so daß Seiendes, Wahres und Gutes nicht ohne Gegensatz sind (*De non-aliud* IV h XIII, 10, 14–18); darüber hinaus kritisierte Cusanus sogar sich selbst, war doch der Begriff des Einen etwa in *De docta ignorantia* für ihn leitend. Gegensatzlos ist allein das Nicht-Andere, denn seine Definition lautet: Das Nicht-Andere ist nichts anderes als das Nicht-Andere (*De non-aliud* I h XIII, 4, 29–30). In dieser Definition sah Cusanus das von ihm seit je Gesuchte als am trefflichsten erkundet an: Das Nicht-Andere ist transzendent, weil es nichts anderes ist als es selbst; das Nicht-Andere ist zugleich allem Anderen aber immanent, weil auch das Andere *nichts anderes* ist als das Andere; wäre das Andere aber *nicht* nichts anderes als das Andere, wäre es nicht nur nicht das Andere, es wäre vielmehr gar nichts, es wäre gar nicht (*De ven. sap.* XIV n. 40 h XII, 40, 19). Daß die Theorie des sich trotz seiner Transzendenz in die Andersheit vermittelnden Einen (oder supersubstantialen Einen) des Neuplatonismus sowie Meister Eckharts subtile Theorie des Ununterschiedenen Cusanus bewußte Voraussetzungen für seine eigene Theorie des Nicht-Anderen darstellten, darf als historisch gesichert gelten; besonders erfreut haben dürfte ihn jedoch seine eigene Entdekkung: Das Nicht-Andere impliziert eine *sich selbst definierende Definition,* indem das Subjekt der Definition die Kopula ist, die Kopula das Prädikat, das Prädikat somit das Subjekt; das hätten die definitionsgläubigen Aristoteliker seiner Zeit nicht einmal zu träumen gewagt: Das Absolute ist definierbar, aber nicht passiv, sondern aktiv, nämlich durch eine sich selbst definierende Definition. Fast nur ein Randprodukt: Das Nicht-Andere in seiner sich selbst definierenden Definition bringt unmittelbar zum Ausdruck, was der Name 'Gott' von sich her gar nicht erkennen läßt, nämlich die trinitarische Strukturiertheit des absoluten Prinzips, seine dreiheitliche Einheit oder einheitliche Dreiheit. Cusanus' Vorliebe für den Neuplatonismus und seine Aversion gegen die Einfalt der *Aristotelica secta* besonders seiner Zeit veranlaßten den Theologen Cusanus, eine philosophische Begrifflichkeit zu ermitteln, die mit seinem geistphilosophisch-theologischen Anliegen, das Absolute möglichst adäquat zur Sprache zu bringen, korrespondierte; die von ihm aber immer wieder gefundenen Begriffe waren durchweg philosophischer Natur. Das sollte denen zu denken geben, die noch heute geradezu stereotyp vorbringen: „Aber er war doch Theologe." Er war in der Tat ein Theologe, aber in neuplatonischem Sinne: Wie den Neuplatonikern daran gelegen war, eine Theorie des Einen argumentativ zu entwickeln, so auch Cusanus, der darüber hinaus aber für dieses Eine immer neue Namen erfand und sie auch zu rechtfertigen versuchte – argumentativ. Daß auch 'Gott' oder 'Herr' solche Namen waren, daran besteht überhaupt kein Zweifel; Cusanus' Suche aber richtete sich auf philosophisch ermittelbare und philosophisch explizierbare Namen – das war das Erbe besonders des Neuplatonismus.

Endgültig sein Ziel erreicht zu haben glaubte Cusanus, als er auf den Namen 'Können-selbst' (*posse ipsum*) gestoßen war (*De apice theor.* n. 5 h XII, 120, 1–4) (vgl. Santinello): Dieser Name des unnennbaren absoluten Prinzips zeigte zwar noch an, in welcher Weise auch er sich der neuplatonischen Denkrichtung verdankte, da im Können-selbst noch einmal die Seinslosigkeit seiner – wie im Größten/Kleinsten – zum Ausdruck kam, aber schon der Begriff 'Können-selbst' war dem Neuplatonismus fremd, ferner die gesamte Argumentation des Cusanus. Bis Cusanus war das Mögliche immer etwas Defizitäres, das Wirklichkeit voraussetzte. Cusanus beendete diesen Traum, indem er nachwies, wie alles, was sein kann, nur durch das Können-selbst sein kann, besser: wie alles, was kann, nur durch das Können-selbst kann, durch das Können-selbst als das Können alles Könnens.

Freilich – und insofern ist selbst Cusanus' progressivste Theorie noch zu kritisieren – hat er zumindest einen Gedanken nicht mehr zu denken versucht: Selbst das Können-selbst muß möglich sein; in dem Gedanken der Möglichkeit selbst der reinen Möglichkeit (des Könnens-selbst) ist aber der unendliche Regreß notwendig gesetzt, den die Möglichkeit selbst jedoch aufzufangen vermag, weil dieser Regreß nichts anderes ist als sie selbst: Möglichkeit. Daß die Möglichkeit aber identisch ist mit dem unendlichen Regreß – das war ein Ungedanke für den Platoniker Cusanus.

Edward P. Mahoney

MARSILIO FICINO UND DER PLATONISMUS DER RENAISSANCE*

Marsilio Ficino (1433–1499) war zweifellos einer der interessantesten und gebildetsten Männer der italienischen Renaissance. Obwohl andere vor ihm einen oder sogar mehrere der Dialoge Platons übersetzt hatten, veröffentlichte Ficino Übersetzungen von allen bekannten Dialogen aus dem Griechischen ins Lateinische.[1] Hiermit hätte er bereits einen Platz in der Geschichte der Gelehrsamkeit und in der Geschichte der abendländischen Philosophie verdient. Er hat jedoch noch viel mehr erreicht: Erstens lieferte er Kommentare unterschiedlichen Umfangs zu den Dialogen.[2] Zweitens versuchte er, einen Überblick über die Dialoge zu geben, der eine bestimmte Ordnung der Dialoge ermöglichte. Das heißt, daß die scheinbaren Unstimmigkeiten unter den Dialogen durch Ficinos Unterscheidung von bestimmten Schlüsselbegriffen überwunden werden sollten (Hankins I, 328–355). Drittens übersetzte er Werke von Plotin und Pseudo-Dionysios, zwei der führenden Denker des Neuplatonismus.[3]

In der neueren Forschung über Ficino scheint heruntergespielt zu werden, daß er platonischer Philosoph sein wollte. Ich möchte herausstellen, daß es ein Fehler ist, Ficino primär oder hauptsächlich als Ausleger von Platon und der platonischen Tradition darzustellen. Er kannte viele Quellen aus der platonischen Tradition – die sehr neuplatonisch war – von der späten Antike über das Mittelalter bis zum eigenen Zeitalter. Er war sich dieser Überlieferungsgeschichte wohl bewußt und versuchte, sich selbst in sie einzufügen.[4] Trotzdem intendierte er, Platon und andere, die er für Platoniker hielt – z. B. Plotin und Pseudo-Dionysios –, nicht einfach nur zu übersetzen. Meines

* Aus dem Amerikanischen übersetzt von Miriam Strube und Dr. Orrin F. Summerell (Bochum).

[1] Die klassische Studie über Ficinos Leben und Denken stammt von Kristeller 1972; sie ist zuerst (1943) in englischer, später (1988) in italienischer Sprache erschienen. Zu Ficinos Platon-Übersetzung s. Kristeller 1993, 135–146. Eine systematische Zusammenfassung der Lehre Ficinos als einer Betrachtung des Platonismus bietet Leinkauf.

[2] Als maßgebliche Studie gilt Hankins. Für einen Überblick über den Renaissance-Platonismus s. Kristeller 1974, 50–69.

[3] Zu den Ausgaben dieser Kommentare vgl. Kristeller 1937, LXVI, LXVIII.

[4] Vgl. Kristeller 1972, 12–17. Zu Ficinos Philosophie der Schönheit und ihrer Einbindung in die platonische und neuplatonische Tradition s. Beierwaltes 1980b.

Erachtens besteht das Hauptwerk Ficinos nicht aus seinen Übersetzungen oder Kommentaren, sondern aus seiner *Theologia Platonica*.[5] Ich werde also zuerst versuchen, Ficino in den Zusammenhang der verschiedenen Platon-Übersetzungen der Renaissance zu stellen. Danach werde ich etwas über seine Anordnung der Dialoge sagen. In der Hauptsache geht es mir aber darum, Ficinos Position und Gedankengang hinsichtlich dreier Themen darzulegen, die für Platon und die platonische Tradition von zentraler Bedeutung sind und die einfach für sich interessieren. Diese sind: erstens die metaphysische Hierarchie und der Gebrauch räumlicher Sprache, zweitens die Theorie der angeborenen Ideen, drittens die moralische Basis des politischen Lebens. Mit Gewißheit betrachtet sich Ficino als platonischen Philosophen – das müssen wir anerkennen. Trotzdem müssen wir auch sehen, daß er manchmal über die Texte Platons und der platonischen Tradition hinausgeht und Gedankengut aus der mittelalterlichen Tradition übernimmt.[6]

Ficino als Ausleger Platons

Seit der Wende zum 15. Jahrhundert und im Laufe des ganzen Jahrhunderts gab es eine Fülle von Übersetzungen der Werke Platons. Neben Ficino hatten auch andere die Dialoge Platons übersetzt. Diese Übersetzungen hat J. Hankins in seiner gelehrten Studie *Plato in the Italian Renaissance* untersucht. L. Bruni übersetzte den *Phaidon*, aber seine Übersetzung vermittelte den philosophischen Inhalt des Dialoges nicht sehr deutlich (Hankins I, 47). Außerdem übersetzte er die *Apologia*, zweimal den *Kriton*, den *Gorgias*, die *Briefe*, einen Teil des *Phaidros* und eine stark verbesserte Version der Rede des Alkibiades aus dem *Symposion* (ebd. 51, 53, 67, 74, 80). Rinuccio Aretino übersetzte den *Kriton* und den *Euthyphron*. Francesco Filelfo übersetzte den *Euthyphron* und drei der *Briefe* (ebd. 85–87, 89). Uberto Decembrio und Manuel Chrysoloras sind verantwortlich für eine nicht ganz gelungene Übersetzung der *Politeia*. Diese wurde von Uberto in seinen eigenen Dialogen *De republica libri IV* verwendet, um die strenge Herrschaft der Visconti in Mailand zu rechtfertigen. Uberto war wirklich kein überzeugter Platoniker; er verstand weder die metaphysische Lehre noch die Erkenntnistheorie Platons (ebd. 106–117). Sein Sohn, Pier Candido Decembrio, verfaßte eine etwas wörtlichere Übersetzung der *Poli-*

[5] Hankins I, 318–319, Anm. 142 verdeutlicht die enge Verbindung zwischen der *Theologia Platonica* und den Kommentaren zu Platons Werken und räumt, wie es scheint, der *Theologia* den Vorrang ein.

[6] Zum thomistischen Hintergrund von Ficinos Denken s. Kristeller 1994 sowie Collins.

teia, die er mit Glossen und Zusammenfassungen versah. In diesen versuchte er, die angebliche Unordnung in Platons Denken und seine scheinbar unmoralische Lehre zu verteidigen (ebd. 117–136). Manchmal übersetzt er falsch oder unterschlägt sogar Textstellen, um Platon vor dem Vorwurf der Frauengemeinschaft, der Abtreibung und des Kindermordes zu schützen (ebd. 136 f.). Anzumerken ist, daß hier die Form des Guten mit Gott identifiziert wird und daß Platons Erkenntnistheorie auf der Basis von Augustins Illuminationstheorie verstanden wird (ebd. 136).

Während der Renaissance wurde jedoch Platon heftig kritisiert. Einer der bekanntesten Kritiker ist Georg von Trapezunt, dessen Verhalten von Arroganz, Streitsucht und Fehden geprägt ist. Er verfaßte ein Buch (*Comparatio philosophorum Platonis et Aristotelis*), in dem er Platon und Aristoteles miteinander vergleicht und Platon aus verschiedenen Richtungen angreift. Auf Bitten von Papst Nikolaus V. übersetzte er die *Gesetze* und im Auftrag von Kardinal Nikolaus von Kues den *Parmenides*. Georgs Übersetzung des *Parmenides* wurde sowohl von Cusanus als auch von Kardinal Bessarion und Ficino studiert (ebd. 165–186). In seiner *Comparatio* kritisiert Georg Platons Stil nicht nur als langweilig und geschwätzig, sondern er wirft ihm auch das Fehlen von Beweisen und logischer Ordnung vor. Platons Polytheismus und sein Glaube an die Verwandlung der Seelen in wilde Tiere seien der christlichen Lehre unversöhnlich entgegengesetzt. Was die *Politeia* betrifft, attackiert Georg Platon wegen seiner Befürwortung von sexueller Immoralität in bezug auf Knabenliebe, Frauengemeinschaft und das gemeinsame Trainieren von nackten Männern und Frauen. Außerdem habe Platon in den *Gesetzen* Trunkenheit befürwortet.[7]

Platon wurde vor den vehementen Kritiken, die Georg in der *Comparatio* äußert, von Bessarion in seinem *In calumniatorem Platonis* in Schutz genommen.[8] Es fällt Bessarion jedoch schwer, die Frauengemeinschaft innerhalb der Wächterklasse in der *Politeia* zu verteidigen. Er erklärt, daß eine solche Vereinbarung, wie Platon sie sich vorstellt, nur in einer politischen Gemeinschaft von höchster Tugend Platz habe, wo ein Philosophen-König regiere, der wissenschaftliche Erkenntnis und vollkommene Tugend besitze. Platon habe in den *Gesetzen* die Verfassung für den zweitbesten Staat geschrieben (ebd. 227 f.). Bessarion will außerdem zeigen, daß andere platonische Lehren, z. B. die Präexistenz der Seele und der Polytheismus, zurückzuweisen seien. Trotzdem betrachtet er Platons Ansichten gewissermaßen als Widerspiegelungen der Wahrheit des christlichen Glaubens und als ein Mittel, den Menschen zur christlichen Religion zu führen (ebd.

[7] Hankins I, 238–241. Vgl. auch Georg von Trapezunt. Von besonderem Wert ist die grundlegende Arbeit von Monfasani.

[8] Hankins I, 193, 209–210, 217. S. auch Kardinal Bessarion.

235f.). Bessarion verwendet tatsächlich neuplatonische Quellen, um die fundamentale Übereinstimmung von Platon und Aristoteles zu bestätigen und außerdem eine platonische Theologie zu entwerfen, die das Egressio-Regressio-Motiv (πρόοδος und ἐπιστροφή) aufnimmt, das bei Plotin und Proklos vorkommt (ebd. 245–249). Er verteidigt Platon bezüglich der Knabenliebe, indem er die göttliche Liebe hervorhebt, die bescheiden, heilig und keusch sei und die von Pseudo-Dionysios und anderen gepriesen worden sei. Außerdem zeigt er auf, daß Georg den *Phaidros* und das *Symposion* falsch zitiert und interpretiert habe (ebd. 258–261).

In seiner Jugend studierte Ficino den scholastischen Aristotelismus, wendete sich aber gegen ihn. Er fürchtete vor allem die üblen Konsequenzen der averroistischen Lehre von der Einheit des Intellekts. Der religiöse Glaube werde dadurch geschwächt (ebd. 267–274). Er zog bei weitem den Platonismus – eigentlich den Neuplatonismus – als Hilfsmittel für das Christentum vor (ebd. 286f.). Er begann mit der ernsthaften Übersetzung Platons 1464 und hatte bis 1466 dreiundzwanzig Dialoge übersetzt. Während 1469–1474 verfaßte er die *Theologia Platonica* und kehrte dann zu den Übersetzungen von Platon zurück. Diese erschienen 1484 (ebd. 300–304). Man sollte anmerken, daß Ficino frühere Übersetzungen z.B. von Bruni, Uberto Decembrio, Bessarion, Georg von Trapezunt sowie Calcidius und Moerbeke verwendet hat. Er machte auch Gebrauch von Bessarions *In calumniatorem Platonis*, einem Werk, das er sehr schätzte (ebd. 310f.).

Ficino, metaphysische Hierarchie und räumliche Sprache

Der Begriff und das Bild der „*Great Chain of Being*" – um auf den Titel von A. Lovejoys Buch zu verweisen – haben in letzter Zeit viele Forscher und Philosophen fasziniert. Einer der interessantesten Aspekte von Ficinos Metaphysik besteht darin, daß er gleichzeitig zwei ziemlich verschiedene metaphysische Hierarchien aufrechterhielt. Diese Tatsache wurde z.B. von P.O. Kristeller in seiner Monographie *Die Philosophie des Marsilio Ficino* (wie auch von anderen) unterstrichen, die zuerst 1943 in Englisch, danach 1953 in Italienisch und schließlich 1973 in der ursprünglichen deutschen Fassung erschien.[9]

Zentral für Ficinos Metaphysik und seinen Begriff der Seele ist die Fünf-Stufen-Hierarchie des Seins, die er von Plotin übernimmt. Ficino arbeitet

[9] Vgl. Kristeller 1943; 1988. Die überarbeitete italienische Ausgabe ist die hilfreichste, da sie Texte von Ficinos lateinischen Schriften zur Verfügung stellt, einen Index der Namen bietet, die in den *Opera* erscheinen, und eine Bibliographie enthält, die auf den neuesten Stand gebracht worden ist.

ein Schema aus, dem gemäß es fünf verschiedene Stufen gibt, nämlich Gott (*deus*), den engelhaften Geist (*mens*), die rationale Seele (*anima*), die Qualität (*qualitas*) und die Materie (*materia*). Das ist eine von Ficino vorgenommene Weiterentwicklung der drei Hypostasen Plotins, nämlich des Einen, des Nous und der Seele, zu denen Kristeller den Sinn, die Natur und den Körper hinzufügt. Ficino hat die Qualität, die als Seinsstufe bei Plotin nicht vorzukommen scheint, als eine eigene Stufe eingeführt und die Materie zum Niedrigsten heruntergestuft. Er setzt also die Seele mit Absicht ins Zentrum der Hierarchie. Damit schafft er sich die Basis, für die Unsterblichkeit der Seele argumentieren zu können (Kristeller 1972, 55–72). Wie Kristeller jedoch gezeigt hat, ist dieses System der metaphysischen Hierarchie eigentlich einem anderen hierarchischen Schema untergeordnet, das als „mittelalterlich" bezeichnet werden kann. Es hat seine Wurzeln in Proklos und Pseudo-Dionysios. Nicht die weiten Bereiche der Wirklichkeit, sondern die natürlichen Arten der Dinge sind nach Ficino die wahren Elemente der metaphysischen Hierarchie (ebd. 56–57).

Meines Erachtens ist hier zu betonen, daß im Hinblick auf dieses zweite Schema Ficino an einem fortlaufenden Dialog zwischen Philosophen vom 13. Jahrhundert bis zum Ende des 16. Jahrhunderts teilnahm. Dieses Schema der metaphysischen Hierarchie kommt auch im *Liber de causis* vor. Es wurde von Albert dem Großen übernommen und dann von seinem Schüler Thomas von Aquin schon in seinen frühesten Schriften mit großer Genauigkeit ausgearbeitet. Siger von Brabant, Heinrich von Gent und Aegidius von Rom haben ebenfalls dieses Schema übernommen.[10]

Gemäß diesem zweiten metaphysischen Schema, das Ficino akzeptiert, dienen Gott und die Materie oder das Nichtseiende als die zwei Pole, die die „Maßstäbe" der „goldenen Kette des Seins" bzw. für alles in der Hierarchie sind. Alles, was sich Gott „nähert", hat einen höheren „Grad" (*gradus*) in der Hierarchie des Seins, wohingegen alles, was sich von Gott „entfernt" und der Materie oder dem Nicht-Sein – dem anderen Maßstab – „annähert", einen niedrigeren Grad hat. Es gibt jedoch einige ernsthafte Probleme mit diesem Schema, die schon die Kritiker des 14. Jahrhunderts bemerkt hatten und mit denen, wie wir sehen werden, Ficino vertraut war. Der Haupteinwand war, daß Gott eigentlich gleich entfernt von allen Geschöpfen ist und somit auch nicht als Maßstab dienen kann, wenn er „unendlich entfernt" von dem höchsten Geschöpf in der Hierarchie des Seins, d. h. dem vollkommensten Engel, ist, genau wie er unendlich entfernt von dem niedrigsten Geschöpf – sagen wir: vom Schlamm – ist. Die vorgeschlagene Lösung lag darin, daß allein die Materie oder das Nicht-Sein als Maßstab dienen sollte. Dieser befindet sich immer in einer endlichen Entfernung von den Ge-

[10] Für eine detaillierte Darstellung s. Mahoney 1982b.

schöpfen, die in der Skala des Seins über ihm sind (s. Mahoney 1982b, 185–186, 238–239).

Obwohl Ficino Gott als unendlich versteht, behauptet er in seinem Kommentar zum *Philebos*, daß es nur eine endliche Anzahl der Arten, d. h. der „Grade" (*gradus*), in der Skala bzw. Hierarchie des Seins geben könne. Ficino sagt sogar ausdrücklich, daß das erste Wesen, also Gott, das eins, wahr und gut sei, nicht unendlich entfernt von den erschaffenen Arten sein könne, weil dann keine von ihnen näher zu ihm als irgendeine andere wäre. Ficino beruft sich auf Platons *Gesetze*, wenn er erklärt, wie Gott das „Maß" aller Dinge sei. Das Problem wird noch deutlicher in der *Theologia Platonica*. Gültig ist Ficinos Axiom, daß das Erste in jedem Genus die Ursache von allem in diesem Genus sei (*primum in aliquo genere*). Ficino behandelt die Skala des Seins als ein solches Genus und nimmt zweifellos an, daß es einen Abschluß auf der höchsten Stufe der Abfolge geben muß, wenn es Grade in der Hierarchie geben sollte. Dennoch besteht Ficino auch darauf, daß Gott an Macht unendlich sei. Es fällt auf, daß er heftig wird und diejenigen attackiert, die leugnen würden, daß die Dinge durch ihre Annäherung (*accessus*) an Gott gemessen werden könnten; solche Leute bezeichnet er als „gewisse Barbaren" (*quidam barbari*). Seine Angriffe zielen mit Sicherheit auch auf Paulus Venetus. Trotz der scheinbaren Antinomie in seinem eigenen Denken insistiert Ficino darauf, daß Gott als das „erste Maß" (*prima mensura*) der metaphysischen Hierarchie diene. Ebenfalls behauptet der angeblich radikale Philosoph der Renaissance, Pietro Pomponazzi, daß Gott als ein solcher Maßstab für die Hierarchie des Seins diene. Dasselbe behauptet Agostino Nifo. Dieser Begriff der Hierarchie vereinigt die Platoniker und die Aristoteliker der Renaissance, die sonst in vielen Hinsichten differieren (ebd. 188, 191–192, 197–199).

Ficino und die Theorie der angeborenen Ideen

In seiner *Theologia Platonica* gibt es Textpassagen, in denen Ficino einer Theorie der angeborenen Ideen zustimmt. Wir werden einige dieser Textpassagen untersuchen, um die philosophischen Probleme hervorzuheben, die aus dieser Theorie entstehen. Außerdem werden wir andere Werke Ficinos berücksichtigen, in denen er eine Psychologie des angeborenen Wissens vertritt. Dies ist für mein Anliegen besonders wichtig, weil Ficino die angeborenen Ideen in einigen seiner Kommentare zu Platon behandelt.[11] Hier sollten wir uns daran erinnern, daß Ficino nicht der erste Philosoph des Mittelalters oder der Renaissance war, der eine Theorie der angeborenen Ideen

[11] Siehe Allen 1981, 102, 154, 174; 1984, 109, 159.

übernommen hatte. Man denkt natürlich an Boethius, aber auch an Jakob von Viterbo.[12] An einen weiteren antiken Aristoteles-Kommentator, der einen großen Einfluß während der Renaissance ausübte, sollte erinnert werden. Ich denke hier an Simplikios, dem ein Kommentar zu *De anima* traditionell zugeschrieben wird und der sich der Theorie der angeborenen Ideen deutlich verpflichtet weiß.[13]

Vor allem im 10. und 11. Buch der *Theologia Platonica* behandelt Ficino diese Theorie, indem er sich mit den von ihm so genannten Epikureern auseinandersetzt. Es gibt jedoch auch wichtige Textpassagen in den anderen Büchern der *Theologia Platonica*. Als erstes ist zu bemerken, daß Ficino ein Anhänger der „aktiven Theorie der Wahrnehmung" war, die er korrekt Plotin und Augustin zuschreibt. Wenn die verkörperte Seele etwas wahrnimmt, erleidet (*pati*) sie nach Ficino nichts Körperliches, sondern sie verfolgt aufmerksam das, was der Körper erleidet (*passio*). Die Wahrnehmung ist das Bewußtsein von diesem aufmerksamen Verfolgen oder das Urteil der Seele über das, was der Körper erleidet, ein Urteil, von der Seele selbst angeregt.[14] Ficino unterscheidet im Anschluß an die *Platonici* vier Stufen des Erkennens: die Wahrnehmung (*sensus*), die Einbildung (*imaginatio*), die Vorstellung (*phantasia*) und die Intelligenz (*intelligentia*) bzw. den Geist (*mens*). Die Vorstellung übertrifft die Einbildung, indem sie das Bild eines einzelnen Menschen von dem eines anderen unterscheiden kann. Auf ähnliche Weise ist der menschliche Intellekt imstande, nicht nur die gemeinsame Natur (*communis natura*) der vielen Einzelnen und die völlig unkörperlichen *rationes* zu erkennen, sondern auch das Einzelne selbst.[15] Außerdem sind Wahrheit (*veritas*) und Wissen (*scientia*) allein in der Vernunft und nicht in den Sinnen zu finden.[16] Ficino behauptet, daß der menschliche Intellekt etwas, z.B. den Menschen, nur erkennen werde, wenn er eine universale Form (*forma universalis*), die die Einzelmenschen bezeichne, erlange. Die *Platonici* nennen diese die intelligible Form (*intelligibilis forma*) bzw. die intelligible Spezies (*species*). Das Urteil, das der Intellekt hervorbringt, indem er die Natur des Menschen betrachtet, schließt ein Begreifen bzw. einen Begriff (*conceptus et conceptio*) auf Seiten des Geistes und eine Definition dessen, was erkannt werden soll, in sich (ebd. VIII, Kap. 4, 188).

[12] Ficino erwähnt Boethius in der *Theologia Platonica* XI, Kap. 3 (*Op. omn.* I) 242. Die Erkenntnistheorie des Ficino, wie sie sich in seinem *Theaitetos*-Kommentar findet, wird jetzt diskutiert bei Mojsisch 1995, bes. 154–159.

[13] Zu Simplikios und den anderen griechischen Aristoteleskommentatoren vgl. meine Studie 1982, 169–177, 264–282.

[14] Ficino, *Theol. Plat.* VII, Kap. 6 (*Op. omn.* I) 178.

[15] Ebd., VIII, Kap. 1, 182. Einen Überblick über Ficinos Erkenntnistheorie bietet Kristeller 1972, 218–232.

[16] Ficino, *Theol. Plat.* VIII, Kap. 2 (*Op. omn.* I) 186.

Ficinos Theorie der angeborenen Ideen betrifft nicht nur den Geist bzw. Intellekt, sondern auch die sinnliche Erkenntnis, die, wie schon erwähnt, mit der aktiven Theorie der Wahrnehmung verbunden ist. Das Wahrnehmen sowie das Denken (*intelligere*) sind vitale Vorgänge, die durch ein Prinzip, das aktiv und innerlich ist, hervorgebracht worden sind. Demnach wird weder Geist noch Wahrnehmung durch äußere Körper geformt. Im Gegenteil, beide, der innere Sinn und der Geist, beurteilen alle Dinge durch angeborene Formen (*formulae innatae*), die auf die Stufe des Bewußtseins gehoben worden sind (*excitatae*). Die intelligiblen Formen der Universalien sind also nicht durch Abbilder (*simulacra*) oder Phantasmata im Geist geformt worden, wie z. B. nach Thomas von Aquin und anderen mittelalterlichen Philosophen. Vielmehr formt der Geist selbst solche Spezies durch seine eigene Kraft. Daraus schließt Ficino, daß der Intellekt sich selbst formt (*intellectum formare seipsum*), obwohl er bemerkt, daß der Geist hierfür natürliche Formen benötige, die im Inneren der Seele selbst verborgen lägen. Er glaubt sogar, daß diese angeborenen Formen der Anzahl der verschiedenen in der Welt vorhandenen Arten der Geschöpfe entsprechen müßten (ebd. XI, Kap. 3, 241–243). Aufgrund der letzteren Behauptung ist die Theorie der angeborenen Ideen leicht angreifbar. Außer der großen Anzahl der angeborenen Ideen, die dann nötig wären, gäbe es noch eine beunruhigende Konsequenz, nämlich daß Gott Ficino und andere Europäer mit zahllosen angeborenen Ideen ausgestattet haben müßte, die sie niemals brauchen oder gebrauchen würden, z. B. mit der Idee des Schnabeltiers.

Wenden wir uns jetzt einigen Argumenten zu, die Ficino zugunsten der Theorie der angeborenen Ideen anführt. Eins davon beruft sich auf die Ordnung des Universums (*ordo universi*) und hierarchische Betrachtungsweisen. Ficino denkt, daß die intellektuelle Erkenntnis Charakteristika zwischen denjenigen der göttlichen Erkenntnis und denjenigen der sinnlichen Erkenntnis haben sollte, da sie zwischen beiden angesiedelt ist. Aber Gott erkennt durch sein unbewegtes Wesen, während die Wahrnehmung durch sich bewegende Qualitäten, z. B. Arten, erkennt. Infolgedessen erkennt der Geist durch unbewegliche Qualitäten, die *species innatae* genannt werden. Außerdem, wie reine Geister (*purae mentes*), die über der menschlichen Seele sind, d. h. die Engel, nur das, was in ihnen ist, betrachten, während die Sinne nur das betrachten, was in anderen Dingen ist, betrachtet die menschliche Seele beide Formen, sowohl die äußeren als auch die inneren, da sie an beidem, dem Geist und der Sinnlichkeit, partizipiert. Ficino fügt hinzu, man könne auf eine eher platonische Weise sagen (*proprius more Platonico dicere*), daß die *innatae species* aus dem Inneren (*penetralia*) des Geistes hervorgebracht worden seien, während es üblich sei auf aristotelische Weise zu sagen, daß der Geist neue intelligible Formen erzeuge. Während Ficino dem Geist die Fähigkeit abspricht, wahre Definitionen des Wesens aller Dinge aufgrund akzidenteller Abbilder (*accidentalia simulacra*) zu formulieren, gibt er dennoch zu, daß der Geist solche Definitionen mit Hilfe der *rationes*, die ihm von Gott eingeflößt sind, wirklich konstruiert (ebd. XI, Kap. 3, 246).

Um die Theorie der angeborenen Ideen zu begründen, beruft sich Ficino auf die menschliche Fähigkeit, die Wahrheit zu finden, wie auch auf das Bewußtsein von Werten und die Bewertung der Schönheit der Produkte menschlicher Kreativität. D.h., daß er die Urteile, die man über die Schönheit menschlicher Werke fällt, als Zeichen der angeborenen Normen oder Maßstäbe der psychologischen Struktur des Menschen versteht. Ficino erklärt, daß sich die Seele von Geburt danach sehnt, alles, was wahr, gut, würdig und nützlich ist, zu besitzen. Ein solches Sich-Sehnen setzt jedoch voraus, daß die Seele die Ideen (*notiones*), die Formen (*formae*), die „Gründe" (*rationes*) der Wahrheit (*veritas*), die Güte (*bonitas*), die Ehrenhaftigkeit (*honestas*) und die Nützlichkeit (*utilitas*) schon besitze, bevor sie sich solches wünsche. Wir könnten nicht beurteilen, ob etwas wahr oder falsch, gut oder schlecht sei, wenn wir nicht die Wahrheit und das Gute auf irgendeine Weise schon erkannt hätten. Ficino vermutet sogar, daß die Bewertung von Artefakten und anderen Produkten menschlicher Kreativität auf die angeborene Erkenntnis verweist. Er fragt sich, wie diejenigen, die selbst keine Erfahrung in den jeweiligen Künsten hätten, richtige Bewertungen treffen könnten, indem sie solche menschlichen Werke wie Gebäude, musikalische Kompositionen und Gemälde guthießen oder verwürfen, wenn die Natur ihnen keine Form solcher Werke verliehen hätte. Letztlich weist er auf die Gelehrsamkeit vieler junger Menschen hin, die einige gänzlich ohne Lehrer, andere aufgrund weniger von Lehrern gegebener Impulse besitzen. Trotzdem hätten sie viel Hilfe von der Natur erfahren. Laut Ficino beweist dies Sokrates selbst im *Phaidon*, *Menon* und *Theaitetos* (ebd. XI, Kap. 3, 247).

Nur wenige Seiten später stellt Ficino diesen Gedankengang noch prägnanter dar. Einfache Bauern (*rustici homines*), die sich nie über transzendente Ideen Gedanken gemacht haben, und Jugendliche, die nie etwas von solchen Ideen gehört haben, gebrauchen, wenn sich ihren Sinnen schöne Körper zeigen, ihre Vernunft und beziehen diese schönen Körper auf die Idee der Schönheit. Dies geschieht erstens, indem sie feststellen, daß ein Körper schön ist, da seine Figur dem angeborenen Urbild oder Maßstab (*sigillum pulchritudinis intus ingenitum*) entspricht (*quadrat*). Dies geschieht zweitens, indem sie vergleichende Urteile fällen, daß ein Ding schöner als ein anderes ist, insofern sich das eine dem Urbild oder Maßstab (*sigillum*) mehr nähert als das andere. Ficino besteht darauf, daß das Urbild oder der Maßstab nicht vorher durch Belehrung (*doctrina*) oder Erfindung (*inventio*) hat erlangt werden können. Der Mechanismus unseres Denkens (*cogita-*

tionis machinatione concipitur) ist schlechterdings nicht in der Lage, etwas zu konstruieren, was unserer Seele ontologisch überlegen wäre. Infolgedessen hat das Bild oder der Maßstab seine Stärke bzw. Macht (*vis*) von jenseits der Seele erhalten. Um sein Argument zu stützen, beruft sich Ficino sogar auf eine gewöhnliche menschliche Erfahrung. Er sagt, daß wir, wenn wir unsere Vernunft zuerst gebrauchen, besonders um Vergleiche herzustellen, viele Dinge auf solche Urbilder oder Maßstäbe (*sigilla*) beziehen. Er verwirft andere Möglichkeiten, z. B., daß wir diese Maßstäbe vorher durch unsere Erfahrung gelernt oder erworben (*colligimus*) oder sie einfach erfunden hätten (ebd. XI, Kap. 5, 254).

Es besteht eine deutliche Verbindung zwischen Ficinos Theorie der angeborenen Ideen und der Forderung nach Maßstäben für Urteile auf der einen und seinen moralischen und politischen Ideen auf der anderen Seite. Das Gesetz aller Künste (*lex omnium artium*) ist vollkommen unveränderlich und wurzelt also in einem Gesetz über unserem veränderbaren Intellekt, das Wahrheit genannt wird. Diese unveränderliche Wahrheit ist Gott, der das erste Leben und das erste Wesen und damit die erste Weisheit ist. Demnach urteilt die Seele gemäß diesem Gesetz, beurteilt aber nicht dieses Gesetz selbst. Auch menschliche Gesetze sollten nicht beurteilt werden, wenn sie eingeführt worden sind. In der Tat wird der Gründer der zeitlichen bzw. menschlichen Gesetze (*conditor legum temporalium*), wenn er ein guter und weiser Mensch ist, das ewige Gesetz berücksichtigen, um durch seine unveränderlichen Regeln (*incommutabiles regulae*) entscheiden zu können, was vorgeschrieben und was verboten werden solle (ebd. XII, Kap. 5, 276).

Ficino und die politische Philosophie

Normalerweise wird Ficino in den Geschichten der politischen Theorie nicht aufgeführt, obwohl sein Platonismus zuweilen als eine ausgearbeitete Rechtfertigung, sogar fast als eine Ideologie der autokratischen Herrschaft der Medici über Florenz angesehen wird. Sicher ist jedoch weder, daß Ficino den Medici so nahestand, wie einige es meinen, noch, daß er einfach ihr Sprachrohr war. Man hätte erwartet, daß die Historiker der politischen Philosophie einem Philosophen etwas mehr Aufmerksamkeit geschenkt hätten, der behauptete, Platon und der platonischen Tradition zu folgen, und der Kommentare über den *Gorgias*, die *Politeia*, den *Politikos* und die *Gesetze* verfaßt hatte. Es läßt sich nur schwer verstehen, wie Ficino diese Dialoge hätte studieren und im einzelnen analysieren können, ohne sich den großen Themen der Ethik und der politischen Philosophie zu stellen, die Platon anspricht. Wir sollten uns aber daran erinnern, daß Ficino nicht der erste Philosoph der Renaissance war, der großes Interesse an der *Politeia* sowie den

Gesetzen zeigte und der versuchte, die darin jeweils vorgeschlagenen, auffallend unterschiedlichen Formen der politischen Herrschaft miteinander in Einklang zu bringen.

In seinem Kommentar zum *Gorgias* verleiht Ficino Platon den Ehrentitel „Arzt der menschlichen Seelen" (*humanorum medicus animorum*)[17]. Wie er feststellt, behaupten sowohl Kallikles als auch Thrasymachos, daß Moralität und Gesetze nicht aufgrund der Ordnung der Natur (*naturae ordine*) existierten, sondern nur aufgrund der Meinung oder der Erfindungsgabe der Menschen (*fictio*). Gegenüber dieser Position behauptet Ficino, daß Tugend und Laster durch das Naturgesetz (*naturae lex*) und nicht durch die menschliche Meinung beurteilt werden (ebd., 1318 f.). In seinem Kommentar zum *Protagoras* spricht er von einem inneren Richter, der in uns herrscht, dem Licht der Vernunft, dem Stimulus des Gewissens, und stellt fest, daß Gott alles durch ein eingegebenes Gesetz lenkt. In seinem Kommentar zum pseudo-platonischen *Minos* insistiert Ficino darauf, daß es ein ewiges Gesetz (*lex aeterna*) gibt, das unveränderlich und unter allen Völkern gleich ist. Er ist darauf bedacht anzuzeigen, daß nicht alle Gebote, die ein Herrscher erlasse, als wahre Gesetze anzusehen seien.[18] Außerdem ist es beachtlich, daß sich Ficino in einigen seiner Briefe, z. B. in einem an Lorenzo de Medici, auf das ewige Gesetz und das Naturgesetz beruft.[19]

Wenn sich Ficino der *Politeia* zuwendet, behandelt er Platon fast als einen Gott und nennt ihn den „göttlichen Platon" (*Plato divinus*). Der Grund hierfür liegt in Platons Beschreibung der Polis, in der alle Tätigkeiten, selbst die öffentlichen, auf die Kontemplation Gottes gerichtet sind. Weil Gott der Ursprung aller Gesetze ist, muß er auch der Ursprung der Polisgestaltung sein. Ficino hofft, daß alle, die in einer solchen Polis wohnen, selbst „lebende Gesetze" (*leges viventes*) sein werden.[20] Es überrascht nicht, daß Ficino Platon folgt und verlangt, daß die Herrscher das Gute erkennen, wenn sie wahre Herrscher sein sollen. Im Gegensatz zu Platon ist aber für Ficino das Gute wirklich Gott. Die Herrscher müssen ein allgemeines Wissen von Gott haben, weil die Bürger gottähnlich gemacht werden sollen.[21]

Alle, die Platons *Politeia* und *Gesetze* studieren, sind mit dem Problem konfrontiert, wie die unterschiedlichen Konzepte der politischen Gemeinschaft miteinander zu vereinbaren sind. Offensichtlich schafft der *Politikos* zusätzliche Probleme für jeden, der die verschiedenen Dialoge miteinander

[17] Ficino, *In Gorgiam epitome* (*Op. omn.* II) 1315.

[18] Ficino, *In Minoem vel de lege epitome* (*Op. omn.* II) 1134–1135.

[19] Vgl. Ficino, *De lege et iustitia* (*Op. omn.* I) 652–653.

[20] Ficino, *In dialogum primum de Republica epitome* (*Op. omn.* II) 1398; s. auch 1402.

[21] Ficino, *In dialogum septimum de iusto epitome* (*Op. omn.* II), 1408–1409.

in Einklang zu bringen versucht. In seinem Kommentar zu den *Gesetzen* stellt sich Ficino dieser Problematik. Er zielt auf Harmonisierung, indem er drei Lichter der Weisheit, nämlich Pythagoras, Sokrates und Platon, unterscheidet. Die Weisheit des Pythagoras besteht in der Kontemplation des Göttlichen, während die Weisheit des Sokrates eher in der menschlichen Handlung besteht. Platon unterscheidet sich davon, indem er beide Arten der Weisheit miteinander verbindet. Platon allein kann als Vermittler zwischen Mensch und Gott dienen, weil seine Lehre mit der alltäglichen menschlichen Handlung in Übereinstimmung gebracht werden kann. Ficino beschreibt also die *Politeia* als pythagoreisch sowie sokratisch, die *Gesetze* hingegen eher als platonisch, weil dieser Dialog einen menschlicheren Zugang zu den grundlegenden politischen Problemen, z.B. dem Privateigentum und den Präambeln zu den einzelnen Gesetzen, hat. Trotzdem bleibt der Zweck der Gesetze in den *Gesetzen* wesentlich derselbe wie in der *Politeia*, nämlich die Verehrung Gottes.[22]

Ficino favorisiert die Monarchie (*regnum*) als die beste Form der politischen Gemeinschaft (*civitas*). Der hervorragendste Mann, der sich in der Tugend auszeichnet, sollte König werden.[23] Verfassungen wie die in den *Gesetzen* werden von ihm nur wenig diskutiert, und er zeigt auch kein großes Interesse an den institutionellen Kontrollen, die Platon in den *Gesetzen* beschreibt, z.B. am komplizierten Wahlsystem.[24] Entweder ist Ficino die politische Botschaft der *Gesetze* völlig entgangen, oder sie hat ihn einfach nicht interessiert. Er beschäftigt sich vielmehr mit Gottes Vorsehung für die Polis, mit der Verpflichtung der Herrscher, sich dem Gesetz zu unterwerfen, und mit dem Ziel, die Verfassung auf das allgemeine Gute auszurichten.[25] Ficinos Begriff einer „natürlichen Religion" spielt hier eine wichtige Rolle. In seiner Kommentierung des X. Buches der *Gesetze* gibt er der Auffassung Ausdruck, daß alle Menschen einen natürlichen religiösen Instinkt haben, und außerdem, daß viel vom Christentum in den religiösen Ansichten Platons zu finden ist.[26]

Es scheint schwierig zu sein, die Ansicht von einigen Ficino-Interpreten, z.B. A. Brown, zu teilen, daß der Platonismus, der durch Ficinos Übersetzungen und Kommentare den Zeitgenossen bekannt gemacht wurde, geholfen habe, die oligarchische Herrschaft der Medici zu legitimieren. Ficino habe angeblich einen Begriff des „Philosophen-Königs" eingeführt, der Macht und Weisheit auf die Weise Lorenzos verbinde. Dieser Begriff habe den Weg für

[22] Ficino, *In dialogum primum de Legibus vel Legum latione* (*Op. omn.* II) 1489–1490.

[23] Ficino, *In dialogum quartum de Legibus epitome* (*Op. omn.* II) 1497.

[24] Ficino, *In dialogum septimum de Legibus epitome* (*Op. omn.* II) 1507.

[25] Ficino, *In dialogum quartum de Legibus epitome* (*Op. omn.* II) 1499.

[26] Ficino, *In dialogum decimum de Legibus epitome* (*Op. omn.* II) 1516.

modernes Staatsdenken mit seiner Betonung des Herrscherwillens vorbereitet.[27] Diese Lesart ignoriert jedoch die Rolle der Formen als moralischer Normen für Platon und Ficinos eigene Betonung der Notwendigkeit angeborener moralischer Normen. Darüber hinaus läßt sie außer acht, daß Platon in den *Gesetzen* die Herrschaft des Gesetzes über die Herrscher sowie die Rolle der gewählten Versammlung und die des Nächtlichen Rates innerhalb des Zusammenspiels der politischen Gemeinschaft unterstreicht.[28]

Schlußbemerkung

Wir haben Ficino als Übersetzer Platons im späten 15. Jahrhundert betrachtet und betont, daß er allein alle Dialoge übersetzt hat und folglich in einer einzigartigen Position war, einen Überblick über die Dialoge zu geben. M. Allen hat zu unserer Kenntnis von dieser Seite Ficinos viel beigetragen, wobei er die Wichtigkeit des *Parmenides* und des *Sophistes* hervorgehoben hat. Ficino zeigt großes Interesse an den späteren Dialogen.[29] Es war jedoch nicht unsere Absicht, Ficino als Ausleger Platons und der platonischen Tradition darzustellen, sondern vielmehr als Philosophen, der sich sowohl mit fundamentalen philosophischen Problemen und Herausforderungen als auch mit Platon und seinen Nachfolgern auseinandergesetzt hat. Wir haben also Ficinos Denken in drei grundlegenden philosophischen Bereichen untersucht: in denen der Metaphysik, der Erkenntnistheorie und der politischen Philosophie. Wir geben ihm vielleicht nicht die besten Noten für die Stärke seiner Argumente, wir sollten aber sicherlich anerkennen, daß er beides war, ein Anhänger Platons und der platonischen Tradition sowie ein eigenständiger Philosoph.[30]

[27] Vgl. Brown. Eine weitere Diskussion bietet meine Studie 1995, 193–225, bes. 202 f., 219, Anm. 111, 113.

[28] Vgl. Morrow; Guthrie 321–382.

[29] Vgl. Allen 1989.

[30] Den Einfluß von Ficino auf den Renaissance-Aristotelismus legt dar: Mahoney 1986.

Graham A. J. Rogers

DIE CAMBRIDGE-PLATONIKER UND DAS NEUE WISSEN*

Einleitung

Seit langem weiß man um den besonderen Stellenwert, der den anglikanischen philosophischen Theologen der zweiten Hälfte des 17. Jahrhunderts, bekannt als die Cambridge-Platoniker, in der Geschichte des modernen Denkens zukommt. Indes war ihre Position in der Geistesgeschichte Englands oder Europas und vielleicht besonders in der Philosophiegeschichte stets umstritten. Für Cassirer beispielsweise waren die Cambridge-Platoniker „Fremdlinge", die „abseits von der Gedankenbewegung und abseits von den stärksten und wirksamsten religiösen Kräften ihrer Epoche standen" (1932a, 30). Mit anderen Worten: Im England des 17. Jahrhunderts lagen sie im Zwist mit der vorherrschenden intellektuellen Strömung, die, ausgehend von Bacon, ihren Höhepunkt in der empirischen Philosophie der Königlichen Gesellschaft, John Lockes und Isaac Newtons erreichte. In den Augen Cassirers blieben ihnen viele Ideen der Aufklärung letztlich fremd. Er bestreitet nicht, daß sie sich der zeitgenössischen wissenschaftlichen Entwicklungen wohl bewußt waren, aber ihre Philosophie konnte diese Entwicklung nicht wirklich begreifen. Obwohl sie sich des neuen Wissens bewußt waren, blieb es für sie immer „zuletzt bloßer Stoff, dem es an geistiger Beherrschung und geistiger Durchdringung gebrach" (ebd. 92).

Wenngleich Cassirers Interpretation der Cambridge-Platoniker ein Klassiker bleibt, verwundert es nicht, daß sie nach 60 Jahren modifiziert werden muß. So möchte ich eine andere Perspektive hinsichtlich des Standortes der Cambridge-Platoniker in der Landschaft des europäischen Denkens eröffnen. Diese neue Perspektive verbindet sich mit einem breiteren Begriff von den Ursprüngen der Aufklärung und stellt in knapper Form einige tief verwurzelte Meinungen über die Aufklärung in Frage.

Meine Kritik an Cassirer ist eng verknüpft mit der Zurückweisung einer anderen, allgemeineren These über das Denken des 17. Jahrhunderts. Diese These besagt, daß das 17. Jahrhundert in England wie anderswo eine Periode gewesen ist, die Zeuge einer Säkularisierung des Wissens wurde. Viele Historiker bestritten oder vertraten diese Ansicht, die zudem in einem engen Zusammenhang mit dem Geschichtsverständnis der Whigs

* Aus dem Englischen übersetzt von Carolin Boßmeyer und Dr. Orrin F. Summerell (Bochum).

steht.[1] Im Gegensatz zu dieser weitverbreiteten Ansicht behaupte ich, daß das Ausmaß der Säkularisierung weitaus geringer war. Diese Tatsache ist wichtig, sofern man zu einer angemessenen Einschätzung der Relevanz der Cambridge-Platoniker für das moderne Denken kommen will.

Die Grundzüge des Arguments

Das besonders mit Entwicklungen in den Naturwissenschaften verbundene neue Wissen wurde von vielen Seiten als ernste Bedrohung für die traditionelle Lehre und vor allem für religiöse Doktrinen sowie Institutionen betrachtet. Eine gängige Antwort auf den vermeintlichen Konflikt zwischen den neuen und den alten Ideen bestand in dem Argument, daß dieser Streit eigentlich nur eine Illusion sei. In Wirklichkeit, so hieß es, gebe es keine Unvereinbarkeit zwischen den traditionellen Lehren der Kirche und den modernen Theorien und Entdeckungen, weil die zwei Bereiche – einerseits die Theologie und andererseits das, was wir heute Naturwissenschaft nennen – autonome Disziplinen seien, jede mit eigenen Fachleuten und vollkommen unabhängig von der anderen. Es sind die Vertreter dieser Position, die viel Beweismaterial für die Behauptung vorgelegt haben, daß die Säkularisierung des Wissens ein Hauptzug des 17. Jahrhunderts sei. Mindestens in einer Hinsicht jedoch brachte diese gesamte Argumentation ein Problem mit sich. Nicht nur wurde sie von den Kritikern des neuen Wissens zurückgewiesen, vielmehr trauten, was schwerwiegender ist, selbst ihre Befürworter der Sache nicht ganz über den Weg. Dafür gab es einen gewichtigen Grund. Die meisten Vertreter des neuen Wissens erkannten nämlich, daß ihre Entdeckungen sehr wohl wesentliche Konsequenzen für die herrschende Theologie haben würden. Diesen Aspekt konnte man letztlich nicht unter den Tisch fallen lassen. Man mußte entweder die neuen Theorien zurückweisen oder eine neue philosophische Theologie entwickeln, die diese zu integrieren vermochte.

Im Verlauf des 17. Jahrhunderts wurden verschiedene wichtige Versuche unternommen, eine solche Versöhnung herbeizuführen. Es wäre sogar nicht übertrieben zu sagen, daß die Geschichte der Philosophie im 17. Jahrhundert eine Geschichte der nicht enden wollenden Anläufe ist, das neue Wissen und die alte Theologie zu harmonisieren. Alle Versuche bis auf die zwei originellsten: Baconianismus und Cartesianismus, griffen auf eine klassische Quelle zurück, um sich von ihr inspirieren zu lassen. Diese waren die einzigen beiden, die sich in ihren Behauptungen nicht ausdrücklich an eine be-

[1] Vgl. Butterfield, der selbst freilich nicht mit der Ansicht der Whigs zu assoziieren ist.

stimmte griechische Philosophie als ihre Inspirationsquelle anlehnten, und sie stellten sich am Ende als die einflußreichsten heraus. Im Fall Bacons zeigte sich dies in den Errungenschaften der Königlichen Gesellschaft, im Fall Descartes' sind Umfang und Charakter dieser Wirkung vielschichtiger. Obwohl er in England nur wenige echte Anhänger besaß, gab es unter den intellektuell führenden Köpfen der zweiten Hälfte des Jahrhunderts nur wenige, die ihm nicht ihre Befreiung von den alten Denkkategorien verdankten, wenngleich ausgerechnet diejenigen, die er am meisten beeinflußt hatte, seine heftigsten Gegner waren (Locke und Newton sind nur zwei Beispiele; vgl. Rogers 1985).

Die anderen bedeutenden philosophischen Bewegungen des 17. Jahrhunderts ließen sich von der wachsenden Vielfalt griechischer Quellen begeistern, die im vorhergehenden Jahrhundert zugänglich geworden waren. Vor allem ist hier das Wiederaufleben des epikureischen Atomismus zu nennen, der seinen fähigsten Repräsentanten in Pierre Gassendi und seinen originellsten Befürworter in Thomas Hobbes fand; weiterhin die ganze philosophische Bewegung, die mit der Renaissance des pyrrhonischen Skeptizismus verbunden ist. Letztere stand vornehmlich im Zeichen der wiederentdeckten Schriften des Sextus Empiricus. Diese verschiedenen Gedankenströmungen standen in einer komplexen Wechselbeziehung. Bei Gassendi z. B. findet sich neben seiner Verfechtung des Atomismus auch skeptisches Gedankengut (vgl. Popkin 1979, bes. Kap. 5).

Außer diesen Tendenzen erlebte das 17. Jahrhundert die Fortführung und Weiterentwicklung einer weiteren klassischen Denkschule, der mit dem Platonismus und Neuplatonismus verbundenen. Der wiederauflebende Platonismus, verknüpft mit dem Namen Ficino im Florenz des späten 15. Jahrhunderts, faßte in seinem Philosophiebegriff viele Elemente zusammen, die fast 200 Jahre später in der Cambridge-Schule wiederkehren sollten.[2] In Anbetracht dessen mögen die Cambridge-Platoniker keine originellen Denker gewesen sein, aber dieses Urteil wird der Tatsache nicht gerecht, daß sie sich mit einer ganz anderen Welt konfrontiert sahen als der des Italien der 1480er Jahre.

Vieles, was in der früheren platonischen Akademie von Bedeutung ist, läßt sich mit Termini darstellen, die auch auf die Cambridge-Schule zuzutreffen scheinen. So schreibt C. Vasoli über Ficinos Philosophie: „Er stellte seinen Platonismus als eine neue Theologie und Metaphysik vor, die im Unterschied zur scholastischen ausdrücklich dem averroistischen Säkularismus entgegengesetzt war. Seine *sapientia* war mit dem Begriff einer Offenbarung

[2] Ficinos *Della religione Christiana* wurde 1472 in Florenz veröffentlicht und seine *Theologia Platonica de immortalitate animorum* 1482. Ralph Cudworth' *The True Intellectual System of the Universe*, um einen zentralen Text zu nennen, erschien 1678.

verbunden, der von den antiken Autoren durch eine Kette von inspirierten Denkern überliefert wurde, bis er im christlichen Dogma eine endgültige Synthese erreichte. ... Die Absicht der *pia philosophia* ... war, die tiefe Übereinstimmung philosophischer Wahrheit und religiöser Gewißheit deutlich zu machen" (68).

Alle diese Ideen tauchten später in der Philosophie der Schule von Cambridge wieder auf. Dies geschah im Zuge einer intellektuellen und politischen Unruhe sowie im Zusammenhang mit dem Versuch, einen intellektuellen Freiraum zu schaffen, in dem die gegnerischen Parteien des englischen Geisteslebens, besonders die unterschiedlichen religiösen Richtungen, zur Übereinstimmung gebracht werden könnten: Der rastlose und streitsüchtige menschliche Geist sollte mit einer besonderen Philosophie – der leisen Stimme der Vernunft, die exemplarisch in der platonischen Philosophie erscheint – in Berührung gebracht werden. Es war jedoch nicht nur die Tugend der Vernunft, die die Denker aus Cambridge an der Philosophie Platons gereizt hat. Seine Philosophie wurde vielmehr als ein System angesehen, dessen Ontologie und Metaphysik stark genug waren, um die wachsende Bedrohung der Religion durch den Mechanismus und Materialismus des modernen Zeitalters abzuwenden.

Ich gehe nun über zur Hauptthese, die ich vorbringen möchte. Sie besagt, daß sich die Cambridge-Platoniker, wenn sie auf Platon und führende Köpfe in der neuplatonischen Tradition zurückblickten, ebenso dem neuen Wissen verbunden fühlten, und zwar nicht nur als interessierte Beobachter, sondern auch als aktiv Beteiligte. Es war ihre besondere Mischung aus altem und neuem Wissen, die einen Freiraum für die neue Naturwissenschaft innerhalb einer christlichen Weltanschauung schuf. Dies hatte mindestens zwei wichtige Konsequenzen. Zum einen war es dem wissenschaftlichen Denken in England möglich, im Einklang mit der etablierten Kirche und nicht in Opposition zu ihr ins 18. Jahrhundert einzutreten. Zweitens wurde der Aufstieg eines umfassenden Materialismus, der sonst vielleicht viel früher zum Zuge gekommen wäre, um fast ein ganzes Jahrhundert, vielleicht länger, verzögert. Diese allumspannende Philosophie machte nicht nur die Bestrebungen der neuen Wissenschaftler hoffähig, indem sie die Naturphilosophie mit einem Feigenblatt versah, um die Gläubigen in ihrem religiösen Empfinden nicht in Verlegenheit zu bringen, sie war vielmehr sehr positiv in ihrer Absicht und ihren Folgerungen. Die Aufgabe des Naturphilosophen und seiner Entdeckungen wurde als Bestandteil des religiösen Weltverständnisses, der neuen Weltsicht, aufgefaßt, somit die neue Naturphilosophie, das neue Wissen, als Teil einer Tradition begriffen, die bis in die Antike zurückreichte. Das neue Wissen, so wurde argumentiert, sei, insofern es wahr sei, eine Fortsetzung der *philosophia perennis*.

Indem die Denker aus Cambridge diesen Zusammenhang aufzeigten, distanzierten sie sich von oder brachen vielleicht sogar mit „der gesamten abendländischen Tradition von Augustin und den mittelalterlichen Scholastikern bis zum Protestantismus Luthers und Calvins“ (Patrides 4). Es waren die griechischen Kirchenväter mit Origenes – diesem, wie Henry More ihn beschrieb, „Wunder der christlichen Welt“ (1712, xxii) – an der Spitze, von denen sie sich theologisch inspirieren ließen (Patrides 4). Platon und der Neuplatonismus wirkten gleichsam als der philosophische Motor ihrer Arbeit. So sagte ein berühmter Gelehrter: „Die Cambridge-Platoniker sind das moderne Analogon zu den alexandrinischen Vätern, nämlich Clemens und Origenes, mit dem bedeutenden Unterschied – daß die Väter zwischen einer untergehenden Philosophie und einem aufgehenden Christentum stehen, während die Theologen des 17. Jahrhunderts zwischen einem untergehenden Christentum und einer aufgehenden Philosophie auftreten“ (Willey 112). Selbst wenn letztlich diese aufstrebende Philosophie die der Schule von Cambridge weitgehend in den Schatten stellen sollte, so geschah dies nicht, bevor eine wichtige Brücke zwischen Theologie und der neuen Naturphilosophie errichtet worden war.

Die Hauptmerkmale der Schule von Cambridge

Das wiederaufkommende Interesse an der Philosophie Platons und dem hellenistischen Neuplatonismus um die Mitte des 17. Jahrhunderts in Cambridge hatte verschiedene Beweggründe.

Die wichtigsten Vertreter der Gruppe und diejenigen, die ich primär behandeln möchte, waren Henry More (1614–1687) und Ralph Cudworth (1617–1688). Es wird oft behauptet, daß Benjamin Whichcote (1609–1683) der Gründer der Schule gewesen sei – obwohl dies die Frage aufwirft, ob es sich überhaupt um eine Schule gehandelt hat; über ihn wird auch noch kurz zu sprechen sein. Andere, die häufig mit dieser Gruppe identifiziert werden, sind John Smith (1618–1652), obgleich er zu jung starb, um die Wirkung zu entfalten, die er ansonsten sicherlich gehabt hätte, Nathaniel Culverwel (1618–1651), John Worthington (1618–1671) und George Rust (gest. 1670). Zur gleichen Zeit gab es viele andere Denker mit Verbindungen sowohl zum Platonismus als auch nach Cambridge, von denen der wohl wichtigste Joseph Mede (1586–1638) ist, der Mores Lehrer am Christ's College war. Obwohl Mede nicht als Platoniker bezeichnet werden kann, stand seine chiliastische Interpretation der Offenbarung des Johannes in engem Zusammenhang mit der Tradition der *prisca sapientia* und der platonischen Philosophie Mores und Cudworth'.

Letztlich liegt die Bedeutung Medes für die Cambridge-Platoniker darin begründet, daß er von seinen akademischen Kollegen in Cambridge und anderswo als die Person gesehen wurde, die sich mit ihrer *Clavis Apocalyptica* (1627) um die zeitgenössische Theologie verdient gemacht hatte. Dieser Beitrag war zwar dergestalt, daß er von nichtprotestantischen Kreisen mit Sicherheit geächtet werden mußte, aber in einer Zeit, die so sehr mit chiliastischen Fragen befaßt war, war es andererseits ebenso klar, daß er in antirömisch eingestellten Kreisen große Aufmerksamkeit auf sich ziehen würde. Denn sein Buch behauptete, daß die Zahl 666 des Tieres in *Offenbarung* 13,18 dahingehend auszulegen sei, den Papst mit dem Antichristen zu identifizieren.[3] Im Zusammenhang mit dieser angeblichen Entdeckung behauptete Mede, das Ende der Welt falle mit der Zunahme an Wissen zusammen. Es war genau diese überall beobachtbare Zunahme an Wissen, die geneigte Leser Medes als Bestätigung seiner Interpretationen und Voraussagen auslegten.

Medes Behauptung ist nicht unwichtig, um den Stellenwert der Theologie in der intellektuellen Welt des damaligen England zu verstehen. Denn die Theologie war in den Augen der Cambridge-Denker keineswegs dem neuen Wissen feindlich gesinnt oder entgegengesetzt; sie war vielmehr zentraler Bestandteil dieses Wissens. Neue Erkenntnisse über Gott konnten Hand in Hand mit neuem Wissen über die Natur gehen. Somit wurde Medes angebliche Entdeckung ebenso als ein Beitrag zum neuen Wissen angesehen wie Galileos Entdeckung des Gesetzes der fallenden Körper oder die des Blutkreislaufes durch Harvey. Sie stärkte nochmals die Überzeugung, daß das Wissen eine Einheit bildet und daß jede Rede von seiner Bruchstückhaftigkeit – wie es die These Butterfields besagt – voreilig ist.

Der Fall Mede veranschaulicht die Vielfältigkeit der intellektuellen Strömungen, die in der Schule von Cambridge zusammenliefen. Man kann die große Aufmerksamkeit, die Medes Arbeit erregte, vielleicht dann hinreichend würdigen, wenn man zur Kenntnis nimmt, daß die englische Übersetzung der *Clavis Apocalyptica* unter dem Titel *The Key of the Revelation, searched and demonstrated out of the natural and proper Characters of the Visions* 1643 veröffentlicht wurde, und zwar in der Mitte des Bürgerkrieges auf Geheiß des House of Commons hin. Wir müssen uns auch (hier greife ich meinen weiteren Ausführungen vor) daran erinnern, daß es Medes Interpretation war, der sich Newton zuerst zuwandte, um die *Offenbarung des Johannes* zu verstehen.[4]

[3] Bezüglich dieser Behauptung, ihres Hintergrundes und ihrer Relevanz beziehe ich mich auf Popkin 1992, Kap. 6, bes. 90–102.

[4] So schrieb Newton in einem seiner theologischen Manuskripte: „It was the judiciously learned and conscientious Mr Mede who first made way into these interpretations [of the book of *Revelation*] and him I have for the most part followed" (zit. nach Manuel 114).

Vor diesem Hintergrund ist Henry More als Student am Christ's College zu sehen. Obwohl sein Tutor Robert Gell ihn nicht nachdrücklich auf die platonischen Schriften hingewiesen zu haben scheint, wurde More in Griechisch und Hebräisch unterrichtet, und es wäre erstaunlich gewesen, wenn er nicht die platonischen Dialoge in seinen frühen Jahren in Cambridge einigermaßen gründlich studiert hätte. Wie dem auch sei, More selbst berichtet uns, daß er sich dem Studium der neuplatonischen Philosophen, insbesondere Ficinos, Plotins und Hermes Trismegistus', erst zuwandte, nachdem er 1635 graduiert worden war (vgl. Ward 64). Was Plotin betrifft, sagt More über sich, daß er der erste gewesen sei, der entweder das Glück oder den Mut gehabt habe, seine Texte zu kaufen (ebd. 39). So läßt er erkennen, daß sein Interesse an den neuplatonischen Texten nicht von außen erzeugt worden ist. Bald verband er seine Lektüre dieser Werke mit der der deutschen mystischen Theologie, wie sie in der *Theologia Germanica* verkörpert ist, diesem von Luther gepriesenen 'goldenen Büchlein'.

In den Jahren vor dem Bürgerkrieg war England in religiösen Fragen hin- und hergerissen zwischen der Autorität der hohen anglikanischen Kirche, die der Erzbischof Laud repräsentierte, und einer Vielfalt puritanischer Positionen. Im frühen 17. Jahrhundert, den Jugendjahren Mores, „wich", wie es ein bedeutender Interpret dieser Zeit ausgedrückt hat, „die Politik der Übereinstimmung der Politik der Überzeugung" (Trevor Roper 41 f.) – der elisabethanische Kompromiß schlug in eine Konfrontation um. In solchen Situationen ist es oft die Vernunft, die zuerst geopfert wird. Unter den frühesten und wichtigsten Beobachtern, die diese Bedrohung erkannten und auf sie reagierten, war Benjamin Whichcote.

Whichcotes Bedeutung in Cambridge ist von seinem Zeitgenossen Gilbert Burnet auf gefällige Art geschildert worden. Am Ende des Jahrhunderts schrieb er: „Whichcote was a man of a rare temper, very mild and obliging. He had great credit with some that had been eminent in the late times, but made all the use he could of it to protect good men of all persuasions. He was much for liberty of conscience; and being disgusted with the dry systematical way of those times, he studied to raise those who conversed with him to a nobler set of thoughts, and to consider religion as a seed of a deiform nature (to use one of his own phrases). In order to do this, he set young men much on reading the ancient philosophers, chiefly Plato, Tully and Plotin, and on considering the Christian religion as a doctrine sent from God, both to elevate and sweeten human nature ..." (127).

Religion, sagte Whichcote, sei höchst vernünftig, und es seien die intellektuellen Fähigkeiten des Menschen, in denen er seinem Schöpfer gleiche und die ihm seine einzigartige Stellung im Universum verliehen. Durch seine Betonung der Vorrangstellung des Verstands und der leisen Stimme der Vernunft im Gegensatz zu einem zu leichtgläubigen Empirismus eröffnete

Whichcote einer ganzen Generation eine liberale und rationale Perspektive. In genau diesem Kontext las Henry More die neuplatonischen Texte und wurde von ihnen inspiriert, was mit der Zeit zwar nachließ, aber niemals ganz aufhörte.

Wie in vielen anderen Fällen in der Renaissance vollzog sich Mores Annäherung an den Platonismus nicht aus historischem Interesse. Sein Anliegen war nicht die Explikation und Ausdifferenzierung der klassischen Schriftsteller, sondern eine eigene Synthese aus leitenden Gedanken der wichtigsten Quellen. Diese von ihm benutzten Quellen waren vielfältig und aufgrund der Art und Weise, wie sie sich in seinen Gedanken niederschlugen, kaum auseinanderzuhalten. Zumindest aber kommen die folgenden Denker darin vor: Pythagoras, Platon, Philon, Hermes Trismegistus, Plotin, Clemens, Origenes und Pseudo-Dionysius Areopagita. Hinzu kommt der starke Einfluß Ficinos, dessen *Theologia Platonica de immortalitate animorum* sich der junge More ausgiebig widmete.[5]

Das Medium seiner frühen Philosophie war die Dichtung. Derjenige, der ihn als Dichter und vielleicht auch als Platoniker maßgeblich prägte, war Edmund Spencer, dessen episches platonisches Gedicht *Faerie Queen* eine Lieblingslektüre in Mores Elternhaus war. Obgleich man More wohl kaum einen großen Dichter nennen kann, besonders im Hinblick darauf, daß Milton ein Zeitgenosse am Christ's College war, stehen seine Werke – vielleicht mehr als alles andere in englischer Sprache Geschriebene – ganz im Zeichen der neuplatonischen Philosophie.

Das System des Universums, das in seinem ersten langen Gedicht *Psychozoia* dargestellt wird, gründet entscheidend auf Plotin.[6] More betrachtet Platon mehr als den Restaurator denn als den Begründer einer Philosophie und behandelt Plotin als den Interpreten Platons. In obigem Gedicht finden sich Anspielungen auf Passagen aus vielen Dialogen Platons, unter ihnen der *Phaidon*, das *Symposion*, der *Phaidros* und die *Politeia*, aber die *Enneaden* Plotins sind zweifellos das meistzitierte Werk. Gegenstand des Gedichtes ist die Vernichtung des Materialismus durch den Aufweis der geistigen Natur alles Existierenden. Dieses Thema ist leitend für Mores gesamte Philosophie und, so darf man sagen, für die Philosophie aller Cambridge-Platoniker.

In einem anderen seiner längeren Gedichte, *Psychathanasia*, weist More

[5] More gebrauchte die 1559 entstandene Pariser Ausgabe von Ficinos Werken. Dazu s. Staudenbaur.

[6] Die beste Ausgabe von Mores *Psychozoia* findet sich in den von Geoffrey Bullough herausgegebenen *Philosophical Poems of Henry More comprising Psychozoia and Minor Poems*. Die Anmerkungen Bulloughs identifizieren die vielen klassischen Quellen von Mores Denken als Platon, Plotin, Philon, Hermes Trismegistus u. a.

in seiner Darstellung des Universums einen reinen Empirismus zurück, den er mit dem naiven Vorurteil identifiziert, die Welt sei so, wie sie erscheine. Diese Zurückweisung erfolgt zugunsten der Fähigkeit des Geistes, die Wahrheit zu erfassen. Im kopernikanischen System findet More eine Bestätigung für eben die Annahme, daß der Intellekt und rationales Argumentieren zu diesem Zweck geeigneter sind als schlichte Beobachtung. Obwohl die kopernikanische Theorie unserer alltäglichen Erfahrung entgegengesetzt ist, läßt sie sich – so behauptet More – durch rationales Argumentieren rechtfertigen.

Es wäre falsch, den Eindruck zu erwecken, Mores frühe Poesie sei sehr eng an die zeitgenössischen Entdeckungen im Bereich der Astronomie oder in sonstigen Disziplinen der Naturphilosophie angelehnt gewesen. Obwohl sie sich der neuesten astronomischen Theorie verpflichtet fühlte, diente letztere eigentlich als Ausdrucksmittel für seine eigene, darüber hinausgehende Philosophie. Diese war ihrerseits eng verbunden mit seinen Plotin- und Platon-Interpretationen. Das Hauptaugenmerk lag auf dem Wesen der Seele, ihrem zeitweiligen Aufenthalt in der materiellen Welt und ihrer – falls sie sich bewährt hat – Rückkehr in ihre ewige himmlische Heimat. Die Tatsache, daß More auf die zeitgenössischen Quellen astronomischen Wissens zurückgreift, bezeugt, wie er Wissen als nahtloses Gewebe versteht, wobei die Aufgabe des Philosophen in der Erfassung des Ganzen besteht.

Einer der meistdiskutierten und interessantesten Aspekte des Lebens Mores ist seine Beziehung zu Descartes. Er war einer der ersten in England (oder sonstwo außerhalb des Mersenne-Kreises in Paris), der dessen Wichtigkeit und Originalität erkannte. Wahrscheinlich waren die 1644 erschienenen *Principia Philosophiae* die erste Schrift Descartes', mit der More in Verbindung kam. Sie brachten More dazu, Descartes aufgrund der bei ihm zu findenden Vorrangstellung des Intellekts, weiterhin wegen der Gottesbeweise, des Geist-Körper-Dualismus und der Unsterblichkeit als einen zuhöchst willkommenen Verbündeten im wachsenden Kampf gegen Skeptizismus und Atheismus anzusehen. Aber seine frühe Begeisterung wich und wandelte sich in den unmittelbaren Jahren nach Descartes' Tod zu einer offenen Gegnerschaft. More erkannte gravierende Unterschiede zwischen seiner und Descartes' Philosophie, die in entscheidenden Punkten niemals überbrückt werden könnten.

Einer dieser Unterschiede besteht darin, daß More niemals Descartes' Streben nach, ja vielleicht sogar seine Verpflichtung zu demonstrativer Gewißheit in allen Forschungsbereichen akzeptieren konnte. Indem er den Maßstab so hoch anlege, müsse Descartes sein eigenes Ziel verfehlen. Beide waren zudem uneins hinsichtlich der Bestimmung von Raum und Zeit. More begriff sie mit Nachdruck als absolut, nicht relativ und beharrte auf der Allgegenwärtigkeit Gottes. Darüber hinaus behauptete er, Descartes habe weder Bewegung noch Kraft in seiner Naturphilosophie zufriedenstellend erklärt – ein Fehler, den More als Konsequenz aus der mechanistischen Philosophie Descartes' ansah, die keinen Platz für den Geist in der Natur ließ. Denn obgleich More gewiß ein Dualist war, wies er den Dualismus Descartes', der dem Geist eine Ausdehnung absprach, entschieden zurück. Während Descartes jede physische Veränderung auf der Basis der Berührung von Materie und benachbarter Materie zu fassen versuchte und damit jedwede Bewegung zu einer durch Kontakt verursachten Verschiebung erklärte, hielt More an einer Ontologie der feststehenden Materie sowie des ausgedehnten, aber nicht-feststehenden Geistes fest. Der Vitalismus Mores war so ausschlaggebend für seine Philosophie, daß er, obwohl er anfänglich große Bewunderung für Descartes' Werk zeigte, es später ablehnen mußte. Das Leitmotiv der Ontologie Mores – und später auch derjenigen Cudworth' – war dieser vitalistische Geist. Plotin drückte diesen Gedanken aus, wenn er sagte, daß die Seele „überall hingelangen muß und es keinen Ort geben darf, wo ihre Wirkungskraft nicht ist" (*Enn.* III, 8, 5). Die Argumente und Belege zur Rechtfertigung dieser Ontologie wurden jedem Gebiet des menschlichen Wissens entlehnt und in jeder philosophischen Prosaschrift Mores ausführlich dargestellt.[7] Diese Auffassung, die ihn so eng mit Cudworth verband, ist sehr dem Standpunkt verwandt, den Leibniz später einnahm. Sie widersprach heftig der Grundidee des Cartesischen oder Hobbesschen Mechanismus, die von Anfang an bestimmt war, eine unüberwindbare Hürde zwischen More und Descartes aufzurichten.

Der Name 'Leibniz' soll daran erinnern, daß eine unmittelbarere und interessantere Verbindung zwischen ihm und den Cambridge-Platonikern besteht, als bisher berücksichtigt. Um der Geschichte ein wenig vorzugreifen, sei an dieser Stelle erwähnt, daß eine Person, deren Metaphysik und Ontologie stark von More beeinflußt wurde, Anne Conway war. Ihr Briefwechsel avancierte zu einer wichtigen Quelle für die Schule von Cambridge (vgl. *The Conway Letters*). Conways einziges Buch, *The Principles of the Most Ancient and Modern Philosophy* (1690), machte sie zur Anwältin für eine neuplatonische Philosophie, die viele Veränderungen in der natürlichen Welt aufgrund eines vitalen, aktiven Prinzips zu erklären versuchte, das vergleichbar, wenn nicht sogar identisch, mit dem Prinzip Mores und Cudworth' war. Vielleicht durch den Einfluß Francis Mercury van Helmonts, den er 1671 kennengelernt hatte, erfuhr Leibniz von der Philosophie Conways,[8] die sich – was von

[7] Mit Blick auf Mores Ontologie sind die wichtigsten dieser Schriften *A Collection of Several Philosophical Writings* und *Enchiridion Metaphysicum*.

[8] Van Helmont verbrachte zwischen Oktober 1670 und dem Jahre 1679 viel Zeit in Lady Conways Dorf Ragley in Warwickshire. Er lernte Leibniz auf einer Stippvisite in Deutschland kennen. Henry More war ständiger Gast in Ragley Hall und hatte Anne

Bedeutung sein mag – über die aktiven Prinzipien hinaus des Begriffs der Monade bedient und vielleicht im System Leibniz' ein Echo findet.[9]

Atheistischer Materialismus

Bevor wir die Philosophie der Cambridge-Platoniker weiter erforschen, ist ein kurzer Exkurs erforderlich. Wir erwähnten bereits den Aufschwung der epikureischen Philosophie und die Namen zweier ihrer Vertreter, Gassendi und Hobbes, doch wir haben es hier mit einem Gegenstand zu tun, der nach weiterer Beleuchtung verlangt, wenn wir die Bedeutung der Schule von Cambridge im England des 17. Jahrhunderts erfassen wollen.

Was auch immer Hobbes' eigentliche Einstellung zu der großen Frage nach der Existenz Gottes oder der Wahrheit des Christentums war – und diese Einstellung ist sicherlich nicht leicht auszumachen[10] –, es gab genug Leser, die ihn des Atheismus bezichtigten, um ihm das Leben schwerzumachen.[11] Die Meinung der Ankläger kann in wenigen Sätzen zusammengefaßt werden: Hobbes sei Materialist; er glaube, daß nur Körper existierten.

Vor dem Hintergrund dessen, was wir bereits über die Cambridge-Platoniker wissen, überrascht es uns nicht, daß sie Hobbes' Bild des Universums für vollkommen inakzeptabel hielten. Obwohl sie gegen die Naturphilosophie als solche nichts einzuwenden hatten – ja, sie begrüßten sie sogar –, war der Materialismus in seinen verschiedenen Formen der Erzfeind all dessen, wofür sie einstanden. Wie nicht anders zu erwarten, war es Hobbes mehr als jeder andere Denker, der Zielscheibe ihrer Angriffe wurde.

Im Jahr nach der Veröffentlichung des *Leviathan* publizierte More sein erstes großes Prosawerk, *An Antidote against Atheisme*. Die Hauptthese gründet auf „the eternal Characters of the Mind of Man and the known *Phæ-*

Conway durch ihren Bruder, John Finch, dessen Tutor More in Cambridge war, kennengelernt. Sie war schon sehr früh eine rege und bewundernde Leserin der Dichtung Mores. Ihre Korrespondenz und ihre Treffen fingen 1650 an und setzten sich bis zu ihrem Tode 1679 fort.

9 Zu einer aktuellen Diskussion dieser Frage sowie Leibniz' Beziehung zu van Helmont vgl. Coudert, bes. Kap. 2.

10 Jede glaubwürdige Darstellung von Hobbes' Religiosität (oder dem Fehlen derselben) muß die Tatsache berücksichtigen, daß er allein im *Leviathan* die Bibel ungefähr 700mal zitiert!

11 1669 wurde im Parlament ein Antrag eingebracht (über den allerdings niemals abgestimmt wurde), dem gemäß Hobbes zusammen mit anderen wegen Blasphemie angeklagt werden sollte. Dieses Verbrechen wurde damals mit dem Tod bestraft. Der achtzigjährige Hobbes war laut Aubrey so besorgt, daß er einige seiner Manuskripte verbrannte.

nomena of Nature“ (More 1652) und beruft sich auf eine platonische Epistemologie. Sie weist die Theorie des Geistes als einer *tabula rasa* zurück und appelliert auf bald mehr, bald weniger durchdachte Weise an die Entdekkungen der Naturwissenschaften und unser Allgemeinwissen von der Welt. Wir tragen in uns die Idee einer Gottheit, die nur mittels der Annahme eines angeborenen Wissens erklärt werden kann, das selbst wiederum durch apriorisches Wissen im Bereich der Geometrie und anderer Disziplinen offenkundig wird.

More zeigt seine Orientierung an den zeitgenössischen Entwicklungen in der Naturphilosophie, indem er in späteren Ausgaben Robert Boyles *New Experiments Physio-mechanical touching the Spring and Weight of the Air* (1660) zitiert. Boyle liefert Belege dafür, daß die Luft aktive sowie passive mechanistische Elemente enthält – eine These, die für Mores Erklärung, wie der Geist in der Natur denkbar ist, wesentlich ist. Seine Methodologie, wenn auch nicht seine Metaphysik, stimmte weitgehend überein mit der neuen Bewegung in der Naturphilosophie, und dies wurde ihm selbst wie auch Cudworth dadurch bestätigt, daß sie Gründungsmitglieder der Königlichen Gesellschaft wurden. In seinen späteren Werken, die eine Vielfalt von Themen behandeln, bezieht sich More ständig auf Argumente der Naturphilosophie und von ihr untersuchte Phänomene, um seine neuplatonische Ontologie entsprechend zu untermauern. Wesentlich für diese ist die Behauptung, daß der Geist aktiv und die Materie – die rohe, nackte Materie – passiv ist.

Mit Ralph Cudworth' *The True Intellectual System of the Universe* (1678) erreichen wir den Zenit der Cambridge-Schule. Trotz der beachtlichen Länge dieser Schrift ist ihre Botschaft in gewisser Weise sehr einfach. Sie lautet, daß die wahre Erklärung des Universums in einem Atomismus besteht, der jedoch zusätzlich eine formende Natur erfordert. Laut Cudworth war das Problem, von dem er ausging, das der Widerlegung des Determinismus. Er erkannte aber bald, daß er zu diesem Zweck bei der Widerlegung des Atheismus ansetzen mußte, und zwar indem er demonstrierte, daß materialistische atomistische Theorien allein niemals zur Erklärung der Phänomene ausreichten. Somit stand er – wie More – in der Tradition Platons und der Neuplatoniker.

Die einzige Arbeit Cudworth', die zu seinen Lebzeiten veröffentlicht wurde, kontrastiert in stilistischer Hinsicht stark mit derjenigen Mores. Was More betrifft, so sind seine Gedichte voller Anspielungen auf klassische Quellen, wohingegen seine Prosa verhältnismäßig schwach mit literarischen Anspielungen bestückt ist. Folglich fragten sich die Leser, die niemals seine Gedichte zu Gesicht bekommen hatten, ob es sich bei ihm wirklich um den bedeutenden Schüler der Neuplatoniker handelte, wie immer behauptet wurde. Diejenigen, die sich die Mühe machen, seine Gedichte zu lesen, zweifeln nicht daran. Bei Cudworth hingegen braucht es nur ein paar Seiten, um seine Herkunft unzweifelhaft zu erkennen: Alle wichtigen und viele der unbedeutenderen Denker der platonischen Schule tauchen immer wieder auf, ebenso ihre Widersacher und die Kirchenväter. Cudworth' Behandlung des antiken Wissens war so umfangreich, daß Locke sie später als eine Geschichte des antiken Atomismus empfehlen sollte (vgl. Locke).

Um sein Ziel zu erreichen, wünschte Cudworth, wie vor ihm bereits More, die Genealogie des Atomismus bestmöglich aufzuzeigen. Der Atomismus war sicherlich älter als das griechische Denken, das ihn wesentlich verdorben hat, und stammt höchstwahrscheinlich von Moses. Cudworth unterscheidet zwischen zwei Formen von Atomismus, dem atheistischen körperlichen oder 'hylozoistischen' Atomismus einerseits und dem mosaischen Atomismus andererseits, der theistisch geprägt ist und eine formende Natur voraussetzt, die den materiellen Wandel bewirkt. Dieser mosaische Atomismus gehört zur Lehre der *prisca theologia*. Er rückte Theologie und Naturphilosophie so nah aneinander, daß sie miteinander verschmolzen.

Diese Skizze des großen Systems Cudworth' genügt hoffentlich, um zu zeigen, daß seine Ansichten den Entwicklungen in den Naturwissenschaften nicht unbedingt zuwiderliefen. Sie waren nicht nur mit ihnen vereinbar, sondern förderten ihre Entwicklung geradezu. Folglich konnte Cudworth' philosophische Theologie, sprich: sein Platonismus, mit den Entwicklungen in den Naturwissenschaften harmonieren, die von seinen Kollegen in der Königlichen Gesellschaft vorangetrieben wurden – und sie tat dies auch. Einige stimmten seiner Ontologie in der Tat recht freimütig zu. Zu ihnen gehörte Joseph Glanvill, der mit einigem Recht als der inoffizielle Philosoph der Königlichen Gesellschaft in ihrer Anfangsphase betrachtet werden darf.[12] Glanvill sammelte zusammen mit More Beweise für die Existenz von Geistern, auch für Hexerei,[13] und betrachtete die neuplatonische Ontologie als eine, die die natürliche und religiöse Welt erklärte, der er sich ganz verpflichtet hatte.

Aber nirgendwo ist der Einfluß der Schule von Cambridge besser illustriert als im Werk des bedeutendsten Naturphilosophen der Zeit, Isaac Newtons. Er *bediente* sich nicht nur der Philosophie der Cambridge-Platoniker, sondern *eignete* sie sich auch in weiten Teilen *an*. Heute ist wohlbekannt, daß Newton sein eigenes System auch als einen Beitrag zur Wiederbelebung besagter *prisca theologia* verstand. Es sind in erster Linie seine Manuskripte, nicht seine veröffentlichten Arbeiten, die sein Verständnis der natürlichen Welt als Beitrag zur Verdeutlichung der antiken Weisheit offen-

[12] Vgl. Glanvill 1661; 1665; 1668; 1671.

[13] Seine Arbeit (1681) wurde zusammen mit dem Brief „With a letter of Dr Henry More on the same subject" veröffentlicht.

legen. Als Student las er ausgiebig mit nachhaltiger Wirkung Henry More.[14] Die vielleicht offenkundigste Verbindung bestand in der gemeinsamen Überzeugung von einem absoluten Raum und einer absoluten Zeit, die beide in der Allgegenwärtigkeit Gottes begründet sahen. Mores Erklärung von Raum und Zeit, die aus dem *Timaios* schöpft, wird von Newton im *Scholium Generale* der *Principia* begeistert geteilt: Der wahre Gott sei „ewig und unendlich, allmächtig und allwissend, das heißt, er währt von Ewigkeit zu Ewigkeit und ist da von Unendlichkeit zu Unendlichkeit ..." (Newton, *Philosophia naturalis* 544f.).

Obwohl in seinen veröffentlichten Arbeiten nicht ohne weiteres ersichtlich, war Newton auch von Cudworth geprägt (vgl. Popkin 1992, 172–188). Aber sogar in seinen veröffentlichten Werken offenbart uns Newton gelegentlich sein neuplatonisches Vorverständnis. Am Ende seiner *Optik* beispielsweise grübelt er über die atomistischen Grundlagen der Materie nach und schreibt ihr die von More und Cudworth her bekannten aktiven Prinzipien zu, wie z. B. die Schwerkraft und die Ursache der Gärung und der Kohäsion der Körper (401).

Newtons Integration dieser aktiven Prinzipien bedeutet nichts anderes, als daß er die neuplatonische Ontologie übernimmt. Ebenfalls im *Scholium Generale* der *Principia* erwähnt er „ein gewisses äußerst feines immaterielles Prinzip [spiritus], das dichte Körper durchzieht und in ihnen verborgen ist; durch dessen Kraft und Einwirkung ziehen Teilchen der Körper sich auf kleinste Entfernung wechselseitig an und hängen zusammen, nachdem sie in Berührung gebracht sind ..." (547). Dies ist nur ein Vorgeschmack von Newtons Rezeption der platonischen Philosophie, über die schon viel geschrieben wurde.[15] In diesem Zusammenhang geht es mir allein darum zu verdeutlichen, wie Platon und die Hochphase der Naturwissenschaft im 17. Jahrhundert in der Denkweise einer Person miteinander verknüpft sind, deren Erklärung der natürlichen Welt den Weg in das Zeitalter der Aufklärung bereitete. Sicherlich gibt es auch Unterschiede zwischen Newton und den Neuplatonikern. Einer der wichtigsten besteht darin, daß Newton die platonische Epistemologie der angeborenen Ideen zugunsten eines Lockeschen Empirismus zurückwies (vgl. Rogers 1979). Aber in seinem Bekenntnis zum absoluten Raum und zur absoluten Zeit sowie in seinem Versuch, eine sinnvolle Ordnung in den vielen Naturkräften zu entdecken, kehrt er immer wieder zur neuplatonischen Ontologie zurück.

Außerhalb von Cambridge ist die Wirkung der Schule nicht so offensichtlich, wie man anzunehmen geneigt sein mag. Nicht jeder Naturphilosoph

[14] Vgl. McGuire/Tamny. Dieses Buch reproduziert Newtons Notizheft aus der Studentenzeit und bietet einen ausgiebigen Kommentar.

[15] Vgl. McGuire/Rattansi; McGuire; Figala und Dobbs.

dieser Zeit war Platoniker. Aber zumindest in England teilte die überwiegende Mehrheit von ihnen mit den Männern aus Cambridge den Glauben, daß die Naturwissenschaften für die Religion eine Hilfe und nicht ein Hindernis seien. Als Newton an Richard Bentley schrieb, der gerade dabei war, die erste der Boyle-Vorlesungen vorzubereiten, welche insbesondere die Bedeutung der Naturphilosophie für die Religion aufweisen sollte, begann er mit den Worten: „Als ich meine Abhandlung über unser System schrieb, achtete ich besonders auf die mögliche Wirkung solcher Prinzipien auf den menschlichen Götterglauben ..." (*Correspondence* III, 233). Dies war ein Thema, das vollkommen in Einklang stand mit Boyles eigenen Zielen und denen vieler anderer. Die institutionelle Stärke der Naturwissenschaften in England im ausgehenden 17. Jahrhundert wurde maßgeblich durch die ihnen zugeschriebene Verbindung mit der Theologie und keineswegs durch den Gegensatz zu ihr ermöglicht. Obwohl im 18. Jahrhundert nur wenige Wissenschaftler in England der Metaphysik der Cambridge-Platoniker folgten (woanders hingegen und vielleicht besonders in Deutschland lagen die Dinge durchaus anders), gab es bereits im Todesjahr Newtons, 1727, eine Beziehung zwischen Naturwissenschaft und Theologie, die stark genug war, um einen Schutz sowohl vor dem einheimischen Deismus als auch dem reimportierten französischen Materialismus zu bieten. Es ist eine Ironie der Geschichte, daß, wenn sich Newton und Leibniz in ihrem bekannten Streit über den Kalkül nur weiter aufeinander eingelassen hätten, sie mehr Gemeinsamkeiten entdeckt hätten, als sie jemals vermutet haben.

MARCEL F. FRESCO

PLATONISMUS BEI HEMSTERHUIS. DREI *CAPITA SELECTA*[1]

I. Vorbemerkungen

1. Frans Hemsterhuis

Der friesische Niederländer Frans Hemsterhuis (1721–1790), Sohn eines berühmten Altphilologen, machte sich als Philosoph vor allem in Deutschland einen Namen, obwohl er erst spät und nur wenig veröffentlichte. Herder, der Holland um 1769 besuchte, ist ihm wahrscheinlich schon damals begegnet, hat jedenfalls seine kleine Schrift *Lettre sur les désirs* spätestens 1771 gelesen und übersetzt. Jacobi kannte schon die wichtigsten seiner bis 1780 publizierten Werke, bevor er ihn dann selbst kennenlernte. Der Bericht Jacobis über Lessings Begeisterung für Hemsterhuis' Schriften war bekanntlich der Anlaß des Spinozismus-Streits zwischen Jacobi und Mendelssohn. In dem damals neuesten Buch von Hemsterhuis, dem *Aristée ou de la divinité*, glaubte Lessing, einen kaum getarnten Spinozismus zu erkennen, der ihn begeisterte.[2] Und bekanntlich hat seine Freundschaft mit der Fürstin Gallitzin (seiner Diotima), die seit 1779 in Münster lebte, zu persönlichen Verbindungen mit vielen Deutschen, etwa auch mit Goethe, geführt.[3]

Hemsterhuis' Philosophie war zum Teil eine *„common sense"*-Philosophie, die er dem Sokrates zuschrieb; sie stützte sich, so behauptete er, wesentlich auf die Naturwissenschaften, die er mit dem Namen 'Newton' belegte. Als Student hatte er sich hauptsächlich mit der neuen Naturwissenschaft und mit Mathematik befaßt. Diese Studien haben ihn zeitlebens gefesselt und sein Denken immer beeinflußt. Dieses Interesse war für ihn ganz natürlich

[1] Werke von Hemsterhuis werden, wenn möglich, nach der Gesamtausgabe von Meyboom (M I, M II und M III) zitiert, Brieffragmente nach den Manuskripten. Für die freundliche Genehmigung, diese zu benutzen und anzuführen, danke ich den zuständigen Bibliothekaren der Universitätsbibliothek Münster (UBM) und der Koninklijke Bibliotheek in Den Haag (KBH).

[2] Es ist merkwürdig, wie sehr die Sekundärliteratur die Bedeutung von Hemsterhuis in der ganzen Spinoza-Diskussion vergißt. Dessen Einfluß auch auf Herders *Gott* und Jacobis Hume-Schrift gilt es zu beachten. – Auf diese Diskussion geht die neue Ausgabe von Hammacher (noch im Druck) ein. Hinsichtlich der Spinoza-Rezeption bei Hemsterhuis s. Fresco, im Druck c und Hammacher 1996.

[3] Vgl. den ganzen zweiten Teil des Sammelbandes Fresco/Geeraedts/Hammacher (Hrsg.).

und im Sinne Platons: „μηδεὶς ἀγεωμέτρητος εἰσίτω". Ob seine Auswertung der Mathematik platonisch war, ist eine andere Frage.

Keiner der modernen Interpreten des Hemsterhuis zweifelt daran, daß in seinem Denken ein Platonismus wesentlich ist; die Meinungen gehen aber auseinander bei der Frage, ob es sich bei ihm um Platonismus oder um Neuplatonismus handelt. Selbst möchte ich zwar seine Beziehungen zum Neuplatonismus nicht unterschätzen; ich bin jedoch der Meinung, daß wir bei Hemsterhuis wesentlich Platonismus und nicht Neuplatonismus finden.[4]

2. Hemsterhuis und Platon

Daß Hemsterhuis Platon selbst gelesen hat, ist sicher. Die vielen Briefstellen, in denen er von seiner Lektüre spricht oder seine Freundin dazu auffordert, diesen oder jenen Dialog zu lesen, beweisen es zur Genüge. Und er hat, mehr als die meisten, die Texte im Original gelesen.

Auch daß Hemsterhuis den ganzen Platon kannte, ist ziemlich gesichert. Andererseits ist seine Vorliebe für das *Symposion* und den *Phaidros* offensichtlich, also genau die beiden Dialoge, die die Kunst des Dichters Platon in reifster Blüte zeigen. Und eben in diesen beiden Dialogen ist die „Lehre" des Eros, die Frage nach dem Wesen der Liebe und ihrer Bedeutung für den Menschen und Philosophen, ein Hauptanliegen.

Das ist ein klarer Hinweis; trotzdem wird Hemsterhuis seinen Platon anders gelesen haben, als wir es aufgrund dieser Daten erwarten könnten. Es ist ihm manche Platoninterpretation und mancherlei Platonismus vorangegangen, die ihn beeinflußt haben müssen.

Whitehead hat das berühmte Wort geprägt, daß die gesamte Philosophiegeschichte eigentlich nur eine Reihe von Fußnoten zu Platons Dialogen ist. Dies ist richtig, wenn man der Bemerkung Helmut Kuhns Rechnung trägt, daß diese Fußnoten meistens die Handschrift des Aristoteles verraten,[5] und wenn man nicht vergißt, daß in gewissem Sinne auch eine antiplatonische Philosophie als solche Anmerkungen verstanden werden kann. Nur wenn der Platonismus völlig vergessen wird, stimmt Whiteheads Bemerkung

[4] Man könnte auf eine Stelle in der *Lettre sur l'homme et ses rapports* (M I 148) hinweisen, die eine Reihe von neuplatonisch anmutenden Ausdrücken anführt. Sie werden dort alle der Schule des Pythagoras zugeschrieben, was, weil eben Neuplatonismus und Neupythagoreismus sich im späteren Altertum oft verbinden, ein Grund sein könnte, hier bei Hemsterhuis neuplatonische Ideen aufzuweisen. Nicht unberechtigt, aber ich habe selbst schon 1988 darauf hingewiesen, daß sich alles innerhalb eines platonischen Rahmens verstehen läßt: Fresco 1991. Vgl. die energische Stellungnahme von Vieillard-Baron 1995.

[5] Kuhn 665.

nicht. Das frühe 18. Jahrhundert, als Hemsterhuis jung war, war gewissermaßen eine solche Zeit. Jedenfalls wurde damals Platon nicht sehr ernst genommen und wenig gelesen.[6] Offenbar hat Hemsterhuis mehr Platon selbst als die allgemeine platonische oder neuplatonische Tradition in den Vordergrund gerückt. Er ist ein wichtiger Vertreter der erneuten Hinwendung zu Platon.

Seine Verwertung platonischer Gedanken war auch für seine Zeitgenossen offensichtlich. Bekannt ist das Wort Herders (in einem Brief an Hamann vom 2. Januar 1773, also als man ihn in Deutschland noch nicht allgemein kannte[7]), er glaube, zusammen mit ihm in einer Vorwelt bei Platon auf einer Hörerbank gesessen zu haben.[8] Jedoch hat dieser Haager Platon, der bald der *„Socrate batave"* wurde, mehr und andere Interessen gehabt, die mindestens die Auswahl aus dem platonischen Denken bestimmt haben müssen. Wenn er in Briefen behauptet, Aristoteles hätte offensichtliche Fehler vermieden, wenn ihm die moderne Naturwissenschaft Newtons gegenwärtig gewesen wäre, und Spinoza sei wenigstens insofern im Vorteil gewesen, als ihm einige Schimmer der modernen Naturwissenschaft bekannt gewesen seien, so muß ähnliches für ihn selbst zutreffen.

Die Hauptrichtungen des Denkens seiner Zeit waren andere: Empirismus, ja Sensualismus, Materialismus, und es gab den m. E. nicht authentisch platonisch ausgerichteten Cartesianismus – trotz einiger diesem Rationalismus eigenen Verwandtschaften mit platonischem Erbe. Und es gab, wie schon angedeutet, die moderne Naturwissenschaft Newtons. Wesentlich ist aber, daß bei Hemsterhuis die Bekanntschaft mit Platon unmittelbar war und sein Leben lang erhalten blieb.[9]

[6] Vgl. Wyttenbach, angeführt in Fresco 1995b, 116–117, und Vieillard-Baron 1988, 48.

[7] Vgl. aber Fechner in Fresco/Geeraedts/Hammacher (Hrsg.), 507–524.

[8] In einem längeren Brief vom 2. Januar 1773 schreibt Herder wörtlich: „Wenn Ihnen (vom jungen Hemsterhuis *viri dignissimi dignissimo filio*) *Lettre sur les desirs, Lettre sur l'homme et sur ses rapports, Lettres sur la sculpture* ... vorkommen, so lesen Sie sie, auch einige Mühe darüber würde Sie vielleicht nicht gereuen. Er ist, dünkt mich, mehr als Diderot der Philosoph, soll eben so stark in der Mathematik seyn und unter andren ganz Anti-Newtonische Offenbar. in der Optik unter der Hand haben, die diese ganze Wißenschaft verändern, (was mir Futter für die Seele wäre) sonst aber kein *professionarius* sondern erster Sekret. der Staaten in Holland und also ein wichtiger Mann. Mir hat der Mann gedünkt, als ob wir in Platons Vorwelt zusammen auf einer Hörbank geseßen!" Nicht alle Details stimmen genau, aber Herder hat also schon im Januar 1773 faktisch alles, was Hemsterhuis bis zu diesem Zeitpunkt veröffentlicht hatte, gelesen. Die Erstdrucke stammen aus den Jahren 1770, 1772 und 1769. (Herder 74–75.)

[9] Auch Leibniz z. B. hatte schon früh Platon gelesen, sogar teilweise übersetzt, aber er ist bald über Platon hinausgegangen.

3. Hemsterhuis und Platonismus

Was hat Hemsterhuis, dem Mann des 18. Jahrhunderts, der Platonismus gebracht, was hat er außer acht gelassen, was hat er umgeformt, und wie hat er platonische Gedanken in seine oft nicht sehr platonische Denkweise integriert? Ist diese Integration gelungen, konnte sie gelingen, oder war sie von vornherein zum Scheitern verurteilt?

Wir wissen alle, was mit Platonismus gemeint ist, aber was Platonismus ist, wissen wir nicht. Es gibt jedoch ein *„corpus"*, das ich als eine *'Vulgata'* des Platonismus bezeichnen möchte und das sich aus einigen Hauptthemen und Thesen etwa aus dem *Phaidon*, dem *Symposion*, dem *Phaidros*, der *Politeia* und dem *Timaios* zusammensetzt. Ich möchte aus diesem „Kanon" nur einige Momente aufgreifen, eben die, welche mir für ein richtiges Verständnis der platonischen Aspekte der Philosophie Hemsterhuis' wichtig erscheinen.

Es ist zu einfach, ohne weiteres von einem Dualismus bei Platon zu reden. Aber die Auffassung, daß es eine Sinnenwelt und eine intelligible Welt gibt und daß der Mensch zwar, solange er an seinen Körper gebunden ist, der ersteren angehört, aber seinem Wesen – der unsterblichen Seele – nach nur in der „höheren" Welt wirklich zu Hause ist, also, von dem Dämon Eros geführt, als wahrer Philo-soph seine Sehnsucht nach dem Vaterhaus zu befriedigen sucht – eine solche „Zweiweltentheorie" ist platonisch und vielleicht das, was Hemsterhuis an Platon gefesselt hat.

Für Hemsterhuis sind zwei platonische Momente völlig selbstverständlich: die Existenz eines transzendenten Gottes und die Unsterblichkeit der Seele. Einen Gottesbeweis versucht er (z. B. in der *Lettre sur l'homme et ses rapports*, M I 111–112), einen Beweis der Unsterblichkeit kaum. Beide Überzeugungen sind ihm jedoch intuitiv gesichert. Sie stammen nicht aus einer göttlichen Offenbarung, die er in seiner *Lettre sur l'homme et ses rapports* als sinnwidrig ablehnt, und sie sind eigentlich auch keine philosophischen Vernunftwahrheiten, wie Descartes meint. Hemsterhuis war kein Christ und unterscheidet sich schon deswegen von früheren Platonikern aus Florenz oder Cambridge.

II. Drei *capita selecta*

1. Der Falter

Das griechische Wort „ψυχή" kann Schmetterling bedeuten, jedoch nicht bei Platon, und dies ist erst seit Aristoteles und Theophrast – aber nicht in relevantem Zusammenhang – belegt. Trotzdem konnte ein poetischer τόπος entstehen, der dem Geiste nach sehr platonisch wirkt. Der Mensch wird durch den Tod vom Körper befreit und kommt zum wirklichen Leben, wie der Schmetterling aus der Puppe kriecht und sein eigentliches Leben anfängt.[10] Wir finden ihn mindestens dreimal bei Hemsterhuis.

Erstens in der *Lettre sur l'homme et ses rapports*. Er behandelt dort den Zusammenhang von Seele und Körperwelt; er meint, die Seele erkennt erst durch die Vorstellungen, die sie von den Dingen außer sich hat, ihre eigene Existenz als davon verschieden. Und dies gelingt oft nicht. Daher zweifelt der Mensch. Aber (M I 99): „Versuchen Sie der Raupe das Glück, das ihr bevorsteht, zu beweisen; sie zweifelt und glaubt schließlich, daß Gott sie nur dazu bestimmt hat, über ein Blatt zu kriechen, an dessen Rändern zu nagen und sich am Ende für das Wohl eines andern aufzuzehren; während doch schon ihre Seele an ein physisches Prinzip gebunden ist, durch das sie bald durch die Lüfte flattern wird, von Blume zu Blume fliegen, vom Tau leben und in langen Zügen die reinsten Liebesfreuden genießen.“ [Prouvez à la chenille l'état de bonheur qui l'attend; elle doute, & finit par croire que Dieu ne la destine qu'à se traîner le long d'une feuille, à en ronger les bords, & à se consumer enfin pour le bien d'autrui; tandis que déjà son ame est attachée à un principe physique, qui dans peu de temps la fera folatrer dans les airs, voler de fleurs en fleurs, vivre de la rosée, & goûter à longs traits les plaisirs les plus purs de l'amour.]

Dieses Bild gebraucht Hemsterhuis in einem etwa vier Jahre später geschriebenen Brief.[11] Dort sagt er nicht ohne ironische Pointe, daß die meisten Menschen und Religionen ein Mittelding zwischen Glück und Unglück als den Gipfel der Glückseligkeit ansehen: ein angenehmes Leben, unmittelbares Vergnügen und gutes Essen. Eine wirklich große Seele aber „stürzt sich in die Philosophie, und wenn sie die einzige richtige und göttliche (Philosophie) wählt, die das Wahre zur Grundlage und zum Ziel hat, dann entwickeln sich alle ihre Reichtümer: Ihre kräftigen Flügel breiten sich aus. Die Welt und das Leid sieht sie weit unter sich, und weil sie in diesem Zustand ganz anderer Speise bedarf, ist es genau so unmöglich, daß sie zurückfällt, wie es für den Schmetterling unmöglich wäre, den Morgentau im Stich zu lassen, um zur groben Speise auf das Blatt zurückzukehren, das sah, wie er als Raupe geboren wurde.“ (... lorsqu'une Ame grande quitte le monde son premier motif est le même, mais aiant un presentiment du bonheur dont le germe est dans elle, elle ne pense pas à une barriere, elle se jette dans la philosofie, & si elle se choisit la seule bonne & divine qui a le vrai pour base & pour but, toutes ses richesses se developpent: ses fortes ailes s'etendent: elle

[10] Vgl. Fresco 1971, 43, 47–63, und Fresco, im Druck b.

[11] Dieser Brief an Diotima ist in zwei fast identischen Fassungen in der UBM erhalten, ein Entwurf in Kapsel 37, 1, 5 (Datum 5.2.1776), und der Brief selbst in Kapsel 18, 4, von anderer Hand (Diotimas?) (Dezember 1775) datiert.

voit loin au dessous d'elle le monde & le malheur, & comme dans cet etat elle a besoin d'une toute autre nouriture, il est aussi impossible qu'elle retombe, qu'il le seroit au papillon de quitter la rosée du matin, pour retourner à l'aliment grossier sur la feuille qui le vît naitre chenille.) Dies liest sich wie eine Umbildung der bekannten *Phaidros*-Stelle (246 f.); die ganze Denkhaltung ist unverkennbar platonisch.

Wie sehr ihm dieser Gedanke ernst ist, zeigt ein Brief an seine andere Freundin, Madame Meerman-Mollerus, viele Jahre später, nach schwerer Erkrankung geschrieben (KHB, datiert auf den 12. 9. 1788)[12]: „Ma Daphné Ma Chêre Daphné! je suis de retour. reconvalescent, mais pas retabli encore. s'il plaise à Dieu cela viendra. Je vien de loin. J'ai vû de prês ces celêbres portes là bas. Elles ne sont pas affreuses. Ceux qui ne peuvent regarder à travers, les calomnient horriblement. Le papillon qui fait son trou pour sortir de sa coque, parleroit plus sagement de la lumière qu'il entrevoit." (... Ich komme von weit her. Ich habe das berühmte Tor dort aus nächster Nähe gesehn. Es ist nicht erschreckend. Diejenigen, die nicht hindurchblicken können, verleumden es fürchterlich. Der Falter, der sich ein Loch macht, um aus seiner Hülle kriechen zu können, würde vernünftiger von dem Licht sprechen, das er zu sehn anfängt.) Also durch das Tor der Unterwelt hat er das Licht eines schöneren Lebens gesehen. Der Tod ist die Befreiung aus der körperlichen Hülle. Und wenn er den *Aristée* mit spinozistisch klingenden Thesen abschließt, so sehr, daß Lessing sie begeistert, wenn auch zu Unrecht, als tatsächlich spinozistisch auffassen konnte, so ist gerade hier Hemsterhuis sehr platonisch: Der Mensch muß sich von der sterblichen Hülle (dem stofflichen Äußeren, *écorce matérielle*) befreien, um sich zu vervollkommnen. „*Il faut la mort*" heißt es. Ich habe schon des öfteren gesagt, daß ich mich des Eindrucks einer unmittelbaren Beziehung zu Platons *Phaidon* nicht erwehren kann (M II 73–75).[13] Glück und Wissen erreicht der Mensch nur so. Trotzdem: Wenn er diese Lehre auf sich bezieht, dann freut der alte Philosoph sich, daß er noch nicht durch das Tor gegangen ist. Das zeigt schon die seltene doppelte Anrede in seinem Brief an Daphné.

Er hat selbst den Schmetterling als antikes Symbol für die Seele betrachtet, wie aus seiner Vignette beim *Aristée* und der Erläuterung dazu klar hervorgeht (M II 76): „Die Vignette, die sich am Anfang des Dialogs findet, ist eine Kopie eines geschnittenen Steins, der eine antike Urne darstellt, auf der drei Schmetterlinge sitzen. Sie weisen offensichtlich auf die Seelen derjenigen hin, deren Asche in der Urne ruht. Man muß sagen, daß die Alten, wo es sich um das Gefühl handelt, sehr ausdrucksvoll waren." ([La vignette] qui se trouve à la tête du Dialogue, est copiée d'après une

[12] Auch größtenteils in angepaßter Orthographie zitiert in M III 201.
[13] Vgl. z. B. Fresco 1995 a, 50 und Fresco 1995 b, 135 mit Anm. 85.

pierre gravée, qui représente une urne antique surmontée de trois papillons. Ils indiquent apparemment les ames de ceux dont les cendres reposent dans l'urne: il faut avouer que les anciens étoient extrêmement expressifs dans ce qui concerne le sentiment.[14])

2. Verlangen, Liebe, Freundschaft[15]

Mein zweites *caput selectum* hängt eng mit meinem ersten Beispiel zusammen. Hemsterhuis' erste wirklich philosophische Schrift, die kleine *Lettre sur les désirs*, wurde sofort als platonisch aufgefaßt. Herders Begeisterung habe ich schon erwähnt. Die Hauptthese ist (M I 67): „... daß die Seele naturgemäß ihr Wesen so vollkommen und vollständig wie möglich mit dem Wesen desjenigen, nach dem sie verlangt, zu vereinigen sucht." (... que l'ame cherche naturellement d'unir son essence de la façon la plus parfaite et la plus intime avec l'essence de l'objet qu'elle désire ...) Dazu ist die größtmögliche „Homogenität" absolute Voraussetzung. Diese kann aber nie ganz erfüllt werden. Die erste Stufe dieser Verlangen ist das Genießen eines Kunstwerks, die zweite Stufe ist Freundschaft, die dritte die sinnliche Liebe, die vierte und höchste Stufe die Liebe zu Gott (M I 54/55). Ein Kunstwerk jedoch ist materiell; ihm fehlt also die Homogenität mit der immateriellen Seele. Deshalb wirkt Kunst auf die Dauer negativ. Hemsterhuis spricht sogar von *„dégoût"*, Ekel, Überdruß.[16] Die Gleichartigkeit mit dem Freunde ist größer, genügt aber nicht. Warum sie grundsätzlich mangelhaft bleibt, läßt unser Philosoph im unklaren; die starken Gefühle können, wie er selbst bemerkt, viele Hindernisse überwinden. Und warum könnte nicht vollständige „Homogenität" zwischen zwei Seelen erreicht werden? In der geschlechtlichen Liebe kann man sogar, wenn auch nur vorübergehend, glauben, die Einheit sei erreicht. Aber dieser Eindruck täuscht. Trotzdem weist er in seiner Schlußbetrachtung (M I 67–68 Anm.) darauf hin, daß Pygmalion besser die in die lebendige Frau umgewandelte Statue lieben kann als das Kunstwerk aus Elfenbein.[17] Die höchste Stufe, die Liebe zu Gott, das

[14] Wie man die Vignette am Ende der *Lettre sur les désirs*, die zwei Schmetterlinge mit den Hinterseiten gegeneinander zeigt, interpretieren soll, ist mir unklar.

[15] Vgl. Hammacher 1971, 133–145.

[16] Er habe, behauptet er, seine *Lettre sur les désirs* geschrieben, um diese in der *Lettre sur la sculpture* nur vorgebrachte These zu untermauern. Im Grunde geht die *Lettre sur les désirs* aber viel weiter.

[17] Das Mädchen ist ja „homogener"; dies betont er selbst etwa 10 Jahre später im *Aristée* (M II 40). – Das Pygmalion-Thema war allgemein bekannt (s. Fresco 1995b, 101). Man sollte dennoch bemerken, daß der Bildhauer Falconet, der Freund Diderots, mit dem Hemsterhuis, als jener zwei Jahre in Holland lebte (1778–1780), in

heißt, die geistige Anschauung des Großen Wesens, kennt diesen Abscheu nicht, denn wir bemerken keine absolute Unmöglichkeit der ersehnten Einswerdung. Die Homogenität scheint vollkommen zu sein. (Dans l'amour de Dieu, c'est-à-dire, dans la contemplation mentale du Grand Etre, il ne sauroit y naître du dégoût, puisque nous ne nous apercevons pas d'une impossibilité absolue de l'union désirée. L'homogénéité paroît parfaite.) (M I 55.)

In einem Anhang macht Hemsterhuis zwei interessante Bemerkungen, erstens (M I 71): Es sei völlig absurd, folgern zu wollen, daß Gott, eben weil er alles in einem Blick übersieht und also vollkommene Vorstellungen der Dinge hat, mit den Dingen identisch sei. Zweitens, wenn diese Einheit mit Gott also unmöglich ist, so bleibt doch, daß die Seele in ihrem Verlangen ihrer Natur gemäß die Einswerdung anstrebt oder (jedenfalls) eine immer weitergehende Annäherung, also wie eine Hyperbel sich der Asymptote immer mehr annähert, sie aber nie erreicht (M I 72).[18]

Wie sollen wir diese Bemerkungen verstehn? Wie platonisch sind sie? Die erste Schlußbemerkung könnte darauf hinweisen, daß Hemsterhuis einer spinozistischen Deutung seiner Auffassungen vorbeugen wollte. Die Folgerung würde tatsächlich nicht stimmen. Gott kann alles genießen, so scheint es, aber weil die Gleichartigkeit (Homogenität) zwischen Gott und den Dingen fehlt, führt sie auch nicht zur *„union"* (Einheit, Einswerdung). Gott ist für Hemsterhuis transzendent. Es ließe sich eher folgern, daß auch Gott auf Dauer der Welt gegenüber *„dégoût"* empfinden müßte. Es erübrigt sich, darauf hinzuweisen, daß Hemsterhuis über diese Möglichkeit schweigt.

Es gibt also eine Analogie mit der oben angeführten Bemerkung, daß die Seele von den Dingen verschieden ist, also zur „höheren" Welt gehört. Die Metapher der Asymptote korrigiert den Gedanken, daß die Seele mit der transzendenten Gottheit ganz gleichartig, homogen sei, also völlige Einheit erreichen könnte. Es sei darauf hingewiesen, daß Hemsterhuis in seinem schönen Dialog *Aristée ou de la divinité* die annähernde Vereinigung mit Gott durch zwei Bilder erläutert: Der Mensch muß sich wie ein Kahn vom göttlichen Strom, dem heiligen Fluß 'Ganges', oder wie ein Adler vom göttlichen Wind mitführen lassen. Das ist keine *unio mystica*, ist aber dem Geist Platons würdig.

enger Verbindung stand, 15 Jahre früher eine große Pygmaliongruppe aus Marmor geschaffen hatte, die heute (wieder) einen Ehrenplatz im Louvre hat. Hemsterhuis muß davon gewußt haben. Nebenbei gesagt: Als Wissenschaftler schätzte Hemsterhuis den Franzosen nicht sehr; er nennt ihn oft in seinen Briefen *„le Scholiaste"*, offensichtlich pejorativ, etwa „der Pedant".

[18] Dalberg verwendet das Bild des Asymptotischen ebenfalls, so laut Brummel, der 295 Dalbergs Text zitiert, offensichtlich unter dem Einfluß von Hemsterhuis. Das möchte ich nicht bezweifeln, nur frage ich mich, ob es schon vor Hemsterhuis ein *topos* war.

Damit stoßen wir auf eine wichtige Interpretationsfrage in bezug auf Platon. Für einen – oft neuplatonisch angehauchten – Mystiker ist die Einigung mit dem Höchsten Einen, mit Gott, grundsätzlich, wenn auch nur sehr selten, möglich: Dies ist eben die *unio mystica*. Alles ist ja aus diesem Einen hervorgegangen. So ist es bei Platon aber nicht. Im *Timaios* wird die Theorie aufgestellt, daß ein Demiurg nach dem Vorbild der Urformen (der sogenannten platonischen Ideen) die Welt gründet. In der *Politeia* ist die Idee des Guten etwa das vollendet Transzendente, das noch einen ganz anderen Rang hat als die schon transzendenten Urformen und die unsterbliche Seele, wohl aber die Möglichkeit der Welt, vielleicht sogar der beiden Welten (des νοητὸς τόπος und des ὁρατὸς τόπος) stiftet. Die Seele eines Menschen kann sich zwar nach dem *Phaidros* im Gefolge der Götter (Plural!) zeitweise über das Himmelszelt erheben, auf „dem Rücken des Himmels" stehen und dort diese Urformen anschauen, sie verliert bald wieder die Fittiche, stürzt hinunter und erinnert sich im günstigsten Fall mehr oder weniger an das, was sie dort gesehen hat. Das Verlangen, der Eros, führt zwar im *Symposion* die Seele so weit, daß sie plötzlich das Wertvolle an sich (τὸ καλὸν αὐτὸ καθ' αὐτό) anschauen kann, weiter kommt sie jedoch nicht. Verbindung mit Transzendentem, das heißt Erkenntnis von Transzendentem, ist, wenn auch schwierig, nach Platon erreichbar, aber Einswerdung offenbar nicht.

Neuplatoniker und moderne Interpreten weisen immer auf eine bekannte Stelle aus dem *Theaitetos* (176 a) hin. Dort spricht Sokrates von der ὁμοίωσις θεῷ, also der Gleichwerdung mit Gott.[19] Man muß aber beachten, daß es heißt κατὰ τὸ δυνατόν, also gottgleich werden, soweit es möglich ist. Dies ist eine wichtige Einschränkung. Sonst stimmt der Zusammenhang: Das Böse, das Schlechte, die Übel können in dieser phänomenalen Welt nie wirklich vernichtet werden; daher muß man fliehen, und die Flucht ist eben die Annäherung an (einen) Gott, soweit es möglich ist.

Ich interpretiere also den Anhang der *Lettre sur les désirs* so, daß Hemsterhuis die scheinbar behauptete Homogenität von menschlicher Seele und Gott genauer erläutert; die Seele glaubt an diese Homogenität, das hatte er behauptet, nicht, daß, was der Seele so zu sein scheint, auch so ist. Unsterblich ist die Seele für Hemsterhuis, wie bei Platon, und insofern gottähnlich.

Die Seele sehnt sich grundsätzlich nach dem Wertvollen. Diese Sehnsucht zerlegt er in verschiedene *„désirs"*. Das Schöne eines Kunstwerks ist wertvoll, Freundschaft ist wertvoller, Liebe ist noch wertvoller, aber Gott ist das einzig wirklich Wertvolle. Die Seele ist zwar beschränkt und unvollkommen, aber sie kann sich weitgehend vervollkommnen, weit-

[19] Der Einfachheit halber frage ich nicht, ob wir hier die Vokabel „Gott" in unserem modernen monotheistischen Sinne auffassen dürfen. McDowell übersetzt: „like a god".

gehend, nicht ganz. Mir scheint eine solche Auffassung sehr platonisch und bei allem Unterschied mit der von Platon im *Symposion* aufgeführten Skala verwandt zu sein: Das Verlangen nach dem einen schönen Körper soll dazu führen, daß man das Schöne in allen schönen Körpern erkennt; dann folgt das Verlangen nach einer schönen Seele, und endlich – wie schon gesagt: plötzlich – erblickt man das Schöne an sich (210–211). Ich brauche nicht darauf hinzuweisen, daß das griechische Wort καλόν nicht nur „schön" bedeutet, sondern das wesentlich positive Wort ist, vielleicht sogar umfassender als ἀγαθόν.

Eine Antwort ist uns Hemsterhuis schuldig geblieben. Warum ist die Freundschaft die zweite Stufe und nicht die dritte, nach der geschlechtlichen Liebe? Ich wage eine „psychologische" Hypothese. Für ihn persönlich war die Täuschung wertvoller als die „platonische Liebe". Vielleicht hat er indirekt in dem später geschriebenen Dialog, dem *Aristée*, diesen unausgesprochenen Gedanken zurückgenommen. Die Liebe zur korinthischen Hetäre bringt *„désordre"* und Unglück (M II 41), die Liebe zum athenischen General (M II 38) könnte geistig gemeint sein, und dann ein Beispiel der *„celeste amitié"*, von der die sinnliche Liebe nur *„une apparence trompeuse"* ist.[20] Außerdem wollte er im *Alexis II* (siehe unten) zeigen, daß die größte Freundschaft zwischen Menschen unvollständig, das heißt asymptotisch, bleibt.

Mutet die *Lettre sur les désirs* auch platonisch an, sie enthält doch eine wichtige Transformation platonischer Gedanken. Ich hebe zwei Momente hervor. Erstens betont Hemsterhuis schon im Titel den Plural *„les désirs"*, meint also nicht, daß es sich eigentlich um *einen* Eros handelt wie bei Platon, obwohl die Behandlung sonst weitgehend analog ist. Diese *„désirs"* sind auch nicht ein dämonisches Wesen, das den Philo-sophen führt. Und wenn er in der Widmung eines Dialogs an seine Diotima von Eros spricht, so ist dieser wieder der große Gott, für den jeder ihn immer gehalten hat. Er hat einen Altar, und im ersten *Alexis* wird dem Eros ein Opfer der Dankbarkeit versprochen. Zweitens – und dies ändert sich in seinen weiteren Schriften oder Briefen nicht – fehlen die transzendenten platonischen Formen (Ideen). Seine Philosophie weist zwar einen gewissen Dualismus auf, und der ist nicht cartesisch, wie man manchmal glaubt, aber er ist auch nicht restlos platonisch. Er kennt nur eine Welt, in der der Mensch sich zurecht-

[20] *„... ⟨U⟩ne apparence trompeuse de la celeste amitié ..."*, sagt er in einem spätestens Anfang September 1776 geschriebenen Brieffragment (UBM Kapsel 18, 30, 2). In einem Brief vom 30. September 1776 (UBM Kapsel 18, 40) arbeitet er diese selbstlose *„amitié"* breit und etwas pedantisch aus: Sein Verhältnis zu der Fürstin ist endgültig auf diese *„celeste amitié"* beschränkt! Jetzt heißt sie „Diotime". – Siehe Fresco 1995b, 103–104 zur sapphischen Beschreibung dieses *„désordre"*, der sich auch körperlich auswirkt, und zum General ebd., 145–147.

finden muß – und dies gelingt dem Menschen wegen der Unzulänglichkeit seiner Erkenntnisorgane nur bedingt –, sonst gibt es nur noch Gott. Wie die Welt aussieht, weiß er nicht. Nur Materie kann sie nicht sein, aber so weit der Mensch blicken kann, erfolgt es doch nur durch die Sinne. Damit entfernt sich Hemsterhuis vielleicht weniger von Platon, als man meinen könnte, denn auch der ὁρατὸς τόπος, die Welt der Phänomene, ist ja für Platon nicht Schein, aber andererseits hätte Hemsterhuis ohne die neueren wissenschaftlichen und philosophisch-empiristischen Entwicklungen nicht so gedacht.

3. Sokratismus

Der *„Socrate batave"* hat sein Sokratesbild weitgehend den Werken Platons entnommen. In Briefen lobt er manchmal Platon mehr, weil er, der große Künstler, ihm die Gelegenheit biete, Sokrates kennenzulernen, als dessen eigene philosophische Leistung.[21] Er unterscheidet also zwischen Sokrates und Platon, wie auch wir es versuchen. Platon verdanken wir die dialogische Methode, die vielleicht echt sokratisch ist, vor allem in der maieutischen Form. Aus Briefstellen[22] geht hervor, daß Hemsterhuis den Dialog als die beste didaktische Methode betrachtet. Er weist auf den *Menon* hin, wo Sokrates den jungen Sklaven in die Geometrie einführt, indem er ihn selbst (scheinbar, meinen wir) den Satz des Pythagoras beweisen läßt. Diese Briefstellen geben dem Anfang seines ersten eigenen Dialogs, des *Sophyle ou de la philosophie*, einen Mehrwert. Es ist ihm ernst, wenn er dort sein *alter ego* ein Philosophieren ohne Bücher, ein Philosophieren mit der Unschuld der Kinder, befürworten läßt und sich dabei mit Emphase auf Sokrates bezieht. Das unermüdliche Suchen und Trachten nach Wahrheit ist zwar sokratisch, aber hier bleibt Hemsterhuis noch hinter den großen Vorbildern zurück.

Seine eigenen Dialoge sind weniger dialogisch als die sogenannten sokratischen Dialoge Platons; das trifft, wie bekannt, auch für Platons eigene spätere Dialoge zu.

Interessanterweise ist es bei Hemsterhuis umgekehrt. Sein letzter, unvollendeter Dialog, *Alexis ou du militaire*, ist nach meiner Meinung der, welcher sich am meisten mit den sokratischen Frühdialogen Platons vergleichen läßt. Dabei ist der Einfluß der maieutischen Darstellung Platons unverkennbar.[23]

Ich fasse einen Teil der Diskussion hier zusammen: Alexis will Offizier werden und bittet Diokles um Rat. Ach, du suchst Ruhm. Ja. Weißt du eigent-

[21] Fresco 1995b, z.B. 137 und 145.

[22] So an Diotima 3.10.1779 (KBH) und 15.12.1783 (UBM), teilweise angeführt bei Fresco 1995b, 133–135.

[23] Dieser Ansicht ist auch schon der erste Herausgeber, Boulan.

lich, was Soldatentum ist? Ist es ein Fach, eine Kunst, oder ist es eine gesellschaftliche Position? Beides, meint Alexis, und beides sagt ihm zu. Dann erörtert Diokles andere Künste, und leider stellt sich heraus, daß es eine unerfreuliche Parallele zwischem dem Arzt und dem Soldaten gibt. Beide entstellen Körper durch Schneiden, Amputieren, aber der Arzt beabsichtigt das Wohl des Kranken; das kann man von dem Mann in der Schlacht nicht sagen. – Jetzt kommt er näher auf den Ruhm zu sprechen. Was ist Ruhm? Es gibt zweierlei Ruhm, positiv und negativ, und man kann – wie die beiden Sophisten in Platons *Euthydemos*[24] – beide Bewertungen beweisen. Ruhm ist, daß die Leute eine gute Meinung von einem haben. Also nicht, was man ist, sondern, was man scheint, ist entscheidend. Vielleicht aber erscheint man eher gut, wenn man es auch ist, und dies wird ziemlich positiv ausgearbeitet.

So geht es lustig und ironisch noch eine Weile weiter. Leider ist nur ein schöner Torso geblieben. Aber daß Alexis über das, was er eigentlich will, nie richtig nachgedacht hat, das wird ihm ironisch und maieutisch zu Gemüte geführt. Eine Analogie mit dem (pseudo-)platonischen *Alkibiades I* drängt sich auf.

Andererseits geht aus einem Brief, den Hemsterhuis am 26. Januar 1790, also etwa ein halbes Jahr vor seinem Tode, geschrieben hat, hervor, daß er nicht beabsichtigte, den Dialog aporetisch oder einseitig zu beenden[25]: „Diokles müßte am Ende notwendigerweise in einen Abgrund kommen, der ihm aus sich heraus die Absurdität des Weges, den er genommen hatte, gezeigt hätte. An dieser Stelle wird der Dialog sehr metaphysisch. Alexis soll sich tüchtig verteidigen. Er soll Diokles die Widersinnigkeit seines Vergleiches zwischen der Liebe von Damon und Pytheas[26] und der Vereinigung von zwei Tropfen einer klaren Flüssigkeit vor Augen führen ... Er soll dies so gründlich tun, daß sich am Ende beide gezwungen sehen, zur tiefsten Untersuchung dessen zu kommen, was Individualität ist, und vollständig beweisen können, daß Individualität zur Essenz und zur Natur jedes Wesens, welches es auch sei, gehört ... Daraus läßt sich folgern, daß die Liebe oder die metaphysische Anziehungskraft eine ewige Annäherung bleibt und jegliche absolute Einswerdung unmöglich ist." (... Dioclès devoit necessairement donner à la fin dans un gouffre qui lui auroit fait voir de soi même, l'absurdité du chemin qu'il avoit prîs. C'est dans cet endroit que le dialogue deviendra três métaphysique. Alexis doit s'y defendre tout de bon. Il doit ac-

[24] Explizit im Text erwähnt.

[25] Aus diesem Brief scheint mir hervorzugehen, daß er einen längeren Text vor sich hatte, als wir besitzen.

[26] Er meint Phintias, denkt also an die vor allem durch Schiller bekannt gewordene treue Freundschaft, die den Tyrannen dazu brachte, der 'dritte im Bunde' sein zu wollen.

cuser Dioclès à son tour de l'ineptie de sa propre comparaison entre l'amour de Damon & de Pytheas, & entre deux gouttes d'une liqueur limpide. Il doit pousser têllement à bout, qu'à la fin ils se trouvent tous les deux obligés de donner dans la recherche la plus profonde de ce que c'est qu'*individualité* [Hervorhebung von Hemsterhuis] et qu'ils trouvent une démonstration parfaite 1° de ce que l'individualité est de l'essence et de la nature de tout Etre quel qu'il soit, et 2° que l'individualité de quelqu'Etre que ce soit, ne sçaurait subir la moindre alteration quelconque dans quelque catégorie qu'il seroit possible de supposer. Il s'ensuit ou s'ensuivra de là que l'amour ou l'attraction métaphysique est une approximation absolument éternelle et que toute union absolue est impossible.) Dieser geplante Inhalt ist interessant. 1. Diokles, der die sokratische Rolle innehat, soll in Schwierigkeiten kommen, wie wir es sonst weder bei Platon noch bei Hemsterhuis finden. Vielleicht ist dies mehr sokratisch als die übliche Überlegenheit des Dialogführers. 2. Die Grundgedanken der *Lettre sur les désirs* bleiben erhalten, und zwar so, daß mir abermals die Auffassung platonisch, nicht neuplatonisch zu sein scheint.

Abschließend erhebt sich die Frage: Ist Hemsterhuis ein Platoniker? Im strengsten Sinne wohl nicht; aber dann gibt es kaum Platoniker. Er hat mit zum Teil ganz anderen Voraussetzungen, vor allem erkenntnistheoretischer Art, wertvolle platonische Elemente in seine Philosophie aufgenommen. Er hat dies ganz bewußt getan und dieses platonische Erbe erfolgreich in sein undogmatisches Denken integriert. Dies wirklich nachzuweisen würde den Rahmen dieses Beitrages sprengen. Aber es dürfte mir, so hoffe ich, gelungen sein zu zeigen, daß bei Hemsterhuis wesentlich Platonisches vorhanden ist.

Klaus Hammacher

PLATON BEI JACOBI

Das erste Auffällige – im Unterschied zu Hemsterhuis' Bild von Platon – ist bei Jacobi, daß er nicht mehr im platonischen Stil Dialoge schreibt und sich dadurch in eine direkte Nachfolge zu stellen vorzugeben versucht, wie es das 18. Jahrhundert sonst vielfach getan hatte – man denke nur an Mendelssohns *Phädon* und Eberhards *Neue Apologie des Sokrates* im deutschen Sprachraum. Jacobi schreibt zwar noch Dialoge, ja denkt darüber hinaus im Dialog, nimmt hingegen Platon gegenüber schon eine Haltung ein, die dann im 19. Jahrhundert ausgestaltet wurde und im 20. Jahrhundert zur Selbstverständlichkeit geworden ist: die des reinen *Verstehens*, d. h. eine *'hermeneutische'* Erkenntnishaltung.

Diese spricht er auch in den Anfangspassagen der einzigen – im übrigen unvollendeten – Schrift aus, die sich ausdrücklich mit Platon befaßt und in deren Titel Platon auch namentlich vorkommt: *An Schlosser über dessen Fortsetzung des platonischen Gastmales*. Er spricht sie, wie häufig, mit einem Hamann entnommenen Bild aus: „aus dem Loch der Grube" zu philosophieren (1794, 66).[1] Gemeint ist damit, sich ein Denken im Verständnis anzueignen aus den Tiefen der eigenen Probleme, in denen man steckt und aus denen nur ein Denken herausführt, das von diesen ausgeht, nicht von einer Diskussion über Lehrmeinungen. Jacobi will damit also darauf hinweisen, daß er sich Platon über Probleme, die ihn selbst bewegten, angeeignet habe.[2]

Wir können das weitgehend mit dem gleichsetzen, was wir seit Anfang dieses Jahrhunderts mit *Problemgeschichte* meinen, nur daß Jacobi bei seiner Behandlung von Problemen eigenwillig einzelne Züge aus den von ihm herangezogenen Denkern herausgreift und in den eigenen Gedankengang einfügt. So hatte er es im Grunde schon in seinem berühmten Spinozabuch, *Über die Lehre des Spinoza in Briefen an den Herrn Moses Mendelssohn* getan, das den Spinozastreit hervorrief.[3] Das war ein Argumentationsverfahren, das man im

[1] Die Stelle ist Johann Georg Hamanns Brief an Jacobi vom 7. 1. 1785 im Brief vom 6. 1. 1785 entnommen (Hamann 314).

[2] Hamann hatte in dem o. a. Brief seine Anhänglichkeit an die Bibel ausgedrückt und das Bild von Jeremias, der mittels „zerrissener und vertragener alter Lumpen" aus der Grube gezogen wurde (*Jeremias* 38, 12 ff.), auf die heiligen Schriften selbst bezogen. Jacobi wendet es auf Platon an, der ihm so Hilfe bedeutet habe bei eigenen Problemen, trotz aller Kritik, die man an ihm üben könne.

[3] Eine historisch-kritische Ausgabe dieser Schrift in Jacobi, *Schriften zum Spinozastreit*.

18. Jahrhundert *eklektisch* nannte, das aber nach Bruckers *Historia critica Philosophiae* (vgl. Bd.IV/2, Praefatio, passim) gerade auf die Denker angewandt wurde, die wir heute „systematisch" nennen, nämlich etwa Descartes und Leibniz.

In diesem Sinn muß man es auch verstehen, wenn sich Jacobi einen *Platoniker* nennt.[4] Es gibt nämlich in einem Punkt zum mindesten eine fundamentale Abweichung von Platon, und die ist es gerade, die in der genannten Schrift im Mittelpunkt steht. Es ist die platonische Auffassung von der Liebe. Hier geht Jacobi von einer ganz anderen Liebesauffassung aus, der einzigen, die sich in der Philosophie neben der platonischen gebildet hatte und die dann immerhin anderthalb Jahrhunderte lang auch beherrschend geworden war: ich meine, die cartesianische Liebesauffassung.[5]

Nach ihr werden *Liebe* und *Begehren* deutlich voneinander unterschieden, was Jacobi in seiner Schrift noch ebenso tut (1796, 77, 82ff., 90f.), und die Liebe wird als eine rein geistige Verbindung aufgefaßt, während das *Begehren* (*désir*) nach Descartes grundlegend als ein Streben nach Vereinigung gekennzeichnet ist, das durch den Zeitbezug auf ein Zukünftiges als Mangel, der nach Befriedigung sucht, empfunden wird.[6] Mit der Begierde taucht danach erst jener Zug auf, den Platon mit der Abkunft des Eros von der Armut (πόρος) erfassen wollte.

Diese cartesianische Liebesauffassung wird auch in Jacobis Roman *Woldemar* selbstverständlich vorausgesetzt, und zwar in der Liebe des Titelhelden zu seiner Schwägerin Henriette, und konnte deshalb mißverstanden werden, als man Ende des 18. Jahrhunderts mit der aufkommenden Romantik diese die Gesellschaft des 18. Jahrhunderts noch beherrschende, aber dann gegen dessen Ende mit der Romantik unverständlich werdende Auffassung von der Liebe und den damit verbundenen zwischengeschlechtlichen Freundschaftskult nicht mehr nachfühlen konnte. Das hat dann Friedrich Schlegels Mißverständnis dieser Konstellation in Jacobis Roman in seiner berühmt-berüchtigten *Woldemarrezension* (1797) als ein „Dreiecksverhältnis" hervorgebracht.

Ich erwähne das hier, um die Bedeutung dieser ganz unplatonischen Auffassung von der Liebe bei Jacobi zu unterstreichen. Diese cartesianische Liebesauffassung steht nun auch im Mittelpunkt einer Schrift von Johann Georg Schlosser, *Fortsetzung des Platonischen Gesprächs von der Liebe*, auf die sich Jacobi in seiner oben genannten unvollendeten Schrift, d.h. genauer in den Briefen vom 25. und 28. April 1796 an Schlosser, aus denen sie besteht, und den dazugehörigen Notizen, bezieht.[7]

[4] Jacobi 1811, 151 (III, 383), 177 (III, 412), 199f. (III, 435f.), 209–211 (III, 446ff.), 216ff. (III, 454ff.); vgl. auch 1815, 29, Anm.

[5] Vgl. Hammacher 1984, LV ff.

[6] Vgl. Descartes, Art. 56, 57, 79–81, 86, 144.

[7] J.G. Schlosser, 1739–1799, war Goethes Schwager, der in zweiter Ehe mit Jo-

Schlosser hatte dort mit der ihm eigenen Herbheit – übrigens wie Hemsterhuis in Nachbildung eines platonischen Dialogs – Platons *Symposion* indirekt von der cartesianischen Liebesauffassung aus kritisiert. Er stellt ziemlich zu Anfang (20) fest, daß Sokrates und Diotima „zwei sehr verschiedene Dinge verwechseln, nemlich die Begierde nach dem was man liebt und die Liebe selbst" (s. auch 48).

Von den Argumenten für seine Auffassung seien nur die herausgehoben, an die Jacobi anknüpft. Das wichtigste ist die Beobachtung, daß man nichts anderes lieben kann, als was man schon hat (24). Das geht aus der cartesianischen Liebesauffassung hervor und wird mit sprachlichen Wendungen erläutert, wie: Man liebt die Ehre, Gewalt (54), den Ruhm (31), freilich auch das Essen und Trinken (45), aber das bedeutet doch immer – meint Schlosser –, daß man in einer bestimmten Verfassung ist, wenn man liebt: Man *genießt*; Liebe besteht also im Genuß (22, 31f., 44f.), und das heißt, auf „Gegenstände" bezogen, wenn man Vater, Mutter, das Vaterland liebt, daß man Genuß aufgrund einer Vollkommenheit in einem Verhältnis fühlt, an der man dabei Anteil hat (27, 44f.).

Jacobi sieht sich durch diese Kritik herausgefordert, nicht nur, weil er sich – wie oben gesagt – grundsätzlich als *Platoniker* verstand, sondern auch, weil er trotz der Übereinstimmung mit der von Schlosser vertretenen cartesianischen Liebesauffassung, die Jacobi auch entschieden in seiner Antwortschrift betont (etwa: „Liebe und Begierde sind allerdings wesentlich verschieden voneinander", 1796, VI, 90), bei Platon doch wesentliche Lehren findet, die seinem Denken – wie wir noch genauer sehen werden – entsprechen.[8] Das treibt ihn zu seiner produktiven Fortentwicklung des platonischen Denkens.[9]

hanna Fahlmer verheiratet war, die eigentlich eine Tante Jacobis, aber, da nahezu gleichaltrig, lange Jahre die vertraute Seelenfreundin der Brüder Johann Georg und Friedrich Heinrich Jacobi war.

[8] Jacobi hatte sich schon 1782 auf Platon zur Stützung seiner eigenen Wirtschaftspolitik berufen (77–79 – II, 381f.). Er zitiert dort eine Stelle aus dem 4. Buch von Platons *Staat* (425c10–426a4). Jacobi liest diese Stelle im Sinne der Freihandelslehre, die er als erster in Deutschland als Referent für das Zoll- und Meiereiwesen 1779 in Bayern auch praktisch durchzusetzen versucht hatte. (Vgl. dazu Hammacher/Hirsch 1993 und die aus dem gleichen Forschungsunternehmen des Landes Nordrhein-Westfalen hervorgegangene Dissertation von Hillemacher.) Jacobi hat sicher diese Stelle überinterpretiert. Was bei Platon als Macht der Gewohnheit vorgeführt wurde, die nicht durch Gesetz zu ändern sei, sondern nur durch Erziehung, wird von Jacobi als Geltung des Gesetzes des freien Marktes ausgelegt. Das widersprach freilich dem Text Platons wörtlich nicht.

[9] Ich habe sie früher aus einem mehr systematischen Blickwinkel als erste Entdekkung der *Intentionalität* affektiver Empfindungen herauszuarbeiten versucht; vgl. 1976.

Jacobi greift ein sprachliches Beispiel analog zu denen, die Schlosser gegeben hatte, in seinen Notizen zu seiner Antwort an Schlosser auf: „Ich liebe über alles die Jagd, heißt: ich finde meinen höchsten Genuß im Jagen", stellt er zunächst ganz übereinstimmend mit dem Gedankengang Schlossers fest, um dann aber fortzufahren: „Ich werde aber nie sagen im Jagen, daß ich jetzt liebe" (1796, 91) – womit er also das von Schlosser postulierte Verständnis der Liebe als Zustand sprachanalytisch widerlegt. Der Begriff des Genusses muß also anders gesehen werden, und dabei hilft ihm Spinozas Affektenlehre weiter: „Genuß und Vollkommenheit widersprechen sich. ... Genuß ist nur im Übergange von einem geringeren Zustande zu einem besseren" (1796, 92). Das war nahezu wörtlich Spinozas Definition der *Laetitia*.[10]

Nun hatte Schlosser durchaus gesehen, daß der Genuß bei uns Menschen immer sehr unvollständig sei, er redete deshalb auch nur von „Augenblicken der Liebe" (28). Solche Beobachtungen bleiben jedoch nach Jacobi an der Oberfläche, wie er grundsätzlich Schlosser auch in Fortführung des oben erwähnten Hamannschen Bildes vorhält, „von der Bühne" herab zu philosophieren (1796, 66). Ist der Genuß schon nur im Übergang erfahren, so erschließt sich die Liebe nur im Leben: „Wir können im Grunde nichts anderes lieben als unser Leben" (1796, 93). „Ein Leben ohne Streben, Tätigkeit, ist kein Leben" (1796, 78), heißt es weiter. Also: „Liebestrieb und Lebenstrieb sind Eins" (1796, 78).

Von dieser scheinbar so vitalistischen Aussage macht Jacobi dann den Absprung zur eigenen Bestimmung der Liebe, indem er fortfährt: „Alle endliche Wesen aber haben ihr Leben außer sich" (1796, 93/94).

Damit hat Jacobi Liebe als ekstatischen Zustand bestimmt, als Aufgeben des „Selbst" in der „Empfindung eines *Anderen*" (1796, 72), in der Hingabe (1796, 73), ja selbst als ein Außer-sich-Geraten, womit er Platon wieder erreicht zu haben glaubt, nämlich die platonische μανία (W III, 253). Ausführlich hat er das im 16. Brief des Allwill erläutert in Anschluß an den *Phaidros* mit genauerer Wiedergabe des Inhalts und teilweise wörtlicher Übersetzung.[11] So will Jacobi auch in der genannten Abhandlung die platonische Liebesauffassung in einem kühnen Bogen mit der cartesianischen verbinden, und zwar – problemgeschichtlich gesehen, paradox – über Fénelons Liebesbegriff.

[10] Vgl. Spinoza, *Ethica* Pars III, Prop. 11 Schol., Def. Aff. II.

[11] Nur in der Fassung von 1792, 238 ff., und der Ausgabe der *Werke* I, 145. Die dort durch Anführungszeichen als wörtliche Übersetzung gekennzeichnete Passage ist ein typisches Beispiel für Jacobis hermeneutische Fähigkeiten. Es ist jedoch keine wortgetreue Übersetzung, sondern eine genial nachempfundene, kontrahierte Wiedergabe mit vielen wörtlich getreu wiedergegebenen Sätzen. Diese Methode hat Jacobi bei verschiedenen Autoren angewandt. Die wichtigsten anderen Beispiele sind der *Auszug aus Jordan Bruno von Nola Von der Ursache, dem Prinzip und dem Einen* in der 2. Ausgabe *Über die Lehre des Spinoza* von 1789, 261–306; IV, 2, 5–46, und der Freundschaftslehre des Aristoteles im *Woldemar* 1794, II, 224–239, 242–244; V, 433–442, 449–451.

Denn auch die Liebesauffassung Fénelons steht in der Nachfolge der cartesianischen. Sie stand auch im Hintergrund der Liebesauffassung in der großen Neufassung des Romans *Woldemar* von 1794, und zwar mit der Liebesauffassung, wie sie Woldemars Seelenfreundin, in diesem Punkte aber seine Gegenspielerin, Henriette, mit Fénelons Traktat *Sur le pur amour* anführt: „Vertrauet der Liebe. Sie nimmt alles; aber sie giebt alles."[12] Die uneigennützige Liebe zu Gott wird dort zum Urbild der Liebe.[13]

Schlosser hatte hingegen sehr richtig bemerkt, Diotima in Platons *Symposion* scheine die Gottheit gerade von der Liebe auszuschließen (36).[14] Hier klafft also doch ein beträchtlicher Unterschied der beiden Liebesauffassungen, den Jacobi erklären muß. Er tut es mit einem kühnen Satz, der uns dann zugleich mitten in seinen Platonismus hineinführt: Er nimmt Schlossers kritische Frage mit Platon selbst auf (vgl. 204c), und zwar mit der Stelle, an der Diotima Sokrates gegenüber äußert, „daß er das Geliebte für die Liebe halte, da doch diese das Liebende sei" (1796 VI, 79). Jacobis Antwort, daß die Liebe von Gott ausgehend gedacht werden muß, wird aber nur verständlich, wenn wir auf die Intentionalität der affektiven Regungen sowohl in Liebe als auch in Begierde achten. Damit werden Begierde und Liebe in neuer Weise in ihrem Zusammenhang verständlich.

Jacobi greift, um deutlich zu machen, wie diese Intentionalität sich zeigt, auf eine Platonstelle im *Philebos* zurück (34d–35c). „Der Hunger", so gibt er Platons dortigen Gedanken wieder, „wohnt nicht in dem Schmerze selbst, den das speisebedürftige Thier empfindet." – „Der Schmerz ist nur er selbst, ist lauter Schmerz und enthält keine Empfindung von etwas außer ihm, am allerwenigsten eine Empfindung der ihm entgegengesetzten Lust."[15] Und so werden wir aus der Erfahrung der Affekte selbst auf ihre intentionale Richtung in der Empfindung getrieben. Damit ist gemeint: Daß die Erfahrung der Affekte gerade diese Richtung nicht aus sich selbst erklären kann, führt unser Denken zu einem „Umschwung", einem Umschwung, den Jacobi dreimal mit dem Umschwung der Gefangenen im Höhlengleichnis aus

[12] Jacobi 1794, II, 282; V, 482. Diese Quelle erschließt sich uns erst durch die Erläuterungen Jacobis in seinem Brief an W. v. Humboldt vom 2. September 1794: „In der nicht zu Stande gekommenen Vorrede sollte auch der Spruch des Fénelon am Ende, aus dem Fénelon erläutert und gerechtfertigt werden. Sie finden wohl in der dortigen Bibliothek oder bey einem Freunde die *Œuvres spirituelles de Fénélon*. Lesen Sie, mir zu Lieb' und Ehren, im ersten Theile den kleinen Aufsatz *sur le pur amour*, ..." (Jacobi 1825/27, Bd. II, 177/178).

[13] Vgl. Hammacher 1990, 182f. S. aber auch dazu Jacovacci.

[14] Schlosser folgert das daraus, daß die Liebe bei Platon mythologisch als Dämon bestimmt wird und damit nicht dem rein Göttlichen zugerechnet werden kann.

[15] Jacobi 1796, 68, wiederum angeführt in I, 243f. und 1811, 203 und Anm. (III, 440 und Anm.).

Platons *Staat* (518c, 521c) erläutert.[16] Die Begierde muß vorwegnehmend erblicken, „was eine entgegengesetzte Empfindung verursachen wird" (1796, 68), oder – wie es Platon ausdrückt – die Seele muß als höhere Kraft die Begierde auf die Erfüllung des Strebens hingeordnet haben (*Philebos* 35c).

Ich greife jetzt über die Schrift *Über Schlossers Fortsetzung des platonischen Gastmales* hinaus auf die Schrift *Von den göttlichen Dingen und ihrer Offenbarung* (1811) zurück, wo diese Erkenntnis mit Platons metaphysischen Lehren untermauert wird. Erst hier – also in der Spätphase seines Denkens – kann man übrigens von einem *Platonismus* Jacobis reden, wenn auch, wie wir sehen werden, dieses wieder nur in einem eingeschränkten Sinne.

Seine Beweise aus Platon stehen dort im Zusammenhang seiner Auseinandersetzung mit Schellings Begriff vom *werdenden Gott*. Jacobi setzt bei der – bis heute – in aller evolutionären Erklärung überschlagenen Frage an, wie das „Vollkommenere aus dem Unvollkommeneren herausgehen und allmählich sich entwickeln soll" (1811, 149/50 – III, 382). Diesem Verständnis konnte er mit Platon entgegenhalten, daß dabei das Unendliche nur als *Unbestimmtes* (*indefinitum*) gedacht wird (1811, 209f., 446f.; 1791, 246ff.), durch das man nichts erkennen kann,[17] daß wir hingegen „das Selbständige schon erkannt haben müssen, um es im Wandelbaren wieder zu erkennen" (1796, 71), wie er mit Platons oben wiedergegebener Stelle aus dem *Staat* belegt (518c).

Stellt man dagegen wie Schelling den „*Grund*" an den Anfang, aus dem sich dann das Höhere in Gott entwickeln sollte, so bleibt man in den Einzeldingen befangen und versucht von diesen den „unendliche[n] Grund und Abgrund" zu abstrahieren. Das führt jedoch zu einem Konstruieren des „Nichts", wie Jacobi Schellings Begriff des Grundes als „Mögliches" auslegt.[18] Solchem Denken entgeht man nur durch das Begreifen der Dinge aus einer „allerhöchste[n] Intelligenz" als einer „dem vernünftigen Willen analoge[n] Ursache" (1811, 171ff. – III, 406ff.). Diese seine wichtige Unterscheidung von Ursache und Grund[19] stützt Jacobi nun mit Platons *Ideen*lehre (1811, 213ff. – III, 451ff.), welche die Dinge als „Abbilder" der „im Musterbilde offenbarten Absicht und Regel" begreift. *Zufall* und *Notwendigkeit* hingegen gäben keine hinreichende Erklärung der Einzeldinge (1811, 161 – III, 394/95), hier herrsche deshalb allein das „Ungefähr". In der *Zugabe An Erhard*

[16] Jacobi 1796, 77/78, ferner 1811, 207 (III, 444); schließlich 1815, 70/71.

[17] Ausführlich wird das 1815, 67ff., 92ff. mit Hilfe von Platons *Theaitetos* widerlegt (152d–e, 179e–180a).

[18] Vgl. Hammacher 1994, bes. 140ff.

[19] Ich habe dieses einzig systematisch von Jacobi entwickelte Lehrstück bereits herausgearbeitet in Hammacher 1969, 192–207.

*O*** zur Ausgabe des Romans *Allwill* von 1792 hatte Jacobi bereits die modernere Vorstellung des „Unbestimmten, welches unter dem Bilde von Mehr oder Weniger allein gedacht" werden könne,[20] für das „Ungefähre" eingesetzt.[21] Dasselbe lehre Platon in den *Gesetzen*,[22] dem *Philebos* (62a–d, zitiert in 1811, 83f. Anm., 309f. Anm.) und *Timaios* (27d–35d, Verweis in III, 383 Anm.) und mache so klar, daß eine wahre und vollständige Begründung sich nur aus *absichts*vollem Verursachen ergebe. Hier trifft Jacobi zwar nicht mit dem von ihm Angeführten, da dem platonischen Denken solche auf subjektive Vermögen aufbauende Erklärung noch fremd war, dennoch aber mit einem analogen Gedanken Platons zusammen. Als „später" entstanden erscheine die *erste Ursache* nur dem auf Sinneswahrnehmungen aufbauenden Denken, heißt es an anderer Stelle (*Nomoi* 891e, 899c) – man darf aber nicht die „Voraussetzungen" (ὑποθέσεις) zu „Ursprüngen" (ἀρχάς) machen (511b), wie Platon beeits im *Staat* bestimmt hatte. Jacobi verweist zwar auch mehrfach auf die entsprechenden Bücher in Platons *Staat*, jedoch nur, um grundsätzlich auf den oben beschriebenen Weg, den man sich durch Umkehr zum Übersinnlichen bahnen muß, zu verweisen (1811, 199, 221 – III, 436, 459). Mit Angaben aus Platons *Sophistes*, *Kratylos* und *Theaitetos* (186e) will Jacobi das zusätzlich belegen.

Man müsse deshalb mit Platon ein Dualist werden (1811, 220 – III, 458), d.h. man müsse zwei Erkenntnisweisen annehmen: außer der auf die Sinneswahrnehmung aufbauenden noch die auf Vernunftanschauung beruhende – in diesem Sinne interpretiert er für sich Schellings Begriff der *intellektuellen Anschauung* in den platonischen um.[23] Sie bedeutet, man muß sich dieser anderen Erkenntnisweise zuwenden und sich dazu von der Sinneswahrneh-

[20] Siehe Jacobi 1792a, 301 (Variantenapparat).

[21] *Philebos* 23c–31b. Wenn Jacobi auch „Unbestimmtes" (ἄπειρον) philologisch zu frei wiedergibt, wie Terpstra im Kommentar zu seiner textkritischen Ausgabe des *Allwill* feststellt (353, Anm. 111), entwickelt er m.E. hiermit jedoch den platonischen Gedanken konsequent produktiv, aber genuin zum späteren (quantitativen) Begriff des *indeterminatum* richtig weiter. Auch ist die Wandlung, welche in der Argumentation vom „Unbestimmten" als dem Ersten zur *Vernunft* (νοῦς) als dem „Ersten" (vgl. 31a6–10) von Platon vorgeführt wird, im Kerngedanken richtig verstanden, freilich dabei für die eigene Argumentation gegen die quantitative „wissenschaftliche" Bestimmungsweise, wie Jacobi sie auch in der Philosophie Kants zu finden glaubt, nutzbar gemacht.

[22] Die Beilage B zu Jacobi 1811, 209–211 – III, 446–448 gibt das X. Buch, 888e–889e wörtlich wieder.

[23] Diese Auseinandersetzung mit Fichtes und Schellings „intellektueller Anschauung" ist nur in Jacobis Kladden oder *Denkbüchern* – wie sie P.P. Schneider genannt hat – zu finden (vgl. Hammacher 1969, 177).

mung abwenden. Jacobi knüpft hierbei immer wieder an das 10. Buch der *Gesetze* an (1811, 147, 151, 209–211 – III, 379, 383, 446–448).

Dort vollzieht Platon einen Gottesbeweis, indem er die Welt aus der Seelenstruktur denkt (892a–897c). Jacobi sucht aber zu beweisen, daß Platon eine Vernunft denkt, die als *erste Ursache* nach den Ideen als Urbildern schaffe (1811, 142f., 220 – III, 375, 458). Hierbei unterschlägt er den Demiurgen des *Timaios*, obwohl er sich gerade auch auf diesen Dialog beruft (1811, 151 – III, 383). Er unterschlägt also Platons Unterscheidung des „immer seienden Gottes" (πᾶς ὄντος ἀεὶ λογισμὸς θεοῦ) vom Demiurgen, der den „werdenden Gott" (ἐσόμενον θεόν) schafft (34a8–b1).

Jacobi legt Platons Ideenlehre also nicht nur in der Tradition der augustinischen Illuminationslehre aus, sondern setzt den platonischen Seelenbegriff mit der willentlich nach Absicht schaffenden Vernunft eines persönlichen Gottes gleich (1811, 73, 85, 130ff., 211, 219 – III, 298, 310, 382ff., 448, 457). Er stützt sich auch dafür hauptsächlich auf das 10. Buch der *Gesetze*. Wenn er dort auch tatsächlich eine Stelle auffinden kann, wo Platon die Seele mit der Vernunft gleichsetzt (897c), Platon auch im *Timaios* einmal von Gott als nach „Vorbildern" (παράδειγμα) schaffend ausgegeben wird (31a4), so ist doch der Abstand zu der Vorstellung eines die Dinge der Welt willentlich hervorbringenden „Schöpfer-Gott[es]" (1811, 150 – III, 382) nicht bei Platon zu finden, wie Jacobi behauptet (1811, 151 – III, 383).

Zum mindesten muß eingewendet werden, daß Jacobi den Seelenbegriff Platons, der auf die Harmonie der Gemütskräfte abgestellt war, auf eine mit Absicht und Willen handelnde Intelligenz verkürzt. Platon aber bahnt sich gerade einen Weg von der Sinneswahrnehmung über die Harmonie der schönen Körper zu den Ideen. Der Harmoniegedanke hat Jacobi sein Leben lang Schwierigkeiten bereitet.[24] Damit hat er gerade auch Abstand von seinem Freund Hemsterhuis genommen.[25] Deswegen vollzieht er – wie wir

[24] Er wird deutlich selbst in Jacobi 1796, 66 ausgesprochen. Vgl. aber auch den Brief an die Fürstin Gallitzin vom 27. 7. 1781 (BGA 1/2 [Nr. 689] 327).

[25] Brief Jacobis an Fürstin Gallitzin vom 27.7.1781 (BGA 1/2 [Nr. 689] 327): „Allzu oft schaudert mich der Gedanke an, daß wir, (wie ich Ihnen schon einmal geschrieben habe) nur ein Gespötte der Elemente sind; das Universum Eins und Alles, und nichts anders als Göthes ewig verschlingendes, ewig widerkäuendes Ungeheuer. – Einen Menschen der an diesem Ende krank liegt, und der vom Flügelkleide an, Gott mit heißer Begierde gesucht hat, den heilen Sie mit Harmonie." – Daß dieser Trost der Fürstin noch aus ihrer von Hemsterhuis geschulten Denkweise stammte, ergibt sich dann aus dem späteren Briefwechsel Jacobis mit der Fürstin anläßlich seiner Aufnahme von Hemsterhuis' *Lettre sur l'Athéisme* in die 2. Ausgabe der Schrift *Über die Lehre des Spinoza* von 1789, wo er diesen Einwand auch gegen Hemsterhuis selbst vorbringt. Siehe dazu den Kommentar der kritischen Ausgabe der *Schriften zum Spinozastreit*.

sahen – den Übergang von der Sinneswahrnehmung nicht am *Symposion*, sondern am *Philebos* nach (1791, 247–249), wo Vernunft als Maß und Vollkommenheit Gebendes gedacht wurde (*Philebos* 30e, 57d).

Jedoch wird in dem Roman *Allwill* auch Platon angeführt, und zwar hier sogar außer dem *Symposion* die Dialoge *Ion* und *Theages* (1792, 134/35). Es ist eine Stelle, die auf den ersten Blick pantheistisch klingt.[26] Die inhaltlich entsprechenden, dann in der *Zugabe An Erhard O*** (1791, 227) mit Platon aus dem *Philebos* (28d–e) gestützten Ausführungen machen jedoch eindeutig, daß es sich um eine *idealistische* Auffassung handelt, die hier geschildert wird, nur daß – entgegen der sonst ausgesprochenen Kritik am Idealismus – durch den Hinweis auf eine Anteilnahme am göttlichen Leben, die aus dem Schattendasein, das mit Pindar beschworen wird, also mit einer ins Religiöse umschlagenden Perspektive, dieser „*Idealismus*“ gerettet wird. Das wird jetzt als der Kern des Platonismus des späten Jacobi deutlich.

Der französischen Ausgabe seines Romans *Woldemar* (1795) läßt er nach genauer Anweisung an seinen Verleger Jansen[27] ein Titelkupfer beigeben, das Platons Bild mit dem Wagenlenker darstellt, der das schwarze Pferd, das den triebhaften Teil der Seele, und das helle, das den vernünftigen Teil der Seele verkörpert, zu führen weiß (*Phaidros* 246a–247c). Damit war auf die Problematik einer die Leidenschaften bewältigenden Lebensführung angespielt, die in ihren verschiedenen Auslegungen in diesem Roman dargestellt werden sollte. Auch das Motto aus dem *Symposion* (215c) in der Fassung des Romans *Allwill* von 1792 wird von Jacobi bloß im reinen Sinne einer passenden Parallele hinzugefügt worden sein. Es handelt sich um Sokrates' Preisung des unwiderstehlich einnehmenden Wesens des Alkibiades, was auch für Jacobis Titelhelden Allwill gelten soll.[28]

Im Grunde geht es dem späten Jacobi jedoch wie Platon um eine Einsicht, die durch sich selbst zugleich Tugend ist. Abschließend in der *Beylage* B zu der Schrift *Von den göttlichen Dingen* heißt es auch: „Der Glaube an Gott ist keine Wissenschaft, sondern eine Tugend“ (1811, 211 – III, 449). Das ist die Gegenformel zu dem Satz dieser Schrift, welcher die Hintergründe der mo-

[26] Bollnow hat einen pantheistischen Ursprung des Lebensbegriffs Jacobis angenommen (28ff.), der dann gerade aus diesem Lebensbegriff selbst in einen „Dualismus“ umschlägt (77), welcher durch die Übernahme der platonischen Ideenlehre die Wirklichkeit verblassen läßt gegenüber einem Reich der Ideen (147). Jacobi will jedoch in seinen späten Schriften mit Platon zeigen, daß wir die Wirklichkeit nur aus den Ideen als etwas Geistiges begreifen können.

[27] Der Brief an H. J. Jansen vom 16. Juni 1795, in dem Jacobi diese Ausstattung in Auftrag gibt, hat sich im Goethe-Schiller-Archiv Weimar (Dauerleihgabe der Familie Jacobi) erhalten.

[28] Vgl. dazu Lauth 1973 und ergänzend ders. 1994.

dernen Wissenschaft enthüllen wollte, mit den Worten: „Es ist ... das Interesse der Wissenschaft, daß kein Gott sey ...“ (1811, 152 – III, 384; vgl. IV, 1, XXVII).

Abschließend kann also festgestellt werden: Platons Werk ist bei Jacobi weitgehend präsent. Es wird oft sehr genau zitiert, aber entsprechend den eigenen Intentionen ausgelegt. Dabei entwickelt sich ein hermeneutischer Stil, der zwar oft zur Überbetonung einzelner Aussagen führt, aber andererseits auch nicht in bloßer Hermeneutik verharrt, sondern Platons Gedanken produktiv dem eigenen Denken verfügbar machen will.

Jens Halfwassen

IDEE, DIALEKTIK UND TRANSZENDENZ. ZUR PLATONDEUTUNG HEGELS UND SCHELLINGS AM BEISPIEL IHRER DEUTUNG DES *TIMAIOS*

Für Clemens Zintzen zum 65. Geburtstag

I

Die abendländische Philosophie ist um einige Jahrhunderte älter als Platon, doch steht Platon am Anfang der europäischen *Metaphysik*, und dies keineswegs nur in zeitlicher Hinsicht. Platons Philosophie kann vielmehr als der Anfang der europäischen Metaphysik in dem doppelten Sinne angesehen werden, daß sie ihr zeitlicher Beginn und ihr durchtragender, alles Folgende bestimmender Grund ist; denn der Platonismus stellt zweifellos die Grundgestalt der europäischen Metaphysik dar. Darin zeigt sich die einzigartige, mit keinem zweiten vergleichbare Wirkungsgeschichte Platons, die Whitehead veranlaßte, die Geschichte der europäischen Philosophie als eine „Reihe von Fußnoten zu Platon" zu charakterisieren.[1] Die Wirkungsmacht der Philosophie Platons ist dabei nicht nur durch ihre Intensität und Dauer unvergleichlich; sie ist es vor allem auch darin, daß Platon gerade diejenigen Formationen metaphysischen Denkens am nachhaltigsten geprägt hat, die man unter historischem wie unter systematischem Aspekt als die Vollendungsgestalten der Metaphysik betrachten kann. Denn sowohl die umfassende Synthese des antiken Denkens im spätantiken Neuplatonismus als auch die Philosophie des Nikolaus von Kues, in der sich das mittelalterliche Denken vollendet und das neuzeitliche beginnt, sowie die Vollendung der neuzeitlichen Metaphysik im deutschen Idealismus stehen unter dem Vorzeichen Platons. Die Neuplatoniker, insbesondere Plotin und Proklos, verstanden ihre eigene Philosophie stets und ausdrücklich als die Erneuerung und Interpretation der genuinen Philosophie Platons;[2] Nikolaus von Kues, der mit einem ausgesprochenen Originalitätsbewußtsein auftritt, verdankt gleichwohl die entscheidenden Anregungen seines Denkens dem Neuplatonismus (Proklos und seinem christlichen Nachtreter Pseudo-Dionysios) und damit letztlich Platon.

Einen erneuten Höhepunkt erreichte die Wirkungsmacht der platoni-

[1] Whitehead 63.

[2] Vgl. dazu vor allem Szlezák 1979, 18ff., Halfwassen 1992, 183ff. und 1995, 223ff.

schen Philosophie im spekulativen deutschen Idealismus. Während sich Fichte – dessen Spätphilosophie eine starke systematische Affinität zur platonischen und neuplatonischen Einheitsmetaphysik aufweist – explizit kaum auf die Geschichte der Philosophie bezog, setzen sich Schelling und Hegel in ihren philosophischen Entwürfen von Anfang an mit der Geschichte der Philosophie auseinander; insbesondere Hegels Philosophie erhält ihr spezifisches Profil gerade dadurch, daß sie ihre eigene Position in ständigem Blick auf die und in ständiger Auseinandersetzung mit der Geschichte der Philosophie – und hier wiederum vor allem mit der antiken Philosophie – gewinnt.[3] Sowohl Schelling als auch Hegel verstehen ihre ersten Entwürfe einer absoluten Metaphysik sogar ausdrücklich als die „Wiederherstellung des ältesten Alten“[4], nämlich des Denkens der All-Einheit im Gefolge Heraklits und der Eleaten. Trotz dieser Anknüpfung an die Vorsokratik beziehen sich aber Hegel und Schelling in nahezu allen Phasen ihrer philosophischen Entwicklung für ihr eigenes Denken in positiver Aufnahme auf keinen Denker so sehr wie auf Platon. Ihre Platondeutung kann auch für uns heute noch fruchtbar und anregend sein, nicht nur wegen der eminenten philosophischen Bedeutung beider, sondern auch aufgrund ihrer Stellung innerhalb der Interpretationsgeschichte der Philosophie Platons, die ganz kurz skizziert sei.

Die *neuplatonische* Platondeutung, die das Bild der Philosophie Platons für anderthalb Jahrtausende geprägt hatte und ihre normative Geltung bis ins 17. Jahrhundert zu bewahren vermochte, war in der Philosophiegeschichtsschreibung der Aufklärung gründlich in Mißkredit geraten (vgl. Tigerstedt 1974); Philosophiehistoriker wie Brucker und Tiedemann bemühten sich erstmals um einen vom Neuplatonismus unabhängigen Zugang zum Denken Platons. Schleiermacher und Schlegel, die Zeitgenossen der Idealisten, begründeten dann – gestützt auf die von Schleiermacher entwikkelte Hermeneutik und seine Theorie des Literaturdialogs und zugleich in Aufnahme philosophischer Motive der zeitgenössischen idealistischen Philosophie (Fichte, Schelling) – ein neues Platonbild, das bis in die zweite Hälfte dieses Jahrhunderts – bis zur Tübinger Schule – nahezu unangefochten blieb; es eröffnete zwar einen ganz neuen literarischen, historischen und entwicklungsgeschichtlichen Zugang zu den *Dialogen* Platons, verkürzte aber die *Philosophie* Platons um eine ganz wesentliche Dimension –

[3] Vgl. dazu das ausgezeichnete Buch von Düsing 1983, ferner den Sammelband von Riedel (Hrsg.) und darin besonders den Beitrag von Pöggeler 1990.

[4] So Hegel in der Ankündigung seiner Vorlesung über Logik und Metaphysik vom Winter 1801/02. Zitiert bei Rosenkranz 192. Ebenso erklärt Schelling 1801/02, 27, man müsse „zur ältesten ursprünglichen Philosophie zurückkehren“. – Zu Hegels und Schellings erster absoluter Metaphysik vgl. Düsing 1988.

die für Platon selbst sogar die zentrale war –, indem sie die *ungeschriebene Lehre*, die die systematische Grundlage der *neuplatonischen* Platondeutung gewesen war, vollständig ausblendete und Platons Schriftkritik grundlegend uminterpretierte.[5] Die Platondeutungen Hegels und Schellings verdanken sich nun wie diejenigen Schleiermachers und Schlegels einem vom Neuplatonismus unabhängigen Zugang zu Platon, zugleich sind sie aber noch frei von den Einseitigkeiten des romantischen Platonbildes, insbesondere von der Schleiermacherschen Mystifizierung des Literaturdialogs und von Schlegels bis heute folgenreicher Verzeichnung der platonischen Philosophie ins Asystematische und Aporetische.

Im Folgenden soll die Platondeutung Hegels im Vordergrund stehen – auf diejenige Schellings wird ergänzend hingewiesen. Hegels Platondeutung nämlich bleibt aus zwei Gründen für ein unverkürztes Bild der platonischen Philosophie auch heute unverzichtbar: Hegel verdanken wir die Einsicht in die fundamentale Bedeutung der Dialektik bei Platon; und er hat die Bedeutung der späten Dialoge erkannt, in denen Platon seine Dialektik entfaltet, also allen voran des *Parmenides* – in dem Hegel wie schon Plotin und Proklos das Hauptwerk Platons sieht – und ferner des *Sophistes*, des *Philebos* und des *Timaios*. Indem Hegel die Dialektik und die Spätdialoge ins Zentrum seiner Platoninterpretation rückt, unterscheidet er sich charakteristisch vom Platonbild Schleiermachers und Schlegels. Des weiteren ist Hegels Platondeutung auch für das Verständnis seiner eigenen Philosophie wichtig, da Hegel sich für seine eigene spekulative Dialektik auf Platon beruft: In der platonischen Dialektik der Ideen und Prinzipien im *Parmenides* erblickt er die entscheidende historische Vorprägung seiner eigenen Dialektik;[6] auch Hegels prononcierte Anknüpfung an die Dialektik und Triadik des Proklos versteht sich primär als Anküpfung an die von Proklos weiter entfaltete und ausgeführte *platonische* Dialektik; in dieser proklischen Weiterführung der platonischen Dialektik sieht Hegel sein eigenes Programm einer absoluten Metaphysik als Einheit von Logik, Ontologie und spekulativer Theologie und zugleich die triadische Grundstruktur dieser Einheit vorweggenommen.[7] Während nun Hegels Deutung des platonischen *Parmenides* und *Sophistes* ausgebreitet untersucht worden ist – hierzu ist insbesondere an die Arbeiten von H.-G. Gadamer (1961) und von K. Düsing (1980; 1983; 1990) zu erinnern –, blieb seine Deutung des platonischen *Timaios* in der bishe-

[5] Vgl. dazu Krämer 1990, 3–27 und 1988, ferner Reale 68ff. Der auf Schleiermacher zurückgehenden Theorie der Dialogform und der dafür konstitutiven Uminterpretation der Schriftkritik Platons entzog Szlezák 1985, 331–405 das philologische Fundament.

[6] Vgl. dazu Düsing 1980, 123ff., 135ff.; 1983, 68ff., 84ff.; 1984, bes. 332ff.; ferner Baum, bes. 234ff.

[7] Vgl. dazu Halfwassen 1995, 403ff.

rigen Forschung weithin unbeachtet.[8] Dies ist um so erstaunlicher, als Hegel ausdrücklich erklärt, im *Timaios* – und nicht etwa im *Parmenides* oder *Sophistes* – trete „die Idee in ihrer Bestimmtheit näher ausgedrückt" hervor (W 19, 86), in diesem Dialog werde „die Natur der Platonischen Idee" gezeigt (W 19, 94). Im Folgenden soll daher Hegels *Timaios*-Deutung im Mittelpunkt stehen; sie ist auch deswegen besonders wichtig, weil Hegel die Übereinstimmung der „Natur der Platonischen Idee", wie er sie im *Timaios* dargelegt findet, mit derjenigen Prinzipienlehre bemerkt, die *Sextus Empiricus (Adv. Math.* X 248 ff. = *Test. Plat.* 32 Gaiser) als Lehre der Pythagoreer referiert, von der wir aber seit Merlan und Wilpert wissen, daß es sich um die innerakademische Prinzipienlehre Platons handelt.[9] Von dieser Prinzipienlehre, die alles Seiende aus dem Zusammenwirken der beiden höchsten Prinzipien des Einen (ἕν) und der unbestimmten Zweiheit (ἀόριστος δυάς) hervorgehen läßt, sagt Hegel nun: „Dies ist in der Tat die reine spekulative Idee des absoluten Wesens", und er fügt hinzu: „bei Platon ist die Idee keine andere" (W 18, 250). – Bevor nun auf Hegels Deutung des platonischen *Timaios* in den Berliner *Vorlesungen über die Geschichte der Philosophie* einzugehen ist (III), sei zunächst auf Schellings frühe Kommentierung zentraler Partien des *Timaios* eingegangen (II); abschließend sei dann ein Blick auf Hegels Deutung der vermeintlich pythagoreischen, in Wirklichkeit platonischen Prinzipienlehre geworfen (IV).

II

Hegel las bereits als Student im Tübinger Stift gemeinsam mit Hölderlin und anderen Platon im griechischen Original und fertigte eigene Übersetzungen an.[10] Daß Platon dabei wohl durch die Brille Kants gelesen wurde, wissen wir durch den kürzlich veröffentlichten *Timaios*-Kommentar, den Schelling – der ehemalige Zimmergenosse Hegels und Hölderlins – 1794 verfaßt hat.[11] Schelling deutet hier die Ideen ganz kantianisierend als die Begriffe der reinen Vernunft und des reinen Verstandes (1794: 23, 27 f., 32, 33 f., 41 f., 50 u. ö.), versteht diesen reinen Verstand aber nicht als den menschlichen, sondern in Übereinstimmung mit der mittel- und neuplatoni-

[8] Einen instruktiven systematischen Vergleich zwischen Hegels Naturphilosophie und Platons *Timaios* unternimmt Hösle (1984).

[9] Vgl. Merlan und Wilpert 1941, dazu ferner Wilpert 1949 und Gaiser 1968. – Die Zeugnisse zur ungeschriebenen Lehre Platons werden nach der Sammlung von Gaiser 1963, 441–557 zitiert.

[10] Rosenkranz 40.

[11] F. W. J. Schelling 1794; vgl. zu Schellings damaliger Platondeutung Krings und Bubner 1994.

schen *Timaios*-Deutung[12] als den göttlichen Verstand (ebd. 35–37) und die Ideen als „Produkte einer göttlichen Intelligenz" (ebd. 43), womit Schelling wohl Kants Lehre vom *intuitiven Verstand* aufnimmt, die in der Tradition der Geistmetaphysik des antiken Platonismus steht.[13] Von Kant her versteht Schelling die Ideenlehre nun nicht ontologisch, sondern rein *logisch*: Die Ideen hätten als die Formprinzipien der Weltdinge „bloß eine logische" oder eine rein ideale Existenz (ebd. 44f.), so daß Schelling der realen Existenz einer Ideenwelt – wie er sie in der Platondeutung Plessings (Bd. 1, 81) fand – die Welt „in der Idee" entgegensetzt (1794: 30) und eine Zwei-Weltenlehre bei Platon verneint. Schelling versteht Platons Denken generell unter Berufung auf den *Philebos* (15a ff., 23c–27c) als eine *genetische* Philosophie, welche die Wirklichkeit aus der Beziehung ursprünglicher weltkonstituierender Prinzipien hervorgehen läßt: Alles Seiende entsteht durch Begrenzung eines Unbegrenzten, verdankt sich also der Verbindung eines formenden Prinzips (πέρας), das Grund der Einheit ist, mit einem von sich her ungeformten und unbestimmten Prinzip (ἄπειρον) als Grund der Vielheit (1794: 27, 28, 29, 35–37, 61, 63 u.ö.) – in diesem Gedanken sieht Schelling auch später stets die metaphysische Grundkonzeption Platons. Darin erfaßt er in sicherem Zugriff die grundlegende *bipolare* Struktur der platonischen Philosophie: „Die Idee von der Verbindung der *Einheit u. der Mannigfaltigkeit* oder Vielheit ist eine bei Plato durchaus herrschende Idee, die er nicht nur *logisch*, sondern ... auch als *Naturbegriff* anwendet" (ebd. 36); der junge Schelling interpretiert diese platonischen Prinzipien von Kant her als „*allgemeine Weltbegriffe* ..., aus denen sich das Daseyn der ganzen Welt erklären laßen müßte" (ebd. 63), versteht sie also nicht als transzendent. In der „genetischen" Naturphilosophie des *Timaios*, welche die sinnenfällige Welt von ihren konstituierenden Prinzipien her erklärt, sind die Ideen im göttlichen Verstand das formbestimmende Prinzip; das die Formbestimmungen aufnehmende Prinzip des Werdens ist nach Platon dem Denken, das immer auf Formbestimmtheit angewiesen ist, nur durch einen „Bastardschluß" (*Tim.* 52b2: λογισμὸς νόθος) zugänglich – Platons Schilderung dieses Prinzips (*Tim.* 47e–53c) wird von Schelling eingehend erörtert.[14] Schelling nennt dieses Prinzip wie Plotin „Materie"[15]; obwohl es vermittelt

[12] Informationen über diese entnahm Schelling damals den Arbeiten von Plessing und Tiedemann 1786, die er in seinem *Timaios*-Kommentar benutzt, wobei er sich speziell mit Plessing intensiv auseinandersetzt.

[13] Vgl. dazu Düsing 1986a; zur Geistmetaphysik des antiken Platonismus ist grundlegend Krämer 1964.

[14] Vgl. Schelling 1794, 50ff. und dazu Krings 131ff.

[15] Schelling 1794, 41 und durchgehend; 41, Anm. L zitiert er dafür Tiedemann 1786, 315. – Plessing (Bd. 1, Teil 1. § 1–25) deutet das aufnehmende Prinzip Platons

durch die Weltseele vom göttlichen Nous her Ordnung und Formbestimmtheit empfängt, ist es keineswegs rein passiv, sondern besitzt von sich her eine unbestimmt fluktuierende, ordnungslose Bewegung, in welcher die Spuren der Elemente unbeständig ineinander übergehen (*Tim.* 52d–53c). – Diesen Gedanken eines der Natur zugrundeliegenden fluktuierend tätigen Prinzips aller Veränderung, das nicht schon raumerfüllender Stoff ist, sondern auch diesen erst ermöglicht, nimmt Schelling später in seiner eigenen Naturphilosophie auf, namentlich in seinen Schriften *Von der Weltseele* (SW II 347, 567–569) und *Erster Entwurf eines Systems der Naturphilosophie* von 1799 (SW III 21–24, 31, 33f.);[16] daß das platonische Materialprinzip bei Schelling als „Weltseele" erscheint, ist wohl durch die *Timaios*-Deutung Plutarchs mitbedingt, der die chaotisch bewegte Urmaterie als präkosmische Seele deutet (dazu Deuse 12ff.). Nach Ausbildung seines Identitätssystems setzt sich Schelling dann zwar vom Prinzipiendualismus Platons ab, doch bezieht er sich noch in seiner Spätphilosophie für die erste seiner Potenzen, das reine Seinkönnen, auf Platons Materialprinzip, die ἀόριστος δυάς (SW XI, 391–396); ferner nimmt er dort den *Timaios* als den frühesten Vorläufer seiner „positiven Philosophie" in Anspruch.[17]

III

Wie Schelling war auch Hegel zuerst Kantianer. In seinen religionsphilosophischen Entwürfen aus der Frankfurter Zeit (1797–1800) vertritt er dann jedoch – angeregt durch die „Vereinigungsphilosophie" Hölderlins – die frühidealistische Position eines den Trennungen der Reflexion und aller Mannigfaltigkeit begründend vorangehenden göttlichen Einen und Absoluten, das sich der Erkenntnis durch Begriffe entzieht und von dem daher nur „mystisch" und in „Begeisterung" gesprochen werden kann.[18] Da das göttliche Eine – das Hegel damals mit Hölderin als das reine Leben und Sein denkt – allen Trennungen vorausliegt, darf es auch von der Welt der Vielheit nicht getrennt werden; andererseits ist das Göttliche und Absolute für Hegel aber

unter Berufung auf Plotin, *Enn.* III 6, 12–13 durchgehend als Materie. – Zu Platons Materialprinzip ist grundlegend Happ 82–208.

[16] Vgl. die Hinweise von Krings 135f. 143ff.

[17] Vgl. etwa F. W. J. Schelling 1841/42, 140; 143 nennt er die Neuplatoniker als Vorläufer der „positiven Philosophie". Zur Bedeutung Platons, bes. des *Timaios* für den mittleren und späten Schelling von der *Freiheitsschrift* (1809) an jetzt Peetz bes. 144ff., 253–267, 276ff.

[18] Zu Hegels frühidealistischer Konzeption des Absoluten in der späteren Frankfurter Zeit vgl. Düsing 1976, 64ff. und 1988, 110ff. Zu den mittel- und neuplatonischen Hintergünden dieser Konzeption vgl. Halfwassen 1995, 20ff., bes. 32–61.

auch nicht einfach pantheistisch mit dem Weltganzen identisch, sondern es enthält die Welt der Vielheit und die Trennungen der Reflexion auf ungetrennte Weise in sich und übersteigt sie zugleich als deren begründende Einheit. Für diese Konzeption eines die Welt zugleich übersteigenden und in sich umfassenden Absoluten beruft sich Hegel damals außer auf das *Johannesevangelium* auch auf Platon: Wenn dieser im *Timaios* das intelligible Urbild der Welt, das „vollkommene Lebewesen" (παντελὲς ζῷον), das alle Ideen in sich vereint und das Hegel mit Gott, dem „reinen Lebendigen", gleichsetzt, von der Welt des Werdens unterscheidet, die aber zugleich an ihm teilhat, so hat dies für Hegel den Sinn, „den Geist, das Göttliche, außer seiner Beschränkung und die Gemeinschaft des Beschränkten mit dem Lebendigen darzustellen" (W 1, 386). Darin zeichnet sich bereits Hegels spätere Konzeption einer *die Immanenz übergreifenden Transzendenz* ab, in der Hegel das Verhältnis des Absoluten zur Welt denkt und das er auch später vorzüglich in Platons *Timaios* vorgebildet findet (dazu Halfwassen 1995, 211 ff.). – Platons *Timaios* gewinnt dann entscheidende Bedeutung für Hegel in der Jenaer Zeit, die Rosenkranz 115 als die „Platonische Stufe seiner Bildung" charakterisiert hat. Hegel kannte damals vermutlich schon den *Timaios*-Kommentar Plutarchs (*De procreatione animae*), der über die *Timaios*-Deutung des älteren Platonismus, vor allem des Xenokrates, aber auch Speusipps, Krantors, Eratosthenes' und Poseidonios' ausführlich referiert.[19]

Für den reifen Hegel der Berliner *Vorlesungen über die Geschichte der Philosophie* ist dann Platons Ideenlehre der erste echte, also nicht bloß einseitige Idealismus: „Durch die Darstellung seiner Ideen hat Platon die Intellektualwelt eröffnet" (W 19, 39). Diese von Platon mit seiner Ideenlehre eröffnete Intellektualwelt ist für Hegel die Dimension der wahren, der spekulativen Philosophie. Grundlegend für sie ist die Einsicht, daß allein die Idee, das im Denken erkennbare Allgemeine, wahre Realität oder wahres Sein ist: „nur das ist das Seiende in der Welt, was das an und für sich Allgemeine ist. Das Wesen der Ideen ist die Ansicht, daß nicht das sinnlich Existierende das Wahre ist, sondern allein das in sich bestimmte Allgemeine" (W 19, 39 f.).

Hegel denkt die *Idee* als die in sich bestimmte, konkrete Allgemeinheit, die sich als ursprüngliche Einheit in ihre Unterschiede entzweit, diese Entzweiung der einander entgegengesetzten Unterschiede im „Widerspruch" aufhebt und dadurch in die Einheit zurückkehrt, die nunmehr erfüllte, in sich bestimmte Einheit ist: „So ist das Allgemeine bestimmt als das, welches die Widersprüche, die Gegensätze in sich ... aufgelöst hat, mithin als ... das in sich Konkrete. Die Dialektik in dieser höheren Bestimmung ist die eigentlich Platonische" (W 19, 65). Die konkrete Allgemeinheit ist die *begriffslogi-*

[19] Hegel hatte bereits in Tübingen die Plutarchausgabe Huttens subskribiert. Vgl. Hötzer.

sche Grundstruktur der sich selbst denkenden Idee bei Hegel, die er bereits Platon zuschreibt, der für Hegel deshalb der Begründer der wahren, spekulativen *Dialektik* ist, in der die Idee als konkrete Allgemeinheit und Einheit der Gegensätze erkannt wird. Hegel erkennt zwar die *Grundlegungsbedeutung* der Dialektik bei Platon, unterlegt der platonischen Dialektik aber die begriffliche Struktur und den Gehalt seiner eigenen Dialektik, nämlich spekulative Vernunfterkenntnis des Absoluten als der höheren Einheit der Entgegengesetzten zu sein, wobei der Satz vom Widerspruch außer Kraft tritt. Ferner versteht Hegel Platons Dialektik nach dem Modell seiner eigenen Dialektik als *ontologische Realdialektik*, die zugleich Methode des erkennenden Denkens und Struktur des erkannten Seienden und des Absoluten ist.[20] Die so umgedeutete Dialektik Platons findet Hegel im *Parmenides*, „dem berühmtesten Meisterstück der Platonischen Dialektik" (W 19, 79), von dem Hegel sagt: „Dieser Dialog ist eigentlich die reine Ideenlehre Platons" (W 19, 81). In den Hypothesen über das Sein und das Nichtsein des Einen und des Vielen, die den zweiten Teil des Dialogs ausmachen, findet Hegel seine eigene spekulative Einsicht, daß die Grundgegensätze Einheit und Vielheit, Sein und Nichtsein nur dadurch begriffen werden können, daß jedes sein jeweiliges Gegenteil an sich selbst hat: „In dem Satze 'das Eine ist' liegt auch, 'das Eine ist nicht Eines, sondern Vieles'; und umgekehrt, 'das Viele ist' sagt zugleich, 'das Viele ist nicht Vieles, sondern Eines'. Sie zeigen sich dialektisch, sind wesentlich die Identität mit ihrem Anderen; und das ist das Wahrhafte" (W 19, 82). Diese dialektische Einheit der Gegensätze wird jedoch für Hegel im platonischen *Parmenides* nur vorausgesetzt, aber nicht ausgesprochen; Hegel betont das negative Resultat der Hypothesen und unterscheidet den Inhalt des platonischen Dialogs von seiner spekulativen metaphysischen Deutung durch die Neuplatoniker, besonders durch Proklos, der im *Parmenides* „die wahrhafte Enthüllung aller Mysterien des göttlichen Wesens" fand (W 19, 82), wie Hegel in Aufnahme von Formulierungen bei Proklos selbst sagt.[21] In der neuplatonischen Deutung des Proklos sieht Hegel jedoch die konsequente Weiterführung der platonischen Dialektik, welche die dort vorausgesetzte, aber unausgesprochene höhere Einheit der Gegensätze als solche spekulativ begreift und expliziert und darin die „wahrhafte Theologie", die Erkenntnis des Wesens Gottes ist: „Denn unter Gott verstehen wir das absolute Wesen aller Dinge; dies absolute Wesen ist eben

[20] Zu Übereinstimmungen und Unterschieden zwischen Platon und Hegel in den jeweiligen metaphysischen Grundlagen vgl. Düsing 1980, bes. 138ff. sowie Krämer 1990, 157–167 mit 272–278.

[21] Vgl. Proklos, *Theol. Plat.* I 10, 41, 3–6 und I 7, 32, 1–2. Zu Hegels einschränkender Anerkennung der neuplatonischen *Parmenides*deutung vgl. Düsing 1980, 129ff. und Halfwassen 1995, 407ff.

in seinem einfachen Begriffe die Einheit und Bewegung dieser reinen Wesenheiten, der Ideen des Einen und Vielen" (W 19, 82). – Die wahre Bedeutung des platonischen *Parmenides* ist bekanntlich bis heute umstritten; betrachtet man die Hypothesen über das Eine im Lichte der ungeschriebenen Prinzipienlehre Platons, dann zeigen sie die Konstitution des Seins der Ideen aus dem Zusammenwirken des überseienden Einen und der unbestimmten Vielheit sowie die Bestimmungs- und Seinslosigkeit der isolierten, nur für sich gesetzten Prinzipien des Einen selbst und des Vielen selbst; diese Bestimmungslosigkeit hat Platon im Falle der Vielheit privativ als Seinsmangel, im Falle des absoluten Einen aber negativ-theologisch als Ausdruck der Transzendenz des Einen über das Sein verstanden.[22]

Die spekulativ zu begreifende Natur der göttlichen Idee als Einheit der Gegensätze, die nach Hegels Deutung im *Parmenides* intendiert, aber nicht ausgesprochen ist, findet Hegel nun im *Timaios* ausgesprochen, und zwar an der berühmten Stelle *Tim.* 35a ff., an der Platon die Zusammensetzung der Weltseele aus den ontologischen und kategorialen Strukturelementen alles Seienden beschreibt.[23] Nach Platon bildet der Demiurg, der welterschaffende Nous, die Seele, indem er zunächst aus dem unteilbaren Sein der Ideen und dem teilbaren Sein der Erscheinungen ein drittes, mittleres Sein mischt; ebenso mischt er aus der unteilbaren und der teilbaren Identität und aus der unteilbaren und der teilbaren Verschiedenheit jeweils eine mittlere Identität und eine mittlere Verschiedenheit; die Produkte dieser drei Mischungsvorgänge mischt er dann zu „Einer Idee", wobei er die Verschiedenheit „mit Gewalt in die Identität hineinfügt" (35a 7 f.). Der Sinn dieser „Mischungen" ist es, die Seele als die vermittelnde Mitte zwischen dem reinen Sein der Ideen und den vergänglichen Erscheinungen zu zeigen, welche die Unteilbarkeit der Ideen, der jenseits von Raum und Zeit seienden einheitlichen Wesenheiten aller Dinge, und die Geteiltheit der in Zeit und Raum getrennten Erscheinungen vereinigt und so im Geteilten selbst unteilbar bleibt; sie vermittelt aber nicht nur die Seinsabstufung zwischen Ideen und Erscheinungen, sondern auch den auf allen Seinsstufen wirksamen Urgegensatz von Identität und Verschiedenheit und ist so die harmonische Einheit aller Gegensatzverhältnisse, welche die ontologischen Strukturen aller Seienden in sich vereinigt und dadurch das Bindeglied zwischen dem intelligiblen Kosmos der Ideen und dem sinnenfälligen Kosmos der Erscheinungen ist.

Hegel sieht nun in seiner Deutung vom kosmologischen Kontext der Stelle und von ihrem Bezug auf die Weltseele ganz ab und findet hier „die

22 Vgl. dazu die Deutung von Halfwassen 1992, 276–405 und jetzt Horn.

23 Vgl. dazu Cornford 60ff.; Gaiser 1963, 41ff.; Reale 507ff.; und Halfwassen 1995, 196ff.

Natur der Platonischen Idee" (W 19, 94).[24] Ferner reduziert er die komplizierten Mischungsverhältnisse bei Platon auf die Verbindung der einfachsten Urgegensätze: Er identifiziert das unteilbare Sein mit der Identität und das teilbare Sein mit der Verschiedenheit; darüber hinaus setzt er das Unteilbare und Identische mit dem Einen gleich und das Teilbare und Verschiedene mit der Vielheit: „Das Eine ist die Identität, das Andere ist τὸ ἕτερον, das Andere an ihm selbst, das Viele oder Nicht-Identische" (W 19, 94). Hegel reduziert also die verschiedenen von Platon unterschiedenen Gegensatzpaare auf den einfachen Prinzipiengegensatz von Einheit und Vielheit, der allen anderen Gegensatzverhältnissen einheitlich zugrunde liegt. Das mittlere Dritte, das nach Platon aus den Mischungen der ursprünglichen Gegensätze jeweils hervorgeht, ist sodann in Hegels Deutung kein eigenes drittes Element der Mischung wie bei Platon, sondern eben die Einheit der beiden verbundenen Gegensätze; da diese für Hegel die beiden entgegengesetzten Universalprinzipien Platons, das Eine und die Vielheit, sind, sieht Hegel in ihrer Verbindung seine eigene Bestimmung des Absoluten als der „Identität von Identität und Nichtidentität" vorweggenommen (W 19, 94 f.).

Hegel deutet also die Seelenmischung des platonischen *Timaios* in der Weise um, daß er sie auf das ganz Prinzipielle reduziert: nämlich auf die Vermittlung des Prinzipiengegensatzes von Einheit und Vielheit als die grundlegende Struktur des Seienden: „dies *eine* Ganze ist nun erst die jetzt systematisierte Substanz ... eine bleibende und untrennbare Einheit des Einen und des Vielen" (W 19, 95). Damit aber trifft Hegel den *prinzipientheoretischen* Hintergrund der Stelle sehr genau. Im Hintergrund von Hegels Deutung steht nicht nur der *Timaios*-Kommentar Plutarchs (*De procr. an.* 1025 b, 1024 d), sondern vor allem Xenokrates, dessen Deutung der *Timaios*-Stelle Plutarch referiert (*De procr. an.* 1012 d–e = Xenokrates, *Fr.* 68 Heinze). Xenokrates identifiziert nämlich genau wie Hegel das Unteilbare mit dem Einen und das Teilbare mit der Vielheit und findet in der platonischen Seelenmischung die Konstitution der Zahl – und zwar nicht der mathematischen, sondern der Ideenzahl – aus dem Zusammenwirken der beiden Universalprinzipien. Da Xenokrates die Seele als *sich selbst bewegende Zahl* definiert, unterscheidet er zwischen der Konstitution der Ideenzahlen und der Konstitution der Seele nicht; beide haben vielmehr die gleiche Struktur, nämlich die Begrenzung der von sich her unbegrenzten Vielheit durch das Eine; die Seele unterscheidet sich von der Zahl nur durch ihre Selbstbewegung. Von Xenokrates her erklärt sich somit nicht nur Hegels Reduktion der Mischungskomponenten auf die beiden höchsten Prinzipien, sondern auch die Tatsache, daß Hegel in der Seelenmischung die Analyse der ontologischen Struktur der platonischen Idee sehen konnte; die platonische Gleich-

[24] Zum Folgenden eingehender Halfwassen 1995, 200–217.

setzung der Ideen mit Zahlen kannte Hegel zudem aus Aristoteles (*Metaph.* a 6 u. ö.).

Hegel erkennt also in der Seelenmischung in *Tim.* 35 a–b „die Natur der Platonischen Idee“ als die Vereinigung von Einheit und Vielheit, Identität und Verschiedenheit in absoluter, die Unterschiede in sich enthaltender Identität. Diese Vereinigung erfolgt gewaltsam, wie Platon sagt (*Tim.* 35 a 7 f.); aber während Platon mit dieser Gewaltsamkeit auf die überlegene Macht des das Viele einigenden Einheitsprinzips hinweist, erkennt Hegel hier die Gewalt, die dem trennenden Verstandesdenken und seinem Prinzip, dem Satz vom Widerspruch, durch die sich im Anderen seiner selbst mit sich selbst zusammenschließende Einheit des spekulativen Begriffs angetan wird (W 19, 95). Hegel erkennt in der „Natur der Platonischen Idee“, wie sie im *Timaios* expliziert wird, die spekulative Dialektik einer sich in sich selbst unterscheidenden Einheit, die in ihrer Selbstunterscheidung mit sich identisch bleibt, was sich nach Hegel nur spekulativ, also unter Verletzung des Satzes vom Widerspruch denken läßt; diese Verletzung des Satzes vom Widerspruch findet Hegel auch bei Platon, im *Timaios* und an einer Stelle im *Sophistes* (259 c–d), die er falsch übersetzt (vgl. W 19, 72, auch 75). Darum findet Hegel bei Platon seine eigene Lehre von der sich in sich bestimmenden konkreten Allgemeinheit des Begriffs als der Struktur des Absoluten vorweggenommen: „Das Absolute des Platon, als das in sich Eine und mit sich Identische, ist konkret in sich; es ist eine Bewegung, ein Zurückgehen in sich selbst und ewiges Beisichsein“ (W 19, 40). In dieser selbstbezüglichen Struktur des Absoluten, das in seiner Selbstunterscheidung zu sich zurückkehrt, liegt für Hegel „die einfache Idee des Geistes“, die er in der Seelenmischung des *Timaios* dargelegt findet (W 19, 410); denn das Wesen des Geistes ist es, sich im Denken von seinen gedachten und erkannten Inhalten zu unterscheiden, dabei aber zugleich im Denken seiner selbst in sich zurückzukehren und bei dem Gedachten als seinem von ihm unterschiedenen Anderen bei sich selbst zu sein. Hegel deutet daher die platonische Idee *noologisch* als Geist und als „Subjektivität“ (W 19, 95), d. h. als Sich-Denken; „Idee“ ist für Hegel nicht nur der reine Gehalt des Denkens, sondern aufgrund ihrer selbstbezüglichen triadischen Struktur zugleich selber Denken. – In der Tat liegt eine *noologische* Deutung der Ideenlehre, wie Hegel sie vornimmt, gerade vom *Timaios* her nahe: Platon bezeichnet dort das Ganze aller Ideen, das alle einzelnen Ideen als seine Momente in sich vereint, ganz ausdrücklich als das „vollkommene“ oder „wesenhafte Lebewesen“ (παντελὲς ζῷον, ὅ ἐστιν ζῷον), das als solches das Urbild des von Platon als Organismus konzipierten Kosmos ist (30 c ff.; 37 e); ferner nennt er die einzelnen Ideen νοητὰ ζῷα, „intelligible Lebewesen“. Die *intelligible* Lebendigkeit der Ideen kann aber nur darin bestehen, daß sie selber Nous sind; wir wissen außerdem durch eine berühmte Stelle im *Sophistes* (248 e–f) und durch ein Referat des Aristoteles (*De an.* 404 b 16–27 = *Test. Plat.* 25 a), daß Platon seinem Ideenkosmos nicht nur Lebendigkeit, sondern ausdrücklich auch νοῦς und φρόνησις zugeschrieben hat.[25] Dies führt dann im späteren Platonismus zu der Lehre von den Ideen als Gedanken Gottes, die sich bis zu Xenokrates (*Fr.* 15, 16 mit *Fr.* 36 H.) zurückverfolgen läßt. Xenokrates und Aristoteles legen es außerdem nahe, daß Platon den welterschaffenden Nous, den Demiurgen, in der mythischen Welterschaffung des *Timaios* nur aus didaktischen Gründen als eine vom Ideenkosmos unterschiedene, eigene metaphysische Instanz auftreten läßt, während sie in Wahrheit nur den Nous-Charakter der Ideen selber zum Ausdruck bringt, also der Sache nach mit dem Ideenganzen identisch ist, das Seele und Welt dynamisch aus sich hervorgehen läßt. Hans Krämer, der bedeutendste Platoninterpret dieses Jahrhunderts, sieht darum in der Ideenlehre Platons, die er vom *Timaios*, vom *Sophistes* und von den Zeugnissen über Platons innerakademische Lehre her *noologisch* interpretiert, den „Ursprung der Geistmetaphysik".

Hegels Deutung der Seelenmischung im *Timaios* stellt zweifellos eine Umdeutung dar, da er an der Stelle 35 a ff. nicht die Struktur der Seele, sondern die „Natur der Platonischen Idee" findet; indem er die *Timaios*-Stelle aber ganz von ihrem prinzipientheoretischen Hintergrund, den er aus Plutarch und Xenokrates kennt, aus interpretiert, gelangt Hegel zu einer noologischen Deutung der Ideenlehre, die sich sachlich mit der die Ideenlehre der Dialoge von der innerakademischen Lehre her interpretierenden Deutung der Tübinger Schule berührt. – Hegel findet in Platons *Timaios* aber nicht nur die selbstbezügliche triadische Struktur des Absoluten als höhere Einheit der Gegensätze und als Geist oder Sich-Denken ausgesprochen, sondern darüber hinaus sogar schon die konkrete Form der erfüllten intellektuellen Selbstbeziehung des Denkens erkannt. Für Hegel ist die vollendet entfaltete Form, in der sich die entwickelte konkrete Allgemeinheit als reines Denken seiner selbst auf sich selbst bezieht, der *Schluß*, der sich im Setzen und Aufheben seiner Momente mit sich selbst zur Einheit zusammenschließt: „Der Schluß ist das Spekulative, welches sich in den Extremen mit sich selbst zusammenschließt, indem alle Termini alle Stellen durchlaufen. Im Schluß ist die ganze Vernünftigkeit, Idee enthalten" (W 19, 90). Konkret meint Hegel den spekulativ gedeuteten disjunktiven Vernunftschluß, in welchem die Unterschiede nach Hegels Deutung ihre Selbständigkeit verlieren, die sie im Verstandesschluß noch behalten, so daß sich im Vernunftschluß das Subjekt nicht mit einem von ihm verschiedenen Prädikat, sondern nur mit sich selbst zusammenschließt.[26] Eben dies sieht Hegel in Platons *Ti-*

[25] Dazu Krämer 1964, 193 ff. und 403 ff.; zu den Ideen als Gedanken Gottes und Xenokrates: ebd. 21–126 und 1969, 481–505.

[26] Vgl. zu Hegels spekulativer Schlußlehre Düsing 1976, 266–288 und 1986 b.

maios im „Band der Analogie" als der Vereinigung der Extreme durch eine in sich gedoppelte Mitte schon ausgesprochen; denn nach Platon bringt die Analogie die höchste Einheit der Unterschiedenen zustande, indem die Extreme zur Mitte werden und die Mitte zu den Extremen, so „daß alle mit Notwendigkeit dasselbe sind", da Mitte und Extreme wechselseitig durcheinander hindurchgehen, „wenn sie aber dasselbe geworden sind, so werden sie alle untereinander Eins sein" (32 a). Hegel erkennt die über die Verbindung der Elementarkörper weit hinausgehende grundsätzliche Bedeutung dieser Stelle für die Vermittlung der Gegensätze bei Platon; Plutarch (*De procr. an.* 1025 a–b), dessen Deutung Hegel kannte, erklärt das „Band der Analogie" von der triadischen Struktur der Weltseele her – die für Hegel die Struktur der Idee ist; Proklos (*In Tim.* II, 22–29 Diehl), dessen Deutung Hegel wohl nicht kannte, leitet die vereinigende Proportion der Elementarkörper von der Alldurchdringung der Ideen im göttlichen Nous her, der sich in dieser Alldurchdringung selbst denkt, er erkennt also im „Band der Analogie" wie Hegel eine Struktur intellektueller Selbstbeziehung. – Tatsächlich haben Cornford und Gaiser gezeigt, daß die Proportion der Elementarkörper die Tetraktys-Struktur der reinen Ideenzahlen abbildet,[27] die nach Gaiser auch die intellektuelle Selbstbeziehung des noushaften Ideenkosmos konstituiert, wenn sie auch bei Platon nicht die Form eines Schlusses hat.

Hegel sieht im „Band der Analogie" die Erkenntnis ausgesprochen, „daß Gott ein Schluß ist, der sich mit sich selbst zusammenschließt. Das Höchste ist so in der Platonischen Philosophie enthalten ... Diese Formen haben seit Platon ein paar tausend Jahre brachgelegen ... bis man in neueren Zeiten angefangen hat, zu begreifen, daß Begriff, Natur und Gott in diesen Bestimmungen enthalten sind" (W 19, 91). Hegel sieht also die Schlußform der sich selbst begreifenden erfüllten Subjektivität, die im Zentrum seiner eigenen Begriffslogik steht, bei Platon – und nur bei ihm – vorweggenommen. Hegels Behauptung, daß die spekulative Bedeutung der Schlußform nach Platon „ein paar tausend Jahre" unbeachtet geblieben sei, beweist übrigens, daß Hegel seinen bemerkenswertesten Vorgänger in dieser Lehre nicht kannte: Proklos erklärt nämlich, der Nous, der sich in die Vielheit der Ideen entfalte und sich dabei als deren Einheit selbst denke, sei die Urform des Schlusses (συμπέρασμα): Die Prämisse (πρότασις) entspreche seiner unentfalteten Einheit, der Beweis (ἀπόδειξις) der Selbstentfaltung in die Vielheit des Gedachten und die Conclusio (συμπέρασμα) der Rückkehr der nunmehr entfalteten Einheit in sich selbst (*In Parm.* 1152, 1–7).[28]

[27] Vgl. Gaiser 1963, 108 ff., zur Begründung des Nous in der Tetraktys 44 ff. u. ö.; vgl. schon Cornford 50, Anm. 1, 70.

[28] Bemerkenswert ist, daß Proklos hier nach der *Prämisse* den *Beweis* nennt; er verweist (*In Parm.* 1151, 38) dazu ausdrücklich auf das *geometrische* Beweisver-

IV

Hegel erblickt nun in der triadischen Struktur des Geistes, die er in Platons *Timaios* expliziert findet, die Anknüpfung Platons an den Pythagoreismus; er hält den *Timaios* selbst für die platonische Bearbeitung einer vermeintlich altpythagoreischen Schrift, nämlich der Schrift „Über die Seele der Welt" des falschen Timaios Lokros (vgl. W 19, 86), die sich als die Quelle Platons gibt, aber in Wirklichkeit aus hellenistischer Zeit stammt. An die besondere Nähe des *Timaios* zum Pythagoreismus glaubt Hegel aber vor allem deshalb, weil er scharfsichtig die Nähe dieses platonischen Dialogs zu derjenigen Prinzipienlehre bemerkt, die Sextus Empiricus als die Prinzipienlehre der Pythagoreer referiert, die aber in Wirklichkeit die innerakademische Prinzipienlehre Platons ist; die Herkunft dieser Lehre von Platon und der Alten Akademie bemerkte übrigens schon Tiedemann.[29]

In dieser Prinzipienlehre wird alles Seiende auf das absolute Eine und die unbestimmte Zweiheit als die beiden universalen Prinzipien zurückgeführt, deren Zusammenwirken in der Konstitution des Seienden Hegel in der Seelenmischung des Platonischen *Timaios* erkennt. Diese Prinzipienlehre wurde schon von den Schülern Platons, Speusipp und Xenokrates, als „Lehre der Pythagoreer" ausgegeben, und so kommt es zu ihrer Zuschreibung an die Pythagoreer bei Sextus. Das Referat bei Sextus zeichnet sich durch zwei Eigentümlichkeiten unter allen Zeugnissen über Platons ungeschriebene Lehre aus: Es handelt sich einmal um das mit Abstand ausführlichste Zeugnis, das die Bewegung des Rückgangs zu den Prinzipien und der Derivation des Seienden aus den Prinzipien mit großer argumentativer Luzidität wiedergibt; ferner tritt in ihm die monistische Tendenz dieser Prinzipienlehre, die sich auch in einigen anderen Zeugnissen finden läßt (*Test. Plat.* 31, 49, 50 u.ö.; dazu Halfwassen 1996), am stärksten hervor: Der Sextus-Bericht ist das einzige Zeugnis, in dem die unbestimmte Zweiheit, das Prinzip der Vielheit, aus dem Einen *abgeleitet* wird. Diese Ableitung des Zweiheitsprinzips aus dem Einen ist indes mit besonderen Schwierigkeiten verbunden: Wie Sextus sie referiert, ist das erste Prinzip, das Eine, in seiner Identität mit sich selbst gedacht, *reine Einheit*; wenn die Einheit aber gemäß der Verschiedenheit zu sich selbst hinzugefügt werde, entstehe die *unbestimmte Zweiheit*, die Sextus dabei ausdrücklich von jeder schon bestimmten, zahlenhaften Zweiheit unterscheidet (*Test. Plat.* 32, § 261). Die sachliche Schwierigkeit in dieser Ableitung besteht darin, daß sie mit Identität und Verschiedenheit zwei Bestimmungen voraussetzt, von denen wir

fahren, vergleicht also den Nous nicht mit einem einfachen Syllogismus der Form 'Barbara', sondern denkt an eine komplexere, offenbar polysyllogistische Form.

[29] Vgl. Tiedemann 1791, Bd. 1, 101–103, 106, 113–15; Bd. 2, 331. – Zu Hegels Deutung der Prinzipienlehre bei Sextus vgl. Halfwassen 1995, 167–193.

aus anderen Zeugnissen (z. B. *Test. Plat.* 39a–b, 41a) und aus Platons *Parmenides* mit Sicherheit wissen, daß Platon sie von den beiden höchsten Prinzipien *abgeleitet* hat, die Identität als Derivat des Einen und die Verschiedenheit als Derivat der Zweiheit; durch ihre Vermittlung kann daher unmöglich das zweite *Prinzip* aus dem ersten abgeleitet werden; wir wissen außerdem, daß das absolute Eine für Platon jenseits von Identität und Verschiedenheit stand, da es ja „jenseits des Seins" ist. – Wie immer diese Schwierigkeiten auch zu beurteilen sein mögen, Hegel sieht jedenfalls gerade in der monistischen Ableitung der unbestimmten Zweiheit aus dem Einen durch dessen Verschiedenheit von sich selbst den spekulativen Gedanken einer *immanenten Selbstunterscheidung und Selbstentzweiung* des Einen, aus der die Zweiheit hervorgeht, die aber als *Prinzip* der Vielheit selbst einfache Einheit ist, so daß das Eine *in* seiner Selbstentzweiung zugleich *bei sich selbst* bleibt; damit erkennt er im Verhältnis der beiden Prinzipien zueinander die selbstbezügliche triadische Struktur der konkreten Allgemeinheit, die Selbstentzweiung einer ursprünglichen Einheit in die ihr immanenten Unterschiede, aus denen sie zugleich in sich selbst zurückkehrt. Diese aus ihrer Selbstunterscheidung in sich zurückkehrende Einheit ist für Hegel „das Subjekt, der νοῦς, ... das Bestimmende, die Form" (W 18, 244), denn da dem in sich zurückkehrenden Einen Selbstbezüglichkeit und Fürsichsein zukommen, ist es Prinzip und Anfang der Subjektivität, ursprüngliche Geistigkeit. Aus dem Einen und der unbestimmten Zweiheit werden nun die Ideen und Zahlen abgeleitet, die dadurch entstehen, daß das Eine in der unbegrenzten Vielheit eine Grenze setzt (*Test. Plat.* 32, § 277: τοῦ ἑνὸς ἀεὶ περατοῦντος). Die von Hegel benutzte Fabricius-Ausgabe hat an dieser Stelle jedoch eine andere Lesart, der zufolge die Ideenzahlen dadurch entstehen, daß das Eine sich fortbewegt – τοῦ ἑνὸς ἀεὶ περιπατοῦντος –, also gleichsam als Emanationen des Einen. Diese Lesart verstärkt nicht nur den Monismus; Hegel verbindet sie mit einer anderen Stelle, der zufolge die Zweiheit κατὰ μετάβασιν begriffen wird (*Test. Plat.* 32, § 278), und findet darin die Ableitung der Zweiheit und der Zahlen aus der *Selbstbewegung* der ursprünglichen Einheit ausgesprochen, die in ihr eigenes Anderes übergeht: „Eben dies ist die Natur dieser Bestimmungen, überzugehen, sich zu bewegen." In diesem Übergang des Einen in die Zweiheit aber geht die ursprüngliche Einheit nicht aus sich heraus, sondern da sich dieser Übergang als Selbstdiremtion der Einheit vollzieht, bleibt er dem Einen immanent, das in dieser Selbstentzweiung zugleich zu sich zurückkehrt: „Das absolut einfache Wesen entzweit sich in Einheit und Vielheit ... und seine Rückkehr in sich selbst ist ... die negative Einheit, das individuelle Subjekt, und das Allgemeine oder Positive, und beide sind Einheit" (W 18, 249 f.). Hegel findet also in der monistischen Ableitung des Vielheitsprinzips aus dem Einen im Sextusbericht seinen eigenen Begriff des sich durch immanente Selbstentzweiung als die höhere Einheit der Entgegengesetzten in sich selbst bestimmenden Absoluten: „Das Spekulative tritt hier als spekulativ hervor. Derjenige, der das Spekulative nicht kennt, hält nicht dafür, daß mit einer Bezeichnung solcher einfachen Begriffe das absolute Wesen ausgesprochen sei ..., daß Gott im spekulativen Sinne damit ausgesprochen ist, das Erhabenste in diesen gemeinen Worten, das Tiefste in diesen bekannten, oben- und offenliegenden, das Reichste in der Armut dieser Abstraktionen“ (W 18, 250). Hegel findet hier dieselbe triadische Struktur des in seiner Selbstunterscheidung in sich selbst zurückkehrenden Absoluten, die er auch in der Seelenmischung des platonischen *Timaios* als der Vereinigung der beiden Universalprinzipien Einheit und Vielheit und dem „Band der Analogie“ als der Vereinigung der Gegensätze findet; darum sagt er: „bei Platon ist die Idee keine andere“.

Hegel deutet Platon im Vorgriff auf seine eigene spekulative Dialektik und auf seinen eigenen Begriff des Absoluten, das als die höhere Einheit der Entgegengesetzten spekulativ begriffen wird; zweifellos ist dies eine nicht unerhebliche Umdeutung des historischen Platon, da sich Hegels Dialektik von derjenigen Platons charakteristisch unterscheidet und Hegels Begriff des Absoluten, das alle Mannigfaltigkeit der Welt nicht nur begründet, sondern in sich selbst enthält und zugleich übersteigt, ein sehr anderer ist als Platons Begriff des alle Vielheit begründenden reinen Einen, das in *absoluter Transzendenz* über alle positiven Bestimmungen hinausliegt und nur in einer *negativen Theologie* umschrieben werden kann. Gleichwohl ist Hegels spekulative Umdeutung Platons hermeneutisch außerordentlich fruchtbar: Hegel erfaßt die Grundlegungsbedeutung der Dialektik bei Platon, den noologischen Charakter der platonischen Ideen und die prinzipientheoretische Fundierung von zentralen Stellen wie der Seelenmischung und der Proportion der Elementarkörper im Bezug von Einheit und Vielheit. Mit erstaunlicher historischer und systematischer Klarsicht erfaßt er ferner den platonischen Charakter der bei Sextus referierten Prinzipienlehre, auch wenn er den eigentlich konsequenten letzten Schritt unterlassen hat, den Inhalt des Referats Platon zuzuschreiben. Ganz anders als moderne Kritiker des ungeschriebenen Platon, die von einem dürren Ableitungsschematismus sprechen, der hinter dem Reflexionsniveau der platonischen Dialoge angeblich weit zurückbleibt,[30] erkennt Hegel mit großer Emphase den spekulativen Rang und die historische Bedeutung dieser Prinzipienlehre: Das hier ausgesprochene Verhältnis von Einheit und Vielheit und die Fundierung der Selbstbeziehung des Nous in ihm erkennt Hegel durchaus zutreffend als die systematische Grundlage des Neuplatonismus mit seiner Fundierung der Nouslehre in der Henologie; wegen der Rezeption dieser henologischen Prinzipienlehre, die in Hegels eigener Konzeption freilich zum untergeordneten Moment einer noologischen Metaphysik herabgesetzt wird, bezeichnet Hegel den Neuplatonismus auch als *Neupythagoreismus*. – Mit der ungeschrie-

[30] Vgl. zu dieser und ähnlicher Kritik die Gegenkritik von Krämer 1982.

benen Prinzipienlehre Platons setzt sich auch Schelling in seiner Spätphilosophie wiederholt auseinander (SW XI, 324, 391–396, 423 f., 433 f., 488; XII, 59 u. ö.). Schelling bezieht sich dafür nicht auf Sextus, sondern auf die erste Sammlung der Zeugnisse zur ungeschriebenen Lehre Platons bei Aristoteles und seinen Kommentatoren, die Brandis 1823 veröffentlicht hatte und die auch Hegel kannte (vgl. W 19, 21); die von Zeller 1839, 197–300 bezweifelte Authentizität dieser Prinzipienlehre wird dabei von Schelling (SW XI, 423) entschieden vertreten. Auch er betont nachdrücklich die philosophische Bedeutung dieser Prinzipienlehre, auf die er sich für seine eigene Lehre von den Potenzen des Seins beruft; dabei nimmt er namentlich Platons Lehre von der unbestimmten Zweiheit, die *allem* Seienden – auch den Ideen – als Grundlage aller Bestimmungen zugrunde liegt, selbst aber vollkommen bestimmungs- und seinslos ist, auf und sieht in ihr seine erste Potenz, das allem vorangehende reine Seinkönnen, vorweggenommen (bes. SW XI, 391 ff.); er folgt Platon aber ebenso in der Ansetzung eines begrenzenden Prinzips, welches das *Was*sein des Seienden bestimmt, und in der Vereinigung dieser beiden Prinzipien im Nous, den Schelling idealistisch als *Subjekt-Objekt-Identität* faßt. Das Absolute aber ist für ihn nicht der Nous, sondern das *Eine,* das die drei Potenzen koordiniert, also ihre das Seiende konstituierende *Einheit* vermittelt und sie dabei selbst als das *Überseiende* transzendiert; dafür beruft sich Schelling außer auf den christlichen Neuplatonismus (Ps.-Dionysios) auch auf Platon (SW XI, 314, 560, 588; XII, 100; vgl. schon IX, 217 f.). In dieser *Transzendenz* des Einen erblickt Schelling zugleich dessen absolute *Freiheit*: Weil das Absolute *über* dem Sein, also selber vom Sein *frei* ist, ist es auch frei, das Sein zu setzen oder nicht zu setzen, und ist damit erst wahrhaft *Gott*, d. h. für Schelling absolute Persönlichkeit. Damit aber erweist sich, daß Schellings Spätphilosophie sowohl in ihrem prinzipientheoretischen Grundgefüge als auch in dem sie tragenden Gedanken der Transzendenz des Absoluten in hohem Maße von Platon bestimmt ist, und zwar primär von dessen innerakademischer Lehre.

In der heutigen Diskussion um die ungeschriebene Lehre Platons und ihre philosophische Beurteilung, die allzuoft eine voreilige Abwertung ist, sollte beachtet werden, daß die beiden großen idealistischen Metaphysiker in dieser Prinzipienlehre die erste gelungene spekulative Erkenntnis des Absoluten bzw. der Potenzen des Seins in der Geschichte der Philosophie sahen. Vorbildlich bleibt ihre Platon-Deutung aber vor allem darin, daß sie – ähnlich wie schon die Neuplatoniker – entschlossen den spekulativen Gedanken zum Zentrum des Platon-Verständnisses machten und nicht wie Schlegel die schönen Mythen oder wie Schleiermacher die literarische Form des Dialogs. Denn Platon bediente sich der Mythen und der dialogischen Form, um philosophische Gedanken mit der größten didaktischen Raffinesse auszusprechen, die sich als solche auch in abstrakter Form formulieren und begreifen lassen, was Platons eigene Lehre in seiner Akademie beweist.

Theo Kobusch

DIE DIALOGISCHE PHILOSOPHIE PLATONS (NACH SCHLEGEL, SCHLEIERMACHER UND SOLGER)

Um uns in der Vielfalt des geschichtlichen Lebens orientieren zu können, sprechen wir von Renaissancen eines Autors oder einer Gedankenrichtung. Die platonische Philosophie hat in diesem Sinne viele Renaissancen erfahren. Eine der wichtigsten, die sich auf unsere Zeit noch immer auswirkt, ist die Platon-Renaissance in der Romantik. Sie hat wie keine sonst den dialogischen Charakter der platonischen Philosophie bewußt gemacht. Um die Bedeutung dieser Platon-Renaissance ermessen zu können, soll im Folgenden die Entwicklung innerhalb der Romantik unter dem einheitlichen Gesichtspunkt der Dialogizität der Philosophie Platons betrachtet und dabei F. Schlegels, dann F. Schleiermachers und schließlich K. W. F. Solgers Platon-Rezeption berücksichtigt werden.

I

Es kann kein Zweifel sein: Große Teile der wuchernden Landschaft des heutigen Platon-Verständnisses verdanken ihre Gestalt der romantischen Platon-Deutung, sei es, daß sie in prinzipientheoretischer Form als Vertreter der sogenannten „Ungeschriebenen Lehre" Platons sich im Gegensatz zu dieser Deutung selbst definieren, sei es, daß sie Platons Lehre als dialektische Theorie begreifen und so – bewußt oder unbewußt – an das romantische Verständnis anknüpfen.[1] F. Schlegel war der führende Kopf, der dem Platon-Verständnis ein ganz neues, unverwechselbares Gepräge gab.[2] Schon im Alter von sechzehn Jahren erkor er sich das platonische Œuvre als besonderen Gegenstand seiner Lesewut. Und zwei Jahre vor seinem Tod schreibt er: „Es sind jetzt eben neununddreißig Jahre, seit ich die sämtlichen Schriften des Plato in griechischer Sprache zum ersten Mal mit unbeschreiblicher Wißbegierde durchlas; und seither ist, neben mancherlei andern wissenschaftlichen Studien, diese philosophische Nachforschung für mich selbst eigentlich immer die Hauptbeschäftigung geblieben" (KA 10, 179).

[1] Zur Geschichte der Platon-Forschung seit Hermann und Zeller vgl. bes. Tigerstedt 1977.

[2] Über den Anspruch der Schlegelschen Platon-Renaissance vgl. das informationsreiche Kapitel in Zovko 61–84.

Deswegen kann man mit gutem Recht – wie das E. Behler vorgeschlagen hat[3] – die von F. Schlegel ausgehende Romantik als eine der großen Platon-Renaissancen in Europa ansehen. F. Schlegel hat in diesem Sinne besonders *ein* Element der platonischen Philosophie herausgekehrt und es zugleich als Zeichen seiner Zeit bewußt gemacht, das bis dahin alle Platon-Renaissancen übersehen und vernachlässigt hatten: das Element des Dialogisch-Dialektischen. Und zugleich hat er von der frühen Beschäftigung mit Platon an bis in die zwanziger Jahre des 19. Jh. immer auch Kritik an Platon geübt. So hat schon der frühe Schlegel darauf hingewiesen, daß die „Masse der Philosopheme" bei Platon, insbesondere seine Lehre von der Begeisterung der Poesie für das Göttliche und Schöne durch den Mythos und die Volksfrömmigkeit als den Quell aller Bildung und Wissenschaft bedingt und in diesem Sinne nicht von innen, sondern „von außen gebildet und entstanden" seien (KA I, 352; vgl. auch KA I, 465 f.). Zugleich wird aber auch schon im Rahmen dieser frühen Beschäftigung mit der platonischen Philosophie die ihr anhaftende Einseitigkeit kritisiert. Denn als gut und schön wird nach der platonischen Sicht, „welche hierin viel zu sehr zum Parmenides hinüberneigt", nur die vollkommene Einheit und vollendete Harmonie verstanden. Demgegenüber macht F. Schlegel, unbeschadet dieser platonischen These, schon 1794 auch auf die göttliche Würde der unendlichen Mannigfaltigkeit und Fülle des Lebens aufmerksam (KA I, 19). Dieses Thema der unendlichen Mannigfaltigkeit hat F. Schlegel zeit seines Lebens als komplementäres Versatzstück zur platonischen Philosophie angesehen, so z. B. wenn er, um erklären zu können, warum der menschliche Geist den Gedanken der unendlichen Fülle überall in den Dingen suche und voraussetze, ein ursprüngliches, unvertilgbares, notwendiges Streben nach der unendlichen Mannigfaltigkeit als zweite Haupttätigkeit neben der (platonisch verstandenen) Erinnerung annimmt.[4] Abgesehen von dieser Ergänzung ist jedoch die platonische Philosophie, für sich genommen, das wahre Urbild aller Philosophie, denn durch sie ist die Form der Philosophie in unsere Welt gekommen, „welche unter allen Bedingungen und in allen Zuständen die bleibende und ihr eigentlich wesentliche ist: die dialektische" (KA 3, 99). F. Schlegel ist sich dabei durchaus der besonderen Bedeutung dieses Wortes bei Platon bewußt: Es ist nicht – wie bei Kant – die Bezeichnung für den bloßen Schein, sondern Dialektik ist im platonischen Sinne die Kunst, die Wahrheit mitzuteilen, gemeinschaftlich die Wahrheit zu suchen, im Elenchos die falschen Meinungen zu widerlegen und so die Wahrheit zu erreichen (vgl. KA 18, 509). Dialektische Philosophie ist Philosophie in ihrer Reinheit.

[3] Vgl. Behler 1978, 22.

[4] Schlegel KA 13, 247; vgl. auch die 4. Vorlesung der *Philosophie der Sprache und des Wortes* (KA 10, 380–403). Dazu vgl. auch Zovko 63; 79.

Da im Sokratischen Zeitalter die Philosophie dialektisch war, soll sie nach F. Schlegel jetzt als Muster dienen, d.h. die Methode der Philosophie soll sokratisch werden. Das bedeutet nicht unbedingt, daß die Philosophie sich wieder an jene äußere Form der Dialoge binden müßte, aber bevor die „Kunst, ein wissenschaftliches Gespräch zu führen", nicht wieder erfunden wird, kann sie sich nicht zu ihrer Blüte entfalten (KA 22, 103). Der Begriff der Dialektik bezeichnet also nicht primär die äußere, sondern vielmehr die innere Form des Philosophierens. Dialektisch ist jenes Nachdenken über philosophische Gegenstände, das nach Schlegel, der dabei an berühmte Formulierungen im platonischen *Theaitetos* und *Sophistes* erinnert, als ein „Selbstgespräch" aufzufassen ist. Das Selbstgespräch im Sinne des inneren Gesprächs der Seele ist nach F. Schlegel die natürliche Form des menschlichen Denkens. Deswegen würde, auch wenn in den Werken Platons die ganze äußere dialogische Einkleidung weggenommen würde, damit allein das Durchgehende der Gedanken nach ihrem Zusammenhange herausgehoben werde, das Ganze gleichwohl ein Gespräch bleiben, „wo jede Antwort eine neue Frage hervorruft und im wechselnden Strome der Rede und Gegenrede 'oder vielmehr des Denkens und Gegendenkens' sich lebendig fortbewegt"[5]. Gerade durch diesen besonderen Begriff der Dialektik distanziert sich Schlegel von der Position der meisten seiner Zeitgenossen, die die vollendete Form der Philosophie in der systematischen Einheit erkannten. Dialektik versus Systemgedanke – das ist ein Leitmotiv der Schlegelschen Philosophie. Die gelehrte moderne Platonforschung, die die systemtheoretischen Ambitionen Platons wieder mehr in den Vordergrund zu rücken sucht, hat denn auch längst – mit historischem Recht – F. Schlegel als den Urgegner im Platonverständnis ausgemacht.[6] Das Nichtsystematische erkennt F. Schlegel aber gerade auch in der Philosophie Platons. „Die Philosophie des Sokrates, seiner Schule und selbst jene des Plato, war kein eigentlich geschlossenes und vollendetes System, sondern es war vielmehr ein stets fortschreitendes Philosophieren, ein unermüdetes Forschen und Streben nach Wahrheit und Gewißheit, ein methodisches Bilden und Vervollkommnen des Denkens und Nachdenkens" (KA 13, 205). Diesem steten Streben nach Wahrheit, diesem ewigen Werden, Entwickeln und Bilden seiner Lehre, dieser Abwehr alles Systematischen entsprach als äußere Form am ehesten

[5] KA 10, 353. Schlagdenhauffen 87 f. hat zudem auf einen Unterschied zwischen der sokratischen und Schlegelschen Dialektik hingewiesen: Nach der antiken Methode sei die Wahrheit im Denken des Meisters jeweils vorher festgesetzt, ehe sie durch geschicktes Fragen ans Tageslicht des Bewußtseins geholt werde. In der „Dialektik der Verbrüderung" dagegen gibt es keine derartige vorher festgelegte Wahrheit. „Tout, au contraire, y est imprévu, nouveau, inattendu."

[6] Vgl. Krämer 1988.

der Dialog. Denn „ein philosophisches Gespräch kann nicht systematisch sein, weil es dann nicht mehr Gespräch, sondern nur eine anders modifizierte systematische Abhandlung wäre" (KA 11, 119). Genau deswegen kann Schlegel sagen: „Plato hatte nur eine Philosophie, aber kein System" (KA 12, 209). Wenn aber die Dialoge nicht irgendeine zufällige literarische Form, sondern philosophischer Ausdruck eines prinzipiell nicht Festzumachenden und essentiell Unaussagbaren sind, dann kann nach F. Schlegel auch kein System hinter den Dialogen, keine esoterische Philosophie neben der exoterischen Philosophie und keine – ungeschriebene – Lehre außer der in den Dialogen niedergelegten angenommen werden. Diese von F. Schlegel erstmals vollzogene schroffe Gegenüberstellung von Systemphilosophie auf der einen und dialogischer Philosophie auf der anderen Seite (vgl. z.B. KA 12, 211) hat ihre Fortsetzung gefunden in der modernen Platon-Forschung, wo sich die Platon-Interpretation aus dem Lager der hermeneutischen Philosophie (als der Fortsetzung des Schlegelschen Platon-Verständnisses) und die prinzipientheoretische Interpretation gegenüberstehen.[7]

Um seine These von der grundsätzlichen philosophischen Bedeutung des dialogischen Charakters der Werke Platons zu stützen, hat F. Schlegel auch auf die in den Dialogen befolgte einheitliche Methode hingewiesen: Der Anfang ist immer indirekt und unbestimmt, indem irgendeinem geltenden Vorurteil widersprochen wird, dann folgt ein oft spitzfindiges Gedankengewebe, das mit „bewunderungswürdiger Genauigkeit" und „eindringendem Scharfsinn" entwickelt und zergliedert wird, bis schließlich „das Ganze nicht mit einem bestimmten Satz, Resultate, sondern mit einer Andeutung des Unendlichen, Göttlichen und einer Aussicht in dasselbe" endet (KA 11, 119) oder – wie es an anderer Stelle heißt – „bis der überraschte Zuschauer ... plötzlich vor einem Ziel sich findet, das er gar nicht erwartet hatte, vor sich eine grenzenlose weite Aussicht, und sieht er zurück auf die zurückgelegte Bahn, so wird er inne, daß es nur ein Bruchstück war aus einer unendlichen Laufbahn" (KA 3, 50). Doch der nicht-systematische Charakter der platonischen Philosophie war nicht nur durch diese eher methodologischen Eigenarten bedingt, sondern auch durch den ihr zukommenden Gegenstand. Denn der ist nach F. Schlegel so sehr über die engen Grenzen des menschlichen Verstandes erhaben, daß es ihm nie gelingen wird, die unendliche Wahrheit vollkommen zu erschöpfen. „... nur ahnen, erraten und andeuten

[7] Krämer 1988, 615 ff. zählt zu den im weiteren Einflußbereich der Schlegelschen Platon-Auslegung stehenden Autoren ausdrücklich die in der Nachfolge Heideggers stehenden Vertreter der Philosophischen Hermeneutik (H.-G. Gadamer, W. Wieland, Th. Ebert). Gestützt wird das durch die Ansicht von Haemlin, nach der die Ironie als selbstreflektierter Diskurs die Basis für eine Hermeneutik der Literatur darstellt, für die der platonische Dialog als Musterfall anzusehen ist.

lasse sie sich, nur annäheren könne man sich ihr immer und mehr durch ein rastlos fortschreitendes Streben ..." (KA 13, 205). Seinen angemessenen Ausdruck findet dieses Bewußtsein von der nur approximativ enthüllbaren Wahrheit dadurch, daß Platon im positiven Teil seiner Lehre – nach der Widerlegung der Irrtümer – „nach orientalischer Weise nur in Sinnbildern und Mythen und wie in dichterischer Ahndung" redet (KA 6, 91). Die moderne kritische Platonforschung wird freilich kaum zugestehen, daß die Funktion des Mythos bei Platon darin bestehe, die im Logos unerreichbare Wahrheit in Bildern zu umschreiben. Schon Hegel hat das bestritten.[8]

Ein anderer Ausdruck für diese Spannung zwischen endlichem Bewußtsein und unendlicher Wahrheit ist die sokratische Ironie, von der es im berühmten Lyzeumsfragment heißt, daß sie das Gefühl vom „unauflöslichen Widerstreit des Unbedingten und des Bedingten der Unmöglichkeit und Notwendigkeit einer vollständigen Mitteilung" enthalte (KA 2, 160). Die romantische Ironie, die ja als „Neuformulierung" der sokratischen anzusehen ist,[9] ist also jene Bewußtseinsgestalt, in der sowohl das Unendliche der Seinsfülle wie die eigene Endlichkeit bewußt und daher alle endlichen Verfestigungen wieder aufgehoben werden. Auch wenn Schlegel in den Athenäumsfragmenten die Ironie als steten Wechsel von Selbstschöpfung und Selbstvernichtung definiert, meint er diesen dialektischen Prozeß, in dem das Subjekt ein freies Verhältnis zu sich und zum Ganzen des Seins gewinnt. Freiheit heißt aber zuerst: Abstand zu sich selbst. In diesem Sinne fährt Schlegel an der schon zitierten Stelle fort: „Sie (die sokratische Ironie) ist die freieste aller Lizenzen, denn durch sie setzt man sich über sich selbst weg; und doch auch die gesetzlichste, denn sie ist unbedingt notwendig" (KA 2, 160). Schon diese Bestimmungen werden den Leser davor bewahren, die scharfe, z. T. ungerechte Kritik Hegels vor allem im § 140 der *Rechtsphilosophie* am Ironiebegriff F. Schlegels ohne Widerspruch zu übernehmen. Hegel mißversteht die romantische Ironie, die nur den Namen von Platon erborgt habe, als die „absolute Selbstgefälligkeit", als den willkürlichen Meister über das Sittliche und schließlich als die äußerste Spitze der sich als das Letzte erfassenden Subjektivität, die sich nicht in den Ernst des sittlich Objektiven vertieft, sondern „nur spielt" und in diesem ironischen Bewußtsein das Höchste untergehen läßt, um sich selbst zu genießen.[10] Weit davon ent-

[8] Vgl. Kobusch 1990. – Zur Hegelschen Kritik an der romantischen Interpretation des Mythos bei Platon vgl. bes. *Vorlesungen über die Geschichte der Philosophie* I, W 18, 108 f.

[9] Vgl. Behler 1972, 123.

[10] Die scharfen Formulierungen am Ende des Moralitätskapitels der *Rechtsphilosophie* zeigen, daß auch der späte Hegel die Schlegelsche Ironie als Höhepunkt des abstrakten Wollens betrachtet hat, dessen Eigenart es ist, sich nicht an bestimmte all-

fernt, diese mit sittlichem Ernst zusammenfallende Ironie als den Standpunkt der sich als das Absolute wissenden Subjektivität zu begreifen, hat der späte Schlegel festgestellt, daß zwischen der „herben und bitteren Ironie", die alles verneint und in Zweifel zieht, und der „liebevollen" platonischen Ironie unterschieden werden muß. Jene als die über allem schwebende und sich über alles erhebende Ironie verfällt gerade der Schlegelschen Kritik. Die platonische Ironie dagegen ist nichts anderes als das „über die geheimen Widersprüche, gerade in seinem innersten Streben nach dem höchsten Ziele, sich selbst klar gewordene zur Harmonie gelangte Bewußtsein und Denken"[11]. Längst hat die moderne Forschung die Maßlosigkeit der Hegelschen Kritik zurückgewiesen und eine Rehabilitierung des Begriffs der romantischen Ironie in die Wege geleitet oder ihn in Verbindung mit der Spekulation und Methode Hegels gebracht.[12] Gleichwohl sind doch noch Spuren jener Schlegelschen Kritik auch in modernen Interpretationen zu finden, die das Systemdenken Platons gegen den Hegelschen Grundgedanken verteidigen.[13] Unbeschadet der berechtigten Zurückweisung des Hegelschen Mißverständnisses ist jedoch ein Element der Hegelschen Platon-Deutung durchaus noch immer bedenkenswert und fruchtbar gerade auch im Hinblick auf den Ironiebegriff. Denn Hegel hat eine Unterscheidung bewußt gemacht, die von grundlegender Wichtigkeit zu sein scheint und auch die heutige Platon-Forschung noch bewegt. Das ist die Unterscheidung zwischen der Ironie als eines „Verhaltens des Gesprächs gegen Personen" und der im Schlegelschen Sinne verstandenen Ironie als eines universalen und totalen Enthusiasmus.[14] Im ersten Fall ist Ironie eine dialog-technische Besonderheit, ein literarisches Kunstmittel, im zweiten eine grundlegende Bewußtseinsgestalt. Hegels Gegenthese zu Schlegels Verständnis ist, daß die sokratische Ironie nur ein Verhalten des Gesprächs gegen Personen ist. Das hat auch schwerwiegende Folgen für das rechte Verständnis des sokratischen Wissens des Nichtwissens. Denn von F. Schlegel werden beide Begriffe, Ironie und Nichtwissen, oft in einem Atemzug genannt, als sei Sokrates' Ge-

gemeine Inhalte zu binden, sondern über Wahrheit, Recht und Pflicht zu entscheiden und darin sich zu genügen. Behlers 1963, 221, Versuch einer Verteidigung Schlegels hat dieses Argument nicht entkräftet.

[11] Schlegel KA 10, 352; vgl. auch 357, 446f., 460. Vielleicht ist diese Unterscheidung zwischen einer negativen und positiven Ironie im Denken des späten Schlegel schon eine Antwort auf die Kritik Hegels, vgl. dazu Behler 1972, 105, 118; 1963, 223f.

[12] Vgl. Walzel; Strohschneider-Kohrs 14–91; Behler 1972; Bubner 1987.

[13] Vgl. z.B. Krämer 1988, 609.

[14] Vgl. Schlegel, *Literary Notebooks* nr. 1271, p. 134: „Ironie ist universell und Synthese von Reflexion und Fantasie, von Harmonie und Enthusiasmus. – Universalität, Originalität, Totalität, Individualität – ..."

ständnis des Nichtwissens ironisch gemeint. Nach Hegel jedoch „muß uns jene als unwahr angesehene Einleitung des Sokrates, daß er versichere, nichts zu wissen, keine Wissenschaft zu besitzen, vielmehr für ganz ernst von ihm gesagt, für ganz richtig und keineswegs für ironisch gelten“[15]. Diese Differenz im Hinblick auf das rechte Verständnis des sokratischen Nichtwissens – hier die Schlegelsche Ansicht von dem ironischen Sinn desselben,[16] da die Hegelsche These vom Ernst des Nichtwissens – hat sich auch in der modernen Platon-Forschung als tiefer Graben zwischen zwei Richtungen ausgewirkt.[17]

II

Was F. Schlegel angestoßen und angedacht hatte, wurde durch F. Schleiermacher erst eigentlich durchgeführt und vollendet.[18] Zwar war Schleiermacher schon während des Studiums vor allem durch den Kantianer Johann Eberhard mit dem platonischen Denken vertraut gemacht worden, aber auf die „göttliche Idee“, Platon zu übersetzen und die „dunklen Schimmer“ der Studienzeit zu vertreiben, brachte ihn doch erst sein Freund, der ihm im Jahre 1799 Mitteilung macht von diesem „großen Coup“, den er mit ihm vorhabe.[19] Schleiermachers Umgang mit der sokratisch-platonischen Philosophie trägt denn auch zunächst ganz den Stempel der Schlegelschen Interpretation, die als ganz neu anzusehen ist. Zwar stand das Verständnis Platons im 18. Jh. schon längst nicht mehr unter dem langen Schatten des Neuplatonismus, zwar hatten schon Interpreten wie James Geddes, Jakob Brucker oder Wilhelm Gottlieb Tennemann längst die Aufmerksamkeit auf die platonischen Dialoge selbst wieder gelenkt und ihre Interdependenz und gegenseitige kunstvolle Verknüpfung erkannt,[20] aber gleichwohl beginnt mit

[15] Hegel, *Solgers nachgelassene Schriften und Briefwechsel,* W 11, 256.

[16] Vgl. Schlegel KA 13, 207: „Dieses eitle, verkehrte Beginnen der Sophisten in seinem wahren Lichte zu zeigen, bediente sich Sokrates der Ironie. Er gestand nämlich, daß er nichts wisse, und daß seine Weisheit gerade darin bestehe, seine Unwissenheit deutlich zu erkennen.“ Dazu vgl. auch Behler 1978, 218.

[17] Vgl. auf der einen Seite z. B. Friedländer 145–163 oder Gundert 15, wo das sokratische Wissen des Nichtwissens und die Dialektik gleichgesetzt werden; auf der anderen Seite z. B. Müller 1975 b; 1975 c; 1984 oder Erler 1987.

[18] Gundolf 503 nennt ihn, was Platon betrifft, Schlegels „Testamentvollstrecker“.

[19] Vgl. *Aus Schleiermacher's Leben* I, 227; vgl. auch 328. Viele interessante Einzelheiten enthält das Manuskript aus den Jahren 1801–1803 „Zum Platon“, in: Schleiermacher KGA I/3, 343–375; vgl. dazu auch die Informationen von G. Meckenstock ebd. XCVI–CVI. Zu den einzelnen Phasen der Platon-Beschäftigung Schleiermachers s. bes. Gerrit.

[20] Zur Platon-Interpretation des 18. Jh. vgl. die informationsreiche Studie von Ti-

F. Schlegel und F. Schleiermacher eine neue Epoche der Platon-Interpretation. Denn sie versuchten, was bis dahin noch niemand unternommen hatte – wie das W. Dilthey mit Recht unterstreicht –, „die innere Form der platonischen Dialoge in ihrer Eigentümlichkeit" zu erkennen (Dilthey II, 680). Diese Hinwendung zum platonischen Dialog als solchem implizierte die Absage an alle Formen des Esoterischen bei Platon – eine These, die gerade durch den Philologen A. Boeckh in dessen berühmter Besprechung der Schleiermacherschen Übersetzung Widerspruch erfuhr.[21] Schleiermacher ist sich dabei der Aufgabe bewußt, daß die historisch strenge Analyse der Dialoge zugleich auch für seine Zeit den besten Zugang zu Platon eröffnet. 1802 schreibt er: „Diese Dialogen sollen nebenbei auch für die Welt das beste werden"[22], und im berühmten Brief an Boeckh aus dem Jahre 1808 weist er darauf hin, daß eine chronologische Anordnung der Dialoge und eine, die sich an den Anforderungen seiner Zeit orientiert, zuletzt identisch seien.[23]

Wenn es aber besonders die innere Form der Dialoge ist, auf die das Augenmerk der Interpretation gerichtet ist, dann und nur dann wird bewußt, daß die Philosophie Gespräch, d. h. lebendige Mitteilung ist, die kein anderes Ziel hat als Gedanken in anderen zu erzeugen und so zur Selbsttätigkeit anzuregen. Die innere Form der Dialoge ist daher nichts der Philosophie in ihrem substantiellen Bestand Hinzugefügtes, sondern unmittelbarer Ausdruck dieser Philosophie selbst. Schleiermacher hat, deutlich wie niemand vorher, auf den notwendigen Zusammenhang dieser inneren Form mit der Ideenlehre bzw. der Anamnesislehre hingewiesen. Nach seiner berühmten Einleitung zu den platonischen Dialogen ist das Denken im platonischen Werk so sehr als „Selbsttätigkeit" verstanden, „daß bei ihm eine Erinnerung an das Erworbene von dieser Art (= Erinnerung durch die Schrift) auch notwendig eine sein muß an die erste und ursprüngliche Art des Erwerbes. Daher schon umdeswillen die dialogische Form, als nothwendig zur Nachahmung jenes ursprünglichen gegenseitigen Mitteilens, auch seinen Schriften eben so unentbehrlich und natürlich ist, als seinem mündlichen Unterrichte"[24]. Zum Inneren dieser dialogischen Form gehört all das, was

gerstedt 1974, 57–68. Geddes und Tennemann werden in Schleiermachers allgemeiner Einleitung zu seiner Übersetzung der Werke Platons 25 und 27 erwähnt.

21 Vgl. Boeckh 1872, 5f. – Die Arbeit von Bratuscheck 1868, die den „direkten Einfluß" Schleiermachers auf Boeckh auf zwei Punkte (Einteilung der Philosophie – Sokrates/Platon-Verhältnis) beschränken möchte (307), ist in Wirklichkeit ein Beleg für die generelle Abhängigkeit des Philologen von Schleiermacher.

22 Vgl. *Aus Schleiermacher's Leben* I, 344.

23 Vgl. *Aus einem Briefe Schleiermachers an Boeckh vom 18. Juni 1808*, in: Dilthey I, 683.

24 Einleitung I/1, 19. Dazu vgl. Ungern-Sternberg 205f.

die Seele des Lesers zur Selbsttätigkeit anregt und für die Komposition des Werkes von Bedeutung ist, insbesondere die dialektische Methode, deren Idee und Beschreibung Schleiermacher offenkundig von F. Schlegel übernommen hat. Wesensmerkmal derselben sind das wiederholte „Anfangen der Untersuchung von einem anderen Punkte aus", die oft willkürlich scheinende Fortführung des Gesprächs, die aber „immer absichtsvoll und künstlich ist", das „Verbergen des größeren Zieles unter einem kleineren, das indirecte Anfangen mit etwas Einzelnem" und schließlich der dialektische Umgang mit Begriffen, die jedoch auf das Ganze und die ursprünglichen Ideen verweisen (Einleitung I/1, 41). Was Schleiermacher hier verhandelt, ist nichts Geringeres als das Wesen der Philosophie selbst. Konstitutiv für das philosophische Wissen ist danach das Vermögen, das Einzelne in einen größeren Zusammenhang zu bringen. Denn zwar beginnen die platonischen Dialoge fast durchgehend mit der Thematisierung eines scheinbar zufälligen Besonderen, aber wahres Philosophieren hebt „mit einer Ahndung wenigstens des Ganzen" an, so daß sich nicht nur der „persönliche Charakter des Menschen", sondern auch „das Eigenthümliche seiner Denkart und Weltansicht schon im ersten Anfang seiner wahrhaft freien und selbsttätigen Aeusserungen" findet. Indem Schleiermacher in diesem Sinne die einzelnen Werke Platons „in ihrem natürlichen Zusammenhang", d. h. nicht nur jedes Gespräch als ein Ganzes für sich, sondern auch in seinem Zusammenhang mit den übrigen Dialogen begreift, stellt er Platon als den wahren „Philosophen und Künstler" dar (Einleitung I/1, 17). Die gemeinte Kunst ist – nach Schleiermacher und Platon – jene Ausübung, „von welcher es wiederum eine wahre Wissenschaft", eine Theorie geben kann; „eine solche Wissenschaft aber entsteht ihm nur dadurch, wenn das geordnete Mannigfaltige, welches aus dem Zweckbegriff der Kunst dialektisch dargestellt wird, mit jenem, welches sich aus dem Umfange der Mittel und der Gegenstände ergiebt, auf eine systematische und vollständig erschöpfende Weise verbunden wird."[25] Man muß somit bei dem Schleiermacherschen Begriff der Kunst eher an die alte Tradition der *artes liberales* denken als an den Kunstbegriff der modernen Ästhetik.[26] Schleiermacher selbst hebt das heuristische Ver-

[25] Vgl. Einleitung I/1, 61. Diese Dialektik scheint dem entgegenzustehen, was Gadamer 1972 als ihr Wesen ausgibt, nämlich daß die „unabgeschlossene Gesprächsbeziehung" Ausdruck der systematischen Verknüpfung aller menschlichen Erkenntnisse als eines bloßen Ideals sei.

[26] Die ästhetische Interpretation Schleiermachers ist bei W. Dilthey grundgelegt (Dilthey II, 19, 63, 103 u. ö.). R. Bubner hat in seinen Arbeiten besonders stark den ästhetischen Aspekt betont. Vgl. 1995, 39: „Die Herstellung des Zusammenhangs ist beim Autor wie beim nachdenklichen Leser eine Art ästhetischer Akt." Vgl. auch ders. 1992, 92 f. Zur Kritik an der ästhetischen Interpretation vgl. Scholtz 82 f. Schon

fahren zur Auffindung der Prinzipien bzw. die Herstellung des Zusammenhangs der Erkenntnisse ausdrücklich von der freien Erzeugung eines Kunstwerks, das die Sache des Genies sei, ab, indem er es als ein technisches Verfahren, als ein „bloßes Finden durch Konstruktion" versteht (*Dialektik* 443, 77–79). Die Philosophie ist genau in diesem Sinne die „Kunst des freien Denkens und des bildenden Mitteilens", die besonders im Dialog *Phaidros* thematisiert wird.[27] Denn da erscheint sie nicht nur als „innerer Zustand", sondern insofern sie sich „ihrer Natur nach äußert und mitteilt"[28]. Für Schleiermacher verdankt sich der „mitteilende Trieb" der Philosophie, der vermittelst der Ideen die Seele bilden will, einem ethischen Impuls als der „Wurzel aller sokratischen Philosophie"[29].

Freilich darf die Dialektik nach Schleiermacher nicht einfach in Ethik aufgehoben werden. Sie ist vielmehr an sich als formale Seite der Spiegel des realen Wissens, d. h. der Ethik und der Physik (die Schleiermacher im Keim schon bei Platon unterschieden sah), obgleich sie immer nur in Verbindung mit einem von diesen „realen Zwecken" erscheint.[30] Zugleich ist die Dialektik aber auch – begrenzt auf der einen Seite durch die „Mitteilung", auf der anderen Seite durch die „Selbsttätigkeit"[31] – das heuristische Prinzip der Erkenntnis. Ihr Wesen – so schreibt Schleiermacher – „besteht nun darin, daß sie nicht von einem festen Punkt anhebend nach einer Richtung fortschreitet, sondern bei der Bestimmung jedes einzelnen von einer skeptischen Aufstellung anhebend durch vermittelnde Punkte jedes Mal die Prinzipien und das einzelne zugleich darstellt, und wie durch einen elektrischen Schlag vereinigt"[32]. Nicht nur die Gegenüberstellung der geometrischen Methode, sondern auch der Gebrauch des Begriffs Heuristik verrät, daß die platonische Dialektik hier als eine besondere Variante der Methode der

Nietzsche 1871/72, 14, 160 f. hat in seinen Platon-Vorlesungen Kritik an der rein ästhetischen Sicht der Dialoge geübt.

[27] Vgl. Einleitung I/1, 65. Die Pädagogik hat guten Grund, an diese Ideen Schleiermachers anzuknüpfen. Vgl. dazu Vorsmann.

[28] Einleitung I/1, 66. Vgl. auch die Überlegungen von Kaulbach, bes. 124 f.

[29] Einleitung I/1, 228. Vgl. zur Gegenüberstellung des Ästhetikers F. Schlegel und des Ethikers Schleiermacher auch Gundolf 503 f.

[30] SW III/4, 98, 103. Zur Sonderrolle der Dialektik gegenüber Physik und Ethik vgl. auch SW III/2, 398. Zum Einfluß der seit Albinus üblichen Zuteilung dieses systematischen Unterteils an Platon vgl. die aufschlußreichen Bemerkungen von Neschke-Hentschke, bes. 136–146.

[31] Vgl. Schleiermacher, *Dialektik* 440.

[32] SW III/1, 336 f.; vgl. auch SW III/4, 84: „Seine constante indirect dialogische Form beruht nun auf den Merkmalen . . ., daß sie nothwendig müsse heuristisch sein für das Princip der Erkenntnis und jede Anwendung desselben. Daher war es ihm so gleichgültig, von welchem Gegenstande er ausging."

Analyse verstanden wird.[33] Die Dialektik als heuristisches Verfahren vermag aber insbesondere nach Schleiermacher das Prinzip der Erkenntnis, die absolute Einheit oder die Idee der Gottheit, die in physischen und ethischen Darstellungen immer nur vorausgesetzt wird, zu „erwecken" (SW III/4, 103). Nicht, daß sie einen realen Begriff des höchsten Wesens aufstellen könnte, aber sie ist gleichwohl die eigentliche Verwirklichung der Philosophie, insofern durch sie allein eingesehen werden kann, daß „diese unaussprechliche Wahrheit des höchsten Wesens allem unserem Denken und Empfinden zum Grunde liege, und die Entwicklung dieser Einsicht ist eben das, was meiner Überzeugung nach Platon sich unter der Dialektik dachte"[34]. Bedenkt man zudem, daß die Dialektik bei Schleiermacher auch die Funktion der traditionellen Ontologie übernimmt, wie besonders im Blick auf seine *Sophistes*-Interpretation herauszustellen ist,[35] dann kann das Bewußtsein von der Vielschichtigkeit dieses Begriffs heraufdämmern. Die Dialektik in platonisch-schleiermacherschem Sinne vereinigt so, indem sie in einem Methoden- und Wissenschaftslehre, Prinzipienwissen und philosophische Theologie und nicht zuletzt die Lehre vom Einen und Vielen ist, die verschiedenen Elemente der traditionellen und modernen Metaphysik in sich.[36]

Die oben zitierte Bemerkung Schleiermachers gegenüber Jacobi kann vielleicht am ehesten deutlich machen, worin der wichtigste Unterschied zur Schlegelschen Platon-Auffassung besteht. Schleiermacher hat einen positiven Wissensbegriff. Nach seiner Platon-Interpretation ist die Dialektik Ausdruck eines alles tragenden letzten positiven Wissens. Zwar versteht auch er – wie Schlegel – das sokratische Nichtwissen als Form der Ironie,[37] aber nach Schleiermacher ist das nicht das letzte Wort Platons. Vielmehr

[33] Vgl. Schepers. Zum Zusammenhang zwischen platonischer Hypothesismethode und der von Pappus inaugurierten mathematischen Analyse vgl. bes. Cohen 1878, 336–366; Oeing-Hanhoff; Engfer.

[34] Schleiermacher an Jacobi, in: *Aus Schleiermacher's Leben* II, 343.

[35] Vgl. dazu Scholtz 258–285. Nach Scholtz ist der Dialogphilosoph gar nicht so weit von der „Ungeschriebenen Lehre" entfernt, da er selbst Elemente der altakademischen Lehre aufnehme, so daß seine Dialektik sozusagen als die in Platons Dialoge hineinprojizierte Ungeschriebene Lehre erscheine.

[36] Schleiermacher gibt selbst in seiner *Dialektik*, 84–91 einen Überblick über die Geschichte der Dialektik.

[37] Vgl. SW III/4, 83. Gegen Schleiermachers und Schlegels Deutung des sokratischen Nichtwissens ist offenkundig Graf Yorcks Bemerkung gerichtet, der 1896 an W. Dilthey schreibt: „Die Wiederholung des sokratischen Nichtwissens keine Ironie" (vgl. 216). Zur Wirkung dieser beiden Auffassungen über das sokratische Nichtwissen bis in die moderne Platon-Forschung vgl. bes. Müller 1975 a. Zu anderen Punkten der Kritik Graf Yorcks an der Schleiermacherschen Platon-Interpretation (z. B. am Dialektikbegriff) s. Brecht 1931.

konnte Sokrates den bekannten delphischen Orakelspruch nur deswegen rechtfertigen, weil er ein alles tragendes, inhaltlich positives Wissen hatte: „... sondern es lag nothwendig dahinter, daß er wisse, was Wissen sei. Denn woher anders konnte er auch, was andere zu wissen glaubten, für ein Nichtwissen erklären, als nur vermöge einer richtigeren Vorstellung vom Wissen ... Und überall wo er das Nichtwissen darlegt, sieht man, er geht von diesen beiden Merkmalen aus, zuerst daß das Wissen in allen wahren Gedanken dasselbe sei, also auch jeder solcher Gedanke die eigenthümliche Form desselben an sich tragen müsse, und dann daß alles Wissen Ein Ganzes bilde" (SW III/2, 300 f.). Der Gedanke vom positiven Wissen als einem systematischen Ganzen – der „Monismus des Systems", wie W. Dilthey II, 681 sagt – ist es somit, der die Platon-Auffassung Schleiermachers zuletzt doch deutlich von Schlegels Welt des offenen Prozesses, des unendlich fortschreitenden Lebens und – bezogen auf die Wahrheit selbst – des sich in mythischen Bildern ausdrückenden „Ahnens" trennt. Bei Schleiermacher erhält die Dialektik die Gestalt des religiösen Wissens.[38]

Von dieser inneren Gestalt des Dialogs her wird erst ihre äußere verständlich. Die dialogische Einkleidung ist nämlich das Äußere der platonischen Form, das als der notwendige Ausdruck der „Nachahmung jenes ursprünglichen Mitteilens" zu verstehen ist (Einleitung I/1, 19). Diese äußere Gestaltung ist es freilich vorwiegend, die dem platonischen Dialog seinen eigentümlichen Reiz verleiht. Der Dialog erhält dadurch, daß er den mündlichen Unterricht – der es immer mit einem bestimmten Subjekt zu tun hat – nachahmen will, eine besondere mimische und dramatische Zutat, durch die die beteiligten Personen und auch die Umstände individualisiert werden, so daß die Gesprächssituation in einer eigenartigen Anmut erscheint (Einleitung I/1, 40). Die schriftliche Mitteilung bleibt ihrerseits stets hinter dem mündlichen lebendigen Unterricht zurück, weil der Schreibende, der das Schreiben „aufs Ungewisse wagt", nie wissen kann, ob die Seele des Lesers die mitgeteilten Ideen selbsttätig nachgebildet hat und sie sich so aneignen konnte. Das schriftliche Gespräch ist so nur ein Notbehelf. Gleichwohl kann auch in ihm der dialektische Charakter deutlich werden, denn der Autor muß, wenn er den Leser ansprechen will, „sich bei jeder Vorstellung genau überlegen, was seine Leser, in deren Standpunkt er sich versetzen muß, über seine Vorstellungen sagen werden und welche Einwände sie machen könnten"[39]. Auch das schriftliche Gespräch bringt so zum Ausdruck, was

[38] SW III/4, 146: „Die Philosophie hat mit der Religion das Wissen um Gott gemein, nur in einer anderen Form. Bei den alten findet sich dieses implicirt in der Dialektik. ... Vom Platon, der der religiöseste ist, sinkt sie im Aristoteles gleich wieder zur Syllogistik herab." Vgl. dazu auch Moretto, bes. 264.

[39] Schleiermacher, *Dialektik* 53. Vgl. dazu auch Pohl 306–308.

das Denken als Gespräch der Seele mit sich selbst schon ist: keine fortlaufende innere Rede, sondern zwei verschiedene und auseinandergehaltene Folgen von Denktätigkeit, die wechselnd aufeinander bezogen sind. Philosophie ist in diesem Sinne das reine Denken, bei dem sich „einer im Selbstgespräch wie zwei verhält". Schleiermacher hat uns gelehrt, diese Wahrheit bei Platon zu entdecken.[40]

III

F. Schleiermachers späterer Freund Karl Wilhelm Ferdinand Solger, seit 1811 ordentlicher Professor in Berlin, hat nicht nur – wie Schelling und Schleiermacher selbst – die Wiederherstellung des platonischen Dialogs versucht, sondern diesen Versuch auch durch die Rezeption der romantischen Dialogtheorie noch unterstützt. Obgleich – wie seine Sophokles-Übersetzung zeigt – sprachlich durchaus in der Lage, hat Solger sich doch kaum um die philologischen Details der platonischen Dialoge gekümmert, sondern sich auf die philosophiegeschichtliche Errungenschaft der platonischen Philosophie, eben ihren dialogischen Charakter, konzentriert. Solgers Name ist daher in seiner Zeit wie keiner sonst mit der Form des platonischen Gesprächs verbunden. „Darum bleibe ich immer dabei, daß sich die Philosophie am besten in ihrer ganzen Wirklichkeit darstellt durch das Gespräch, und daß dies ihr bestes Mittel bleibt auf Menschen lebendig zu wirken . . ."[41] Solger hat dabei – ohne doch recht überzeugen zu können – seine Unabhängigkeit von den antiken Vorlagen stets betont.[42] Hegel hat in seiner Rezension und Würdigung der Solgerschen Schriften jene Form des Dialogs, durch die „nur die Lebendigkeit herbeigebracht" werde, als ein der platonischen Dialektik „Äußerliches" und zuletzt als „sophistische Konversation" kritisiert.[43] Es darf jedoch bezweifelt werden, ob solche Kritik der Intention Solgers überhaupt gerecht wird. Auch diejenigen, die den Dialog im Sinne des romantischen „Symphilosophierens" als Ausdruck einer Gemeinsamkeit

[40] Gewisse Interpreten wie Frank 104 und Laks 173–174 nehmen eine Revision der Gesprächstheorie in der „Dialektik" von 1811 an, so daß der platonische Dialog, daran gemessen, als „Pseudo-Dialog" erscheine. Doch ist beim frühen Schleiermacher die Substanz der Gesprächslehre in nuce vorhanden.

[41] Solger NSB I 510. Vgl. auch NSB I, 296 f.: „Philosophiren kann und darf man nicht ohne System; aber wie eben das System individuell und selbst erfahren wird, das läßt sich nur im Gespräche darstellen." Vgl. auch NSB I, 221.

[42] Vgl. NSB I, 266: „Besonders loben sie auch die dialogische Form, die ich wirklich mit großem Fleiße, und soviel ich meiner bewußt bin, ganz ohne Nachahmung der Alten behandelt habe." Vgl. auch I, 549, 597; ähnlich 630. Dagegen s. auch NSB I, 407 und Solger, *Erwin*, 191.

[43] Hegel, *Solgers nachgelassene Schriften und Briefwechsel* (1828), W 11, 270.

und des Austausches verstehen, verharmlosen wohl eher Solgers Absicht. Ganz ohne Zweifel hat für Solgers Wahl des Dialoges als der angemessenen Form der Philosophie die romantische Grundidee des Symphilosophierens eine bestimmende Rolle gespielt. Der Dialog ist in diesem Sinne immer auch Ausdruck der Gemeinsamkeit, des Austausches und einer der Philosophie notwendigen „Mitteilung“[44]. Gleichwohl scheint neben diesem allgemein romantischen geistigen Hintergrund noch ein bestimmter philosophischer Gedanke für Solgers Favorisierung der dialogischen Form bestimmend gewesen zu sein. Es gibt einen einzigen zusammenhängenden Text über die theoretische Begründung der Dialogform: Es ist das Kapitel „Von der Form der Philosophie“, das den Abschluß seines großen Manifestes darstellt, in dem er gegen Ende seines Lebens die Absichten seiner philosophischen Anstrengungen darlegt. Dieser Apologie der Form des Gesprächs gemäß kann die Philosophie nur dann ihre Aufgabe erfüllen, wenn sie in der Lage ist, dem Menschen das „Bedürfnis einer unmittelbaren und wesentlichen Überzeugung“ bewußt zu machen. Denn dieses Bewußtsein ist der „erste Schritt“ zum „Mittelpunkt der Überzeugung“. Solger geht es in seiner Philosophie immer wieder und zentral um diesen Mittelpunkt. 1814 schreibt er: „Den inneren Kern und Mittelpunct in allem, was das Leben Edles und Wesentliches in sich trägt, aufzudecken und als den eigentlichen Urquell aller abgeleiteten Wahrheit im Bewußtsein lebendig zu erhalten, das ist das Ziel dem ich alles mein Streben geweiht habe.“[45] Dieser Mittelpunkt, von dem Solger spricht, ist auch der des Lebens selbst, nämlich die „innere Erfahrung“ des Glaubens, in der uns nach Solger „alles, sowohl äußere Gegenstände, als das Allgemeine in unserem Denken erst wahr und wirklich wird“[46]. Solger nennt dieses Bewußtsein, wodurch sich „unser Inneres erst selbst ergreift und seine Verwandlung in Offenbarung des Ewigen erfährt“, die Religion. Die Kunst bezeichnet eine dem entgegengesetzte Bewegung unseres Geistes. Durch die Kunst wird auch das Wesentliche und Ewige erfaßt, aber nicht insofern unser Bewußtsein in ihm „verschwindet“, sondern wie es sich ein

[44] Vgl. zu diesem Hintergrund die sorgfältigen Darlegungen von Henckmann. Auch Wildbolz, bes. Kap. VI, ist lesenswert.

[45] Solger NSB I, 327. Es ist das Verdienst der Arbeit von Th. Fries 175–215, Solgers philosophische Begründung der Dialogform als des angemessenen Ausdrucks deutlich herausgestellt zu haben mit ständiger Rücksicht auf den Terminus technicus des „Mittelpunkts“.

[46] NSB I, 631. Vgl. II, 195: „Wo alles darauf ankommt, daß die Erkenntniß nicht blos ausgesprochen, vernommen und aufbewahrt, sondern daß sie unser vollkommenes Eigenthum und der Stoff unserer innersten Erfahrung werde, da muß die Form die beste seyn, welche sie lebendig vor den Augen unsers Geistes in uns entstehen und in das erscheinende Leben hervorwachsen läßt.“

„volles gegenwärtiges und erscheinendes Leben gestaltet“[47]. Die Philosophie hat ihren Platz zwischen beiden. Begreift man den Glauben als die höchste innere Erfahrung, durch die überhaupt erst Wahrheit als gegenwärtige und unmittelbare ist, dann muß die Philosophie als das Denken bestimmt werden, in dem sich „die durch den Glauben hervortretende Einheit selbst in ihre Gegensätze zerlegt, und diese durch vollkommene Beziehungen wieder vereinigt“ (NSB II, 157). Wenn die Philosophie ihrer eigenen Bestimmung treu bleiben und nicht in der Religion oder in der Kunst aufgehen soll, dann darf sie das Wesen, d. h. das Allgemeine und Wesentliche weder bloß als abstraktes allgemeines Denken, das vom Dasein abgesondert wäre, noch als ins Dasein völlig aufgegangenes denken. Vielmehr muß die Philosophie beides miteinander verbinden: Unser eigenes Bewußtsein ist in einem das Dasein des Wesens und zugleich die Absonderung. „Dieses alles nun geschieht durch das Gespräch, in welchem der Mensch sein eigenes Kunstwerk und dadurch nur desto tiefer in das einfachste, unmittelbarste und stillste Bewußtsein von seinem innersten Wesen und der Gegenwart des Ewigen in ihm zurückgeführt wird“ (NSB II, 196). Der Dialog ist so nach Solger selbst ein Kunstwerk, in dessen bestimmten Gestaltungen der Vorgang der Zerspaltung des Wesens in der Erscheinung wiederholt wird.[48] Der innere Grund für die Form des philosophischen Gespräches liegt somit in einer wichtigen philosophischen Einsicht selbst begründet, nämlich der notwendigen Besonderung des Allgemeinen. Daher ist es auch nicht genug – so übernimmt Solger einen Gedanken Schleiermachers (vgl. Einleitung I/1, 40) –, wenn die am Gespräch teilnehmenden Personen durch Phantasie individuell ausgebildet würden, so daß möglicherweise auch ein dramatischer Erfolg der Gesprächspartner zu verzeichnen wäre. Vielmehr müssen die am Gespräch teilnehmenden Personen „ganz lebendig und gleichsam abgerundet dastehen und handeln, und ihre Theilung in verschiedene Meinungen muß zugleich eine Zerlegung desjenigen seyn, was in jedem menschlichen Gemüth als eins und dasselbe in seinem Grunde angetroffen wird, so daß der Leser mit den Personen zugleich die Entwicklung solcher Gegensätze aus einem Mittelpuncte erfahre, der in jedem derselbe ist und auch in seinem eigensten Bewußtseyn den Keim dieser Gegensätze mit ihrem einfachen und ewigen Wesen enthält“ (NSB II, 197). Der Leser des Dialoges sieht auf diese Weise sich selbst, das Leben seines eigenen Inneren, aber als in Wirklichkeit gespaltenes, und hat als Wesen an den Gegensätzen dieser Spaltung

[47] NSB II, 195. Vgl. auch die ähnliche Entgegensetzung ebd. 280: „Wo sich das Individuum selbst und dadurch die ganze Welt durch Gott anschaut, entsteht die Religion; wo es die Außenwelt, und dadurch sich selbst durch Gott anschaut, entsteht die Kunst.“

[48] Vgl. Th. Fries 196. Vgl. auch Heller 196.

teil. Indem aber der Dialog zugleich diese Gegensätze aufhebt oder vermittelt, ist es das philosophische Kunstwerk, das die Ideen in ihrem „Mittelpuncte" versammelt und „uns in das religiöse Bewußtseyn der Gegenwart des Wesens versenkt" (NSB II, 198).

Auf diese Weise kann der Einzelne als Gesprächsteilnehmer immer auch Teilhaber der Wahrheit sein. Solger hat in eben diesem Sinne die besondere Funktion des Gesprächs darin gesehen – und das entspricht wörtlich der Lehre Platons (*Gorg.* 505e) –, „daß die Wahrheit Gemeingut werden soll" (NSB II, 226).

Helmut Holzhey

PLATON IM NEUKANTIANISMUS

Einleitung und Überblick

Der Neukantianismus war nie nur Kant-Renaissance. Das „Zurück zu Kant" verpflichtete wohl auf eine historisch und philologisch genaue Aneignung der Kantischen Philosophie, führte aber mit der systematischen Frage, „wie weit der nach der Seite des Idealismus oder des Realismus *entwickelte* Kant Recht behalte" (Cohen 1871, IV), über die Aufgabe der Aneignung des „urkundlich vorhandenen Kant" hinaus. Andere Autoren und Positionen mußten mindestens verglichen werden. Wer wie Cohen den „kritischen Idealismus" mitsamt dem „Idealismus in der Naturwissenschaft" zu seinem Programm erklärte (1939, 28; 31), kam gar nicht darum herum, das Verhältnis des Kantischen zum *platonischen* Idealismus zu überprüfen, wenn die systematische „Entwicklung" nicht sogar die direkte Aufnahme platonischer Philosopheme verlangte. Cohens Position läßt sich denn auch als platonisierender Kantianismus oder kantianischer Platonismus, ja als „Neuplatonismus"[1] beschreiben. Der Autor selbst hat sich immer wieder gegen den Vorwurf der Kant-Orthodoxie gewehrt: „Kant bedeutet uns nichts anderes als *einen* Gipfel des Höhenzuges, der von Platon ausgeht und unter den Neueren über Descartes und Leibniz hinführt" (1914a, 58 m.H.).

Bisher habe ich nur angedeutet, daß der Regreß auf Platon für *Hermann Cohens* systematische Fortentwicklung des doxographisch gesicherten Kant – Fortentwicklung auf einen „kritischen Idealismus" hin – eine erhebliche Rolle spielt. Es ist zu vermuten, daß die *realistische* Kant-Interpretation und das sie leitende systematische Interesse keine vergleichbare Schwäche für *amicus* Platon zeigen wird. Und das bestätigt sich auch bei Alois Riehl, dem Hauptvertreter des sog. realistischen Neukantianismus. Er liest die *Kritik der reinen Vernunft* als Grundlegung einer wissenschaftlichen Philosophie, die für ihn allein als Erkenntnistheorie möglich ist; er arbeitet vor allem an einer Theorie der naturwissenschaftlichen Erkenntnis, genauer: an einer Theorie der Voraussetzungen, die der Erkenntnis reale Bedeutung sichern.

1 Schulthess 55. Schulthess gibt auch einschlägige Belege für die große Wertschätzung Platons durch Cohen (vgl. 1916, 308, wo Cohen seine Deutung der Ideenlehre als sein „eigenstes Lebenswerk" bezeichnet) und verweist 59ff. auf entsprechende Anregungen durch Trendelenburg.

Für diese Fortschreibung Kants ist die Philosophie Platons aber unerheblich, und zwar sowohl in erkenntnistheoretischer wie in wissenschaftsphilosophischer Hinsicht. Was die letztere betrifft, so schreibt Riehl: „Wohl lagen in der Methode Platos und den mathematischen Tendenzen seiner Philosophie Keime zu einer weiteren Entwicklung der Wissenschaft vorgebildet; Aristoteles hat sie aber nicht zur Entfaltung gebracht" (17). In der Einschätzung des Aristoteles trifft sich Riehl mit den Marburgern. Nicht hingegen in der Abgrenzung der modernen Wissenschaft von den methodischen Ansätzen der Griechen,[2] die – nach Riehl – ihrer „vorwiegend künstlerischen Natur und Denkart" wegen „die Ideen des Geistes unmittelbar auf die Anschauungen der Sinne" übertrugen, synthetisch und nicht analytisch verfuhren (17f.) und deshalb für die Begründung der Methodologie der modernen Wissenschaft außer Betracht fallen.

Welchen Stellenwert hat Platon in der *südwestdeutschen*, der werttheoretischen *Schule des Neukantianismus*? Auch Wilhelm Windelband (1924, Bd. 1, IV) verband die Rückkehr zu Kant mit dem Programm „Kant verstehen, heißt über ihn hinausgehen" (1883). Spielte bei *seiner* Erneuerung der Philosophie im Zeichen Kants ebenfalls Platon mit? Sein *Platon* (1900) spricht nicht dafür. Das Buch ist in der kühlen Distanz des Philosophiehistorikers geschrieben. Platon hat eine teleologische Weltanschauung mit religiösem Charakter entwickelt, in der er „die Zwecke des Menschentums aus dem Zusammenhange einer Welterkenntnis" zu begreifen wußte (1923, 11). Das Wesentliche seiner Philosophie, die sich als nicht abgeschlossen, sondern in „innerer Bewegung" befindlich darstellt, ist die Entwicklung der Ideenlehre von einer logischen Theorie zu einer Weltanschauung und einem „allgemeinen Princip der erklärenden Wissenschaft" (1923, 64). Wo Windelband einzelne platonische Theoreme diskutiert und moderne Deutungen anzieht, hält er als Historiker 'positivistisch' Distanz; „solche Ausdeutungen" (z. B. der Anamnesis-Lehre) „liegen der Lehre Platon's fern: sie will vielmehr wörtlich ... genommen werden" (1923, 77). Und das gilt auch für die „Idee", die 1. als intellektuelle Tätigkeit (Funktion) den Gattungsbegriff meint, 2. als „Gegenstand", inhaltlich genommen, eine „Gestalt" „der wahren Wirklichkeit" (1923, 78). Ohne Umschweife wird für die „zweite Fahrt" zur Erklärung der Erscheinungen (mittels der λόγοι, *Phaid.* 99ff.) unterstellt, daß Platon hier die Ideen als „*Ursachen* der Erscheinungen" bestimmt (1923, 98). Eine gewisse Nähe zu Windelbands eigenen philosophischen Intentionen zeigt sich dann darin, daß er die Idee als „das *Ziel*, auf das alles Ge-

[2] Vgl. Natorps Brief(entwurf) vom 20. 1. 1884 an Usener: „Platon als einen der Urheber mathematischer Naturbetrachtung anzusehen lehrten mich die Forscher des 16. u. 17. Jhdts., auf die er in dieser Hinsicht einen bestimmenden Einfluss geübt hat" (abgedruckt in: Holzhey 1986, Bd. 2, 150).

schehen hindrängt", als den „*Zweck* des 'Werdens'" charakterisiert, ihre Ursächlichkeit also final versteht – Dialektik als „teleologische Weltanschauung" (1923, 103). „Der Begriff des Guten-an-sich ist lediglich der des *absoluten Zwecks*, also eine wesentlich formale Bestimmung." Die Mathematik gibt für Windelband dieser teleologischen Weltanschauung nur eine „besondere Färbung" (1923, 104; 106). – Abgesehen davon, daß sich in seiner Monographie kein systematisch produktiver Aneignungsprozeß nachweisen läßt, fällt die teleologische Deutung Platons auf – ein Hinweis auf Windelbands Theorie der Geisteswissenschaften. Im übrigen kann das ganze Buch als Beispiel für die Anwendung der „individualisierenden Methode" des Historikers gelesen werden.

Ganz anders nun der Geist der *Marburger* Platon-Interpretation, auf die ich mich im folgenden konzentriere. Ich gehe vornehmlich auf einschlägige Schriften von Hermann Cohen und Paul Natorp ein. Neben dem *opus magnum* der Marburger Platon-Interpretation, Natorps Buch *Platos Ideenlehre* mit dem bezeichnenden Untertitel „Einführung in den Idealismus" (1903, ²1921), und weiteren, separat oder in Zeitschriften publizierten Arbeiten Cohens und Natorps findet sich, über ihr ganzes Werk verstreut, eine beeindruckende Fülle von Bezugnahmen auf Platon; zu erwähnen ist überdies Nicolai Hartmanns große Studie, die die Ideenlehre „aus der Methode von Nichtsein und Sein heraus charakterisiert". Ich beschränke mich im Rahmen dieses Beitrags auf die Frage, welche platonischen Theoreme oder Begriffe von Cohen und Natorp für die Grundlegung ihrer systematischen Philosophie angezogen und wie sie dabei interpretiert werden. Nicht zu leisten sind die Vorführung der z. T. höchst detaillierten Interpretation platonischer Schriften bzw. Textstellen und die kritische Beurteilung der historisch-philologischen Richtigkeit dieser Interpretation;[3] ebensowenig kann ich auf Cohens späte Kritik am Mangel eines einheitlichen Begriffs vom Menschen bei Platon eingehen.

1. Kritischer Idealismus

Zunächst ist der Begriff des *Idealismus*, wie ihn Cohen und Natorp emphatisch zur Bezeichnung ihrer Position verwenden, zu erläutern. Cohen erklärt 1883 für seinen „kritischen Idealismus" zwei Momente als konstitutiv: 1. die Einsicht in den „konstruktiven Charakter des *Denkens*" und 2. die Bindung dieses – wie er später sagen wird – „erzeugenden" Denkens an die Wissenschaft. Das erste Moment besagt, daß „keine Dinge anders als in und aus Gedanken" sind – eine andere Formulierung für „das Bestimmende der Idee" (1883, § 88, 125–126). Das zweite Moment sichert den „kritischen"

[3] Eindringlich und umsichtig hat sich Lembeck dieser Aufgabe angenommen.

gegen den sich aufdrängenden Anschein eines „subjektiven" oder „dogmatischen" Idealismus: Von einer „Welt der Dinge", die auf Denkgesetzen beruht, kann nur in der *Wissenschaft* die Rede sein. Cohen nimmt so Kants Lehre, daß das erkennende Bewußtsein notwendig auf ein *Gegebenes* bezogen ist, auf und transformiert sie zugleich. Denn es ist nicht mehr unmittelbar die sinnliche Anschauung, die dem Denken Data verschafft – das konstruktiv-erzeugende Denken ist nur über wissenschaftliche Aussagen, vermittelt durch sie, auf gegebene Dinge bezogen. In Cohens berühmter Formulierung: „nicht am Himmel sind Sterne *gegeben*, sondern in der Wissenschaft der *Astronomie* bezeichnen wir diejenigen Gegenstände als gegebene, welche wir von ... Erzeugungen und Bearbeitungen des *Denkens* als in der Sinnlichkeit gegründet unterscheiden" (1883, §88, 127). Nimmt also der philosophische Idealismus 1. das Denken als ein erzeugend-konstruktives, so beweist er sich damit als ein kritischer, daß er 2. die Lehre vom Denken (Logik) an der „Tatsache der wissenschaftlichen Erkenntnis" festmacht.

Der kritische Idealismus, immer nach seiner erkenntnistheoretischen Seite betrachtet, zielt nicht auf eine Ontologie der Natur, sondern auf die Gültigkeitsbedingungen wissenschaftlichen Wissens. Das faktische wissenschaftliche Wissen gründet in einem Gefüge apriorischer Prinzipien, in Cohens Logik „Urteile" genannt. Anders als Kant in seiner Analytik der Grundsätze macht es sich Cohen zur Aufgabe, die Wissensprinzipien als Funktionen des Denkens, als rein *logische* Grundlegungen, auszuweisen. Das „Prinzip des Ursprungs" fixiert diese prinzipielle Grundlegung des Wissens im Denken. Entsprechend kann Cohen die „Logik des Ursprungs" als „Logik des Idealismus" bezeichnen (1914b, 597). Das Denkgesetz des Ursprungs legt wissenschaftliches Denken auf einen idealistischen Grundzug fest, gemäß dem es seinen Gegenstand *erzeugt* und ihn nicht im Zusammenspiel empirischer und theoretischer Komponenten erkennt. Das Hauptinteresse dieses logischen Idealismus liegt bei der Demonstration der uneingeschränkten Souveränität des Denkens.

Auch *Paul Natorp* nimmt für seine Philosophie „den Ehrentitel ... des kritischen Idealismus in Anspruch"[4]. Und er führt ebenfalls zwei Gründe zur Rechtfertigung dieser Kennzeichnung an. Es handelt sich um eine Philosophie, die 1. „alles, was Erkenntnisgegenstand ist oder je sein kann, auf die Unendlichkeit der Idee nicht bloß bezieht, sondern ganz zu ihr hinaufhebt", und die 2. als kritische in der „Erfahrung", d.h. in „der ewig fortschreitenden Wissenschaft das ihr angewiesene Arbeitsfeld erkennt" und so den festen Bezug „auf die Arbeit der Wissenschaft und durch sie der gesamten

[4] So lautet auch der Untertitel von Natorp 1918: „Einführung in den kritischen Idealismus".

Kultur" wahrt (1918, 26f.). Bei aller Nähe zu Cohens Begriff des kritischen Idealismus heben sich in dieser Begründung Eigenheiten von Natorps Idealismusverständnis heraus. Denn dieser deutet 1. die Idee nicht so sehr archäologisch denn henologisch: nicht so sehr als Grundlegung oder Ursprung im Denken, sondern als „synthetische Einheit", „in die das zerstreute Mannigfaltige 'zusammengeschaut' wird". Und es ist 2. die *Unendlichkeit* dieser philosophischen Erkenntnisaufgabe, das „Fortschreiten in unablässiger, nie ermüdeter Arbeit", die im Bezug von Philosophie und Wissenschaft den kritischen Charakter des Idealismus verbürgt. (Auf die Erweiterung des zugrundegelegten „Faktums" zu einem *Kulturfaktum* will ich nur hinweisen.)

Was soeben in aller Kürze zum „Idealismus" der Marburger Schule ausgeführt wurde, beschreibt zugleich das Konzept der „transzendentalen Methode", nur daß deren Bestimmungsstücke im allgemeinen in umgekehrter Reihenfolge vorgestellt werden: zuerst die Bezugnahme auf das Faktum der Wissenschaften (bzw. die Fakta der Kultur), dann der Auf- und Ausweis der apriorischen Geltungsprinzipien als logischer Grundlegungen bzw. – mit Natorp zu sprechen – als Ausdifferenzierungen des einheitlichen „Gesetzesgrundes". Meine *These* ist es nun, daß für beide Momente nicht Kant, sondern Platon einsteht – selbstverständlich auf dem Hintergrund einer spezifischen Aneignung der theoretischen Philosophie Kants, einer Aneignung, die auf die Überwindung zentraler Elemente dieser Philosophie, insbesondere der Dualität von Anschauung und Denken, aber auch auf eine Korrektur des Kantischen Erfahrungs- und Realitätsbegriffes, hinauslief.

2. Die platonische Begründung der transzendentalen Methode bei Cohen

a) Mathematik

Bei der Umgrenzung der Rolle der *Wissenschaft* im philosophischen Selbstverständnis der Marburger 'Platoniker' war Cohens Schrift *Platons Ideenlehre und die Mathematik* von 1878 wegleitend. Retrospektiv resümiert er die wesentliche Aussage dieser Schrift: „So gingen wir aus von Platons Idee, als der Hypothesis, die sich sogleich in der Erfindung der analytischen Methode bewährt" (1914b, 595). Es sind generell die *mathematik*geschichtlich relevanten Leistungen der großen Philosophen, an denen die Souveränität des Denkens abgelesen werden soll. Die prinzipientheoretische These vom Ursprung des Wissens im Denken wird bezeichnenderweise an jener Wissenschaft vorstellig gemacht, deren transzendentale Grundlegung von Kant in der „reinen Anschauung" gesucht worden war. So auch in Cohens Platon-Rezeption. Er erinnert an das historische Verdienst, das sich Platon für die Begründung und Durchsetzung der analytischen Methode in der Geometrie erworben hat. „Analytisch“ heißt folgendes Vorgehen: Das Gesuchte wird als gegeben angenommen, diese Hypothesis zergliedert und auf ihre Bedingungen untersucht, bis man auf „Bekanntes“ trifft, von dem aus auf synthetischem Wege das Gesuchte sich „wiederfinden“ läßt (1878, 360f.). Es ist aber nicht schon die Zuschreibung dieser Methode und ihre Auslegung als ein Vorgehen, das über die anschauliche Darstellung hinaus in der Zergliederung der „Hypothesen“ Denkschritte verlangt, die es rechtfertigen, Platon als „Quelle“ der logischen Fassung des Erkenntnisproblems in Anspruch zu nehmen. Die Abhandlung von 1878 steht vielmehr unter der Leitfrage, welche Bedeutung die Mathematik für die Ausbildung des *Erkenntnisproblems* bei Platon besitzt. Die Mathematik repräsentiert hier das Faktum der Wissenschaft, das – in der systematisch leitenden Perspektive Cohens – auf die Geltungsbedingungen wissenschaftlicher Erkenntnis hin untersucht werden soll. Ausdrücklich ist es die „moderne erkenntnistheoretische Einsicht“, die den Interpretationshorizont abgibt (1878, 351). Cohen liest platonische Texte als Zeugnisse eines methodischen Idealismus, der sich aus der Verknüpfung von Philosophie und Wissenschaft, hier Mathematik, ergibt. Von besonderer Bedeutung ist dabei die Textstelle *Politeia* VII, 523a ff., und hier wiederum der Satz, den Cohen „für den fundamentalsten in der gesamten Geschichte der Erkenntnistheorie erklären möchte“, der Satz „von der Unterscheidung der Wahrnehmungen“, der in seiner Übersetzung wie folgt lautet: „Ich zeige dir also, wenn du es siehst, in den Wahrnehmungen einiges, was gar nicht die Vernunft (νόησις) zur Betrachtung herbeiruft, als werde es schon durch die Wahrnehmung nach einem zureichenden Kriterium bestimmt, anderes hingegen, was auf alle Weise jene zu untersuchen auffordert, da die Wahrnehmung dabei nichts Gesundes ausrichte.“ Was in den Wahrnehmungen zu einer Untersuchung herausfordert, ist nach Platon solches, das zugleich sein Gegenteil ins Spiel bringt. Eben das geschieht bei der Eins, daß sie nämlich als ihr Gegenteil erscheint, und bei allen Zahlen. Cohens Folgerung: „Dasjenige in den Wahrnehmungen, was Zahlen zu denken, und somit den Grund zahlenmäßiger Verhältnisse zu untersuchen Anlaß gibt, das ist in der Wahrnehmung selbst der Paraklet, der Wecker des Denkens“ (1878, 352). Die *mathematica* vermitteln dergestalt zwischen dem Sichtbaren und dem Denkbaren, zwischen dem sinnlich Seienden und den Ideen. Nachdem so das Denken auf den Plan gerufen ist, besteht der nächste Schritt in der Untersuchung der mathematischen Erkenntnis als solcher. Hier muß die von der Mathematik als *Wissenschaft* selbst gegebene Antwort, wie sie in Gestalt der euklidschen Geometrie (mit ihren Definitionen, Axiomen und Postulaten sowie der Unterscheidung von Grund- und Lehrsätzen) vorliegt, von der philosophisch-logischen Betrachtung der Mathematik unterschieden werden. Mit der letzteren geht es um die der Mathematik als *Erkenntnis* zugrundeliegenden Ideen (1914a, 15ff.).

b) Die Idee als Hypothesis

Damit ist schon das andere Moment der transzendentalen Methode berührt, der Auf- und Ausweis der apriorischen Geltungsprinzipien wissenschaftlicher Erkenntnis, in denen sich die Bestimmung der Erkenntnis durch die „Idee" vollzieht. Wie versteht Cohen die platonische Idee? Und wie kann er in ihr das transzendentale Apriori der Wissenschaft vorgebildet finden? Von erstrangiger Bedeutung ist die Unterscheidung vom sokratischen Begriff. Diese Unterscheidung besagt für Cohen gerade nicht, daß die Idee als „aparte Wesenheit" zu denken ist (1878, 347). Schon in seiner frühen Abhandlung *Die platonische Ideenlehre psychologisch entwickelt* suchte er zu zeigen, daß ἰδέα zunächst die „Bedeutung der lebendigen Denktätigkeit des Schauens" hatte (1866, 61) und erst sekundär substanzialisiert wurde, indem Schauen und Geschautes zusammenflossen (sprachlich faßbar im Worte „Gesicht") (1878, 347). In der Schrift von 1878, in der Cohen ausdrücklich an seine „Jugendschrift" erinnert, tritt das Moment des Schauens ganz hinter der fortan leitenden Explikation der Idee durch die Begriffe „Geltung" und „Hypothesis" zurück. Platons Erörterungen der *mathematica* bilden nun den genetischen Ausgangspunkt für die Bestimmung des Seins der Ideen. Dieses besteht darin, daß sie gelten; im Unterschied dazu meinen wir, wenn wir vom „Sein" der Sinnendinge reden, daß sie da sind oder geschehen. Zur Diskussion über die „Wirklichkeit" der Ideen hatte bereits Hermann Lotze in seiner *Logik* (1874) klärend beigetragen: Der platonischen Idee sei nicht zuzuschreiben, daß sie wie ein Ding oder Ereignis wirklich existiere oder geschehe, sondern daß sie „wirklich wahr" sei; „wirklich wahr" zu sein aber qualifiziere einen Satz, der gelte – die Idee habe somit den Sinn eines bejahenden Urteils (511 ff.). Cohen verwendet – wie später ausdrücklich auch Natorp (1914, 10 f.) – Elemente dieser Geltungslehre,[5] nicht ohne indes den relationalen Charakter der Idee, die ihre Seinsgeltung *in bezug* auf Daseiendes hat, zu betonen (Cohen 1878, 348). Dieser Bezug wird – und darin besteht die Pointe von Cohens platonischer Ideen-

[5] Was ihm Eduard Zellers Vorwurf 1889, 700 einträgt, seine Deutung der Ideenlehre Platons rühre eigentlich von Lotze her. Cohen 1890, 468 macht dagegen geltend, daß er schon in der Abhandlung von 1866 den Geltungssinn der Idee dem „allgemeinen Gedanken nach" herausgearbeitet habe, vor allem aber, daß der Skopus seiner Schrift von 1878 in der Interpretation der Idee als Hypothesis zu sehen sei. Vgl. Lembeck 82, Anm. 42. Im Exkurs II zu §11 seiner Studie (232 ff.) geht Lembeck näher auf das Verhältnis von Lotzes und Natorps Ideenbegriff ein und zeigt, daß für Lotze die Ideenwelt „ein der Entdeckung und Aufdeckung harrender *statischer* Bestand von Wahrheitsgeltungen" ist, während sie Natorp als einen Erzeugungszusammenhang faßt, dessen Ideen-Elemente nicht fertige Gebilde, sondern „sich entwikkelnde Beziehungen" sind.

lehre – als *Hypothesis* interpretiert: „Es wird nur dasjenige als Idee gedacht, was als zureichende Voraussetzung gesetzmäßigen Seins gedacht wird, wie diese selbst [d. h. die Idee] nur in der methodischen Verknüpfung der Gedanken, als deren Wurzel, fruchtbares Dasein gewinnen kann" (1878, 362). Der Akzent liegt auf der mit der Ideenhypothesis geleisteten Vermittlung zwischen Denken und Sein bzw. Gedanke (νοητόν) und Wesen (οὐσία). Im zitierten Satz wird nämlich ein Doppeltes gesagt: zum einen, daß die logische Funktion der Idee in der Grundlegung von Seinserkenntnis als Erkenntnis der Gesetzmäßigkeit des Seienden besteht (die Idee als zureichende Voraussetzung gesetzmäßigen Seins, d. h. als transzendentales Apriori); zum anderen, daß die Idee selbst *ihr* Dasein weder als subjektive Vorstellung noch als aparte Wesenheit, sondern als „Wurzel" (d. h. Ursprung) der „methodischen Verknüpfung" der Geltungsprinzipien hat.

Ein *locus classicus* für die Deutung der Idee als Hypothesis ist *Phaidon* 100a–b. Cohen übersetzt: „... indem ich jedesmal den Vernunftgrund (λόγον) voraussetze (ὑποθέμενος), den ich als den stärksten beurteile, so setze ich, was mir mit diesem übereinzustimmen scheint, als wahr, sowohl in Betreff der Ursachen, wie alles andern, was aber nicht, als nicht wahr. ... Ich gehe nun also daran und versuche, dir die Art von Ursache (τῆς αἰτίας τὸ εἶδος), mit der ich mich beschäftigt habe, aufzuzeigen, und komme wiederum auf jene vielbeschwätzten Dinge zurück, und mache den Anfang mit jenem, indem ich die Hypothesis mache (ὑποθέμενος), es sei ein Schönes an und für sich, und ein Gutes und Großes, und so alles andere, worauf, wenn du mir zugibst und einräumst, daß es sei, ich hoffe, dir die Ursache aufzeigen, und ausfindig machen zu können, daß die Seele unsterblich ist" (1878, 362). Man muß Cohen schon als einen höchst bornierten Leser Platons ansehen, wenn man glaubt, das philologisch richtige Verständnis dieses Passus gegen die sog. Gleichsetzung von Idee und Hypothesis („hier ist ... die Idee als Hypothesis bezeichnet") ausspielen zu können.[6] Was besagt denn diese Gleichsetzung philosophisch? Sie nimmt Abstand von der ontischen Deutung der Idee und lehrt sie als einen Grund verstehen, der den Dingen im Gedanken (λόγος) gelegt wird. Die Idee *ist* Grund, indem sie zugrunde gelegt wird. Dahin spitzt Cohen seine Interpretation, man wird sagen: einseitig, zu. Dieses Zugrundelegen, so läßt sich seine Deutung weiterziehen, besteht in Explikationen der Idee, im Gedanken etwa, daß es eine Idee des Schönen usw. gibt, daß die Dinge an ihr teilhaben usw. Was die Idee ist, zeigt sich erst mit ihrer Entfaltung in einem λόγος, der anderen λόγοι zugrunde gelegt wird. Der These Hans Wagners (180), daß Sokrates an dieser *Phaidon*-Stelle „die Verflechtung von Ideenlehre und Hypothesisverfahren" entdeckt und zu seinem Begründungsverfahren macht, hätte Cohen

[6] Wie es Lembeck 92 tut.

wohl kaum widersprochen; er hätte sie auch nicht als im Gegensatz zu seiner Formel von der Idee als Hypothesis stehend aufgefaßt – ohne damit alle philosophischen Prämissen Wagners zu teilen.

c) Kritik an Platons Dialektik

Nun gewinnt auch der Unterschied zwischen Idee und Begriff deutliches Profil. Es handelt sich nicht um den Unterschied zwischen einem „metaphysischen Wert" und einem „logischen Wert" (1914b, 311). Cohen bindet den Begriff an die sokratische „Was ist?"-Frage (1914b, 83) und versteht die Idee als den „Logos des Begriffs", als Rechenschaft vom Begriff (beispielsweise vom Begriff natürlichen Seins in Gestalt einer Prinzipienlogik naturwissenschaftlicher Erkenntnis). Platonisch gesprochen, stehen wir hier am Übergang zur Dialektik. Das in der Erörterung der *mathematica* gewonnene Verständnis der Ideen fordert erneute Reflexion. Während die „Künste" (wie die Geometrie) ihre Voraussetzungen (ὑποθέσεις) als axiomatische Anfänge (ἀρχαί) begreifen, dringt die dialektische Ideenforschung zum Voraussetzungslosen (ἀνυπόθετον) vor (*Pol.* VII, 511b), der Idee des Guten. An dieser entscheidenden Stelle setzt Cohen zur *Kritik* an. Wohl weiß er diesen Abschluß der Ideenlehre zu würdigen: „Alles Denken ist eitel Menschenwitz, wenn es nicht in der Schau des ewigen, letzten, allbefassenden Zweckes von allem Werden und allem Sein selbst Halt und Frieden findet" (1878, 363). Aber er tadelt auch Platon dafür, daß er – „getrieben von dem Drange, die Ethik zu befestigen" – „nicht das Klarwerden über die Voraussetzungen, sondern das Überwinden derselben zur Aufgabe der Dialektik macht" (1878, 365). Wenn ich Cohen richtig interpretiere, will er gegen Platon auch die Idee des Guten als Hypothesis verstanden wissen und damit an der These festhalten, daß Ideen durchgängig durch den Methodenbegriff der Hypothesis zu charakterisieren sind. (Dieser Methodenbegriff ist selbstverständlich nicht im Sinne der modernen naturwissenschaftlichen Hypothese zu nehmen, d. h. im Sinne einer empirisch begründeten Annahme, die zur Erklärung schon bekannter Sachverhalte eingeführt wird, an diesen aber auch scheitern kann. Die platonische Hypothesis bildet vielmehr „den Maßstab, an dem *anderes* auf Wahrheit geprüft wird und sich zu bewähren hat; es wird nicht von anderem über *ihre* Wahrheit entschieden ..."[7]) Statt die Rechenschaftsablage (λόγον διδόναι) im denkenden Erschauen der Idee des Guten abzuschließen, soll und kann Erkenntnislogik nur das Denkverfahren der voraussetzenden Grundlegung klären. Auch die Idee der Idee bleibt auf das ἐξ ὑποθέσεως festgelegt. Diese systematische Position steht

[7] Wagner 178. Vgl. Cohen 1914b, 429f. und Lembeck 94, Anm.29.

hinter der Aussage: „Die Idee selbst ist ... in ihrem tiefsten Grunde nichts Anderes als Grundlegung“ (1914a, 18). Daraus ergeben sich die folgenden systematisch-philosophischen Konsequenzen.

Denken ist Ursprung, betont Cohen in seiner Logik. Als Ursprung aber ist Denken voraussetzende Grundlegung. Damit wird jede ontologische Sicherung der Erkenntnis negiert. „Das Denken bildet mit der Idee einen ursprünglichen und gegenüber dem nichtigen der bloßen Wahrnehmung *neuen* Inhalt, der sich *ausschließlich* dem Denken verdankt“ (Lembeck 97). Bietet das Prinzip „Denken“ Ersatz für die Abweisung jeder fundierenden Gegebenheit? Traditionell zweifellos, indem es sich selbst im Gedanken des Absoluten (ἀνυπόθετον) sichert. Radikaler noch als Kants Vernunftkritik artikuliert aber Cohens Erkenntnislogik die metaphysische Bodenlosigkeit des reinen Denkens. Die voraussetzende Grundlegung findet keinen Halt in einer Grundlage, die nicht ihrerseits wieder als Grundlegung begriffen werden müßte.[8] Cohen hat dieses Ursprungstheorem als Kern einer idealistischen, insgeheim aber „nihilistischen“ Logik artikuliert. Wo letzte Rechenschaft vom Ursprung gegeben werden soll, muß das Nichts als „eine Ausgeburt tiefster logischer Verlegenheit“ eingeführt werden: Ursprüngliches Denken erzeugt Etwas „auf dem Umweg des Nichts“ – *a nihilo* (1914b, 84).

Gerade an diesem abgründigen Ort führt Cohen seinen Kampf mit und um Platon weiter, vergleichbar dem Kampf Jakobs mit dem Gottesmann am Jabbok (*Gen.* 32, 22ff.). Denn er arbeitet den Zusammenhang zwischen dem ursprünglichen Nichts und dem μὴ ὄν, dem privativen Nichts, bei Demokrit und Platon heraus (vgl. Hartmann 55ff., 130ff.), um am Alpha privativum des Ausdrucks „ἀνυπόθετον“ die Inanspruchnahme des unendlichen = ursprünglichen Urteils für die Gewinnung der Idee des Guten nachzuweisen. Zugunsten dieser Idee verzichte Platon in „gewaltiger Resignation“ auf das Grundlegen und werfe sich „dem unendlichen Urteil in die Arme“ (Cohen 1914b, 88). Ich verstehe diese Aussage als Ironie: Der Versuch, die Hypothesis zu übertreffen, bedient sich gerade des Denkmittels, auf dem die Hypothesis fußt, des Denkmittels der produktiven Negativität.

Cohen macht sich trotz der skizzierten fundamentalen Differenz im philosophischen Verständnis der Ideenlehre für die philologische Richtigkeit seiner These stark – verbunden allerdings mit der Kritik an der „Einseitigkeit und Mangelhaftigkeit der bloß philologischen Forschung“, sofern diese nicht gleichzeitig von der systematisch geführten philosophischen Forschung zu lernen gewillt ist. Man wende ihm gegenüber ein, seine „Ansicht von Platon sei unhistorisch. Das sagt man in einem allgemeinen Chorus, wie in einem Satyrspiel“. Bestenfalls ziele diese Kritik darauf ab, daß er, Cohen, sich „Platon auf Kant hin verständlich zu machen“ suche. Er repliziert mit

[8] Vgl. hierzu Edel, bes. 75ff.

seinem philosophischen Konzept philosophiegeschichtlicher Zusammenhänge.[9]

3. Natorps Platon

Was sind die Besonderheiten von Natorps Platonauffassung? Wofür steht Platon im Kern von Natorps Philosophie? In einer unterdrückten kritischen Besprechung der *Logik der reinen Erkenntnis* erklärt er sich wohl mit Cohen bei der „ganzen Fassung der logischen Aufgabe ... vollständig auf einem Boden" und benennt als „gemeinsame Quelle, aus der wir beide diese Auffassung, trotz oftmaligen direkten Austauschs doch größtenteils unabhängig von einander geschöpft haben", *Platon.*[10] Im unmittelbaren Anschluß an dieses Bekenntnis resümiert er die Grundthesen seines Buches *Platos Ideenlehre*. In diesem Resümee werden die besonderen Akzente faßbar, die Natorp in der Marburger Platon-Deutung bzw. -Aneignung gesetzt hat. (Und ich meine hiermit nicht nur den Umstand, daß sich Natorp viel stärker als Philologe profilierte und einen ungleich größeren Textbestand analysierte als Cohen.) Die Akzente verweisen zugleich auf sein eigenes systematisch-philosophisches Programm.

a) Der methodische Sinn der Idee

Natorp teilt Cohens Auffassung, daß Platon im *Phaidon* die Ideen (er setzt das Wort in Anführungszeichen) als Grundlegungen (ὑποθέσεις) begriffen habe, d.h. für Natorp: als „ursprüngliche Setzungen des Denkens". Der Ausdruck ἰδέα markiert für ihn die Entdeckung „der eigenen Gesetzlichkeit, kraft deren das Denken sich seinen Gegenstand gleichsam hinschauend gestaltet, nicht als gegebenen bloß hinnimmt" (Natorp 1921, 1). In bewußter Absetzung von Aristoteles' Platon-Kritik betont Natorp immer wieder, daß die Ideen „Methoden" oder „Gesetze" bedeuten, *nicht Dinge*. Der Ausdruck „Methode" steht hier für ein Denkverfahren überhaupt (z. B. die Grundlegung, die Trennung und Verbindung usw.), also für Denken 'in Funktion'. Bei „Gesetz" ist durchaus an ein naturwissenschaftliches Gesetz, etwa das „Newtonsche Attraktionsgesetz", zu denken (1921, 410). Es gilt für alle darunter zu subsumierenden Einzelfälle, ohne in diesen Einzelfällen aufzugehen. Ein einzelnes Schönes hat an der Idee des Schönen in dem Sinne *teil*, daß die Idee (qua Prädikat) im Einzelnen (qua Subjekt) „nur partiell dargestellt ist" (1921, 410).

[9] Cohen 1914a, 25ff. Vgl. den dritten Teil von Lembecks Studie.
[10] Natorp, Zu Cohens Logik, in: Holzhey 1986, Bd. 2, 11.

Nach dieser vorbereitenden Erläuterung der „Idee" in Natorps Verständnis kann nun *seiner* Interpretation von *Phaidon* 100ff. nachgegangen werden. Er gibt den ersten Satz der oben in Cohens Übersetzung angeführten *Phaidon*-Stelle wie folgt wieder: „Indem ich allemal den Logos, den logischen Satz *zu Grunde lege* (ὑποθέμενος, als Fundament *setze*), von dem ich *urteile* (κρίνω), daß er der stärkste (logisch standhaltendste) sei, *setze* ich (τίθημι) als *wahr* das, was mir däucht mit diesem übereinzustimmen" (1921, 154). Natorp unterstreicht also zum einen den *setzenden* Charakter des Grundlegens, gewissermaßen die Macht des reinen Denkens, zum anderen die *Urteils*funktion des Denkens. Das Hypothesis-Verfahren arbeitet mit logischen Grundsätzen. Solche zugrunde zu legen, das entspricht dem „methodischen Sinn der Idee". Für den anschließenden Text folgt Natorp ganz Cohens Auslegung, verdeutlicht diese aber implizit. Der „Sinn" der Idee besteht in der „Methode der 'Grundsetzungen'". Eine erste Grundvoraussetzung (ὑπόθεσις) lautet: „es *gibt* die reinen Denksetzungen" (d.h. Ideen). Natorp scheint sich damit der philologischen Kritik zu entziehen, setzt sich ihr aber schnell wieder aus, wenn er darüber hinaus erklärt: „die Idee selbst, das *ist* die *Hypothesis"* (1921, 155). Seine Erläuterung dazu argumentiert mit der *Subsumtion*, der Teilhabe irgendeines Schönen am Schönen selbst, dem Verhältnis von Fall und Gesetz.

b) Die voraussetzungslose Grundlegung (Idee des Guten)

Die folgenden Erläuterungen (1921, bes. 157) führen schon auf den zweiten Akzent von Natorps Platon-Deutung: das methodische Verhältnis der Hypothesen zueinander. Die unterschiedlichen Stärkegrade, von denen Platon spricht, systematisiert Natorp zu einem deduktiven Zusammenhang der zugrundegelegten logischen Grundsätze. „Was wäre denn eine zulängliche Grundlage", d.h. der wahre Anfang, auf den zurückgegangen werden soll? Die Dialektik in Buch VII der *Politeia* interpretiert er als Denkweg „von *den* Ideen zu *der* Idee, ... zu *der* schlechthin voraussetzungslosen Grundlegung, ... zu *der* reinen Denksetzung (αὐτὸς ὁ λόγος)", in der die Ideen, Grundlegungen, Denksetzungen radikal begründet werden. Anders als Cohen hat Natorp keine Probleme mit dem „ἀνυπόθετον ". Der Rückgang ins „Unendliche von Voraussetzungen", wie er „innerhalb der Wissenschaften" vollzogen wird, führt schließlich „bei Erhöhung des Standpunktes der Betrachtung" zum ἀνυπόθετον, dem „nicht mehr bloß voraussetzlich Gültigen". Das ist „in Platos Sprache das Gesetz des 'Logos' selbst", in Natorps Terminologie „das Gesetz dieses ganzen Prozesses, ... welches die Richtung dieses ganzen Ganges der Erkenntnis ins Unendliche vorausbestimmt" (1910, 15). Der Rückgang auf den „voraussetzungsfreien Anfang" wird interpretiert als Aufstieg „von den relativen Grundsätzen der besonderen konkreten Wissenschaften" zu den ersten Denkgrundlagen, das Verhältnis der letzteren zu den ersteren als „deduktiver Zusammenhang". Die erste Denkgrundlage ist nicht eine besondere, wenngleich oberste Denksetzung, sondern „das letzte Gesetz der Denksetzung selbst", „das Prinzip des Logischen selbst" (1921, 194) – vorgreifend gesagt: das Gesetz der deduktiven Ausfaltung der synthetischen Einheit des Mannigfaltigen. Warum aber, fragt Natorp selbst (1921, 195), heißt dieses Gesetz des Gesetzes – „das Gesetz, daß im Gesetz überhaupt der Gegenstand zu konstituieren ist" – *Idee des Guten*? Er glaubt, die Antwort auf diese Frage konstruieren zu müssen. Das Gesetz des Logischen selbst oder das Unbedingte heißt darum „Idee des Guten", weil es sich jeder (empirisch) bestimmten Setzung als Forderung stellt – als „Sollen", über die beschränkende Bestimmtheit auf das unbedingt Gesetzliche vorzudenken. Dem Gang der Erfahrung ist diese Idee *normativ*, nicht teleologisch eingeschrieben. Einen letzten Zweck kann es für Natorp nicht geben, die Unendlichkeit der Erkenntnisaufgabe läßt ihn nicht zu. Aber in der Wahrnehmung dieser Erkenntnisaufgabe steckt ein Imperativ der Forschung: Suche weiter!

Auf andere Verschränkungen zwischen der Platon-Interpretation Natorps und seinem eigenen systematischen Philosophieren – beispielsweise auf die These, daß im *Philebos* die eigentliche Aufstellung des „letzten Gesetzes *des* Denkens" erfolge, des Gesetzes der Einheit des unendlichen Mannigfaltigen, oder im *Parmenides* Denken als Prozeß der ewigen Selbsterneuerung der „Methode" auf immer höheren Stufen zur Darstellung komme[11] – kann nicht näher eingegangen werden, ebensowenig auf die ganz wesentliche Differenz zwischen Natorp und Cohen im Theorem von Negation und Andersheit.[12]

c) Der Schein der Metaphysik und die Kritik Lasks

Auf der Basis eines geschichtlich gewachsenen Verständnisses für das Wirken des Idealismus sieht sich Natorp berechtigt, die Grundzüge seines *methodischen Idealismus* „in Plato wiederzuerkennen und zu der nun erreichten Klärung zu bringen"[13]. Trotz aller inhaltlichen Differenzen wendet

[11] Natorp, Zu Cohens Logik, in: Holzhey 1986, Bd. 2, 12.

[12] Natorp, Zu Cohens Logik, in: Holzhey 1986, Bd. 2, 31f., unter Bezugnahme auf Platons *Sophistes*. Vgl. Hartmann 127ff.

[13] Natorp, Zu Cohens Logik, in: Holzhey 1986, Bd. 2, 12. – Hartmann bestimmt demgegenüber seine seins*logisch* ausgerichtete Untersuchung moderat als einen legitimen Zugang zur platonischen Philosophie, der andere Zugänge nicht ausschließt. Die „Logik des Seins" lasse „genügend Spielraum für dichterische, mythische und

er damit ein dem Cohenschen sehr ähnliches hermeneutisches Verfahren an, nämlich mit einem bestimmten Resultat der Wirkungsgeschichte als Voraussetzung erneut an den Autor heranzutreten und ihn in eine moderne Debatte einzubeziehen. Neue, insbesondere befremdliche Erfahrungen mit dem Ur-Text sind allerdings dabei nicht zugelassen. Die Grundzüge der eigenen Position werden in Platon *wieder*erkannt – eine umgekehrte Anamnesis, indem das *hier und heute* Erkannte im Früheren wiedererinnert wird. Größe und Grenzen dieser Hermeneutik verrät ein Satz aus Natorps Vorwort zur 2. Auflage von *Platos Ideenlehre*: „Ich vermöchte nicht zu sagen, ob mehr das tiefere Durchdenken der Systemfragen mir zum reineren Verständnis Platos geholfen hat, oder umgekehrt" (1921, XII).

Das gilt m. E. auch für seine *Metakritik* von 1920 im Anhang eben dieser 2. Auflage. Wieder sticht die innige Verflechtung zwischen Platon-Studien und systematischer Fortarbeit an den Grundlegungen, einer wahrhaft rastlosen Fortarbeit, ins Auge. Natorp gibt frühere Positionen nicht einfach preis: „Die Idee bleibt *'Hypothesis'*" (1921, 469). Aber der Autor bezieht nun 1. den „letzten Einheitsgrund der Ideenwelt" nicht mehr allein auf die logisch-theoretische Sphäre, sondern im Sinne einer „allgemeinen Logik" auf ein – nur mystisch beschreibbares – „Urkonkretes", den „Allzusammenhang". Und 2. treten die logische und die psychologische Bedeutung der „Idee" nicht mehr auseinander: Der „Logos selbst" fällt mit der „Psyche selbst" zusammen (1921, 468), der Aufstieg zu ihm mit dem Aufstieg der Seele. Die Idee – nicht dinglich, sondern „aktiv, dynamisch, funktional" – ist „Schöpfung" (Ursprung) aus der „Urkraft" des mit der Psyche einigen „Logos selbst" (1921, 471).

Der Schein der Metaphysik in Natorps Spätphilosophie entspringt einer Grenzbetrachtung des Logischen als solchen, nicht einer Zweiweltentheorie. Das kann abschließend aus dem Kontrast zu Emil Lasks „Platon"[14] verdeutlicht werden. Die zentrale Tat Platons ist für Lask die bewußte Herausarbeitung der Zweiweltentheorie (51). Darin konvergieren auch, jedenfalls teilweise, die theoretischen Interessen des Interpreten und seines Autors. Gegen die Marburger wendet Lask ein, daß sie das Nichtsinnliche mit dem (wissenschaftlichen) Verstand gleichsetzen. Es sei unsinnig, die Ideenlehre als Grundlage der Erforschung der Phänomene zu nehmen, wie es Natorp lehre (47), oder eine „Selbständigkeit des Logischen" zu unter-

also metaphysische Züge in Plato"; sie beanspruche nicht, „einzig möglicher Gesichtspunkt zu sein, wohl aber der für die philosophische Würdigung maßgebende" (VI).

[14] Es handelt sich um die gekürzte Wiedergabe einer Vorlesung vom Wintersemester 1911/12, verbunden mit zwei Auszügen aus Briefen Lasks an H. Rickert vom November 1912.

stellen. *Sein*, Lasks, Platon sei derjenige der Jahrtausende, „bloß etwas mit südwestdeutscher Phraseologie verbrämt" (55). Allerdings wäre den – allzu nüchtern als „Werturbilder" begriffenen – Ideen, „diesen von der Sinnenwelt abgeschiedenen seligen Gebilden noch das metaphysische Leben ein[zu]hauchen, das ihnen Plato zuerteilt ..." (54). In ähnlicher Weise hat auch H. Rickert (117ff.) Platon als Entdecker der Ideen, d.h. der „unsinnlichen verstehbaren oder noetischen Gebilde" gewürdigt und sich zugleich von seiner metaphysischen Deutung des „verstehbaren Unsinnlichen" distanziert.

Mit dem Neukantianismus sind auch seine Platon-Deutungen Geschichte geworden, und zwar zu einem vergleichsweise wenig beachteten Stück der Tradition des Platonismus. Zweierlei war ihrer Wirkung abträglich: 1. daß sie im allgemeinen historisch-kritisch nicht zu überzeugen vermochten, also aus dem *mainstream* der Platon-Forschung herausfielen; 2. daß die systematische Philosophie des Neukantianismus, die dessen Platon-Aneignung prägte, gemäß dem Selbstverständnis der Zeit schon in den zwanziger Jahren überwunden und dann vergessen wurde.

Was ist wesentlich für den Platonismus der Marburger? Cohen interpretiert die sokratische „Was ist?"-Frage als Ausdruck der ursprünglichen Produktivität des Denkens, der in der Idee der Grund gelegt wird. Für Natorp bildet die Frage das unhintergehbare Fundament des Denkens überhaupt. Im Blick auf Giorgio Collis (84) These, daß Zenon den „destruktiven Weg des Nichtseins" als den Weg *in* die Philosophie beschreitet, kann Cohens Denken als Wiederholung der sokratisch-platonischen Strecke dieses Weges beschrieben werden. Er bleibt dabei mit dem auf die (Rätsel-)Frage der älteren Weisheit bezogenen Prinzip des Ursprungs archäologisch der Zweideutigkeit des Logos in seiner Herkunft aus dem Nichtseienden (μὴ ὄν) treu. Seine platonistische Logik vergegenwärtigt den „ungeheuren logischen Trieb" des Sokrates, der an die Stelle der „instinctiven Weisheit" tritt (Nietzsche 1872, 86f.). Natorp, auf Cohen setzend, denkt das „Was ist?" henologisch zur Einheit des Mannigfaltigen im Logos der Ideen fort und gerät – rastlos in die Dialektik dieses Logos eintretend – auf der Suche nach einer Einheit über allen Trennungen an die Grenzen des Sagbaren.

OTTO PÖGGELER

EIN STREIT UM PLATON: HEIDEGGER UND GADAMER

Martin Heidegger hat als junger Freiburger Privatdozent seine Wende zu einer „hermeneutischen" Phänomenologie von Aristoteles her verständlich zu machen versucht. Dabei wurde Aristoteles durch die Angriffe Luthers korrigiert, also vor allem um die metaphysische Theologie verkürzt. Eine direkte Auseinandersetzung mit Platon hat Heidegger erstmals mit 35 Jahren als Marburger Professor versucht. Diese Interpretation des *Sophistes* ist inzwischen in einem Buch von fast 700 Seiten rekonstruiert worden; sie kam freilich nicht bis zur kosmologischen Wende am Schluß des Dialogs. Eine Zuwendung zum platonischen Höhlengleichnis führte dann Schritt für Schritt zu der Frage, ob Platon nicht „humanistisch" vom Menschen und seinem Zugriff auf das Sein ausgehe und damit gerade durch die Ideenlehre eine Technisierung der Welt sowie den Kampf um Weltherrschaft im Sinne Nietzsches vorbereite. Hans-Georg Gadamer hat sich 1928 noch in Marburg mit Heidegger durch phänomenologische Interpretationen zum *Philebos* habilitiert; er hat seine Platon-Interpretationen dann viele Jahrzehnte hindurch fortgeführt. So konnte der Verfasser von *Wahrheit und Methode* 1989 im Rückblick auf die einstige Habilitationsschrift sagen, seine Studien zur griechischen Philosophie, gipfelnd in der Auseinandersetzung mit Platon, seien in seinen Augen „der eigenständigste Teil" seiner philosophischen Arbeit (GW VII, 121).

In einem englisch- und deutschsprachigen Beitrag *Heidegger und die Geschichte der Philosophie* bedauerte Gadamer 1981, daß der junge Heidegger sich zwar dem Platonismus ausgesetzt und dann in *Sein und Zeit* das Motto dem *Sophistes* entnommen habe, daß der späte Heidegger aber im „seinsvergessenen" Philosophieren Platons nur noch einen Schritt zur Ontotheologie der Metaphysik und damit zur Selbstverstrickung der abendländischen Tradition gesehen habe. „Man hätte sich vorstellen können," so schrieb Gadamer, „daß gerade auch die Platonische Philosophie als eine Möglichkeit erschienen wäre, hinter die Fragestellung der Aristotelischen und nacharistotelischen Metaphysik zurückzugehen ..." (GW III, 302). Die gemeinsame Zuwendung zu Platon führt zu einem Streit um Platon. Für Heidegger führt ein fortschreitendes Verhängnis von Platon zu Plotin und Augustin, von Augustin zu Hegel, von Hegel zur planetarischen Technik. Gadamer sieht hier eine immer weitergehende Vertiefung, die schließlich von den Geisteswissenschaften aus Dialektik als Hermeneutik sichtbar macht. Von der Tradierung Platons unter lateinischen Titeln her spricht Gadamer von Plato, während Heidegger noch in seinen *Beiträgen zur Philosophie* sowohl Plato wie Platon sagt, aber sich dann auf Platon festlegt. Der Streit um Platon erreicht seinen Höhepunkt dadurch, daß Gadamer gerade von Platon und nicht nur von späten neuplatonischen Traditionen aus über Hinweise auf das Schöne hinaus Grundbegriffe für die Erfassung der Kunst und damit auch für die Eingrenzung der Technik gewinnt. Es sind also die entscheidenden Fragen unserer Zeit, um die es in diesem Streit um Platon geht.

I. Heideggers Weg zu Platon

Martin Heidegger berichtete in einem Lebenslauf anläßlich seiner Habilitation, in der Oberprima hätten ihn „vor allem die Platostunden" des Gymnasialprofessors Widder „mehr bewußt, wenn auch noch nicht mit theoretischer Strenge in philosophische Probleme" eingeführt (Ott 86; zum Folgenden vgl. 65, 87, 96). Der Student der katholischen Theologie bekämpfte dann in kleinen Zeitschriftenartikeln den Modernismus und Subjektivismus; Philosophie sollte ihm „ein Spiegel des Ewigen" sein. Nicht auszulöschen sei das Verlangen „nach abgeschlossenen, abschließenden Antworten auf die Endfragen des Seins, die zuweilen so jäh aufblitzen, und die dann manchen Tag ungelöst auf der gequälten, ziel- und wegarmen Seele liegen". Schwingt nicht die Sprache der platonischen Spätdialoge durch diese Rede vom jähen Aufblitzen, mögen die Antworten auf die Endfragen des Seins auch eher innerhalb der aristotelischen Tradition gesucht werden? Nach drei Semestern nahm Heidegger in einer langwierigen nervösen Erkrankung Abschied vom Theologiestudium. Der mittelalterliche Aristotelismus, aber auch die Mystik Meister Eckharts, dazu neukantische Tendenzen wie auch die Phänomenologie Husserls bestimmten Promotion und Habilitation im Fach Philosophie. Die erste Vorlesung im Winter 1915/16 zog offenbar mit Resonanz *Grundlinien der antiken und scholastischen Philosophie* aus; im folgenden Winter hielt Heidegger eine Vorlesung über *Grundfragen der Logik*, die als schwierig und kompliziert empfunden wurde.

Mitten im Ersten Weltkrieg, am 1. August 1917, hielt Heidegger in einem privaten Kreis einen Vortrag über jenen Theologen und Platoniker, der als Vorgänger des Modernismus galt; Heidegger entfaltete das Problem des Religiösen von der zweiten der Schleiermacherschen *Reden über die Religion* aus. Die erste Nachkriegsvorlesung, *Die Idee der Philosophie und das Weltanschauungsproblem* vom Frühjahr 1919, sah in der Forderung nach Weltanschauung das berechtigte Drängen, über abstrakte Theorien hinauszukommen, aber zugleich den Ansatz zu kurzschlüssigen Lösungen. Heidegger erinnerte daran, wie Platon im *Sophistes* die Naturphilosophen mit ihren „Märchen" abwehrt, weil das Behaupten von Meinungen im Skeptizismus und Relativismus der Sophisten habe enden müssen. Die Opposition gegen die „Auslieferung alles Wissens an die Willkür und Zufälligkeit der bloßen Meinung" sei die „philosophische Leistung des Sokrates und vor allem Platos" gewesen (GA 56/57, 19). Im Winter 1919/20 forderte die Vorlesung *Grundprobleme der Phänomenologie* Platons Eros als „philosophische Grundhaltung" (GA 58, 263). Heidegger sagte die zweite angekündigte Vorlesung über die philosophische Bedeutung der mittelalterlichen Mystik ab, obwohl er gerade diese Vorlesung in zwei Konvoluten von Exzerpten und Aufzeichnungen vorbereitet hatte. Diese Konvolute zeigen klar die Ablösung von der Tradition Schleiermachers. Heidegger nimmt auf, wie Johannes Weiß und Albert Schweitzer die Eschatologie als Grundzug des Glaubens der urchristlichen Gemeinde wiederentdeckten. So kann er fortan dem Nietzschefreund Franz Overbeck folgen, der den urchristlichen Glauben von jeder Interpretation durch griechische Begriffe reinigen und wenigstens als *memento mori* unserer Zeit überliefern wollte.

Der Platonismus blieb als abendländische Geistesmacht gegenwärtig. So konnte die Vorlesung *Phänomenologie der Anschauung und des Ausdrucks* im Sommer 1920 den Apriorismus Paul Natorps mit Diltheys Aufmerksamkeit auf die Geschichte verbinden. Die Anschauung sollte vor der Dominanz des Theoretischen gerettet werden, indem sie zum Verstehen des Lebens wurde, das mit der Geschichte vertraut ist und dieses Vertrautsein ausdrückt. Die *Einleitung in die Phänomenologie der Religion* verschärfte im folgenden Semester das Geschichte-haben, indem sie es vom Modell der urchristlichen Eschatologie her verstand. Das Plötzliche und Jähe gehören hier zu jenem Hereinbrechen der letzten Dinge, das nicht an einem bestimmten Datum kommt, sondern immer schon hereinsteht in das Leben. Die Vorlesung *Augustinus und der Neuplatonismus* vom Sommer 1921 zeigt, daß Augustinus den urchristlichen Glauben hat, aber durch neuplatonische Motive in Gefahr kommt, die geforderte Unruhe des Herzens quietistisch stillzustellen. Die Kritik der neuplatonischen Motive geschieht offenbar ohne eine Aufarbeitung Plotins, die immer nur gefordert wird. Vielmehr verbindet Heidegger Husserl mit Kierkegaard und Aristoteles mit Luther, so daß die φρόνησις des 6. Buches der *Nikomachischen Ethik* zum „Gewissen" wird. Mit diesem Gewissen-haben steht das Dasein in einer offenen Situation und führt diese zum Augenblick der Entscheidung. Wenigstens die Entscheidungsspielräume sollen durch eine hermeneutische Phänomenologie formal angezeigt werden, ohne daß die nötige Entscheidung dem Leben selbst (etwa dem Glauben) abgenommen würde.[1] Die Vorlesung vom Sommer 1923 versteht Logik und Ontologie als eine Hermeneutik jener Fak-

[1] Die beiden Vorlesungen und die oben genannnten Konvolute erschienen Ende 1995 in GA 60. – Zum Folgenden vgl. GA 63, 42f.

tizität, die „historisch“ sei. Das „Heute“, mit dem das Philosophieren konfrontiert sei, wird einerseits charakterisiert durch eine Morphologie geschichtlicher Kulturen im Sinne Spenglers, andererseits durch den „Platonismus der Barbaren“. Dieser Platonismus, der z. B. von Spranger formuliert werde, sehe die zeitgenössischen philosophischen Bestrebungen im gemeinsamen „großen Ringen um das Zeitlose im Historischen oder über dem Historischen“. Barbarisch sei dieser Platonismus, weil ihm „der eigentliche Wurzelboden Platos“ fehle. Heidegger läßt den Hinweis nicht aus, daß Platon selbst am Schluß des 6. Buches seines *Staats* das zu frühe Aussetzen der Vernunfteinsicht kritisierte.

Ließ nicht auch Heidegger über allem Reden vom Platonismus offen, wie Platon selbst in seinem Denken ansetzte? Am 4. Januar 1924 schrieb Heidegger seinem einstigen Gesprächsfreund Julius Ebbinghaus, daß er im Sommer *Augustinus* vierstündig lese und im Winter dann an die Hermeneutik der historischen Wissenschaften wolle. Heidegger las dann in einer jähen Umstellung im Sommer 1924 über *Grundbegriffe der aristotelischen Philosophie*, im folgenden Winter über Platons *Sophistes*. Die Aristoteles-Vorlesung geht davon aus, daß der Mensch durch den Logos charakterisiert ist und so ein politisches Wesen sein kann. Der Logos spricht, z. B. definierend, das Seiende in seiner οὐσία an. Die οὐσία ist das Seiende im Wie seines Seins, gemäß der ursprünglichen Wortbedeutung Habe und Hausstand oder das Anwesen im Sinne eines Gehöfts. Die Praxis sucht umsichtig in Situationen das, was auf das Gute und das gelingende Leben verweist. Die Dinge, von den Griechen als πράγματα angesprochen, zeigen sich etwa der Furcht als das, was uns angeht. Die Stimmungen müssen vom Redner, der in der Polis überzeugen will, beachtet werden; gemäß der aristotelischen Rhetorik ist auszugehen von dem, was als das Wahrscheinliche, als ἔνδοξον im Ansehen steht. Überraschenderweise wird die Praxis dann von der Poiesis her verstanden.

Wenn Platon das Sein als Idee faßt, dann fragt er gemäß einer Bemerkung aus dem Schluß der Vorlesung nach dem, worauf Aristoteles die Antwort hat. So will die anschließende Vorlesung über Platons *Sophistes* von der Helle des Aristoteles in das Dunkel Platons führen.[2] Was bei Platon noch in der „Konfusion“ bleibe, soll im ersten Drittel der Vorlesung durch eine Interpretation des 6. Buches der *Nikomachischen Ethik* geklärt werden. Heidegger sucht deutlich zu machen, daß die φρόνησις als Orientierung in der Situation zurückgedrängt, der νοῦς von der τέχνη her verstanden wird. Das Seiende erscheint als das, was vom Vorblick auf die Idee aus hergestellt worden ist. Die metaphysische Theologie habe den Sinn, dem Wissen einen Abschluß zu sichern. Die Griechen garantierten dem Menschen so seinen

[2] GA 19, 11, 190; zum Folgenden vgl. 65.

bescheidenen Anteil an der Unsterblichkeit; mit eigentlicher Religiosität habe diese Theologie nichts zu tun (GA 19, 178, 222).

Heidegger folgt in seiner Vorlesung dann interpretierend dem platonischen *Sophistes*. Platon will herausbringen, was der Sophist seinem Wesen nach ist. So sucht er ihn dihairetisch durch die Zerlegung von Begriffen nach Gattung, Art und Unterschied als Meinungsnachahmer den Scheinkünstlern unterzuordnen. Heidegger findet es wichtig, daß der Sophist dabei mit dem Angelfischer verglichen wird, dessen τέχνη auf den Erwerb durch Jagd und auf den Handel zielt.[3] Der Sophist fängt Menschen durch den Logos, verkauft Redenkönnen und Bildung; dabei läßt er im Reden die Widersprüchlichkeit zu und kommt so aus der Willkür nicht heraus. Dieser Scheinkünstler beansprucht zudem das Unmögliche, alles wissen zu können. So ist er durch ein doppeltes Nichts charakterisiert. Will man dieses Nichts erfassen, dann muß man zum Vatermörder an Parmenides werden, der ja den Weg zum Nichts ausschloß. Zum Sein treten als höchste Gattungen Ruhe und Bewegung, Selbigkeit und Andersheit. In der Andersheit zeigt das Nichts sich gegenüber dem Nichtsein in einer zweiten Weise. Diese macht die Möglichkeit des Scheins verständlich. Der Logos, der Seiendes in seinem Sein anspricht, deckt das Seiende „delotisch" auf und gibt Wahrheit. Dabei kann die Andersheit in unangemessener Weise gebraucht und die Wahrheit verfehlt werden. Die Dialektik des Philosophen versucht die angemessene Verknüpfung der obersten Gattungen; sie muß jedoch dem Sophisten immer neu abgerungen werden, und so wird Platon auch keinen eigenen Dialog über den Philosophen geschrieben haben.

Wie der Mensch mit dem Logos in der Polis existieren kann, muß die Rhetorik zeigen. Heidegger handelt in einem Exkurs darüber, wie Platon im *Gorgias* die Rhetorik zurückweist, im *Phaidros* ihr mit einer „positiven Skepsis" entgegenkommt. Was an der Rhetorik echt sein könnte, ist jedoch Sache der Dialektik und damit der Philosophie.[4] Aristoteles wahrt der Rhetorik dagegen eine Eigenständigkeit: Im „alltäglichen Dasein" bekommt ein Sprechen, das „nicht ausdrücklich ἀληθεύειν" ist, ein „gewisses Recht". Der *Phaidros* zeigt, wie die Rede ins Gerede abstürzen kann; die Schrift bringt das Geredete nur noch „von außen her" ins Spiel.[5] Wenn Platon von den höchsten „Gattungen" redet, scheint Aristoteles als Gesprächspartner die Terminologie zu bestimmen. Doch verschieben sich in Heideggers Vorlesungen die Gewichte immer mehr zugunsten Platons: Die Dialektik erscheint als „große Konfusion" nur einem Leser, der die Entdeckung der Andersheit nicht durchschaut. Der dialektischen Verflechtung der obersten

[3] GA 19, 262ff.; zum Folgenden vgl. vor allem 422ff., 532, 577.
[4] GA 19, 319; zum Folgenden vgl. 338f.
[5] GA 19, 340ff., vor allem 342; zum Folgenden vgl. 522, 476.

Gattungen wird die Ausrichtung auf das Sein als οὐσία, also die Analogie des Aristoteles, zum Problem. Platon wird zusammen mit Aristoteles zum Anstoß, und nur in diesem Sinn ist die Entwicklung von der Ideenlehre zu den Spätdialogen wichtig. So kann *Sein und Zeit* das Motto dem platonischen *Sophistes* entnehmen und beim Seinsproblem Platon und Aristoteles verbinden. Der Rhetorik wird eine Hermeneutik der Alltäglichkeit entnommen; das Rätsel der Bewegung, dann die Thematisierung des Nichts in der Schulderfahrung des Gewissens führen zur Problematisierung des Seins.

Heidegger setzt sich klar von einer Phänomenologie ab, die nicht hermeneutisch wurde: Der Glaube sei Romantik, „auf dem geraden Wege ins Freie" und so zur Sache kommen, sich „mit einem Sprung von der Geschichte losmachen" zu können. Nur die „Kommunikation" mit der Vergangenheit, die rücksichtslos die Tradition destruiere, vermöge die Geschichte philosophischen Fragens festzuhalten. Der entscheidende Fehler der Tradition liege darin, im Wort γένος das Gewachsensein nicht mitgehört zu haben; der Strukturbegriff γένος und der Gegebenheitsbegriff εἶδος seien ineins gesetzt worden, so daß die Präsenz und das Hinsehen sich vorgedrängt hätten. Heidegger will diese Tradition destruieren, indem er den Menschen, der den Logos hat, mit der Praxis auf Situation und Augenblick ausrichtet.[6] So konnte Heidegger im Winter 1930/31 und im Sommer 1931 in Seminaren über Platons *Parmenides* sagen, daß die Rede vom ἐξαίφνης der „radikalste Vorstoß" in das Problem von Sein und Zeit gewesen sei. Dieses „Plötzliche" war von der Tradition als *momentum*, dann von Schleiermacher und vor allem von Kierkegaard in einer Kritik an der Dominanz der Theorie als „Augenblick" gefaßt worden.

Nur thesenhaft kann im folgenden angegeben werden, wie Heidegger sich mit weiteren platonischen Dialogen auseinandersetzte. Im Sommer 1926 las er, mit der Drucklegung von *Sein und Zeit* beschäftigt, die stark didaktische Vorlesung *Die Grundbegriffe der antiken Philosophie*. Er trennte – anders als Hegel – von Platon und Aristoteles die früheren Denker ab. Die zweite Epoche der griechischen Philosophie ließ er so mit den Sophisten beginnen, denen Sokrates entgegentrat. Sokrates fragte, wie ein Schuh vom Vorblick auf dessen Idee aus hergestellt wird. Von diesem Modell aus konnte er die Tugend überhaupt im Wissen finden. Für Platon war die Idee das Aussehen der Dinge, das immer so ist, wie es ist; den Aufstieg zur Idee der Ideen durch vier Stufen zeigte das Höhlengleichnis des Dialogs über den Staat. Heidegger stellte vor den Hinweis auf den *Sophistes* nun eine Interpretation des *Theaitetos* und seiner Problematisierung der Erkenntnis. Zwei Wege zeich-

[6] GA 19, 413 f., 524, 164. – Zum Folgenden vgl. Heidegger-Studien VII 1991, 196: T. Regehly, Übersicht über die 'Heideggeriana' im Herbert Marcuse-Archiv der Stadt- und Universitätsbibliothek in Frankfurt a. M.; ferner Pöggeler 1992, 47.

neten sich ab: Einmal geht die Frage nach dem Sein des Seienden vom Sein als Idee zum ἀγαθόν als der Idee der Ideen. Dieses ἀγαθόν kann dann selbst wieder wie ein Seiendes verstanden werden – im Gottesbegriff Augustins und des Mittelalters, in Hegels Begriff des absoluten Geistes. Die Spätdialoge führen dagegen zu der kritischen Frage, wie Sein überhaupt zu verstehen sei. Im Sommersemester 1927 machte Heidegger darauf aufmerksam, daß auch der Demiurg aus dem *Timaios* vom Vorblick auf die Idee aus herstellt; die spätere Charakterisierung des platonischen Ansatzes als Ontotheologie kam so in den Blick: Seiendes wird gegründet im Sein, das Sein selbst in einem höchsten Seienden, dem Schöpfergott. Doch versucht die Abhandlung *Vom Wesen des Grundes* das ἀγαθόν als Jenseits des Seins vom Umwillen her zu verstehen, es so in die Schematisierung des Seins hineinzustellen.

Heidegger hat auf vielfache Weise bezeugt, daß Friedrich Nietzsche für ihn seit dem Herbst 1929 eine neue Bedeutung bekam. Heidegger hatte in der οὐσία den leitenden Begriff der Tradition gefunden; noch die Vorlesung vom Sommer 1927 stellte diese οὐσία mit Bestimmungen wie εἶδος, *essentia*, Form zusammen. Hinter der οὐσία als dem Anwesen soll Gegenwart stehen, und so will Heidegger das Wesen in erfülltere Zeitbezüge einfügen und dabei differenzieren. Von der Frage nach Sein und Zeit aus soll der Sinn von Sein in eine Fülle von Bedeutungen aufgegliedert werden. Doch dann nimmt Heidegger nicht mehr die οὐσία, sondern das Begriffspaar δύναμις – ἐνέργεια als leitende Bestimmung der klassischen griechischen Philosophie. Wird die δύναμις verstanden als Ermächtigung oder Eignung, dann wird die ἐνέργεια zum Ereignis in einem Am-Werk-sein. Dieses Am-Werk-sein wird aus der Geschichte aufgenommen; in dieser Geschichte, der Seinsgeschichte, geht es nicht mehr um den Sinn von Sein, sondern um die Wahrheit des Seins. Gegenüber der Wahrheit kann sich die bloße Richtigkeit in der Entsprechung von Intellekt und Sache vordrängen. Die Vorlesung vom Winter 1931/32 trägt unter dem Titel *Vom Wesen der Wahrheit* die Interpretationen des Höhlengleichnisses und des *Theaitetos* vor; sie macht auch darauf aufmerksam, daß der Zeitbezug des Seins aufscheint, wenn im *Theaitetos* die Seele das Geschehene oder Vergangene, das Anwesende oder Gegenwärtige und das Zukünftige versammeln soll.[7] Wenn Heidegger im Winter 1933/34 die Vorlesung *Vom Wesen der Wahrheit* wiederholt, dann setzt er Heraklits Fragment 53 über jenen πόλεμος voraus, in dem Götter und Menschen, Freie und Knechte auseinandertreten. Von Platons Idee heißt es, sie

[7] GA 34, 218f., 226. Die Vorlesung *Einführung in das akademische Studium* vom Sommer 1929 verband das 6. Buch der *Nikomachischen Ethik* mit dem Höhlengleichnis: Das Denken werde bei Platon vom Sehen her verstanden, Gesehenes und Sehen kämen unter das Joch des Lichts.

sei (als Abschätzung der Dinge) zum Befehl eines Unteroffiziers heruntergekommen: „Eine Idee nach rechts!“[8]

Heideggers *Beiträge zur Philosophie*, 1936–38 niedergeschrieben, gehen davon aus, daß Nietzsches Lehre von der tragischen Frühzeit der Griechen und der nachfolgenden Nivellierung in einem Sklavenaufstand den Gang der abendländischen Geschichte aufdecke. Der Kampf zwischen Herr und Knecht ist die Auseinandersetzung um die Anfänge, die in tragischer Weise von sich selbst abfallen müssen, und die Nivellierung durch die Handwerkerontologie der Ideenlehre.[9] Als Heidegger die erste Erfahrung mit der nationalsozialistischen Diktatur gemacht hatte, stellte er das Denken mit seiner Ohnmacht zum Dichten, wie Hölderlin es versucht hatte. Die erste Nietzsche-Vorlesung, *Der Wille zur Macht als Kunst*, zieht auch die Mimesislehre aus Platons *Staat* und den Aufweis des Zwiespalts zwischen Schönheit und Wahrheit im *Phaidros* heran; doch sagt die leitende These, daß das Zusammensehen des Seienden auf Ideen hin die Lebenssteigerung, wie die Kunst sie bringe, diskreditiere. Hegel habe folglich die Konsequenz aus Platons Ansatz gezogen, als er vom Ende der Kunst gesprochen habe. Führt Nietzsche zur tragischen Frühe zurück und damit zu einem anderen Anfang hin? In einer Krise seines Denkens, vor allem 1938, beantwortete Heidegger diese Frage mit einem klaren Nein: Nietzsche erscheint fortan als der exzessivste Platoniker, der die Verfehlung ursprünglichen Fragens in der ontotheologischen Metaphysik endgültig macht. Das Vorstellen des Seienden auf die Idee als das Erscheinendste hin wird zum universalen Zugriff des Willens zur Macht; dieser Wille bringt sich selbst in seine Beständigkeit, indem er sich gemäß der Ausrichtung der Tradition auf Gegenwart als ewig wiederkehrend will. Der Beitrag *Platons Lehre von der Wahrheit* von 1942 zieht in diesem Sinn die Linien von Platon zu Nietzsche; dabei werden die vier Stufen des Aufstiegs zur Idee der Ideen merkwürdigerweise auf drei verkürzt. Der Aufsatz kann 1947 mit einem Brief über den „Humanismus“ verbunden werden, weil die metaphysische Tradition als Humanismus, nämlich als ein Kreisen des Menschen um sich und seinen Zugriff auf das Seiende, denunziert wird.

Verschwindet Platon nicht in einer Tradition, die als Metaphysik distanziert wird? Der Augenblick wird nicht mehr vom platonischen ἐξαίφνης her verstanden, sondern mit Hölderlin vom schnell vergänglichen Anspruch der himmlischen Mächte her. Ja, um 1959 will Heidegger von Klee und von der ostasiatischen Malerei und Schreibkunst her die Orientierung der Kunst am Bild als εἶδος und am Werk als ἔργον überwinden.[10] Auf seiner ersten Grie-

[8] Vgl. H. Buhr, E. Reichle in: Neske 55.

[9] GA 65, 208ff. – Zum Folgenden vgl. vor allem GA 39, 43, 48 und 9.

[10] Zum einzelnen vgl. Pöggeler 1995. – Zum Folgenden vgl. Heidegger 1989, 11.

chenlandreise erinnert Heidegger sich 1962 an die Enttäuschung des Gymnasiasten, als der Hermes des Praxiteles in Olympia ausgegraben wurde. Eine Vorlesung des jungen Archäologen Buschor habe dem Studenten dann eine neue Helle über die Bildwerke der Griechen gebracht; doch versteht Heidegger den Vorlesungstitel *Die Plastik der Griechen von Parmenides bis Plotin* anders denn Buschor selbst als Hinweis auf die Geschichte eines Verfalls. Richtet nicht schon Praxiteles seine Gestalten so auf die Optik des Betrachters aus, wie Platon die Dinge über die Idee auf das Sehenwollen bezieht? Dem Vortrag *Die Frage nach der Technik* gilt Platons Ideenlehre als Vorbereitung der universalen Technisierung; doch bleibt das Schöne, das im *Phaidros* das „am reinsten Hervorscheinende" genannt wird, ein Versprechen der Eingrenzung der Technik vom Poietischen als dem Dichterischen aus.[11] Ein Vortrag zum Freiburger Universitätsjubiläum 1957 führt mit Hegel und der neuplatonischen Tradition die philosophischen Grundbegriffe zurück auf die Identität der Identität und Differenz. Parmenides, der die Differenz von Sein und Denken als Identität nimmt, bleibt (in einer neuplatonischen Interpretation) leitend. Doch geht Heidegger von den fünf höchsten Gattungen des platonischen *Sophistes* aus. So kann er die Überlieferung der Philosophie neu fassen: Nehme ich ein Seiendes in seinem Sein, dann trage ich die ontologische Differenz aus; doch verlangt dieser Austrag, der Offenheit erbringt, die Identität des Denkens und des Seins in seiner Mannigfaltigkeit. Diese Identität wird als gegenseitige Vereignung und damit als Ereignis gefaßt. Dieses Ereignis verlangt auch die Geschichte für sich. Wenn Heidegger Ereignis und Austrag in einen Einklang zu bringen versucht, dann ist dieser Einklang als eine Stimmung das Sichkehren an eine Situation oder die Abkehr von ihr. Freilich verzichtet Heidegger darauf, den Weg von Platon über den Neuplatonismus bis zur heutigen philosophischen Situation aufzuarbeiten. Diesen Versuch hat Hans-Georg Gadamer unternommen, und so konnte Platon für ihn zur Orientierung werden.

II. Platon als Orientierung

Heideggers Vorlesung vom Winter 1924/25 sollte dem Plan nach nicht nur den *Sophistes* interpretieren, sondern auch den *Philebos*. Mußte Heidegger nicht auch zu diesem zweiten Dialog greifen? Dieser Dialog versucht ja zu zeigen, wie sich die Einsicht mit der Lust verbindet. Freilich wird die ge-

[11] W. Heisenberg hat gegenüber Heidegger den heute gültigen Sinn von Platons Ideendenken reklamiert und ist dabei von Heideggers phänomenologischem Weggefährten Oskar Becker unterstützt worden; vgl. dazu Pöggeler 1994, 276ff. – Zum Folgenden vgl. Heidegger 1954, 10, 14.

meinte Freudigkeit des Existierens durch die traditionelle Übersetzung „Lust“ nur unzulänglich benannt. Doch hat man auch die Stimmungen, die Situationen in Zukehr und Abkehr erschließen, nach Lust und Unlust geordnet. Diese Stimmungen sollten nicht nur aus der Rhetorik aufgenommen werden, sondern verbunden werden mit dem Ansatz des Denkens bei Platon. Hans-Georg Gadamer hat die Aufgabe, die Heidegger liegenließ, aufgenommen und sich bei Heidegger über Platons *Philebos* habilitiert. Gadamer hatte als Zweiundzwanzigjähriger bei Paul Natorp in Marburg promoviert mit einer Arbeit *Das Wesen der Lust in den Platonischen Dialogen*. Doch zwischen der Dissertation und der Habilitation lag das Brotstudium der Philologie, das zum Staatsexamen führte.

Damals bereitete Paul Friedländer seine Interpretationen der Platonischen Dialoge vor; bei ihm konnte Gadamer sich in die neuen philologischen Bemühungen um Platon einarbeiten. Indem man Platons siebten Brief wieder ernst nahm, entdeckte man im Widerstand gegen Natorps Ausgang von der Wissenschaft den politischen Platon. Platon wurde den Philosophen zuerst einmal aus den Händen genommen; die Bücher aus dem George-Kreis, aber selbst ein Philosoph wie Julius Stenzel sprachen von Platon als dem Gründer und dem Erzieher. Friedländer interpretierte die Dialoge wie Dichtung und lehrte, die literarische Form zu beachten. Für Gadamer war Aristoteles immer mit im Spiel. Seine Zulassungsarbeit zum Oberseminar Friedländers, die 1927 in neuer Fassung im *Hermes* gedruckt wurde, hatte den Titel: *Der aristotelische „Protreptikos“ und die entwicklungsgeschichtliche Betrachtung der aristotelischen Ethik*. Werner Jaeger hatte eine entwicklungsgeschichtliche Betrachtung der aristotelischen Lehrschriften an der *Metaphysik* bewähren können, aber auch eine Anwendung auf die Ethiken versucht. Eine konsequente Entwicklungslinie sollte vom platonischen *Philebos* zum aristotelischen *Protreptikos*, zur *Eudemischen Ethik* und zur *Nikomachischen Ethik* führen. Hier setzte Gadamer zugunsten der sachlichen Betrachtung der platonisch-aristotelischen Philosophie seine großen Fragezeichen; fraglich erschien ihm, ob ein *Protreptikos* von seiner Gattung her überhaupt ein Ort für Polemik habe sein können (GW V, 167; GW VII, 274). Ein Aufsatz *Praktisches Wissen*, 1930 für eine nicht zustandekommende Friedländer-Festschrift gedacht, fand die „Selbstauslegung des griechischen Lebens“ in der „klassischen Philosophie“ (GW V, 230). Gezeigt wurde, daß Tugend Wissen sein soll, aber nicht lehrbares Wissen einer τέχνη. Das praktische Wissen, das vom Nützlichen zum Guten geht, verlangt von sich aus das Tun; so leben der Philosoph und der Politiker aus der gleichen Sorge um das Gelingen des Lebens.

Als Dostojewskij und Kierkegaard einen neuen Ernst in die Erörterungen brachten, suchte der junge Heidegger das Verhältnis zu den Griechen zu klären, indem er die philosophischen Grundbegriffe aus ihrer Verwurzelung in der griechischen Sprache heraus aufnahm und in der Prüfung an den Phänomenen neu übersetzte. Mußte der Weg von Sokrates zu Platon und dann zur Verselbständigung der Ethik bei Aristoteles nicht neu entschlüsselt werden? Gadamer hatte für dieses Vorhaben von der Philologie her eigene Akzentsetzungen; wenn er seine Antrittsvorlesung zum Thema *Die Rolle der Freundschaft in der philosophischen Ethik* hielt, nahm er die zeitgenössische Wendung zum „Du" auf, die das Dialogische bei Platon neu sehen lehrte (GW VII, 396ff.). Grundlegend blieb, daß die Habilitationsschrift *Platos dialektische Ethik* „phänomenologische Interpretationen" geben sollte. Die „Phänomenologie" wird dabei von *Sein und Zeit* her verstanden als Zurückführung der philosophischen Fragen auf „ursprüngliche Motive des menschlichen Daseins" (GW V, 18). Von diesen Motiven her muß beim sokratischen Dialog angesetzt werden, damit der Weg zur Gesprächskunst der platonischen Dialektik und dann zur Begriffsforschung der aristotelischen Wissenschaft verstanden werden kann. Gadamer folgt Heidegger, wenn er die Wissenschaft sich aus der τέχνη herauslösen läßt; diese τέχνη ist ein Herstellen nach jenen Gründen, zu denen auch das εἶδος als Formursache gehört. Die Rede, die Rechenschaft über die Gründe gibt, muß aber um der erstrebten Allgemeinheit willen „den Anderen mitsprechen" lassen (GW V, 23). Dieses Mitsprechenlassen führt heute zu kritischen Vorbehalten: Die Ontologie der Griechen faßte das Sein als Vorhandensein; doch gingen die „individualisierenden Wissenschaften" (also die Geisteswissenschaften) über diese Ontologie hinaus (GW V, 27). Im griechischen Leben und Denken brachte die Sophistik eine Krise; man konnte fortan nicht mehr einfach Weisheit reklamieren. Man darf der Sophistik nicht vorschnell den Sachbezug absprechen; doch mit dem Anspruch, jeden beliebigen Logos zum stärkeren machen und alles wissen zu können, löste sie den Widerspruch, der dem Anderen zugestanden werden muß, vom Sachbezug (was auch dem Widerlegen um des Widerlegens willen geschieht). Sokrates vermißte das Verständnis, das die Tauglichkeit des Bürgers in der Polis, also die ἀρετή von sich selbst gewinnen muß. Ist die Tugend nicht Wissen, dann fällt der Mensch auf die Lust zurück, in der das Annehmliche nicht „beiträglich" ist in der Ausrichtung auf das Gute als Worumwillen der menschlichen Existenz (wie es mit den Worten Heideggers heißt).

Der Logos sucht im εἶδος den Grund dafür, daß vieles eins und etwas so ist, wie es ist. Mit Natorps Worten heißt es, das εἶδος sei Hypothesis, die Idee des Guten Hypothesis oder Voraussetzung dafür, daß Ideen Rechenschaft geben. Die Idee des Guten dürfe aber nicht als etwas Inhaltliches gefaßt werden, sondern als das, was das Verstehen von Seiendem in seinem Sein von Ideen her möglich mache. Gadamer führt von der *Politeia* und ihrer Rede vom Guten bis zu den Spätdialogen; dann wird in einem zweiten Kapitel bis in alle Einzelheiten der *Philebos* interpretiert. Dieser Dialog behauptet, die Lust oder Freude sei ein Gut für alles, was lebe; Sokrates reklamiert aber auch die Einsicht. Als Dogmatiker der Lust bleibt Philebos bequem liegen und läßt Protarchos für sich streiten. Das Ergebnis ist: Lust und Einsicht oder Denken müssen in eine rechte Mischung kommen; für dieses Verhältnis ist ein Maß nötig. Das Gute wirkt aus dem Jenseits des Seins bindend herein; es flüchtet sich in das Schöne, das in sich selbst eine maßhafte, symmetrische Gestalt hat. So bleibt das Maß nichts Fremdes; es ist „Gemessenheit, die sich selbst an das Maß hält" (GW V, 150 f.). Hier wird Gadamer später von „Angemessenheit" sprechen. Die Schrift von 1931 gibt abschließend mit Heidegger der aristotelischen Kritik ein Recht: Die Idee des Guten überhaupt bleibt leer, wenn es um das zu wählende Gute in Situationen gehe, die zum „faktischen Daseinsverständnis" gehörten (GW V, 157).

Eine Arbeit über sophistische und platonische Staatslehre wurde 1933 vorsichtshalber abgebrochen. Der Vortrag *Plato und die Dichter* betonte 1934, daß Platon durch das Unmaß seiner Kritik der Dichter die Forderung deutlich machen will, im Zerfall des staatlichen Lebens durch die philosophische Besinnung eine neue Erziehung des Menschen zum Staat zu beginnen. Gadamer hat später das Ironische auch in der Kritik der Kunst als Mimesis herausgestellt. Platon soll durchaus um die Grenzen des Mimesis-Modells gewußt haben: Kinder, die eine Rolle spielen, wollen als das genommen werden, was sie darstellen; es ist falsch, in diesen Bezug Stufen der Nachahmung einzusetzen (GW V, 187 ff.; GW VIII, 31 ff.). Die Abhandlung *Platos Staat der Erziehung* von 1942 besteht darauf, daß eine Reform beim Einzelnen ansetzen müsse (und nicht bei Verfassungsänderungen). Der Einzelne, der mit sich uneins wurde, muß wieder er selbst werden, und nur wer selbst etwas ist, kann für andere offen sein. Das Leben unter Freunden führt hin zum Staat. Platons Zusammenfügung des Einzelnen und des Staates, der Kräfte der Seele und der Stände wird so nachvollziehbar. Gadamer hat immer festgehalten, daß der Idealstaat Platons ironisch aufzufassen sei: Er habe mehr mit Swift zu tun als mit einer politischen Wissenschaft; diese Sicht wird auch Poppers Kritik gegenüber zur Geltung gebracht (GW II, 388 ff.; GW VII, 270 ff.).

Nach der Emeritierung wollte Gadamer seine Studien zur griechischen Philosophie „zu einem größeren Plato-Buch" ausarbeiten. Die intensive Vortragstätigkeit in der alten und der neuen Welt ließ es nur zu einer stattlichen Reihe von Vorträgen und Aufsätzen kommen (GW VII, S. V). Diese Vorträge reichen von der Interpretation des frühen Dialogs *Lysis* bis zur intensiven Beschäftigung mit Platons Spätphilosophie. Auch der neue Hinweis auf die „ungeschriebene Lehre" kann akzeptiert werden. Nach ihr stellt Platon zum Eins die unbestimmte Zwei, also zur Begrenztheit das Unbegrenzte mit seinem Entzug. Die Verflechtung der Ideen führt nur zur Erfassung einzelner systematischer Zusammenhänge und behält so ihre Offenheit. Freilich möchte Gadamer wie einst Porphyrios die Überlieferung dieser Lehre mit dem Nachvollzug eines Dialogs wie des *Philebos* verbinden (GW VI, 133). Ein besonderes Gewicht bekommt der *Timaios* mit seiner Kosmologie; er zeigt, daß schon die Elemente für den Bau der Welt mathematisch vorgeordnet sind (gemäß jenen „Platonischen Körpern“, deren Seiten Dreiecke sind und damit eine mathematische Form, die nicht in andere Formen zerteilt werden kann). Gerade die Deutung der raumgebenden χώρα kann Gadamer kritisch in seine Diskussion mit Derrida einbringen (GW X, 167 ff.). Das Handeln im politischen Bereich soll sich orientieren an dieser mathematischen Vorgeordnetheit der Welt. Daß diese Geordnetheit überhaupt ihre Grenzen hat, betont die zusammenfassende Arbeit *Die Idee des Guten zwischen Plato und Aristoteles* (GW VII, 178).

Für Gadamer gehören Platon und Aristoteles trotz aller Unterschiede in einen einheitlichen Ansatz. Gegenüber der neukantischen Abwertung des Aristoteles wird der spekulative Grundzug auch im aristotelischen Philosophieren betont. Platon geht schon über die pythagoreische These hinaus, die Dinge seien Zahlen; die Mathematik wird für ihn zum großen Beispiel für die nichtsinnliche, noetische Existenzweise. Die Akademie konnte den Sinn der Ideenlehre in einer mathematischen Seinsordnung finden, die sich exemplarisch im „Gitter eines Kristalls“ zeigt. Aristoteles folgt dem Modell des Lebendigen, das nicht vom Sein oder Nichtsein eines εἶδος her zu verstehen ist, sondern als „ein Übergehen und Aufgehen des Unfertigen zur Reife hin“ (GW VI, 77, 81, 83). Aristoteles reaktiviert das sokratische Erbe im Denken Platons durch die Kritik, daß Platons Lehre vom Guten das Sittliche an der Ordnung des Kosmos orientiere und nicht zum menschlich Guten der Situationen führe. Die Vielfalt, wie sie durch die Idee des Guten ermöglicht wird, wird zur Lehre von der Analogie des Seins (GW VII, 200, 213). Gegen Heidegger muß Gadamer ein Fragezeichen hinter die Einordnung Platons in eine „Metaphysik“ machen, die aus der begrifflichen Arbeit des Aristoteles erwuchs. Doch ist Gadamer sich dessen bewußt, daß er Heideggers früher Interpretation des *Sophistes* folgt, wenn er Heideggers spätere Platon-Kritik zurückweist (GW VII, 367). Gadamer muß sich auch von seinem Weggefährten Leo Strauss trennen, wenn dieser die Alten gegen die Reflexion und das historische Bewußtsein der Modernen stellt. Das ἐξαίφνης, von Kierkegaard als Augenblick gedeutet, enthalte Zeit und Geschichte in sich. Nur „partnerschaftlich“, im fortgehenden Gespräch mit Platon, damit über eine hermeneutische Vermittlung könne die klassische Tradition festgehalten werden (GW X, 255 ff.).

Mit mehr als neunzig Jahren hat Gadamer seine Gedanken im Aufsatz *Wort und Bild – „So wahr, so seiend“* zusammengefaßt. Das Bild, das etwas darstellt, ist nach *Wahrheit und Methode* Emanation eines Urbildes; vom Urbild her gewinnt es einen Zuwachs an Sein. Bei der Interpretation kann sich mit dem Emanationsgedanken der neuplatonischen Philosophie der christologische Inkarnationsgedanke verbinden. Die darstellende Repräsentation konnte rechtlich als Vertretung verstanden werden: Das Bild vertritt den Kaiser, der Kaiser (oder die ständische Repräsentation) vertritt das Volk. Das religiöse Bild zeigt, wie das Göttliche sich durch Wort und Bild darstellt (schon bei den Griechen setzte die Plastik ja den Mythos voraus). Mimesis ist eigentlich Darstellung: Das Göttliche wird dargestellt in Fest und Prozession, im Trauerspiel, in der Liturgie; die Architektur muß dafür den Ort bereiten und alle Künste versammeln. Nicht das abgelöste Tafelbild im Museum steht im Zentrum der Kunst, vielmehr stehen neben Statue und Altarbild das Portrait und das Widmungsgedicht mit ihrem Wirklichkeitsbezug, dazu die Karikatur im politischen Kampf. Analysen dieser Art führen am Schluß von *Wahrheit und Methode* zu der platonistischen These, Sein, das verstanden werde, sei Sprache. Das Wahrscheinliche (εἰκός) der Rhetorik tritt weniger zum Neutrum εἶδος als vielmehr zum Femininum ἰδέα.

Der Aufsatz von 1992 verknüpft diese Leitgedanken mit Platons Spätphilosophie. Der Dialog *Philebos* wird mit dem *Politikos* verbunden; so erscheint das Angemessene als τὸ μέτριον, τὸ πρέπον, τὸ καίριον, τὸ δέον, *Polit.* 284eff. (als das Gemessene, als das Geziemende, als der günstige Augenblick, als das, was man soll) (GW VIII, 382; zum Folgenden vgl. 383). Mit Platon verbunden wird Goethes Wort über die Seeschnecken und Taschenkrebse am Meer vor Venedig: „Was ist doch ein lebendiges für ein köstliches, herrliches Ding! Wie abgemessen zu seinem Zustande, wie wahr, wie seiend!" Nicht von neuplatonischen Tendenzen, etwa vom Einfluß Shaftesburys her, sondern von Platon selbst her werden die Grundbegriffe für die Interpretation des Lebendigen und der Werke der Kunst gewonnen.

LITERATURVERZEICHNIS

Ackermann, O.C.: Das Christliche im Plato und in der platonischen Philosophie (Hamburg 1835).

Alain de Lille: Anticlaudianus, hrsg. v. R. Bossuat (Paris 1955).

Alain de Lille: De planctu naturae, hrsg. v. N. Häring, in: Studi medievali, ser. 3, 19 (1978) 797–879.

Alain de Lille: Textes inédits, hrsg. v. M. T. d'Alverny (Paris 1965).

Albert, K.: [Rez.] F.-P. Hager: Aufklärung, Platonismus und Bildung bei Shaftesbury. Studien zur Geschichte der Pädagogik und Philosophie der Erziehung, Bd. 16 (Bern/Stuttgart/Wien 1993), in: Philosophischer Literaturanzeiger 48 (1995) 346–348.

Albertus Magnus: Metaphysica I–V. Opera Omnia XVI/1, hrsg. v. B. Geyer (Münster i. W. 1960).

Alcinoos: Didaskalikos, hrsg. v. J. Whittaker (Paris 1990).

Alexander von Aphrodisias: In Aristotelis Analyticorum priorum librum I commentarium [CAG 2/1], hrsg. v. M. Wallies (Berlin 1883).

Alfaric, P.: L'évolution intellectuelle de saint Augustin. I: Du Manicheisme au Néoplatonisme (Paris 1918).

Allen, M. J. B. (1981): Marsilio Ficino and the Phaedrian Charioteer (Berkeley 1981).

Allen, M. J. B. (1984): The Platonism of Marsilio Ficino: A Study of His „Phaedrus" Commentary, Its Sources and Genesis (Berkeley 1984).

Allen, M. J. B. (1989): Icastes: Marsilio Ficino's Interpretation of Plato's „Sophist" (Berkeley 1989).

Alt, K.: Weltflucht und Weltbejahung. Zur Frage des Dualismus bei Plutarch, Numenios, Plotin (Stuttgart 1993).

Altaner, B.: Augustinus und die griechische Sprache, in: Kleine patristische Schriften, hrsg. v. G. Glockmann [TU 83] (Berlin 1967) 129–153.

Andia, Y. de (1994): Eros und Agape: Die göttliche Passion der Liebe, in: Communio 23 (1994) 419–441.

Andia, Y. de (1996): „ΕΝΩΣΙΣ". L'union à Dieu chez Denys l'Aréopagite (Leiden 1996).

Anonymus, Archiformis theologia, Cambridge University Library Manuscript II. 4.19, fol. 75^r–91^r.

Apulei Platonici Madaurensis: Opera quae supersunt III, De philosophia libri, hrsg. v. P. Thomas (Stuttgart 1970).

Aristipp, H.: Meno interprete Henrico Aristippo, hrsg. v. V. Kordeuter/C. Labowsky [CPMA I] (London 1940).

Aristipp, H.: Phaedo, hrsg. v. L. Minio-Paluello [CPMA 2] (London 1950).

Armstrong, A. H. (1961): Platonic Eros and Christian Agape, in: Downside Review 80 (1961) 105–121.

Armstrong, A. H. (1979): Plotinian und Christian Studies (London 1979).

Armstrong, A. H./Markus, R.: Christian Faith and Greek Philosophy (London 1960).

Ast, F.: Platons Leben und Schriften (Leipzig 1816).
Atticus: Fragments, hrsg. v. E. Des Places (Paris 1977).
Aubrey, J.: Aubrey's Brief Lives, hrsg. v. O. L. Dick (London 1949, ND Harmondsworth 1962).
Aventinus: Annales ducum Boiariae VI. Sämtliche Werke, hrsg. v. S. Riezler (München, 1984).
Bachmann, C. F.: Idee, in: Allg. Encykl. d. Wiss.en u. Künste, hrsg. v. J. S. Ersch/J. G. Gruber [2. Section H-N], hrsg. v. A. G. Hoffmann 15 (Leipzig 1838) 118–123.
Baeumker, C.: Der Platonismus im Mittelalter (1916), in: ders.: Beiträge zur Geschichte der Philosophie des Mittelalters [BGPhMA 25,1/2] (Münster 1927) 139–179; auch in: Beierwaltes (Hrsg.) 1–55.
Baldwin, A./Hutton, S. (Hrsg.): Platonism and the English Imagination (Cambridge 1995).
Ball, H. (1958): Byzantinisches Christentum ([1]1923, Einsiedeln [3]1958).
Ball, H. (1992): Die Flucht aus der Zeit (Zürich 1992).
Baltes, M.: Zur Philosophie des Platonikers Attikos, in: Platonismus und Christentum [FS H. Dörrie], hrsg. v. H.-D. Blume/F. Mann (Münster 1983) 38–57.
Barnes, J.: Antiochus of Askalon, in: Philosophia Togata, hrsg. v. M. Griffin/J. Barnes (Oxford 1989) 51–96.
Baum, M.: Die Entstehung der Hegelschen Dialektik (Bonn 1986).
Baumgartner, H. M.: Die Bestimmung des Absoluten. Ein Strukturvergleich der Reflexionsformen bei J. G. Fichte und Plotin, in: Zschr. für philos. Forsch. 34 (1980) 321–342.
Baur, F. C.: Das Christliche des Platonismus oder Socrates und Christus (Tübingen 1837).
Becher, W.: Platon und Fichte: Die Königliche Erziehungskunst (Jena 1937).
Beck, H.: Triadische Götter-Ordnungen: klassisch-antiker und neuplatonischer Ansatz. – Triadische Engel-Ordnungen: frühchristlicher und mittelalterlicher Ansatz, in: Theologie und Philosophie 67 (1992) 230–245; 321–355.
Becker, D.: Das philosophische System Platons in seiner Beziehung zum christlichen Dogma (Freiburg/Br. 1862).
Becker, O.: Mathematische Existenz. Untersuchungen zur Logik und Ontologie mathematischer Phänomene, in: Jb. f. Philos. u. Phänom. Forsch. 8 (1927) 441–809.
Behler, E. (1963): Friedrich Schlegel und Hegel, in: Hegel-Studien 2 (1963) 203–250.
Behler, E. (1972): Klassische Ironie, Romantische Ironie, Tragische Ironie (Darmstadt 1972).
Behler, E. (1978): Friedrich Schlegel, in Selbstzeugnissen und Bilddokumenten dargestellt (Hamburg 1978).
Beierwaltes, W. (1967): 'Ἐξαίφνης oder: Die Paradoxie des Augenblicks, in: Philos. Jb. 74 (1966/67) 271–283.
Beierwaltes, W. (1979): Proklos. Grundzüge seiner Metaphysik (Frankfurt a. M. [2]1979).
Beierwaltes, W. (1980a): Identität und Differenz (Frankfurt a. M. 1980).
Beierwaltes, W. (1980b): Marsilio Ficinos Theorie des Schönen im Kontext des Platonismus. Sitzungsberichte der Heidelberger Akademie der Wissenschaften, phil.-hist. Klasse, Jg. 1980, 11. Abhandlung (Heidelberg 1980).
Beierwaltes, W. (1983): Marginalien zu Eriugenas 'Platonismus', in: Platonismus und

Christentum [FS H. Dörrie], hrsg. v. H.-D. Blume/F. Mann [Jahrb. für Antike und Christentum, Ergänzungsband 10] (Münster 1983) 64–74.

Beierwaltes, W. (1985): Denken des Einen. Studien zur neuplatonischen Philosophie und ihrer Wirkungsgeschichte (Frankfurt a. M. 1985).

Beierwaltes, W. (1987): [Art.] Hen, in: Reallex. f. Antike u. Christentum 14 (1988) 445–472.

Beierwaltes, W. (1988): [Rez.] P. Rorem: Biblical and liturgical symbols within the Pseudo-Dionysian synthesis (Toronto 1984), in: Zschr. f. Kirchengesch. 99 (1988) 411–412.

Beierwaltes, W. (1989): Der Neuplatonismus in Eduard Zellers Philosophie der Griechen, in: Annali della Scuola Normale Superiore di Pisa, XIX (Serie III) (Pisa 1989) 1179–1191.

Beierwaltes, W. (1990): Eriugena's Platonism, in: Hermathena 149 (1990) 53–72.

Beierwaltes, W. (1991): Selbsterkenntnis und Erfahrung der Einheit. Plotins Enneade V 3. Text, Übersetzung, Interpretation, Erläuterungen (Frankfurt a. M. 1991).

Beierwaltes, W. (1994): Eriugena. Grundzüge seines Denkens (Frankfurt a. M. 1994).

Beierwaltes, W. (Hrsg.): Platonismus in der Philosophie des Mittelalters (Darmstadt 1969).

Belaval, Y.: Note sur Leibniz et Platon, in: Rev. d'hist. et de philos. relig. 55 (1975) 49–54.

Benz, H.: 'Materie' und Wahrnehmung in der Philosophie Plotins (Würzburg 1990).

Bernhard von Chartres: The Glosae super Platonem of Bernard of Chartres, hrsg. v. P. Dutton [Pontifical Institute of Mediaeval Studies, Studies and Texts 107] (Toronto 1991).

Bernardus Silvestris: Cosmographia, hrsg. v. P. Dronke (Leiden 1978).

Bernardus Silvestris: The commentary on Martianus Capella's De nuptiis Philologiae et Mercurii attributed to Bernard Silvestris, hrsg. v. H. Westra [Pontifical Institute of Mediaeval Studies, Studies and Texts 80] (Toronto 1986).

Berthold von Moosburg: Expositio super Elementationem theologicam Procli. Prologus. Propositiones 1–13. Mit einer Einl. v. K. Flasch hrsg. v. M. R. Pagnoni-Sturlese, L. Sturlese [Corpus Philosophorum Teutonicorum Medii Aevi, Bd. VI, 1] (Hamburg 1984).

Bessarion, Cardinal: In calumniatorem Platonis. Libri IV, hrsg. v. L. Mohler, in: ders.: Kardinal Bessarion als Theologe, Humanist und Staatsmann. Bd. II (Paderborn 1927, ND Aalen 1967).

Beutler, R.: [Art.] Proklos, in: Realencyclopädie d. Class. Altertumswiss. 23/1 (1957) 186–247.

Bielmeier, A.: Die neuplatonische Phaidrosinterpretation, ihr Werdegang und ihre Eigenart (Paderborn 1930).

Blum, P. R.: [Art.] Platonismus, in: HWPh VII 977–986.

Blumenberg, H.: Pseudoplatonismen in der Naturwissenschaft der frühen Neuzeit, Akad. d. Wiss. u. d. Lit., Abh. d. geistes- und sozialwiss. Klasse (Mainz 1971) 3–34.

Boeckh, A. (1808): [Rez.] J. Fr. Herbart, De Platonici systematis fundamento commentatio (1805), in: Jenaische Allg. Lit.-Z. 1808, 561–571 [wieder abgedruckt in: ders.: Ges. kleine Schriften Bd. 7 (Leipzig 1872) 80–92, sowie in: J. Fr. Herbart SW 1, 336–342].

Boeckh, A. (1872): Kritik der Uebersetzung des Platon von Schleiermacher, in: Ges. kleine Schriften Bd. 7, hrsg. v. F. Ascherson/P. Eichholtz (Leipzig 1872) 1–38.

Boese, H.: Wilhelm von Moerbeke als Übersetzer der stoicheiosis theologike des Proclus (Heidelberg 1985).

Boethius: Anicii Manlii Severini Boetii Commentarii in librum Aristotelis Peri hermeneias, rec. C. Meiser (Leipzig 1877–1880).

Boethius: De Trinitate/De consolatione, hrsg. v. R. Peiper. (Leipzig 1871).

Böhm, A. (1915): Die Beziehungen zwischen Platos und Herbarts Pädagogik (Langensalza 1915).

Böhm, A. (1916): Platos und Herbarts Ideenlehre, in: Jb. des Vereins f. wiss. Pädag. 48 (1916) 133–154.

Böhm, B.: Sokrates im achtzehnten Jahrhundert (Leipzig 1929).

Bollnow, O. F.: Die Lebensphilosophie F. H. Jacobis (Stuttgart 1933, [2]1966).

Bonaventura: Collationes in Hexaemeron. Opera omnia V, ed. studio et cura PP. Collegii S. Bonaventurae (Quaracchi1891, ND New York 1963).

Bonitz, H.: Platonische Studien, 2 Bde. (1858–1860, Berlin [3]1886).

Bonner, C.: Desired Haven, in: Harv. Theol. Rev. 34 (1941) 49–67.

Borsche, T. (1992): Was etwas ist. Fragen nach der Wahrheit der Bedeutung bei Platon, Augustin, Nikolaus von Kues und Nietzsche (München [2]1992).

Borsche, T. (1995): Nikolaus von Kues, in: Fr. Niewöhner (Hrsg.): Klassiker der Religionsphilosophie. Von Platon bis Kierkegaard (München 1995) 242–258.

Bos, E. P./Meijer, P. A. (Hrsg.): On Proclus and His Influence in Medieval Philosophy (Leiden/N. Y./Köln 1992).

Boss, G./Seel, G. (Hrsg.): Proclus et son influence. Actes du Colloque de Neufchâtel, Juin 1985 (Zürich 1987).

Boulan, E.: François Hemsterhuis, le Socrate hollandais, Suivi de Alexis ou du militaire (Dialogue inédit) (Groninger/Paris 1924).

Bouyer, L.: The Spirituality of the New Testament and the Fathers (New York 1963).

Brandis, Chr. A. (1823): Diatribe academica de perditis Aristotelis libris de ideis et de bono sive philosophia (Bonn 1823).

Brandis, Chr. A. (1835): Handbuch der Geschichte der griechisch-römischen Philosophie (Berlin 1835–1860).

Brandis, Chr. A. (1862): Geschichte der Entwickelung der griechischen Philosophie und ihrer Nachwirkung im römischen Reich, 2 Bde. (Berlin 1862–1864).

Braniss, Chr. J. (1830): De numero Platonis (Breslau 1830).

Braniss, Chr. J. (1842): Uebersicht des Entwicklungsganges der Philosophie in der alten und mittleren Zeit (Breslau 1842).

Bratuscheck, E. (1868): August Boeckh als Platoniker, in: Philos. Monatshefte I, 2 (1868) 257–349.

Bratuscheck, E. (1873): Die Bedeutung der platonischen Philosophie für die religiösen Fragen der Gegenwart (Berlin 1873).

Brecht, F. J. (1929): Platon und der George-Kreis (Leipzig 1929).

Brecht, F. J. (1931): Auffassung und Analyse der Antike in der Philosophie des Grafen Paul Yorck von Warthenburg, in: Die Antike 7 (1931) 196–225; 313–330.

Bréhier, E.: Images Plotiniennes, images Bergsoniennes, in: Etudes Bergsoniennes 2 (1949) 107–128.

Brocchieri, B./Parodi, M.: Storia della filosofia medievale da Boethius a Wyclif (Rom/Bari 1989).

Brons, B.: Gott und die Seienden. Untersuchungen zum Verhältnis von neuplatonischer Metaphysik und christlicher Tradition bei Dionysius Areopagita (Göttingen 1976).

Brown, A.: Platonism in Fifteenth-Century Florence and Its Contribution to Early Modern Political Thought, in: Journal of Modern History 58 (1960) 383–413.

Brucker, J. J.: Historia critica Philosophiae 1–4. Nebst Appendix (Leipzig 1742–1767, ND 1975); Bd. II (Leipzig 1742); Bd. IV/2 (Leipzig 1766).

Brummel, L.: Frans Hemsterhuis, een philosofenleven (Haarlem 1925).

Brunschvicg, L.: Le Platonisme de Spinoza, in: Ecrits philosophiques I (Paris 1951) 139–152.

Bubner, R. (1987): Subversion des Subjekts vs. Frühromantischer Subjektivismus, in: E. Behler/J. Hörisch (Hrsg.), Die Aktualität der Frühromantik (Paderborn/München/Wien/Zürich 1987) 85–95.

Bubner, R. (1992): Antike Themen und ihre Verwandlung (Frankfurt a. M. 1992).

Bubner, R. (1994): Die Entdeckung Platons durch Schelling, in: Neue Hefte für Philos. 35 (1994) 32–55.

Bubner, R. (1995): Innovationen des Idealismus (Göttingen 1995).

Buchner, Hartmut (Hrsg.): Japan und Heidegger (Sigmaringen 1989).

Burnet, G.: Bishop Burnet's History of His Own Time: From the Restoration of King Charles the Second up to the Treaty of Peace at Utrecht, in the Reign of Queen Anne (London 1723–1724, 2 Bde., viele spätere Ausgaben: z. B. Oxford 1823, 7 Bde., London, 1850, 1 Bd.).

Butterfield, H.: The Origins of Modern Science (London 1951).

Calcidius: Timaeus a Calcidio translatus commentarioque instructus. In soc. operis coniuncto P.-J. Jensen, hrsg. v. J. H. Waszink [Corpus Platonicum Medii Aevi IV] (Leiden 1961, London/Leiden ²1975).

Cassirer, E. (1932a): Die platonische Renaissance in England und die Schule von Cambridge (Berlin/Leipzig 1932).

Cassirer, E. (1932b): Shaftesbury und die Renaissance des Platonismus. Vorträge der Bibliothek Warburg IX (Leipzig 1932) 136–155.

Cassirer, E. (1946): Galileo's Platonism, in: M. A. Montagu (Hrsg.): Studies and Essays in the History of Science (New York 1946) 277–297.

Cassirer, E. (1995): Goethe und Platon, in: Goethe und die geschichtliche Welt, hrsg. v. R. A. Bast (Hamburg 1995) 103–148.

Catalogue of the Manuscripts in the Library of the University of Cambridge, Bd. 3 (Cambridge 1958).

Chadwick, H.: [Rez.] A. W. Wolfson: Philo, 2 Bde. (Cambridge/London 1947), in: Class. Rev. 63 (1949) 24–25.

Chenu, M.-D.: Les platonismes du XIIe siècle, in: ders.: La théologie au douzième siècle [Etudes de philosophie médiévale 45] (Paris 1956) 108–141.

Cherniss, H. F. (1930): The Platonism of Gregory of Nyssa (Berkeley 1930).
Cherniss, H. F. (1944): Aristotle's Criticism of Plato and the Academy (Baltimore 1944).
Clark, M. T.: How Plotinian is Spinoza's Doctrine of Freedom?, in: New Scholasticism 33 (1959) 273–290.
Clemens Alexandrinus: Paedagogus [GCS I], hrsg. v. O. Staehlin (Berlin [3]1972).
Clerval, A.: Les écoles de Chartres au Moyen-Age (Paris 1895).
Cohen, H.: Schriften zur Philosophie und Zeitgeschichte, hrsg. von E. Cassirer/ A. Görland, 2 Bde. (Berlin 1928) [zit. SPZ].
Cohen, H. (1866): Die platonische Ideenlehre psychologisch entwickelt (1866); abgedruckt in: SPZ 1, 30–87.
Cohen, H. (1871): Kants Theorie der Erfahrung (Berlin 1871). Werke, hrsg. v. H. Holzhey, Bd. 1/3 (Hildesheim 1987).
Cohen, H. (1878): Platons Ideenlehre und die Mathematik (1878); abgedruckt in: SPZ 1, 336–366.
Cohen, H. (1883): Das Princip der Infinitesimal-Methode und seine Geschichte. Ein Kapitel zur Grundlegung der Erkenntnisskritik (Berlin 1883). Werke, hrsg. v. H. Holzhey, Bd. 5/1 (Hildesheim 1984).
Cohen, H. (1890): Zur faktischen Berichtigung (1890); abgedruckt in: SPZ 1, 468.
Cohen, H. (1914a): Einleitung mit kritischem Nachtrag zur 9. Aufl. der 'Geschichte des Materialismus' von F. A. Lange in 3., erw. Aufl. (Leipzig 1914). Werke, hrsg. v. H. Holzhey, Bd. 5/2 (Hildesheim 1984) 1–125.
Cohen, H. (1914b): Logik der reinen Erkenntnis, 2., verbesserte Aufl. (Berlin 1914). Werke, hrsg. v. H. Holzhey, Bd. 6 (Hildesheim 1977).
Cohen, H. (1916): Der deutsche Idealismus und die Antike (1916); abgedruckt in: SPZ 2, 303–327.
Cohen, H. (1939): Briefe, ausgewählt und hrsg. v. Bertha u. Bruno Strauß (Berlin 1939).
Cohen, H.: Das soziale Ideal bei Platon und den Propheten, in: ders.: Jüdische Schriften, hrsg. v. B. Strauß (Berlin 1924) Bd. 1, 306–330.
Colli, G.: Die Geburt der Philosophie. Aus dem Italienischen von R. Klein (Frankfurt a. M. 1981).
Collins, A. B.: The Secular Is Sacred: Platonism and Thomism in Marsilio Ficino's „Platonic Theology" (Den Haag 1974).
Conway, A.: Principles of Most Ancient and Modern Philosophy (Amsterdam 1690, ND London 1692, lat. und engl. Ausgaben hrsg. u. eingel. v. P. Loptson, Den Haag 1982).
Cooper, R. M.: Plato and Kierkegaard in Dialogue, in: Theol. Today 31 (1974/75) 187–198.
Cornford, F. M.: Plato's Cosmology. The Timaeus of Plato translated with a Running Commentary (London 1937).
Corpus philosophorum teutonicorum medii aevi, hrsg. v. K. Flasch/R. Imbach/B. Mojsisch/L. Sturlese (Hamburg 1983 ff.).
Corsini, E.: Il Trattato De divinis nominibus dello Pseudo-Dionigi e i Commenti neoplatonici al Parmenide (Turin 1962).
Coudert, A. P.: Leibniz and the Kabbalah (Dordrecht 1995).

Courcelle, P. (1963): Les Confessions de saint Augustin dans la tradition littéraire. Antécédent et Posterité (Paris 1963).
Courcelle, P. (1968): Recherches sur les Confessions de saint Augustin (Paris ²1968).
Courtenay, W. J.: In Search of Nominalism: Two Centuries of Historical Debate, in: R. Imbach/A. Maierù (Hrsg.): Gli studi di filosofia medievale fra otto e novecento [Storia e letteratura, studi e testi 179] (Rom 1991) 233–51.
Crouzel, H. (1957): Gregoire de Nysse, est-il le fondateur de la théologie mystique? Une controverse recente, in: Revue d'Ascétique et de Mystique 33 (1957) 182–202.
Crouzel, H. (1989): Origen, übers. v. A. S. Worral (Edinburgh 1989).
Cudworth, R.: A Treatise Concerning Eternal und Immutable Morality (London 1631); ND zusammen mit The True Intellectual System of the Universe (Bristol 1995).
Cudworth, R.: The True Intellectual System of the Universe, wherein all the Reason and Philosophy of Atheism is confuted, and its impossibility Demonstrated (London 1678); lat. Übersetzung mit Anmerkungen und Abhandlungen von J. L. Mosheim (Jena 1733, Leiden 1773); die Ausgabe von Mosheim wurde durch J. J. Harrison ins Englische übersetzt und zusammen mit *A Treatise concerning Eternal und Immutable Morality* wiederveröffentlicht (London 1845); ND mit Einl. v. G. A. J. Rogers (Bristol 1995).
d'Agostino, F.: La Fenomenologia dell'uomo giusto. Un parallelo tra Kierkegaard et Platone, in: Riv. internaz. di filos. del diritto 49 (1972) 153–172.
Damascius: Dubitationes et Solutiones, hrsg. v. C. E. Ruelle (Paris 1889).
Damascius: Traité des premiers principes, hrsg. v. L. G. Westerink/J. Combès (Paris 1986–1991).
Daniélou, J.: Platonisme et Théologie Mystique Doctrine Spirituelle de Saint Grégoire de Nysse (Lyon 1944).
Dassmann, E.: Christus und Sokrates. Zur Philosophie und Theologie bei den Kirchenvätern, in: Jb. für Antike und Christentum 36 (1993) 33–45.
Deitz, L.: Bibliographie du Platonisme impérial antérieur à Plotin, in: Aufstieg und Niedergang der Römischen Welt II, 36/1 (Berlin/New York 1987) 124–182.
Derrida, J.: Wie nicht sprechen. Verneinungen (Comment ne pas parler. Dénégations, 1987), übers. v. H.-D. Gondek (Wien 1989).
Descartes, R.: Les Passions de l'Ame – Die Leidenschaften der Seele, hrsg. v. K. Hammacher (Hamburg 1984, ²1996).
Detel, W.: Bemerkungen zum Platonismus bei Galilei, in: Neue Hefte für Philos. 15/16 (1979) 130–155.
Deuse, W.: Untersuchungen zur mittelplatonischen und neuplatonischen Seelenlehre (Mainz 1983).
De Wulf, M.: Histoire de la philosophie scolastique (Löwen/Paris ²1905).
Diels, H.: Doxographi Graeci. Collegit, recensuit, prolegomenis indicibusque instruxit H. Diels (1879, Berlin ³1958, ND Berlin 1979).
Dihle, A.: The Theory of Will in Classical Antiquity (Berkeley/London 1982) .
Dillon, J. M. (1971): Harpocration's Commentary on Plato. Fragments of a Middle Platonic Commentary, in: California Studies in Classical Antiquity 4 (1971) 125–146.
Dillon, J. M. (1977): The Middle Platonists (London 1977).

Dillon, J. M. (1981): Eudoros und die Anfänge des Mittelplatonismus, in: Der Mittelplatonismus, hrsg. v. C. Zintzen (Darmstadt 1981) 3–32.
Dillon, J. M. (1985): Female Principles in Platonism, in: Ithaca I (1985) 107–123.
Dillon, J. M. (1988): The Knowledge of God in Origen, in: Knowledge of God in the Graeco-Roman World, hrsg. v. R. von den Broek/T. Baarda/J. Mansfield (Leiden 1988) 219–228.
Dillon, J. M. (1993): Alcinous, The Handbook of Platonism (Oxford 1993).
Dilthey, W./Yorck von Warthenburg, P.: Briefwechsel zwischen Wilhelm Dilthey und dem Grafen Paul Yorck von Warthenburg 1877–1897, hrsg. v. E. Rothacker (Halle 1923).
Dilthey, W.: Leben Schleiermachers, 1. Bd., 2., verm. Aufl., hrsg. v. H. Mulert, Berlin 1922; 2. Bd. in zwei Teilbänden, aus dem Nachlaß hrsg. v. M. Redeker [= Ges. Schriften Bd. XIV/1–2] (Berlin 1966).
Diogenes Laertius: Leben und Meinungen berühmter Philosophen [Περὶ βίων δογμάτων ...], übers. v. O. Apelt (Berlin 1955).
Dobbs, B. J. T.: The Janus Face of Genius. The Role of Alchemy in Newton's Thought (Cambridge 1991).
Dodds, E. R. (1928): The Parmenides of Plato and the Origin of the Neoplatonic One, in: Classical Quarterly 22 (1928) 129–142.
Dodds, E. R. (1933): Siehe Proklos: The Elements of Theology.
Dominicus Gundissalinus: De processione mundi, hrsg. v. G. Bülow [BGPhMA 24,3] (Münster 1925).
Dörrie, H. (1944): Der Platoniker Eudoros von Alexandria, in: Hermes 79 (1944) 25–39.
Dörrie, H. (1976): Die platonische Theologie des Kelsos in ihrer Auseinandersetzung mit der christlichen Theologie, in: ders.: Platonica Minora (München 1976) 229–262.
Dronke, P. (Hrsg.): A History of Twelfth-century Western Philosophy (Cambridge 1988).
Dupré, W.: Die Non-aliud-Lehre des Nikolaus von Kues. [Diss. masch.] (Wien 1962).
Düsing, K. (1976): Das Problem der Subjektivität in Hegels Logik. Systematische und entwicklungsgeschichtliche Untersuchungen zum Prinzip des Idealismus und zur Dialektik [Hegel-Studien Beiheft 15] (Bonn 1976, [3]1995).
Düsing, K. (1980): Ontologie und Dialektik bei Plato und Hegel, in: Hegel-Studien 15 (1980) 95–150.
Düsing, K. (1983): Hegel und die Geschichte der Philosophie. Ontologie und Dialektik in Antike und Neuzeit (Darmstadt 1983).
Düsing, K. (1984): Identität und Widerspruch. Untersuchungen zur Entwicklungsgeschichte der Dialektik Hegels, in: Giornale di Metafisica N.S. VI (1984) 315–358.
Düsing, K. (1986a): Ästhetische Einbildungskraft und intuitiver Verstand. Kants Lehre und Hegels spekulativ-idealistische Umdeutung, in: Hegel-Studien 21 (1986) 87–128.
Düsing, K. (1986b): Syllogistik und Dialektik in Hegels spekulativer Logik, in: D. Henrich (Hrsg.): Hegels Wissenschaft der Logik (Stuttgart 1986) 15–38.
Düsing, K. (1988): Absolute Identität und Formen der Endlichkeit. Interpretationen

zu Schellings und Hegels erster absoluter Metaphysik, in: Schelling /Hegel (1801/02) 99–193.
Düsing, K. (1990): Formen der Dialektik bei Plato und Hegel, in: Riedel (Hrsg.) 169–191.
Edel, G.: Kantianismus oder Platonismus? Hypothesis als Grundbegriff der Philosophie Cohens, in: Il cannocchiale (1991) n. 1/2, 59–87.
Emge, C. A.: Der „umgedrehte Platonismus". Anregungen Nietzsches zur Situationsphilosophie (Mainz 1951).
Engelhardt, J. G. V.: Die angeblichen Schriften des Areopagiten Dionysius, übersetzt und mit Abhandlungen begleitet, 2 Bde. (Sulzbach 1823).
Engfer, H. J.: Philosophie als Analysis: Studien zur Entwicklung philosophischer Analysiskonzeptionen und der Einfluß mathematischer Methodenmodelle im 17. und frühen 18. Jahrhundert (Stuttgart/Bad Cannstatt 1982).
Erler, M. (1978): Proklos Diadochos. Über die Existenz des Bösen (Meisenheim 1978).
Erler, M. (1987): Der Sinn der Aporien in den Dialogen Platons. Übungsstücke zur Anleitung im philosophischen Denken (Berlin/New York 1987).
Festugière, A. J.: La révélation d'Hermes Trismégiste, 4 Bde. (Paris 1944–1954) Bd. IV.
Ficino, M.: Commentaire sur le Banquet de Platon, hrsg. v. R. Marcel (Paris ²1978).
Ficino, M.: Della religione Christiana (Florenz 1472).
Ficino, M.: Opera omnia, 2 Bde. (Basel 1576). Con un lettera introduttiva di Paul Kristeller e una premessa di Maria Sancipriano (Turin 1962).
Ficino, M.: Oratio de laudibus philosophiae, Opera Basel 1561 (ND Turin 1959).
Ficino, M.: Theologia platonica de immortalitate animorum (Florenz 1482).
Figala, K.: Newton als Alchemist, in: History of Science 15 (1977) 102–137.
Fischer, K.: Diotima. Die Idee des Schönen (Pforzheim 1849).
Flasch, K. (1973): Die Metaphysik des Einen bei Nikolaus von Kues. Problemgeschichtliche Stellung und systematische Bedeutung (Leiden 1973) (Studien zur Problemgeschichte der antiken und mittelalterlichen Philosophie, Bd. VII).
Flasch, K. (1986): Das philosophische Denken im Mittelalter. Von Augustin zu Machiavelli (Stuttgart 1986).
Flasch, K. (1987): Einführung in die Philosophie des Mittelalters (Darmstadt 1987).
Flasch, K. (1994): Augustin. Einführung in sein Denken (Stuttgart ²1994).
Fleckenstein, J. O.: Kepler and Neoplatonism, in: Vistas in Astronomy 18 (1975) 427–438.
Foubert, J.: Mystique Plotinienne, mystique Bergsonienne, in: Études Bergsoniennes 10 (1973) 6–71.
Frank, M.: Einverständnis und Vielsinnigkeit oder: Das Aufbrechen der Bedeutungseinheit im „eigentlichen Gespräch", in: K. Stierle/R. Warning (Hrsg.): Das Gespräch [Poetik und Hermeneutik 11] (München 1984) 87–132.
Frede, M. (1974): Stoic vs. Aristotelian Syllogistic, in: Archiv für Geschichte der Philosophie 56 (1974) 1–32 (ND in: ders.: Essays in Ancient Philosophy (Minneapolis 1987) 99–124.
Frede, M. (1987): Numenius, in: Aufstieg und Niedergang der Römischen Welt

(ANRW), Teil II: Principat, Bd. 36: 2, hrsg. v. W. Haase (Berlin/New York 1987) 1034–1075.

Fresco, M. F. (1971): De dichter Dèr Mouw en de klassieke oudheid (Amsterdam 1971).

Fresco, M. F. (1991): Hemsterhuis and Antiquity. How Greek was he, this Frisian Socrates?, in: H. Lademacher/L. Geeraedts (Hrsg.): Erstes Jb. (1990) des Zentrums für Niederlande-Studien der Westfälischen Wilhelms-Universität (Münster 1991) 67–86.

Fresco, M. F. (1995 a): Frans Hemsterhuis. Ein niederländischer Philosoph von europäischer Bedeutung, in: Fresco/Geeraedts/Hammacher (Hrsg.) 35–62.

Fresco, M. F. (1995 b): He was Greek, this Frisian Socrates. From Cicero back to Plato, in: Fresco/Geeraedts/Hammacher (Hrsg.) 93–149.

Fresco, M. F. (im Druck a): Frans Hemsterhuis als aemulator van Plato en Socrates, zijn dialoog de Simon, in: Fresco/Paardt (Hrsg.).

Fresco, M. F. (im Druck b): Platonisme, een inleidende orintatie, in: Fresco/Paardt (Hrsg.).

Fresco, M. F. (im Druck c): Hemsterhuis' kijk op Spinoza (Delft, im Druck).

Fresco, M. F./Geeraedts, L./Hammacher, K. (Hrsg.): Frans Hemsterhuis (1721–1790), Quellen, Philosophie und Rezeption; Sources, Philosophy and Reception; Sources, Philosophie et Reception [Niederlande-Studien Band 9] (Münster/Hamburg 1995).

Fresco, M. F./v. d. Paardt, R. Th. (Hrsg.): Plato en Platonisme in de Nederlandse literatuur (Groningen, im Druck).

Friedemann, H.: Platon: Seine Gestalt (1914, Berlin 1931).

Friedländer, P.: Platon, Bd. 1: Seinswahrheit und Lebenswirklichkeit (Berlin 1964).

Fries, J. Fr. (1823): Platons Zahl. Ein Versuch (Heidelberg 1823).

Fries, J. Fr. (1824): Reinhold, Fichte und Schelling (1803, Halle/Leipzig ^{2}1824).

Fries, J. Fr. (1837): Die Geschichte der Philosophie, Bd. 1 (Halle 1837).

Fries, Th.: Dialog der Aufklärung. Shaftesbury, Rousseau, Solger (Tübingen/Basel 1993).

Froidefond, C.: Plutarque et le platonisme, in: Aufstieg und Niedergang der römischen Welt (ANRW), Teil II: Principat, Bd. 36: 2, hrsg. v. W. Haase (Berlin/New York 1987) 184–233.

Gadamer, H.-G.: Ges. Werke (Tübingen 1985 ff.) [zit. GW].

Gadamer, H.-G. (1961): Hegel und die antike Dialektik (1961), in: ders.: Ges. Werke Bd. III, 3–28.

Gadamer, H.-G. (1972): Schleiermacher als Platoniker, in: Kleine Schriften III (Tübingen 1972) 141–149.

Gaiser, K. (1963): Platons Ungeschriebene Lehre. Studien zur systematischen und geschichtlichen Begründung der Wissenschaften in der platonischen Schule (Stuttgart 1963, ^{2}1968).

Gaiser, K. (1968): Quellenkritische Probleme der indirekten Platonüberlieferung, in: Idee und Zahl. Studien zur platonischen Philosophie. Abhandlungen der Heidelberger Akademie der Wissenschaften, Philosophisch-Historische Klasse; 1968, 2, hrsg. von H.-G. Gadamer und W. Schadewaldt (Heidelberg 1968) 31–84.

Gaith, J.: La conception de la liberté chez Grégoire de Nysse (Paris 1953).

Garfagnini, G. C. (Hrsg.): Marsilio Ficino e il ritorno di Platone. Studi e Documenti

I/II (Florenz 1986) (Istituto Nazionale di Studi sul Rinascimento. Studi e Testi, XV).
Garin, E. (1958): Studi sul Platonismo medievale (Florenz 1958).
Garin, E. (1966): Storia della filosofia italiana, Bd. 1 (Turin ²1966).
Gebhardt, C.: Spinoza und der Platonismus, in: Chronicon Spinozanum 1 (1921) 178–234.
Geddes, J.: An Essay on the Composition and Manner of Writing of the Antients, Particularly Plato (Glasgow 1748).
Geerlings, W.: Christus exemplum. Studien zur Christologie und Christusverkündigung Augustins (Mainz 1978).
Gellius, A.: Noctes Atticae. Recogn. brevique adnotatione critica instruxit P. K. Marshall (Oxford 1968 ff.).
George of Trebizond [Georg von Trapezunt]: Comparatio phylosophorum Aristotelis et Platonis (Venedig 1523, ND Frankfurt a. M. 1965).
Gerrit, W.: Le Shakespeare de la prose grecque. Platon et sa philosophie dans la „critique" de Friedrich Schlegel, in: La naissance du paradigme herméneutique. Schleiermacher, Humboldt, Boeckh, Droysen, hrsg. v. A. Laks/A. Neschke (Lille 1990) 185–223.
Gersh, St. (1978): From Iamblichus to Eriugena. An Investigation of the Prehistory and Evolution of the Pseudo-Dionysian Tradition (Leiden 1978).
Gersh, St. (1982): Platonism – Neoplatonism – Aristotelianism. A Twelfth-century Metaphysical System and its Sources, in: R. Benson/G. Constable (Hrsg.): Renaissance and Renewal in the Twelfth Century (Cambridge, Mass. 1982) 512–534.
Gersh, St. (1986): Middle Platonism and Neoplatonism. The Latin Tradition [Publications in Medieval Studies, 23, 1–2] (Notre Dame 1986).
Gerson, L.: Plotinus (London 1994).
Gibson, M.: The Study of the Timaeus in the Eleventh and Twelfth Centuries, in: Pensamiento 25 (1969) 183–194.
Gilson, E.: La Philosophie au moyen âge (Paris 1922, 2., durchges. u. verm. Aufl. Paris 1944); engl.: History of Christian Philosophy in the Middle Ages (London 1955).
Girill, T. R.: Galileo and Platonistic Methodology, in: Journal of the History of Ideas 31 (1970) 510–513.
Giroux, L.: Bergson et la conception du temps chez Platon et Aristote, in: Dialogue 10 (1971) 479–503.
Glanvill, J. (1661): The Vanity of Dogmatizing (London 1661).
Glanvill, J. (1665): Scepsis Scientifica (London 1665).
Glanvill, J. (1668): Plus Ultra: or the Progress and Advancement of Knowledge since the Days of Aristotle (London 1668).
Glanvill, J. (1671): Philosophia Pia (London 1671).
Glanvill, J. (1681): Saducismus Triumphastus: or Full and Plain Evidence concerning Witches and Apparitions (Printed for J. Collins and S. Lownds: London 1681).
Glucker, J.: Antiochus and the Late Academy, Hypomnemata 56 (Göttingen 1978).
Graeser, A.: Die logischen Fragmente des Theophrast (Berlin/New York 1973).
Gregor von Nyssa: Opera. Auxilio aliorum virorum doctorum edenda cur. W. Jaeger (Leiden 1952 ff.) [zit. GNO].

Gregor von Nyssa: [De vita Moysis] La vie de Moise ou traité de la perfection en matière de vertu, eingel. u. übers. v. J. Daniélou (Paris ^{3}1968).
Gregor von Nyssa: Contra Eunomium libri, GNO I [Lib. I–II] und II [Lib. III], hrsg. v. W. Jaeger (Leiden 1960).
Gregor von Nyssa: De instituto Christiano, in: GNO VIII/1, hrsg. v. W. Jaeger/J. P. Cavarnos/V. W. Callahan (Leiden 1963).
Gregor von Nyssa: De mortuis oratio, in: Sermones I, GNO IX, hrsg. v. G. Heil/A. v. Heck/E. Gebhardt/A. Spira (Leiden 1967).
Gregor von Nyssa: In Canticum Canticorum, GNO VI, hrsg. v. H. Langerbeck (Leiden 1960).
Gregor von Nyssa: The Catechetical Oration of St. Gregory of Nyssa, hrsg. v. J. H. Srawley (Cambridge 1903).
Gregory, T. (1955): Anima mundi. La filosofia di Guglielmo di Conches e la Scuola di Chartres (Florenz 1955).
Gregory, T. (1958): Platonismo medievale: studi e ricerche [Instituto storico italiano per il medio evo, studi storici, fasc. 26–7] (Rom 1958) 122–150.
Gregory, T. (1975): La nouvelle idée de la nature et de savoir scientifique au XIIe siècle, in: J. Murdoch/E. Sylla (Hrsg.): The Cultural Context of Medieval Learning (Dordrecht/Boston 1975) 193–210.
Gregory, T. (1989): The Platonic Inheritance, in: P. Dronke 54–80.
Grondijs, L. H.: Sur la terminologie dionysienne, in: Bulletin de l'Association Guillaume Budé, Supplément, Lettres d'Humanité, tome XVIII (1959) 438–447.
Guglielmo da Lucca [Wilhelmus Lucensis]: Commentum in tertiam ierarchiam Dionysii que est de diuinis nominibus, hrsg. v. F. Gastaldelli (Florenz 1983).
Gundert, H.: Der platonische Dialog (Heidelberg 1968).
Gundolf, Fr.: Schleiermachers Romantik, in: Deutsche Vierteljahrsschrift f. Literaturwissenschaft und Geistesgeschichte 2 (1924) 418–509.
Guthrie, W. K. C.: A History of Greek Philosophy, vol. 5: The Later Plato and the Academy (Cambridge 1978).
Hadot, I. (1984): Arts libéraux et philosophic dans la pensée antique (Paris 1984).
Hadot, I. (1989): Erziehung und Bildung bei Augustin, in: Mayer/Chelius 99–130.
Hadot, P.: Plotin. Traité 50. Introduction, traduction, commentaire et notes. Les écrits de Plotin (Paris 1990).
Haemlin, C.: Platonic Dialogue and Romantic Irony, in: Canadian Review of Comparative Literature 3 (1976) 5–26.
Hager, F.-P. (1977): Die Materie und das Böse im antiken Platonismus, in: C. Zintzen (Hrsg.): Die Philosophie des Neuplatonismus. Wege der Forschung, Bd. 436 (Darmstadt 1977) 427–474.
Hager, F.-P. (1987): Gott und das Böse im antiken Platonismus. Noctes Romanae. Forschungen über die Kultur der Antike 10, hrsg. v. W. Wili/G. Luck (Würzburg/Amsterdam 1987).
Hager, F.-P. (1993): Aufklärung, Platonismus und Bildung bei Shaftesbury (Bern 1993).
Halfwassen, J. (1992): Der Aufstieg zum Einen. Untersuchungen zu Platon und Plotin. Beiträge zur Altertumskunde (Stuttgart 1992).
Halfwassen, J. (1995): Hegel und der spätantike Neuplatonismus. Untersuchungen

zur Metaphysik des Einen und des Nous in Hegels spekulativer und geschichtlicher Deutung (Habilitationsschrift Köln 1995).

Halfwassen, J. (1996): Monismus und Dualismus in Platons Prinzipienlehre, in: Platonisches Philosophieren. Zur Situation der Platonforschung. Akten des Tübinger Kolloquiums zu Ehren von Hans-Joachim Krämer (29.–30. April 1994), hrsg. v. Th. A. Szlezák (erscheint 1997).

Hammacher, K. (1969): Die Philosophie Friedrich Heinrich Jacobis (Kritik und Leben II) (München 1969).

Hammacher, K. (1971): Unmittelbarkeit und Kritik bei Hemsterhuis (München 1971).

Hammacher, K. (1976): Das Problem einer „materialen Evidenz" – Humboldts Auseinandersetzung mit Jacobi, in: ders. (Hrsg.): Universalismus und Wissenschaft im Werk und Wirken der Brüder Humboldt. Studien zur Philosophie und Literatur des 19. Jahrhunderts, Bd. 31 (Frankfurt a. M. 1976) 172–192.

Hammacher, K. (1984): Einleitung zu: R. Descartes: Les Passions de l'Ame – Die Leidenschaften der Seele, hrsg. v. K. Hammacher (Hamburg 1984, ²1996) XV–LXXII.

Hammacher, K. (1990): Jacobis Romantheorie, in: Früher Idealismus und Frühromantik. Der Streit um die Grundlagen der Ästhetik (1795–1805), hrsg. v. W. Jaeschke/H. Holzhey (= Philosophisch-literarische Streitsachen Bd. 1) (Hamburg 1990) 174–189.

Hammacher, K. (1994): Jacobis Schrift Von den Göttlichen Dingen, in: Philosophisch-literarische Streitsachen Bd. 3: Religionsphilosophie und spekulative Theologie, hrsg. v. W. Jaeschke (Hamburg 1994) 129–144.

Hammacher, K. (1995 a): Understanding Hemsterhuis, in: Fresco/Geeraedts/Hammacher (Hrsg.) 63–73.

Hammacher, K. (1995 b): Hemsterhuis und seine Rezeption in der deutschen Philosophie und Literatur des ausgehenden achtzehnten Jahrhunderts, in: Fresco/Geeraedts/Hammacher (Hrsg.) 405–430.

Hammacher, K. (1995 c): Gegenwelten der Aufklärung. Der niederländische Philosoph Frans Hemsterhuis, in: Fresco/Geeraedts/Hammacher (Hrsg.) 611–627.

Hammacher, K. (1996): Hemsterhuis und Spinoza und die Nachwirkung des christlichen Spinozismus (Delft 1996).

Hammacher, K./Hirsch, H. (1993): Die Wirtschaftspolitik des Philosophen Friedrich Heinrich Jacobi. Fichte-Studien, Supplementa 1 (Amsterdam/Atlanta 1993).

Hamman, J. G.: Briefwechsel, hrsg. v. W. Ziesemer/A. Henkel, Bd. 5 (Frankfurt a. M. 1965).

Hankins, J.: Plato in the Italian Renaissance, 2 Bde. [Columbia Studies in the Classical Tradition, XVII, 1–2] (Leiden 1990).

Hanusch, J. J.: Geschichte der Philosophie von ihren Uranfängen bis zur Schließung der Filosofenschulen durch Justinian (Olmütz 1850).

Happ, H.: Hyle. Studien zum aristotelischen Materiebegriff (Berlin/New York 1971).

Hartmann, N.: Platos Logik des Seins, Philosophische Arbeiten, hrsg. v. H. Cohen/P. Natorp, Bd. 3 (Gießen 1909, Berlin ²1965).

Hathaway, R. F.: Hierarchy and the Definition of Order in the Letters of Pseudo-Dionysius. A Study in the Form and Meaning of the Pseudo-Dionysian Writings (Den Haag 1969).

Hauréau, B.: Histoire de la philosophie scolastique 2. Auflage: Bd. I (Paris 1872); Bd. II (Paris, 1880).

Hedwig, K.: Sphaera lucis. Studien zur Intelligibilität des Seienden im Kontext der mittelalterlichen Lichtspekulation. Beiträge zur Geschichte der Philosophie des Mittelalters: N.F. 18 (Münster 1980).

Hegel, G. W. F.: Vorlesungen über die Geschichte der Philosophie, hrsg. v. P. Garniron/W. Jaeschke, Bd. IV (Hamburg 1986).

Hegel, G. W. F.: Werke in zwanzig Bänden [abgek.: W], hrsg. v. E. Moldenhauer/ K. M. Michels (Frankfurt 1969–1971).

Heidegger, M.: Gesamtausgabe (Frankfurt a. M. 1975 ff.) [zit.: GA].

Heidegger, M. (1957): Identität und Differenz (Pfullingen 1957).

Heidegger, M. (1989): Aufenthalte (Frankfurt a. M. 1989).

Heidemann, J.: Platonis de ideis doctrinam quomodo Kantius et intellexerit et excoluerit (Berlin 1863).

Heimsoeth, H.: Kant und Plato, in: Kant-Studien 56 (1966) 349–372.

Heinrich Bate: Epistola huius libri, in: ders.: Speculum divinorum et quorundam naturalium, T. I, 3–5.

Heinrich Bate: Speculum divinorum et quorundam naturalium T. I, hrsg. v. E. van de Vyver (Löwen 1960); T. II–III, hrsg. v. E. van de Vyver (Löwen 1967); T. IV–V, hrsg. v. C. Steel (Löwen 1993); T. VI–VII, hrsg. v. C. Steel/E. van de Vyver (Löwen 1994); T. XI–XII, hrsg. v. H. Boese (Löwen 1990).

Heller, J.: Solgers Philosophie der ironischen Dialektik. Ein Beitrag zur Geschichte der romantischen und spekulativ-idealistischen Philosophie (Berlin 1928).

Hemann, Fr.: Kants Platonismus und Theismus, dargestellt im Gegensatz zu seinem vermeintlichen Pantheismus, in: Kant-Studien 8 (1903) 47–96.

Hemsterhuis, F. (1787): Lettre de Dioclès a Diotime, sur l'Athéisme (1787), in: Œuvres philosophiques, M II, 199–210.

Hemsterhuis, F.: Œuvres philosophiques de François Hemsterhuis. Nouvelle Edition, hrsg. v. L. S. P. Meyboom, 3 Bde. (Leeuwarden 1846–1850; ND Hildesheim/ New York 1972) (zit. M I, M II und M III).

Henckmann, W.: Nachwort, in: K. W. F. Solger, Erwin. Vier Gespräche über das Schöne und die Kunst. ND der Ausgabe Berlin 1907, mit einem Nachwort und Anm. hrsg. v. W. Henckmann (München 1971) 492–501.

Henry, P.: Plotin et l'Occident (Löwen 1934).

Herbart, J. Fr.: Sämtl. Werke, hrsg. v. K. Kehrbach (Langensalza 1877 ff.) [zit. SW].

Herbart, J. Fr. (1805): De Platonici systematis fundamento commentatio (1805), in: SW 1, 315–332.

Herbart, J. Fr. (1807): Entwurf zu Vorlesungen über die Einleitung in die Philosophie (1807), in: SW 2, 319–327.

Herbart, J. Fr. (1808): Replik auf die Rezension von A. Böckh (1808), in: SW 1, 342–348.

Herbart, J. Fr. (1820): [Rez.] A. Schopenhauer: Die Welt als Wille und Vorstellung I (1820), in: SW 12, 56–75.

Herbart, J. Fr. (1837): Lehrbuch zur Einleitung in die Philosophie (^{1}1813, ^{2}1821, ^{3}1834, ^{4}1837), textkritisch revid. Ausg., hrsg. v. W. Henckmann (Hamburg 1993).

Herder, J. G.: Briefe an Joh. Georg Hamann. Im Originaltext herausgegeben von Otto Hoffmann (Berlin 1889, ND Hildesheim/New York 1975).

Hermann von Karinthia [Hermann Carinthias]: De essentiis, hrsg. v. C. Burnett (Leiden/Köln 1982).

Hermann, K. Fr.: Geschichte und System der platonischen Philosophie Bd. I (Heidelberg 1839).

Heyse, H.: Kant und die Antike, in: Die Antike 8 (1932) 46–90.

Hildebrandt, K. (1922): Nietzsches Wettkampf mit Plato (Heidelberg 1922).

Hildebrandt, K. (1933): Platon. Der Kampf des Geistes um die Macht (Berlin 1933).

Hillemacher, R.: Die wirtschaftstheoretischen Anschauungen Friedrich Heinrich Jacobis (Thun/Frankfurt a. M. 1993).

Hobbes, T.: Leviathan (London 1651).

Hölderlin, Fr.: Werke und Briefe, hrsg. v. F. Beißner/J. Schmidt, Bd. 2 (Frankfurt a. M. 1969).

Holl, A.: Signum und Chiffer. Eine religionsphilosophische Konfrontation Augustins mit Karl Jaspers, in: Rev. études augustin. 12 (1966) 157–182.

Holte, R.: Béatitude et Sagesse. S. Augustin et le Problème de la fin de l'homme dans la philosophie ancienne (Paris 1962).

Holzhey, H. (1986): Cohen und Natorp, Bd. 1: Ursprung und Einheit. Die Geschichte der „Marburger Schule" als Auseinandersetzung um die Logik des Denkens. Bd. 2: Der Marburger Neukantianismus in Quellen (Basel/Stuttgart 1986).

Holzhey, H. (1993): Das Böse. Vom ethischen zum metaphysischen Diskurs, in: H. Holzhey/J.-P. Leyvraz (Hrsg.): Die Philosophie und das Böse/La philosophie et le male = Studia philosophica 52 (1993) 7–27.

Horn, Chr.: Der Platonische Parmenides und die Möglichkeit seiner prinzipientheoretischen Interpretation, in: Antike und Abendland 41 (1995) 95–114.

Hösle, V. (1984): Hegels Naturphilosophie und Platons 'Timaios' – ein Strukturvergleich, in: Philosophia Naturalis 21 (1984) 64–100.

Hösle, V. (1996): Platonismus und Antiplatonismus in Nicolaus Cusanus' Philosophie der Mathematik, in: ders.: Philosophiegeschichte und objektiver Idealismus (München 1996) 101–128.

Hötzer, U.: Hölderlin als Subskribent auf eine Plutarch-Ausgabe, in: Hölderlin-Jb. Jg. 1950, 120–126.

Hübner, R. M.: Der Gott der Kirchenväter und der Gott der Bibel. Zur Frage der Hellenisierung des Christentums (München 1979).

Husserl, E. (1913): Entwurf einer 'Vorrede' zu den 'Logischen Untersuchungen' (1913), hrsg. v. E. Fink, in: Tijdschr. v. Filos. 1 (1939) 106–133; 319–339.

Husserl, E. (1950): Gesammelte Werke [Husserliana] (Den Haag bzw. Dordrecht/Boston/London 1950 ff.) [zit. Hua.].

Husserl, E. (1992): Dokumente Abt. III: Briefwechsel, hrsg. v. K. u. E. Schuhmann (Dordrecht/Boston/London 1992) [zit. Hua.-Dok.].

Imbach, R.: (Nèo-) Platonisme médiéval. Proclus latin et l'école dominicaine allemande, in: Revue de théologie et de philosophie 110 (1978) 427–448.

Ivánka, E. von: Plato Christianus. Übernahme und Umgestaltung des Platonismus durch die Väter (Einsiedeln 1964).

Jacobi, Fr. H.: Schriften zum Spinozastreit, hrsg. v. K. Hammacher/I. Piske (im Erscheinen).

Jacobi, Fr. H.: Werke, Bd. I–III, hrsg. v. Fr. H. Jacobi, Bd. IV–VI, hrsg. v. F. Roth, Leipzig 1812–1825 [zit. als W].

Jacobi, Fr. H. (1782): Etwas das Lessing gesagt hat (Berlin 1782) [in: W II 325–388].

Jacobi, Fr. H. (1792a): Allwill (1792), textkritisch hrsg. v., eingel. u. komm. v. J. U. Terpstra (Groningen/Djakarta 1957).

Jacobi, Fr. H. (1792b): [Sendschreiben] An Erhard O** (1792), in: W I 227–253.

Jacobi, Fr. H. (1794): Woldemar (Königsberg 1794), in: W V 1–482.

Jacobi, Fr. H. (1795): Zufällige Ergiessungen eines einsamen Denkers (1795), in: W I 254–305.

Jacobi, Fr. H. (1796): An Schlosser über dessen Fortsetzung des platonischen Gastmals (1796), in: W VI 63–94.

Jacobi, Fr. H. (1811): Von den göttlichen Dingen und ihrer Offenbarung (Leipzig 1811) [in: W III 245–460].

Jacobi, Fr. H. (1815): Vorrede [zu Bd. II der Werke] zugleich Einleitung in des Verfassers sämtliche philosophische Schriften, in: W II 3–125.

Jacobi, Fr. H. (1819): Über die Lehre des Spinoza in Briefen an den Herrn Moses Mendelssohn (Breslau 1785, ^{2}1789) [in: W IV, 1 und 2].

Jacobi, Fr. H. (1825/27): Auserlesener Briefwechsel, hrsg. v. Friedrich Roth (Leipzig 1825–1827).

Jacobi, Fr. H. (1983): Briefwechsel. Gesamtausgabe, hrsg. v. M. Brüggen/S. Sudhof, Bd. 1/2: 1775–1781 (Stuttgart/Bad Cannstatt 1983) [zit. BGA].

Jacovacci, A.: Jacobi e Fénélon, in: Archivio di Filosofia. Nuovi Studi di Filosofia della Religione 51 (Padua 1982) 109–131.

Jaeger, W.: Der Wandel des Platonbildes im neunzehnten Jahrhundert, in: ders.: Humanistische Reden und Vorträge (Berlin ^{2}1960) 129–142.

Jamme, Chr.: Platon, Hegel und der Mythos. Zu den Hintergründen eines Diktums aus der Vorrede zur „Phänomenologie des Geistes“, in: Hegel-Studien 15 (1980) 151–169.

Janke, W. (1970): Fichte: Sein und Reflexion. Grundlagen der kritischen Vernunft (Berlin 1970).

Janke, W. (1987): Einheit und Vielheit. Grundzüge von Fichtes Lebens- und Bildlehre, in: K. Gloy/D. Schmidig (Hrsg.): Einheitskonzepte in der idealistischen und in der gegenwärtigen Philosophie. Ergebnisse eines Symposions, Luzern 1986 (Bern/Frankfurt a. M. 1987) 39–72.

Jäsche, G. B.: Der Pantheismus, Bd. 2 (Berlin 1828).

Jaspers, K.: Plato (München/Zürich 1976).

Jayne, S.: Ficino and the Platonism of the English Renaissance, in: Comparative Literature 4 (Eugene 1952) 214–238.

Jeauneau, E. (1960): Macrobe, source du platonisme chartrain, in: Studi medievali, 3a serie, 1 (1960) 3–24.

Jeauneau, E. (1973): Lectio Philosophorum; recherches sur l'École de Chartres (Amsterdam 1973).

Johannes Scotus Eriugena: Versio operum S. Dionysii Areopagitae [De ecclesiastica Ierarchia] (PL 122) col. 1069–1112.

Johannes von Salisbury [Saresberiensis]: John of Salisbury's Entheticus maior and minor, hrsg. v. J. van Laarhoven, 3 Bde. (Leiden/New York/Kopenhagen/Köln 1987) .

Johannes von Salisbury [Saresberiensis]: Metalogicon, hrsg. v. J. Hall [Corpus christianorum, Cont. med. 98] (Turnhout 1991).

Johannes von Salisbury [Saresberiensis]: Policratici sive De nugis curialium et vestigiis philosophorum libri VIII, 2 Bde., hrsg. v. C. Webb (Oxford 1909, ND Frankfurt a. M. 1964).

Jones, C. P.: The Teacher of Plutarch, in: Harvard Studies in Classical Philology 71 (1966) 205–213.

Kandler, K.-H.: Nikolaus von Kues. Denker zwischen Mittelalter und Neuzeit (Göttingen 1995).

Kaufmann, W.: Nietzsche's Attitude Toward Socrates, in: J. of the Hist. of Ideas 9 (1948) 472–491.

Kaulbach, F.: Schleiermachers Theorie des Gesprächs, in: Die Sammlung 14 (1959) 123–132.

Keller, A.: Aurelius Augustinus und die Musik. Untersuchungen zu „De musica" im Kontext seines Schrifttums = Cassiciacum 44 (Würzburg 1993).

Kerner, M.: Johannes von Salisbury und die logische Struktur seines Policraticus (Wiesbaden 1977).

Kiermeier, J.: Der Weise auf den Thron! Studien zum Platonismus Jean Pauls (Stuttgart 1980).

Klaschka, F.: Die Ideen Platos und die praktischen Ideen Herbarts. Eine Parallele, in: Programme des k.k. Staats-Ober-Gymnasiums in Mies, veröff. am Schlusse des Schuljahres 1896/97 u. des Schuljahres 1897/98 (Mies 1897/1898) 1–26; 1–28.

Klibansky, R. (1939): The Continuity of the Platonic Tradition during the Middle Ages. Plato's Parmenides in the Middle Ages and the Renaissance (London 1939, ND München 1981).

Klibansky, R. (1953): Copernic et Nicolas de Cues, in: Léonard de Vinci et l'expérience scientifique au XVIe siècle (Paris 1953) 225–235.

Kluckhohn, P.: Die Auffassung der Liebe in der Literatur des 18. Jahrhunderts und in der deutschen Romantik (Halle 1922, ²1932, ³Tübingen 1966).

Knowles, D.: The Evolution of Medieval Thought (Baltimore 1962, 2. Aufl. hrsg. v. D. Luscombe/C. Brooke, London 1988).

Kobusch, Th. (1983): Das Christentum als Religion der Wahrheit. Überlegungen zu Augustins Begriff des Kultus, in: Revue des Études Augustiniennes 23 (1983) 99–128.

Kobusch, Th. (1985): Die philosophische Bedeutung des Kirchenvaters Origenes, in: Theologische Quartalschrift 165 (1985) 94–105.

Kobusch, Th. (1987): Das Christentum als die wahre Religion. Zum Verhältnis zwischen Platonismus und Christentum bei Origenes, in: Origeniana Quarta (Referate des 4. Intern. Origenes-Kongresses), hrsg. v. L. Lies (Innsbruck/Wien 1987) 442–446.

Kobusch, Th. (1990): Wiederkehr des Mythos. Zur Funktion des Mythos bei Platon und im Denken der Gegenwart, in: Mythos. Erzählende Weltdeutung im Spannungsfeld von Ritual, Geschichte und Rationalität, hrsg. v. G. Binder/B. Effe [Bochumer Altertumswiss. Colloquium 2] (Trier 1990) 13–22.

Kobusch, Th. (1995): Dionysius Areopagita, in: Klassiker der Religionsphilosophie, hrsg. v. F. Niewöhner (München 1995) 84–98.
Koch, H. (1895): Proklus als Quelle des Pseudo-Dionysius Areopagita in der Lehre vom Bösen, in: Philologus 54 (1895) 438–454.
Koch, H. (1900): Pseudo-Dionysius Areopagita in seinen Beziehungen zum Neuplatonismus und Mysterienwesen (Mainz 1900).
Koch, J. (1956): Die Ars coniecturalis des Nikolaus von Kues (Köln/Opladen 1956).
Koch, J. (1956/57): Augustinischer und Dionysischer Neuplatonismus und das Mittelalter, in: Philos. Zschr. 48 (1956/57) 117–133; auch in: Beierwaltes (Hrsg.) 317–342.
Köhnke, K. Chr.: Entstehung und Aufstieg des Neukantianismus. Die deutsche Universitätsphilosophie zwischen Idealismus und Positivismus (Frankfurt a. M. 1986).
Köstlin, K.: Die griechische Ethik bis Plato [= Geschichte und Ethik I/1] (Tübingen 1887).
Koyré, A.: Galileo and Plato (1943) in: Metaphysics and Measurement (London 1968) 16–43.
Krämer, H.-J. (1959): Arete bei Platon und Aristoteles. Zum Wesen und zur Geschichte der platonischen Ontologie. Abhandlungen der Heidelberger Akademie der Wissenschaften, Philosophisch-Historische Klasse, 1959, 6 (Heidelberg 1959).
Krämer, H.-J. (1964): Der Ursprung der Geistmetaphysik. Untersuchungen zur Geschichte des antiken Platonismus zwischen Platon und Plotin (Amsterdam 1964, ²1967).
Krämer, H.-J. (1969): Grundfragen der aristotelischen Theologie, in: Theologie und Philosophie 44 (1969) 363–382; 481–505.
Krämer, H.-J. (1982): Kritische Bemerkungen zu den jüngsten Äußerungen von W. Wieland und G. Patzig über Platons ungeschriebene Lehre, in: Rivista di Filosofia neo-scolastica 74 (1982) 579–592.
Krämer, H.-J. (1988): Fichte, Schlegel und der Infinitismus in der Platondeutung, in: Deutsche Vierteljahrsschrift für Literaturwissenschaft und Geistesgeschichte 62 (1988) 583–621.
Krämer, H.-J. (1990): Plato and the Foundations of Metaphysics (New York 1990) (zuerst ital.: Platone e i fondamenti della metafisica, Mailand 1982, ³1989).
Kranz, W.: Leibniz und Platon, in: Felsefe Arkivi (Istanbul 1947) 48–64.
Kremer, K.: Bonum est diffusivum sui. Ein Beitrag zum Verhältnis von Neuplatonismus und Christentum, in: Aufstieg und Niedergang der römischen Welt (ANRW), Teil II: Principat, Bd. 36: 2, hrsg. v. W. Haase (Berlin/New York 1987) 994–1032.
Kretzmann, N./Kenny, A./Pinborg, J. (Hrsg.): The Cambridge History of Later Medieval Philosophy (Cambridge 1982).
Krings, H.: Genesis und Materie – Zur Bedeutung der „Timaeus"-Handschrift für Schellings Naturphilosophie, in: Schellingiana Bd. 4, hrsg. v. H. Buchner (Stuttgart/Bad Cannstatt 1994) 115–155.
Kristeller, P. O. (1937): Supplementum Ficinianum, I (Florenz 1937).
Kristeller, P. O. (1943): The Philosophy of Marsilio Ficino, übers. v. V. Conant (New York 1943, ND Gloucester, Mass. 1964).

Kristeller, P. O. (1972): Die Philosophie des Marsilio Ficino (Frankfurt a. M. 1972).
Kristeller, P. O. (1974): Humanismus und Renaissance, I: Die antiken und mittelalterlichen Quellen, hrsg. v. E. Kessler, übers. v. R. Schweyen-Ott (München 1974).
Kristeller, P. O. (1988): Il pensiero filosofico di Marsilio Ficino (Florenz 1953, durchges. Aufl. Florenz 1988).
Kristeller, P. O. (1993): Studies in Renaissance Thought and Letters Bd. III [Storia e letteratura 178] (Rom 1993).
Kristeller, P. O. (1994): Thomism and the Italian Thought of the Renaissance, in: ders.: Medieval Aspects of Renaissance Learning, hrsg. u. übers. v. E. P. Mahoney, 2. Aufl. (New York 1994) 27–91.
Krohn, A.: Die platonische Frage. Sendschreiben an Herrn Prof. Ed. Zeller (Halle 1878).
Kronenberg, M.: Geschichte des Deutschen Idealismus, 2 Bde. (München 1909/1912).
Kuhn, H.: [Art.] Das Gute, in: H. Krings/H. M. Baumgartner/Chr. Wild (Hrsg.): Hb. philos. Grundbegriffe Bd. 2 (München 1973) 657–677.
Laas, E.: Idealismus und Positivismus, 3 Bde. (Berlin 1879–1884).
Laks, A: Platonisme et système chez Schleiermacher: Des *Grundlinien* à la dialectique, in: La naissance du paradigme herméneutique. Schleiermacher, Humboldt, Boeckh, Droysen, hrsg. v. A. Laks/A. Neschke (Lille 1990) 155–181.
Landsberg, P. L.: Wesen und Bedeutung der platonischen Akademie (Bonn 1923).
Lasaulx, E. v.: Des Sokrates Leben, Lehre und Tod nach den Zeugnissen der Alten (München 1857).
Lask, E.: Platon [Vorlesung], in: ders.: Ges. Schriften, hrsg. v. E. Herrigel, Bd. 3 (Bingen 1924) 1–56.
Lauth, R. (1973): Friedrich Heinrich Jacobis Allwill und Fedor Michajlovic Dostoevskijs Dämonen (1973), in: ders.: Dostojewski und sein Jahrhundert. Aachener Abhandlungen zur Philosophie, 10 (Bonn 1986) 94–106.
Lauth, R. (1994): Die Verschmelzung des Allwill- und des Demetrius-Themas in Dostojewskis „Dämonen", in: ders.: Vernünftige Durchdringung der Wirklichkeit. Fichte und sein Umkreis (Neuried 1994) 315–330.
Leinkauf, Th.: Platon und der Platonismus bei Marsilio Ficino, in: Dt. Zschr. für Philos. 40 (1992) 735–756.
Lembeck, K.-H.: Platon in Marburg. Platonrezeption und Philosophiegeschichtsphilosophie bei Cohen und Natorp. Studien, Materialien zum Neukantianismus (Würzburg 1994).
Lepelley, R.: Les cités de l'Afrique romaine au Bas-Empire 1–2 (Paris 1979–1981).
Leslie, J.: Value and Existence (Oxford 1979).
Lévinas, E. (1947): De l'existence à l'existant (Paris 1947).
Lévinas, E. (1949): En découvrant l'existence avec Husserl et Heidegger (Paris 1949, ^{4}1989).
Lévinas, E. (1978): Autrement qu'être ou au-delà de l'essence (La Haye ^{2}1978).
Lévinas, E. (1983): De l'Un à l'Autre, in: Archivio di filosofia 51 (1983) 21–38.
Liber de causis, hrsg. v. A. Pattin. Tijdschrift voor Filosofie 28 (1966) 134–203.
Libera, A. de (1984): Introduction à la mystique rhénane. D'Albert le Grand à Maître Eckhart (Paris 1984).

Libera, A. de (1990): Albert le Grand et la philosophie. A la recherche de la vérité (Paris 1990).
Libera, A. de (1993a): Le mal dans la philosophie médiévale, in: H. Holzhey/J.-P. Leyvraz (Hrsg.): Die Philosophie und das Böse = Studia philosophica 52 (1993) 81–103.
Libera, A. de (1993b): La philosophie médiévale (Paris 1993).
Libera, A. de (1996): La querelle des universaux. De Platon à la fin du Moyen Age (Paris 1996).
Liebert, A.: Goethes Platonismus, in: Kant-Studien 37 (1932) 1–48.
Liebmann, O.: Zur Analysis der Wirklichkeit (Straßburg 1876).
Lilla, S.: Introduzione allo studio dello Ps. Dionigi l'Areopagita, in: Augustinianum 22 (1982) 533ff.
Linguiti, A.: L'ultimo platonismo greco: principi e conoscenza. Studi Accademia toscana di scienze e lettere La Colombaria, 112 (Florenz 1990).
Locke, J.: Some Thoughts Concerning Education, hrsg. v. John W. Yolton/Jean S. Yolton (Oxford 1989).
Lorenz, R. (1950/51): Fruitio dei bei Augustinus, in: ZKG 63 (1950/51) 75–132.
Lorenz, R. (1955/56): Die Wissenschaftslehre Augustins, in: ZKG 67 (1955/56) 29–60; 213–251.
Lotze, R. H.: Logik. Drei Bücher vom Denken, vom Untersuchen und vom Erkennen, hrsg. v. G. Misch (Leipzig ²1928).
Lübbe, H.: Das Ende des phänomenologischen Platonismus, in: Tijdschr. v. Philos. 16 (1954) 639–666.
Luck, G.: Der Akademiker Antiochus. Noctes Romanae 7 (Bern/Stuttgart 1953).
Lütcke, K. H.: „Auctoritas" bei Augustin mit einer Einleitung zur römischen Vorgeschichte des Begriffs (Stuttgart 1968).
Lutoslawski, W.: The Origin and Growth of Plato's Logic, with an Account of Plato's Style and of the Chronology of his Writings (London 1905).
Lynch, J. P.: Aristotle's School. A Study of Greek Educational Institutions (Berkeley/Los Angeles 1972).
Madec, G. (1974): Saint Ambroise et la philosophie (Paris 1974).
Madec, G. (1994): Petits Études Augustiniennes (Paris 1994).
Mahoney, E. P. (1982a): Neoplatonism, the Greek Commentators and Renaissance Aristotelianism, in: Neoplatonism and Christian Thought, hrsg. v. D. O'Meara (Albany 1982) 169–177; 264–282.
Mahoney, E. P. (1982b): Metaphysical Foundations of the Hierarchy of Being in Some Late Medieval and Renaissance Philosophers, in: Philosophies of Existence: Ancient and Medieval, hrsg. v. P. Morewedge (New York 1982) 166–178. 188–192.
Mahoney, E. P. (1986): Marsilio Ficino's Influence on Nicoletto Vernia, Agostino Nifo and Marcantonio Zimara, in: Marsilio Ficino e il ritorno di Platone, hrsg. v. G. C. Garfagnini, Bd. II (Florenz 1986) 509–531.
Mahoney, E. P. (1995): From the Medievals to the Early Moderns: Themes and Problems in Renaissance Political Thought, in: Les philosophes morales et politiques au Moyen Age, Moral and Political Philosophies in the Middle Ages [Actes du IXe Congrès international de Philosophie Médiévale Ottawa, du 17 au 22 août 1992, Proceedings of the Ninth International Congress of Medieval Philosophy Ottawa,

17–22 August 1992, Société Internationale pour l'Étude de la Philosophie Médiévale (S. I. E. P. M.), hrsg. v. B. C. Bázan/E. Andújar/L. G. Sbrocchi, Bd. I] (New York/Ottawa/Toronto 1995) 193–225.
Manuel, F. E.: The Religion of Isaac Newton (Oxford 1974).
Marbach, G. O.: Lehrbuch der Geschichte der Philosophie, 1. Abt.: Geschichte der griechischen Philosophie (Leipzig 1838).
Marck, S.: Am Ausgang des jüngeren Neukantianismus (1949), in: H.-L. Ollig (Hrsg.): Materialien zur Neukantianismus-Diskussion (Darmstadt 1987) 19–43.
Marenbon, J. (1983): Early Medieval Philosophy (480–1150): An Introduction (London 1983, [2]1988).
Marenbon, J. (im Druck a): The Platonisms of Peter Abelard, in: L. Benakis (Hrsg.): Neoplatonism in Medieval Philosophy (Turnhout).
Marenbon, J. (im Druck b): The Philosophy of Peter Abelard (Cambridge).
Martens, E.: Die Sache des Sokrates (Stuttgart 1992).
Mates, B.: Leibniz and the Phaedo, in: Akten des 2. intern. Leibniz-Kongr., Hannover 1972, Bd. 1 (Wiesbaden 1973) 135–148.
Mayer, C./Chelius, K. H. (Hrsg.): Internationales Symposion über den Stand der Augustinus-Forschung = Cassiciacum 39, 1 (Würzburg 1989).
McGinn, B.: The Foundations of Mysticism, Bd. 1 (New York 1991).
McGuire, J. E.: Force, Active Principles and Newton's Invisible Realm, in: Ambix 15 (1968) 154–208.
McGuire, J. E./Rattansi, P. M.: Newton and the Pipes of Pan, in: Notes and Records of the Royal Society 21 (1966) 108–143.
McGuire, J. E./Tamny, M.: Certain Philosophical Questions. Newton's Trinity Notebook (Cambridge 1983).
Meier, St.: Von der Koinzidenz zur *coincidentia oppositorum.* Zum philosophiehistorischen Hintergrund des Cusanischen Koinzidenzgedankens, in: O. Pluta (Hrsg.): Die Philosophie im 14. und 15. Jahrhundert. In memoriam Konstanty Michalski (1879–1947) [Bochumer Studien zur Philosophie Bd. 10] (Amsterdam 1988) 321–342.
Meier-Oeser, St.: Die Präsenz des Vergessenen. Zur Rezeption der Philosophie des Nicolaus Cusanus vom 15. bis zum 18. Jahrhundert (Münster 1989).
Meifort, J.: Der Platonismus bei Klemens von Alexandrien (Heidelberg 1928).
Meijering, E. P. (1971): Zehn Jahre Forschungen zum Thema Platonismus und Kirchenväter, in: Theol. Rdsch. 36 (1971) 303–320.
Meijering, E. P. (1974): Wie platonisieren die Christen?, in: Vigiliae Christianae 28 (1974) 15–28.
Mendelssohn, M.: Phädon oder über die Unsterblichkeit der Seele. Mit einem Nachwort hrsg. v. D. Bourel und einer Einleitung v. N. Rotenstreich (Hamburg 1979).
Merlan, Ph.: Beiträge zur Geschichte des antiken Platonismus I: Zur Erklärung der dem Aristoteles zugeschriebenen Kategorienschrift, in: Philologus 89 (1934) 35–53.
Merki, H.: HOMOIOSIS THEO: Von der platonischen Angleichung an Gott zur Gottähnlichkeit bei Gregor von Nyssa (Fribourg 1952).
Meuthen, E.: Nikolaus von Kues 1401–1464 (Münster [6]1982).

Mews, C.: On dating the works of Peter Abelard, in: Archives de l'histoire doctrinale et littéraire du moyen âge 72 (1985) 73–134.

Michaelides, C.: Plotinus and Jaspers. Their Conception and Contemplation of the Supreme One, in: Diotima 4 (1976) 37–46.

Michelis, F.: Die Philosophie Platons in ihrer inneren Beziehung zur geoffenbarten Wahrheit (Münster 1859/60).

Mojsisch, B. (1982): Zum Disput über die Unsterblichkeit der Seele in Mittelalter und Renaissance, in: Freib. Zschr. f. Philos. u. Theol. 29 (1982) 341–359.

Mojsisch, B. (1983): Meister Eckhart. Analogie, Univozität und Einheit (Hamburg 1983).

Mojsisch, B. (1985): Mittelalterliche Grundlagen der neuzeitlichen Erkenntnistheorie, in: M. Gerwing/G. Ruppert (Hrsg.): Renovatio et Reformatio. Wider das Bild vom „finsteren“ Mittelalter [FS für L. Hödl] (Münster/Westf. 1985) 155–169.

Mojsisch, B. (1991): Nichts und Negation. Meister Eckhart und Nikolaus von Kues, in: B. Mojsisch/O. Pluta (Hrsg.): Historia Philosophiae Medii Aevi. Studien zur Geschichte der Philosophie des Mittelalters [FS für K. Flasch] Bd. 2 (Amsterdam/Philadelphia 1991) 675–693.

Mojsisch, B. (1995): Epistemologie im Humanismus. Marsilio Ficino, Pietro Pomponazzi und Nikolaus von Kues, in: Freib. Zschr. f. Philos. u. Theol. 42 (1995) 152–171.

Mojsisch, B. (1997): Philosophie der Sprache bei Nikolaus von Kues – Explikation und Kritik, in: Chr. Asmuth/Fr. Glauner (Hrsg.): Die Grenzen der Sprache. Sprachimmanenz – Sprachtranszendenz (1997) (im Druck).

Mollowitz, G.: Kants Platoauffassung, in: Kant-Studien 40 (1935) 13–67.

Mönch, W.: Die italienische Platonrenaissance und ihre Bedeutung für Frankreichs Literatur- und Geistesgeschichte (1450–1550) (Berlin 1936).

Monfasani, J.: George of Trebizond: A Biography and a Study of His Rhetoric and Logic [Columbia Studies in the Classical Tradition I] (Leiden 1976).

Moran, D.: The Philosophy of John Scottus Eriugena (Cambridge 1989).

Moraux, P.: Eudoros von Alexandrien, in: ders.: Der Aristotelismus bei den Griechen II: Der Aristotelismus des I. und II. Jahrhunderts nach Christus (Berlin 1984) 509–527.

More, H. (1642): Ψυχωδια Platonica: Or, A Platonicall Song of the Soul, Consisting of foure several Poems; Ψυχωζια. Ψυχαϑανασια. ᾿Αντιψυχαπαννυχια. ᾿Αντιμονοψυχια (Cambridge 1642).

More, H. (1646): Democritus Platonissans; or an essay upon the infinity of worlds out of Platonick principles (Cambridge 1646).

More, H. (1647): Philosophical Poems (Cambridge 1647).

More, H. (1652): An Antidote against Atheisme, or an Appeal to the Natural Faculties of the Minde of Man, whether there be not a God (London 1652).

More, H. (1653): Conjectura Cabbalistica: or a conjectural essay of interpreting the minde of Moses according to a Three fold Cabbala ... (London 1653).

More, H. (1656): Enthusiasmus Triumphastus; or a Discourse of the Nature, Causes, Kinds and Cure of Enthusiasme ... (London 1656).

More, H. (1659): The Immortality of the Soul, so farre forth as it is demonstrable from the knowledge of nature and the light of reason (London 1659).

More, H. (1671): Enchiridion Metaphysicum ... (London 1671).
More, H. (1712): A Collection of Philosophical Writings of Dr Henry More Fellow of Christ's College in Cambridge (London ²1662, ⁴1712–NB: Eine 1. u. eine 3. Ausgabe sind nicht belegt).
More, H. (1931): Philosophical Poems of Henry More comprising Psychozia and Minor Poems, hrsg. v. G. Bullough (Manchester 1931).
More, H. (1992): The Conway Letters, hrsg. v. M. H. Nicolson (New Haven 1930; erw. Aufl. v. S. Hutton, Oxford 1992).
Moreau, J.: Ce que Leibniz a reçu de Platon, in: Akten des 14. Intern. Kongresses für Philosophie, Wien 1. bis 9. Sept. 1968, Bd. 5 (Wien 1970) 549–555.
Moretto, G.: Platonismo e Romanticismo. Platone nei „Discorsi sulla Religione" di Schleiermacher, in: Archivio di Filosofia 52 (1984) 233–269.
Morrow, G. R.: Plato's Cretan City. A Historical Interpretation of the „Laws" (Princeton 1960).
Mossé-Bastide, R.-M.: Bergson et Plotin (Paris 1959).
Mühlenberg, E. (1966): Die Unendlichkeit Gottes bei Gregor von Nyssa. Gregors Kritik am Gottesbegriff der klassischen Metaphysik (Göttingen 1966).
Mühlenberg, E. (1993): Die Sprache der religiösen Erfahrung bei Pseudo-Dionysius Areopagita, in: Christian Faith und Greek Philosophy in Late Antiquity. Essays in Tribute to George Christopher Stead, hrsg. v. L. R. Wickham/C. P. Bammel [Supplements to Vigiliae Christianae 19] (Leiden 1993) 129–147.
Müller, G. (1975a): [Rez.] W. Boder: Die sokratische Ironie in den platonischen Frühdialogen, in: Göttingische Gelehrte Anzeigen 227 (1975) 157–176.
Müller, G. (1975b): Das sokratische Wissen des Nichtwissens in den platonischen Dialogen, in: Dorem. FS für H. Diller (Athen 1975) 147–173.
Müller, G. (1984): Art. „Nichtwissen, sokratisches", HWPh VI (1984) 836–838.
Narbonne, J.-M. (1992): Plotin: Les deux matières [Ennéade II 4 (12)]. Histoire des doctrines de la philosophie 19 (Paris 1992).
Narbonne, J.-M. (1994): La métaphysique de Plotin (Paris 1994).
Natorp, P. (1901): Zur Frage der logischen Methode. Mit Beziehung auf Edmund Husserls 'Prolegomena zur reinen Logik' (1901), in: H. Noack (Hrsg.): Husserl (Darmstadt 1973) 1–15.
Natorp, P. (1910): Die logischen Grundlagen der exakten Wissenschaften (Leipzig/Berlin 1910).
Natorp, P. (1912): Allgemeine Psychologie nach kritischer Methode (Tübingen 1912).
Natorp, P. (1914): Über Platos Ideenlehre. Philosophische Vorträge, veröffentlicht von der Kantgesellschaft, Nr. 5 (Berlin 1914).
Natorp, P. (1917/18): Husserls 'Ideen zu einer reinen Phänomenologie' (1917/18), in: H. Noack (Hrsg.): Husserl (Darmstadt 1973) 36–60.
Natorp, P. (1918): Philosophie. Ihr Problem und ihre Probleme. Einführung in den kritischen Idealismus (Göttingen 1911, 2. verbesserte Aufl. 1918).
Natorp, P. (1921): Platos Ideenlehre. Eine Einführung in den Idealismus (Leipzig 1903; 2., durchgesehene und um einen metakritischen Anhang vermehrte Aufl. Leipzig 1921) (ND Darmstadt 1961).
Neschke-Hentschke, A.: Platonisme et tournant herméneutique au début du XIXe

siècle, in: La naissance du paradigme herméneutique. Schleiermacher, Humboldt, Boeckh, Droysen, hrsg. v. A. Laks/A. Neschke (Lille 1990) 121–153.
Neske, G. (Hrsg.): Erinnerung an Martin Heidegger (Pfullingen 1977).
Newton, I.: Opticks (London 1704, ²1717, ³1721, ⁴1730, ND o. O. 1952).
Newton, I.: Philosophiae naturalis principia mathematica (London 1687, ²1713, ³1726), übers. v. A. Motte u. durchges. v. F. Cajori (Berkeley/Los Angeles 1934).
Newton, I.: The Correspondence of Isaac Newton, 7 Bde. (Cambridge 1959–1977).
Nicolaus de Cusa: Opera Omnia (I–V, VII, VIII, XI 1–3, XII–XIV, XVI 1–4, XVII 1). Editio Academiae Litterarum Heidelbergensis (= h) (Leipzig/Hamburg 1932–1986).
Niehues-Pröbsting, H.: Überredung zur Einsicht. Der Zusammenhang von Philosophie und Rhetorik bei Platon und in der Phänomenologie (Frankfurt a. M. 1987).
Nietzsche, Fr. (1871/72): Einführung in das Studium der platonischen Dialoge (WS 1871/72), in: Kritische Gesamtausgabe II/4, hrsg. v. F. Bornmann/M. Carpitella (Berlin/New York 1995) 7–188.
Nietzsche, Fr. (1872): Die Geburt der Tragödie (1872), in: KGA III/1, hrsg. v. G. Colli/M. Montinari (Berlin/New York 1972) 5–152.
Nikolaus von Kues: Philosophisch-theologische Schriften I–III, lat.-dt., hrsg. v. L. Gabriel, übers. und komm. von D. und W. Dupré (Wien 1964/1966/1967).
Nikomachos aus Gerasa: Pythagorei introductionis arithmeticae libri 2, rec. R. Hoch (Leipzig 1866).
Norden, E.: Agnostos Theos (Leipzig 1913).
Numenius: Fragments, hrsg. v. E. Des Places (Paris 1973).
O'Brien, D. (1971): Plotinus on Evil: A Study of Matter and the Soul in Plotinus' Conception of Human Evil, in: Le Néoplatonisme [Colloques International du C.N.R.S.] (Paris 1971) 113–146.
O'Brien, D. (1993): Théodicée Plotinienne, théodicée gnostique. Philosophia antiqua 7 (Leiden 1993).
O'Meara, D. J.: Plotinus. An Introduction to the Enneads (Oxford 1993).
O'Daly, G.: Augustine's Philosophy of Mind (London 1987).
O'Daly, G.: Dionysius Areopagita, in: TRE VIII (1981) 772–780.
O'Rourke, F.: Pseudo-Dionysius and the Metaphysics of Aquinas. Studien und Texte zur Geistesgeschichte des Mittelalters 32 (Leiden/New York/Köln 1992).
Ochwadt, C./Tecklenborg, E. (Hrsg.): Das Maß des Verborgenen. Heinrich Ochsner zum Gedächtnis (Hannover 1981).
Oeing-Hanhoff, L.: [Art.] Analyse/Synthese, in: HWPh I (1971) 234–237.
Origenes: Commentarii in Iohannem. Werke Bd. 4 [GCS 10], hrsg. v. E. Preuschen (Leipzig 1903).
Origenes: Contra Celsum. Werke Bde. 1–2 [GCS 2–3], hrsg. v. P. Koetschau (Leipzig 1899).
Origenes: De principiis, hrsg. v. H. Görgemanns/H. Karpp (Darmstadt 1992).
Origenes: EIS MARTYRION PROTREPTIKOS [Exhortatio ad martyrium], in: Werke Bd. 1 [GCS 2], hrsg. v. P. Koetschau (Leipzig 1899) 1–47.
Origenes: Homélies sur l'Exode, hrsg. v. M. Borret [SC 321] (Paris 1985).
Origenes: Homélies sur le Léviticus, 2 Bde., hrsg. v. M. Borret [SC 286/287] (Paris 1981).

Origenes: Homélies sur les Cantique des cantiques, eingel. und mit Anm. vers. v. O. Rousseau [SC 37] (Paris 1953).
Ott, H.: Martin Heidegger. Unterwegs zu seiner Biographie (Frankfurt a. M./New York 1988).
Outler, A. C.: The „Platonism“ of Clement of Alexandria, in: The Journal of Religion 20 (1940) 217–240.
Pagnoni-Sturlese, M. R.: A propos du néoplatonisme d'Albert le Grand. Archives de philosophie 43 (1980) 635–654.
Patrides, C. A.: The Cambridge Platonists (London 1969).
Patrologiae cursus completus. Accurante J.-P. Migne. Series Graeca (PG) (Paris 1857 ff.).
Patrologiae cursus completus. Accurante J.-P. Migne. Series Latina (PL) (Paris 1841 ff.).
Peetz, S.: Die Freiheit im Wissen. Eine Untersuchung zu Schellings Konzept der Rationalität (Frankfurt a. M. 1995).
Peirara Rodriguez, J.: Paginas escogidas de filosofía: Platon, Kant, Bergson (Montevideo 1940).
Petrus Abaelardus: Dialectica, hrsg. v. L. M. de Rijk (Assen ²1970).
Petrus Abaelardus: Dialogus inter Philosophum, Judaeum et Christianum, hrsg. v. R. Thomas (Stuttgart/Bad Cannstatt 1970).
Petrus Abaelardus: Die Glossen zu Porphyrius [= Logica Ingredientibus I], in: Peter Abaelards philosophische Schriften, hrsg. v. B. Geyer [BGPhMA 21,1] (Münster 1919).
Petrus Abaelardus: Theologia Christiana, in: Op. Theol. II, hrsg. v. E. Buytaert [Corpus Christianorum, Cont. med. 12] (Turnhout 1969) 69–372 [zit. TChr].
Petrus Abaelardus: Theologia Scholarium. Op. Theol. III, hrsg. v. E. Buytaert/C. Mews [Corpus Christianorum, Cont. med. 13] (Turnhout 1987) 309–549 [zit. TSch].
Petrus Abaelardus: Theologia Summi Boni. Op. Theol. III, hrsg. v. E. Buytaert/C. Mews [Corpus Christianorum, Cont. med. 13] (Turnhout 1987) 83–201 [zit.: TSum].
Philo von Alexandrien: Opera quae supersunt, hrsg. v. L. Cohn/P. Wendland, Bde. 1–7 (Berlin 1896–1930).
Philoponus: De aeternitate mundi. Contra Proclum, hrsg. v. H. Rabe (Leipzig 1899, ND Hildesheim 1963).
Philostratus: Das Leben des Apollonius von Tyana, griechisch-deutsch, hrsg., übers. u. erläut. v. V. Mumprecht (München 1983).
Pinault, H.: Le platonisme de S. Gregoire de Nazianz. Essai sur les rélations du christianisme et de l'hellenisme dans son œuvre théologique (La Roche-sur-You 1925).
Pinborg, J.: Logik und Semantik im Mittelalter. Ein Überblick (Stuttgart/Bad Cannstatt 1972).
Platon: Das Gastmahl, übers. u. eingel. v. K. Hildebrandt (Leipzig 1912).
Platon: Platonis Opera. Recognovit brevique adnotatione critica instruxit I. Burnet. Bde. I–V (1. Auflage Oxford 1900–1907, zahlreiche ND).
Plessing, F. V. L.: Versuche zur Aufklärung der Philosophie des ältesten Alterthums, 2 Bde. (Leipzig 1788/1790).

Plotin: Opera, 3 Bde., hrsg. v. P. Henry/H.-R. Schwyzer (Paris/Brüssel 1951, 1959, Paris/Brüssel/Leiden 1973).

Plotin: Schriften. Übers. v. R. Harder. Neub. mit griech. Lesetext u. Anm. 6 Bde. (Hamburg 1956ff.)

Plutarch [Pseudo-Plutarco]: De Fato, hrsg. v. E. Valgiglio (Rom 1964).

Plutarch: Varia scripta, quae Moralia vulgo dicuntur, hrsg. v. G. Xylander (Venedig 1560).

Pöggeler, O. (1990): Die Ausbildung der spekulativen Dialektik in Hegels Begegnung mit der Antike, in: Riedel (Hrsg.) 42–62.

Pöggeler, O. (1992): Neue Wege mit Heidegger (Freiburg/München 1992).

Pöggeler, O. (1994): Schritte zu einer hermeneutischen Philosophie (Freiburg/München 1994).

Pöggeler, O. (1995): „Über die moderne Kunst“. Heidegger und Klee's Jenaer Rede von 1924 (Erlangen/Jena 1995).

Pohl, K.: Die Bedeutung der Sprache für den Erkenntnisakt in der „Dialektik“ Friedrich Schleiermachers, in: Kant-Studien 46 (1954/1955) 302–332.

Poma, A.: Il Platone di Hermann Cohen, in: Annuario Filosofico 3 (1987) 211–242.

Popkin, R. H. (1979): The History of Scepticism from Erasmus to Spinoza (Berkeley/Los Angeles 1979).

Popkin, R. H. (1992): The Third Force in Seventeenth-Century Thought (Leiden 1992).

Porphyrios: Πρὸς Μαρκέλλαν, griech. Text, hrsg., übers., eingel. u. erkl. v. W. Pötscher (Leiden 1969).

Porphyrios: Über Plotins Leben und über die Ordnung seiner Schriften. Text, Übersetzung, Anmerkungen, in: Plotins Schriften. Übers. v. R. Harder. Neubearb. mit griech. Lesetext u. Anm. Bd. Vc: Anhang (Hamburg 1958); auch in: Plotin: Opera I, 1–41.

Prantl, K.: Übersicht der griechisch-römischen Philosophie (Stuttgart 1854).

Proklos: Auszüge aus Proklos' Kommentar zu den chaldaeischen Orakeln, in: Oracles Chaldaques avec un choix de commentaires anciens. Texte établie et traduite par É. Des Places (Paris 1971) 202–212 [zit. Phil. chald.].

Proklos: Commentaria in Rem publicam, hrsg. v. W. Kroll (Leipzig 1901).

Proklos: Commentary on the First Alcibiades of Plato, hrsg. v. L. G. Westerink (Amsterdam 1954).

Proklos: Elementatio theologica translata a Guillelmo de Morbecca, hrsg. v. H. Boese (Löwen 1987).

Proklos: In Parm., in: Opera inedita, hrsg. v. V. Cousin (Paris 1864, ND Hildesheim 1961).

Proklos: In Platonis Cratylum Commentaria, hrsg. v. G. Pasquali (Leipzig 1908).

Proklos: In Platonis Theologiam libri VI, hrsg. v. E. Portus, Hamburg 1618. Neue kritische Ausgabe der Bücher I–V von H. D. Saffrey/L. G. Westerink (Paris 1968ff.).

Proklos: In Platonis Timaeum Commentarii, 3 Bde., hrsg. v. E. Diehl (Leipzig 1903–1906, ND Amsterdam 1965).

Proklos: The Elements of Theology, durchges. Text m. Übers., Einl. u. Komm. v. E. R. Dodds (Oxford 1933).

Proklos: Trois études sur la providence; 3. De l' existence du mal, hrsg. u. übers. v. D. Isaac (Paris 1982).
Pseudo-Dionysius Areopagita: Über die Mystische Theologie und Briefe. Eingel., übers. u. mit Anm. vers. v. A. M. Ritter (Stuttgart 1994).
Pseudo-Dionysius Areopagita: [abgek. DN] De divinis nominibus, hrsg. v. B. R. Suchla (Berlin 1990).
Pseudo-Dionysius Areopagita: De coelesti hierarchia. De ecclesiastica hierarchia. De mystica theologia. Epistulae, hrsg. v. G. Heil/A. M. Ritter (Berlin 1991) [zit. CH, MT, Ep.].
Purnell, F.: Henry of Ghent as Medieval Platonist in the Philosophy of Jacobi Mazzoni, in: Ch. Wenin (Hrsg.): Homme et son univers au moyen-âge (Löwen 1986) Bd. I, 568–572.
Reale, G.: Zu einer neuen Interpretation Platons. Eine Auslegung der Metaphysik der großen Dialoge im Lichte der „ungeschriebenen Lehren“ (Paderborn/München/Wien/Zürich 1993) (zuerst ital.: Per una nuova interpretazione di Platone, Mailand 1984, [6]1989).
Rehm, W.: Griechentum und Goethezeit (Bern/München [4]1968).
Reuther, H.: Platons und Goethes Weltanschauung, in: Neue Jb. f. Wiss. u. Jugendbildung 5 (1929) 688–707.
Riccati, C.: La presenza di Proclo tra neoplatonismo arabizzante e tradizione dionisiana (Bertoldo di Moosburg e Niccolò Cusano), in: Gr. Piaia (Hrsg.): Concordia Discors. Studi su Niccolò Cusano e l'umanesimo europeo offerti a Giovanni Santinello (Padua 1993) 23–38.
Ricken, F.: Die Rezeption der platonischen Ontologie bei Eusebios von Kaisareia, Areios und Athanasios, in: Theologie und Philosophie 53 (1978) 321–352.
Rickert, H.: Die Erkenntnis der intelligiblen Welt und das Problem der Metaphysik. 1. Teil (1927); abgedruckt in: ders.: Unmittelbarkeit und Sinndeutung. Aufsätze zur Ausgestaltung des Systems der Philosophie (Tübingen 1939) 97–138.
Riedel, M. (Hrsg.): Hegel und die antike Dialektik (Frankfurt a. M. 1990).
Riedel, M: Dialektik des Logos? Hegels Zugang zum „ältesten Alten“ der Philosophie, in: ders. (Hrsg.) 13–41.
Riehl, A.: Zur Einführung in die Philosophie der Gegenwart. Acht Vorträge (Leipzig 1903).
Rist, J. M. (1964): In Search of the Divine Denis, in: The Seed of Wisdom, FS für T. J. Meek, hrsg. v. W. S. McCullough (Toronto 1964) 118–139.
Rist, J. M. (1966): A Note on Eros and Agape in Pseudo-Dionysius, in: Vigiliae Christianae 20 (1966) 235–243.
Ritter, A. M. (1984): Platonismus und Christentum in der Spätantike, in: Theol. Rdschau. 49 (1984) 31–56.
Ritter, A. M. (1994): Pseudo-Dionysius Areopagita: Über die Mystische Theologie und Briefe. Eingel., übers. u. mit Anm. vers. v. A. M. Ritter (Stuttgart 1994).
Ritter, H.: Geschichte der Philosophie. 2. Theil: Geschichte der Philosophie alter Zeit (Hamburg [2]1837).
Rogers, G. A. J. (1979): Locke, Newton and the Cambridge Platonists on Innate Ideas, in: Journal of the History of Ideas 40 (1979) 191–206.
Rogers, G. A. J. (1985): Descartes and the English, in: J. D. North/J. J. Roche

(Hrsg.): The Light of Nature. Essays in the History and Philosophy of Science presented to A. C. Crombie (Dordrecht 1985) 281–302.

Rogers, G. A. J. (1988): Der Platonismus, in: Die Philosophie des 17. Jahrhunderts, Bd. 3, hrsg. v. J.-P. Schobinger [Grundriss der Geschichte der Philosophie, begr. von F. Ueberweg, völlig neub. Ausgabe] (Basel 1988) 213–290.

Roques, R. (1954): L'Univers dionysien. Structure hiérarchique du monde selon le Pseudo-Denys. Collection „Théologie" (Paris 1954).

Roques, R. (1962): La question dionysienne: position historique et développements récents, in: ders.: Structures Théologiques de la Gnose à Richard de Saint Victor. Essais et analyses critiques [Bibliothéque de l'École des Hautes Études. Sect. des Sciences Religieuses, 72] (Paris 1962) 63–91.

Rorem, P.: Biblical and Liturgical Symbols within the Pseudo-Dionysian Synthesis. Studies and Texts. Pontifical Institute of Mediaeval Studies 71 (Toronto 1984).

Rosenkranz, K.: Georg Wilhelm Friedrich Hegels Leben (Berlin 1844, ND Darmstadt 1977, ^{2}1988).

Rotta, P.: Il Platonismo nel Malebranche, in: Malebranche nel terzo cent. della nascita (Mailand 1938) 233–242.

Ruge, A.: Die platonische Ästhetik (Halle 1832).

Ruh, K. (1986): Abendländische Mystik im Mittelalter [Symposion Kloster Engelberg 1984] (Stuttgart 1986).

Ruh, K.(1990): Geschichte der abendländischen Mystik, Bd. I (München 1990).

Saffrey, H. D.: Un lien objectif entre le Pseudo-Denys et Proclus (1966); Nouveaux liens objectifs entre le Pseudo-Denys et Proclus (1979), beide Abhandlungen in: Recherches sur le Néoplatonisme après Plotin. Histoire des doctrines de l'antiquité classique (Paris 1990) 227–248.

Salin, E.: Platon und die griechische Utopie (München 1921).

Santinello, G.: Novità nel pensiero del tardo Cusano, in: L. Hagemann/R. Glei (Hrsg.): ΕΝ ΚΑΙ ΠΛΗΘΟΣ. Einheit und Vielheit [FS für K. Bormann] (Würzburg/Altenberge 1993) 161–173.

Schasler, M.: Kritische Geschichte der Ästhetik von Plato bis auf die Gegenwart [= Ästhetik als Philosophie des Schönen und der Kunst, Bd. 1] (Berlin 1871/72).

Schelling, F. W. J.: Sämtliche Werke [abgek.: SW], hrsg. v. K. F. A. Schelling, I. Abtheilung, Bde. 1–10; II. Abtheilung, Bde. 1–4 (Stuttgart 1856 ff.).

Schelling, F. W. J. (1794): „Timaeus" (1794), hrsg. v. H. Buchner [= Schellingiana Bd. 4] (Stuttgart/Bad Cannstatt 1994).

Schelling, F. W. J. (1841/42): Philosophie der Offenbarung 1841/42 [Paulus-Nachschrift], hrsg. u. eingel. v. M. Frank (Frankfurt a. M. ^{2}1993).

Schelling, F. W. J./Hegel, G. W. F. (1801/02): Schellings und Hegels erste absolute Metaphysik (1801–1802). Zusammenfassende Vorlesungsnachschriften von I. P. V. Troxler, hrsg., eingel. u. mit Interpretationen vers. v. K. Düsing (Köln 1988).

Schepers, H.: [Art.] Heuristik, heuristisch, in: HWPh III (1974) 1117 f.

Schiavone, M.: Neoplatonismo e cristianesimo nello Pseudo-Dionigi [Publicazione dell'Istituto di Filosofia dell'Università di Genova 26] (Mailand 1963).

Schlagdenhauffen, A.: Frédéric Schlegel et son groupe (Paris 1934).

Schlegel, Fr.: [Rez.] Fr. H. Jacobi: Woldemar (^{2}1796), in: Deutschland, Bd. 3 (1797) Achtes Stück. Nr. IX, 185–213; dann: Charakteristiken und Kritiken, hrsg. v.

August Wilhelm und Friedrich Schlegel (Königsberg 1801) 3–46; jetzt in: Philosophisch-literarische Streitsachen, I,1: Früher Idealismus und Frühromantik: der Streit um die Grundlagen der Ästhetik (1795–1800), Quellenband, hrsg. v. W. Jaeschke (Hamburg 1995) 255–271.

Schlegel, Fr.: Kritische Friedrich-Schlegel-Ausgabe (= KA), hrsg. v. E. Behler u.a. (Darmstadt/Paderborn 1958ff.)

Schlegel, Fr.: Literary Notebooks 1797–1801, hrsg. m. Einl. u. Komm. v. H. Eichner (London 1957).

Schleiermacher, F. D. E.: Aus Schleiermacher's Leben. In Briefen, 4 Bde. (Berlin 1858–1863).

Schleiermacher, F. D. E.: Dialektik, hrsg. v. R. Odebrecht (Darmstadt 1976).

Schleiermacher, F. D. E.: Einleitung zu Platons Werke Bd. I/1 (Berlin 1804).

Schleiermacher, F. D. E.: Kritische Gesamtausgabe, hrsg. v. H.-J. Birkner u.a. (Berlin/New York 1980ff.) [zit. KGA].

Schleiermacher, F. D. E.: Sämtliche Werke (zit. SW), 30 Bde. (Berlin 1835–1864).

Schlosser, J.G.: Fortsetzung des Platonischen Gesprächs von der Liebe (Hannover 1796).

Schmit, R.: Husserls Philosophie der Mathematik. Platonistische und konstruktivistische Momente in Husserls Mathematikbegriff (Bonn 1981).

Schmitt, C. B.: Studies in Renaissance Philosophy and Science (London 1981).

Schneider, C. E. Chr.: De numero Platonis (Breslau 1822).

Schneider, H. (1973): Zur Dreiecks-Symbolik bei Hegel, in: Hegel-Studien 8 (1973) 55–77.

Schneider, H. (1975): Anfänge der Systementwicklung Hegels in Jena, in: Hegel-Studien 10 (1975) 133–171.

Schneider, P.-P.: Die „Denkbücher" F. H. Jacobis (Stuttgart/Bad Cannstatt 1986).

Scholtz, G.: Ethik und Hermeneutik. Schleiermachers Grundlegung der Geisteswissenschaften (Frankfurt a.M. 1995).

Schopenhauer, A. (1859): Die Welt als Wille und Vorstellung, Bd. I (1818, ³1859). Sämtl. Werke, hrsg. v. A. Hübscher, 7 Bde. (Wiesbaden ²1972) Bd. II.

Schopenhauer, A.: Der handschriftliche Nachlaß, hrsg. v. A. Hübscher, 5 Bde. (Wiesbaden 1966–1975, ND München 1985) [zit. HN].

Schrecker, P.: Leibniz and the Timaeus, in: Rev. of Metaphysics 4 (1951) 495–505.

Schrimpf, G.: Des Menschen Seligkeit. Ein Vergleich zwischen Plotins Περὶ εὐδαιμονίας, Meister Eckharts „Buch der göttlichen Tröstung" und Fichtes „Anweisung zum seligen Leben", in: Parusia. Studien zur Philosophie Platons und zur Problemgeschichte des Platonismus [FS J. Hirschberger], hrsg. v. K. Flasch (Frankfurt a.M. 1965) 431–454.

Schulthess, P.: Platon: Geburtsstätte des Cohenschen Apriori?, in: R. Brandt/F. Orlik (Hrsg.): Philosophisches Denken – Politisches Wirken. Hermann-Cohen-Kolloquium Marburg 1992 (Hildesheim 1993) 55–75.

Schwegler, K .F. A.: Geschichte der griechischen Philosophie, hrsg. v. K. Köstlin (Tübingen 1859, ²1886, ³1882).

Senger, H. G. (1979): Die Sprache der Metaphysik, in: Kl. Jacobi (Hrsg.): Nikolaus von Kues. Einführung in sein philosophisches Denken (Freiburg/München 1979) 74–100.

Senger, H. G. (1987): Nikolaus von Kues, in: K. Ruh (Hrsg.): Die deutsche Literatur des Mittelalters. Verfasserlexikon, Bd. 6 (Berlin/New York ³1987) 1093–1113.
Sharples, R.: Plato, Plotinus, and Evil, in: Bulletin of the Institute of Classical Studies (University of London) 39 (1994) 171–181.
Sheldon-Williams, I. P. (1964/65): The Ecclesiastical Hierarchy of Pseudo-Dionysius, in: Downside Review 82 (1964) 293–302; 83 (1965) 20–31.
Sheldon-Williams, I. P. (1972): Henads and Angels: Proclus and the Pseudo-Dionysius, in: Studia Patristica 1/2 (1972) 65–71.
Shorey, P.: Platonism Ancient and Modern (Berkeley 1938).
Siebeck, H. (1873): Zur Chronologie der platonischen Gespräche, in: ders.: Untersuchungen zur Philosophie der Griechen (Halle 1873, Freiburg ²1888).
Siebeck, H. (1896): Platon als Kritiker aristotelischer Ansichten, in: Z. f. Philos. u. philos. Kr. 107 (1896) 1–28; 161–176.
Simplikios: In Aristotelis Physicorum libros quattuor priores Commentaria, hrsg. v. H. Diels, 2 Bde. [CAG 9/10] (Berlin 1882–1895).
Singer, K.: Platon, der Gründer (München 1927).
Sodano, R.: Porfirio, Vangelo di un Pagano (Mailand 1993).
Solger, K. W. F. (1907): Erwin. Vier Gespräche über das Schöne und die Kunst, ND der Ausg. Berlin 1907, hrsg. v. W. Henckmann (München 1971).
Solger, K. W. F. (1973): Nachgelassene Schriften und Briefwechsel (NSB abgek.), hrsg. v. L. Tieck/F. von Raumer, 2 Bde. (1826, ND Heidelberg 1973).
Southern, R.: Platonism, Scholastic Method and the School of Chartres (Reading 1979).
Speer, A.: Die entdeckte Natur. Untersuchungen zu Begründungsversuchen einer 'scientia naturalis' im 12. Jahrhundert (Leiden/New York/Köln 1995).
Spinoza, B. de: Benedicti de Spinoza ethica ordine geometrico demonstrata. Ex editione operum quotquot reperta sunt, quam curaverant J. v. Vloten et J. P. Nicolaas seorsum repetita (Den Haag 1905).
Staudenbaur, C. A.: Galileo, Ficino and Henry More's Psychathanasia, in: Journal of the History of Ideas 29 (1968) 565–578.
Steel, C. (1981): The One and the Good: Some Reflexions on a Neoplatonic Identification, in: The Neoplatonic Tradition. Jewish, Christian and Islamic Themes, hrsg. v. A. Vanderjagt/D. Pätzold. Dialectica minora 3 (Köln 1981) 9–25.
Steel, C. (1984): Proclus et les arguments pour et contre l'hypothèse des idées, in: Revue de philosophie ancienne 2 (1984) 3–27.
Steel, C. (1996a): Proclus et Denys l'Aréopagite sur le mal, in: Y. de Andia (Hrsg.): Denys l'Aréopagite et sa postérité en Orient et en Occident (Paris 1996).
Steel, C. (1996b): The Individuation of the Human Intellect. Henry Bate's Platonic-Nominalistic Position, in: Miscellanea Medievalia, Bd. 24 (Köln 1996) 230–248.
Steel, C.: „Plato latinus“, in: Rencontres de cultures dans la philosophie médiévale, Traductions et traducteurs de l'antiquité tardive au XIVᵉ siècle. Actes du Colloque international de Cassino édités par J. Hamesse/M. Fattori (Louvain-la-Neuve 1990) 301–316.
Stein, H. von: Sieben Bücher zur Geschichte des Platonismus. Untersuchungen über das System des Plato und sein Verhältnis zur späteren Theologie und Philosophie, 3 Bde. (Göttingen 1862, 1864, 1875, ND Frankfurt a. M. 1965).

Steinhart, K.: Platonisches, in: Z. f. Philos. 51 (1867) 224–266; 58 (1871) 32–102; 193–250.

Stiglmayr, J.: Der Neuplatoniker Proclus als Vorlage des sogenannten Dionysius Areopagita in der Lehre vom Übel, in: Historisches Jb. 16 (1895) 253–273; 721–748.

Stöcklein, P.: Der alte Goethe und der alte Plato, in: Zschr. f. dt. Kulturphilos. 8 (1942) 7–89.

Strohschneider-Kohrs, I.: Die Romantische Ironie in Theorie und Gestaltung (Tübingen 1960).

Strümpell, L.: Geschichte der theoretischen Philosophie der Griechen (Leipzig 1854).

Sturlese, L. (1986): „Homo divinus". Der Prokloskommentar Bertholds von Moosburg und die Probleme der nacheckhartschen Zeit, in: K. Ruh (Hrsg.): Abendländische Mystik im Mittelalter. Symposion Kloster Engelberg 1984 (Stuttgart 1986) 145–161.

Sturlese, L. (1987): Il debatito sul Proclo latino nel Medioevo fra l'università di Parigi e lo studium di Colonia, in: Proclus et son influence, hrsg. v. G. Boss /G. Seel (Zürich 1987) 261–285.

Sturlese, L. (1990): Storia della filosofia tedesca nel medioevo. Dagli inizi alla fine del XII secolo (Florenz 1990).

Sturlese, L. (1996): Storia della filosofia tedesca nel medioevo. Il secolo XIII (Florenz 1996).

Szlezák, Th. A. (1979): Platon und Aristoteles in der Nouslehre Plotins (Basel/Stuttgart 1979).

Szlezák, Th. A. (1985): Platon und die Schriftlichkeit der Philosophie. Interpretation zu den frühen und mittleren Dialogen [Cambridge Classical Studies] (Berlin/New York 1985).

Tarrant, H. (1985): Scepticism or Platonism? The Philosophy of the Fourth Academy (Cambridge 1985).

Tarrant, H. (1993): Thrasyllan Platonism (Ithaca, N.Y. 1993).

Teichmüller, G. (1876): Die platonische Frage, eine Streitschrift gegen Zeller (Gotha 1876).

Teichmüller, G. (1881/1884): Literarische Fehden im vierten Jahrhundert vor Christus, Bde. I und II (Breslau 1881/1884).

Tennemann, W. G.: System der platonischen Philosophie, 4 Bde. (Leipzig 1792–1795).

Teuffel, W. S.: Uebersicht der platonischen Literatur (Tübingen 1874).

Thesleff, H. (Hrsg.): The Pythagorean Texts of the Hellenistic Period, Acta Academiae Aboensis; Ser. A, Humaniora 30.1 (Abo 1965).

Thierry von Chartres: Commentaries on Boethius by Thierry of Chartres and his School, hrsg. v. N. Häring [Pontifical Institute of Mediaeval Studies, Studies and Texts 20] (Toronto 1971).

Thilo, Chr. A. (1876): Kurze pragmatische Geschichte der griechischen Philosophie (Cöthen 1876).

Thilo, Chr. A. (1883): Einige Bemerkungen über den Entwicklungsgang der theoretischen Philosophie Plato's, in: Zeitschr. f. exakte Philos. 12 (1883) 19–51.

Thilo, Chr. A. (1893a): Über den Begriff der Kausalität bei Plato und Spinoza, in: Zeitschr. f. exakte Philos. 19 (1893) 304–319.

Thilo, Chr. A. (1893b): Über die Psychologie Plato's, in: Zeitschr. f. exakte Philos. 19 (1893) 22–37.

Thomson, R.: What is the Entheticus?, in: M. Wilks (Hrsg.): The World of John of Salisbury (Oxford 1984) 287–301.

Thulstrup, M. M.: Kierkegaard, Platons skuen og kristendommen (Kopenhagen 1970).

Tiedemann, D. (1786): Dialogorum Platonis Argumenta exposita et illustrata (Zweibrücken 1786).

Tiedemann, D. (1791): Geist der spekulativen Philosophie, 6 Bde. (Marburg 1791–1797).

Tigerstedt, E. N. (1974): The Decline and Fall of the Neoplatonic Interpretation of Plato [Societas Scientiarum Fennica. Commentationes Humanarum Literarum 52] (Helsinki 1974).

Tigerstedt, E. N. (1977): Interpreting Plato (Uppsala 1977).

Trappe, T.: Phänomenologie als Geometrie des Bewußtseins?, in: Allgem. Zeitschr. f. Philos. 20 (1995) 211–231.

Trendelenburg, A. (1826): Platonis de ideis et numeris doctrina ex Aristotele illustrata (Leipzig 1826).

Trendelenburg, A. (1837): De Platonis Philebi consilio (Berlin 1837).

Trendelenburg, A. (1847): Ueber den letzten Unterschied der philosophischen Systeme (1847), in: ders.: Historische Beiträge zur Philosophie II (Berlin 1855) 1–30.

Trevor Roper, H.: Catholics, Anglicans and Puritans. Seventheenth-Century Essays (London 1987).

Trouillard, J.: La procession Plotinienne. Bibliothèque de philosophie contemporaire (Paris 1955).

Ueberweg, Fr.: Untersuchungen über die Echtheit und Zeitfolge platonischer Schriften und über die Hauptmomente aus Platos Leben (Wien 1861).

Ungern-Sternberg, A. v.: Freiheit und Wirklichkeit. Schleiermachers philosophischer Reifeweg durch den deutschen Idealismus (Gotha 1931).

Valentiner, Th.: Kant und die Platonische Philosophie (Heidelberg 1904).

Vasoli, C.: The Renaissance Concept of Philosophy, in: The Cambridge History of Renaissance Philosophy, hrsg. v. C. B. Schmitt/Q. Skinner (Cambridge 1988), Ch. 3, 57–74.

Vieillard-Baron, J.-L. (1979): Platonisme et paganisme au 18e siècle, in: Archives de philos. 42 (1979) 439–456.

Vieillard-Baron, J.-L. (1988): Platonisme et interprétation de Platon à l'époque moderne. Bibliothèque d'histoire de la philosophie (Paris 1988).

Vieillard-Baron, J.-L. (1995): Le Platonisme sans néoplatonisme de Hemsterhuis, in: Fresco u. a. (Hrsg.) 151–159.

Volkmann-Schluck, K.-H.: Plotins Lehre vom Wesen und von der Herkunft des Schlechten, in: Philos. Jb. 75 (1967) 1–21.

Vorsmann, N.: Die Bedeutung des Platonismus für den Aufbau der Erziehungslehre bei Schleiermacher und Herbart (Ratingen 1968).

Wagner, H.: Platos Phaedo und der Beginn der Metaphysik als Wissenschaft, in:

ders.: Kritische Philosophie. Systematische und historische Abhandlungen, hrsg. v. K. Bärthlein/W. Flach (Würzburg 1980) 175–189.
Walker, D. P.: The Ancient Theology. Studies in Christian Platonism from the Fifteenth to the Eighteenth Century (London 1972).
Walter, J.: Die Geschichte der Ästhetik im Altertum (Leipzig 1893, ND Hildesheim 1967).
Walzel, O.: Methode? Ironie bei Friedrich Schlegel und bei K. W. F. Solger, in: Helicon 1 (1938) 33–50.
Ward, R.: The Life of the Learned and Pious Dr Henry More (London, 1710, ND m. Einl. v. M. F. Howard, London 1911).
Waszink, J. H. (1957): Der Platonismus und die altchristliche Gedankenwelt (Vand'ures/Genf 1957).
Waszink, J. H. (1965): Bemerkungen zum Einfluß des Platonismus im frühen Christentum, in: Vigiliae Christianae 19 (1965) 129–162.
Weiße, Chr. H.: De Platonis et Aristotelis in constituendis principiis differentia commentatio (Leipzig 1828).
Wesche, K. P.: Christological doctrine and liturgical interpretation in Pseudo-Dionysius, in: St. Vladimir's Theological Quarterly 33 (1989) 53–73.
Westerink, L. G. (1959): Exzerpte aus Proklos' Enneadenkommentar bei Psellos, in: Byzantinische Zeitschrift 52 (1959) 3–7.
Westerink, L. G. (1962): Anonymous Prolegomena to Platonic Philosophy (Amsterdam 1962).
Wetherbee, W. (1972): Platonism and Poetry in the Twelfth Century (Princeton, N. J. 1972).
Wetherbee, W. (1989): Philosophy, Cosmology and the Twelfth-Century Renaissance, in: P. Dronke 21–53.
Whitehead, A. N.: Process and Reality. An Essay in Cosmology (New York 1941).
Wichmann, O.: Platon und Kant. Eine vergleichende Studie (Berlin 1920).
Wildbolz, R.: Der philosophische Dialog als literarisches Kunstwerk. Untersuchungen über Solgers „Philosophische Gespräche" (Bern 1952).
Wilhelm von Conches: Glosae super Platonem, hrsg. v. E. Jeauneau [Textes philosophiques du moyen âge 13] (Paris 1965); darin: *Glosae in Timaeum*, 69–291.
Wilhelmus Lucensis: Comentum in tertium Ierarchiam Dionisii que est De divinis nominibus, Einl. m. kritischem Text v. F. Gastaldelli [Testi e studi per il Corpus philosophorum medii aevi 3] (Florenz 1983).
Willey, B.: The Seventeenth-Century Background (London 1934, ND Harmondsworth 1962).
Williams, R.: The Wound of Knowledge (London ^{2}1990)
Wilpert, P. (1941): Neue Fragmente aus PERI TAGATOU, in: Hermes 76 (1941) 225–250.
Wilpert, P. (1949): Zwei aristotelische Frühschriften über die Ideenlehre (Regensburg 1949).
Windelband, W. (1923): Platon (Stuttgart 1900, ^{7}1923).
Windelband, W.: (1924): Präludien. Aufsätze und Reden zur Philosophie und ihrer Geschichte, 9. Aufl., 2 Bde. (Tübingen 1924).

Wittmann, L.: Ascensus. Der Aufstieg zur Transzendenz in der Metaphysik Augustins (München 1980).

Wolfson, H. A.: Philo (Cambridge, Mass. 1947).

Wood, R.: Richard Rufus and the Classical Tradition: A Medieval Defense of Plato (Vortrag, gehalten auf dem Intern. Kongreß für Mittelalterliche Philosophie 1995 auf Korfu, im Druck).

Wundt, M. (1924): Kant als Metaphysiker (Stuttgart 1924).

Wundt, M. (1929): Fichte-Forschungen (Stuttgart 1929).

Wundt, M. (1941): Die Wiederentdeckung Platos im 18. Jh., in: Blätter für die dt. Philos. 15 (1941) 149–158.

Wytzes, J.: The Twofold Way. Platonic Influences in the Work of Clement of Alexandria, (I) Vigiliae Christianae 11 (1957) 226–245; (II) Vigiliae Christianae 14 (1960) 129–163.

Xenokrates: Darstellung der Lehre und Sammlung der Fragmente, hrsg. v. R. Heinze (Leipzig 1892).

Zehnpfennig, B.: Reflexion und Metareflexion bei Platon und Fichte. Ein Strukturvergleich des Platonischen 'Charmides' und Fichtes 'Bestimmung des Menschen' (München 1987).

Zeller, E. (1839): Platonische Studien (Tübingen 1839).

Zeller, E. (1876): Über den Zusammenhang der platonischen und aristotelischen Schriften mit der persönlichen Lehrtätigkeit ihrer Verfasser, in: Hermes 11 (1876) 84–96 [= Kleine Schriften I, unter Mitw. v. H. Diels/K. Holl hrsg. v. O. Leuze, 3 Bde. (Berlin 1910–1911), I, 152–165].

Zeller, E. (1889): Bericht über die deutsche Litteratur der sokratischen, platonischen und aristotelischen Philosophie im Jahr 1886 und 1887 (4., unnumerierter Artikel), in: Archiv für Geschichte der Philosophie 2 (1889) 661–703.

Zeller, E. (1889): Die Philosophie der Griechen in ihrer geschichtlichen Entwicklung (Tübingen 1844–1852, Tübingen/Leipzig ²1859–1868), Bd. II/1 (Leipzig ⁴1889).

Zimmermann, R.: Geschichte der Ästhetik als philosophischer Wissenschaft. Bd. 1: Historischer kritischer Theil (Wien 1858, ND 1972).

Zint, H.: Schopenhauer und Platon, in: Jb. d. Schopenhauerges. XIV (1927) 17–41.

Zovko, J.: Verstehen und Nichtverstehen bei Friedrich Schlegel. Zur Entstehung und Bedeutung seiner hermeneutischen Kritik (Stuttgart-Bad Cannstatt 1990).

Zurlinden, L.: Gedanken Platons in der deutschen Romantik [Unters. zu neueren Sprach- und Literaturgesch. N. F. 8] (Leipzig 1910).

NAMENREGISTER

SACHREGISTER

DIE AUTOREN

JOHN M. DILLON, geb. 1939, Regius Prof. für Gräzistik am Trinity College, Dublin. Viele Publikationen im Bereich der griech. Philosophie und der Geschichte des Platonismus. Hauptwerke: The Middle Platonists (1977; ²1996); Two Treatises of Philo of Alexandria (1983); The Golden Chain (Collected Essays, 1991); Alcinous, The Handbook of Platonism (1993).

DOMINIC J. O'MEARA, Prof. Dr., geb. 1948, Ordinarius für Metaphysik und Antike Philosophie an der Universität Freiburg (Schweiz). Veröffentlichungen über antike und mittelalterliche Philosophie, u. a.: Pythagoras Revived, Mathematics and Philosophy in Late Antiquity (1989); Michaelis Pselli Philosophica minora (1989); Plotinus (1993).

ANTHONY MEREDITH S. J., Rev. Dr., geb. 1936, Dozent für Patrologie und Frühe Kirchengeschichte in Oxford (1973–1992) sowie am Heythrop College (University of London) seit 1982. Veröffentlichungen über Gregor von Nyssa und den Zusammenhang zwischen Christentum und Platonismus in Studia Patristica; Journal of Theol. Studies und Aufstieg und Niedergang der Röm. Welt sowie: Die Kappadokier (1995).

WILHELM GEERLINGS, Prof. Dr., geb. 1941, Lehrstuhl für Alte Kirchengeschichte, Patrologie und Christliche Archäologie an der Ruhr-Universität Bochum; Herausgeber der Fontes Christiani; Publikationen zu Augustinus.

WERNER BEIERWALTES, Prof. Dr., geb. 1931, Ordinarius für Philosophie an der Universität München. Publikationen bes. zum Neuplatonismus und dessen Wirkungsgeschichte in Mittelalter und Neuzeit, u. a. Platonismus und Idealismus (1972); Identität und Differenz (1980); Denken des Einen (1985); Selbsterkenntnis und Erfahrung der Einheit (1991); Eriugena. Grundzüge seines Denkens (1994); Heideggers Rückgang zu den Griechen (1995).

JOHN MARENBON, Dr., geb. 1955, Fellow, Trinity College, Cambridge. Veröffentlichungen bes. über die mittelalterliche Philosophie, u. a.: Early Medieval Philosophy (480–1150): An Introduction (1983; ²1988); Later Medieval Philosophy (1150–1350): An Introduction (1987); The Philosophy of Peter Abelard (1997).

CARLOS STEEL, Prof. Dr., geb. 1944, Präsident des „Instituts für Philosophie“ an der „Katholieke Universiteit Leuven“. Veröffentlichungen bes. über den Neuplatonismus und seine Wirkungsgeschichte im Mittelalter;

Herausgeber von Proclus, Maximus Confessor, Johannes Eriugena und Henricus Bate.

BURKHARD MOJSISCH, Prof. Dr., geb. 1944, Ordinarius für „Geschichte der Philosophie unter besonderer Berücksichtigung der Philosophie der Antike und des Mittelalters" an der Ruhr-Universität Bochum. Wichtigste Veröffentlichung: Meister Eckhart. Analogie, Univozität und Einheit (1983); Übersetzer von Werken Augustins, Anselms von Canterbury, Dietrichs von Freiberg und Pietro Pomponazzis; Mitherausgeber: Corpus Philosophorum Teutonicorum Medii Aevi, Bochumer Studien zur Philosophie und Bochumer Philosophisches Jahrbuch für Antike und Mittelalter.

EDWARD P. MAHONEY, Prof. Dr., geb. 1932, Professor für Philosophie an der Duke Universität, Durham, NC (USA). Publikationen über erkenntnistheoretische Themen, den Begriff der metaphysischen Hierarchie und die politische Philosophie des Mittelalters und der Renaissance; Herausgeber: Philosophy and Humanism (1976).

GRAHAM A. J. ROGERS, Prof. Dr., geb. 1938, Professor für Geschichte der Philosophie an der Universität Keele (Großbritannien); Gründungsherausgeber von The British Journal for the History of Philosophy und Autor bzw. Herausgeber vieler Bücher und Artikel über die Geschichte der Philosophie, bes. des 17. Jh. Sein neuestes Werk „Locke's Enlightenment" wird 1997 in Berlin erscheinen.

MARCEL F. FRESCO, Prof. em. Dr., geb. 1925, Lehrauftrag für philosophische Anthropologie an der Rijksuniversiteit Leiden. Buchveröffentlichungen u. a.: De dichter Dèr Mouw en de klassieke oudheit (1971); Sokrates (1983), Filosofie en kunst (1988); Mitherausgeber: Heideggers These vom Ende der Philosophie (1989); Perspectives on Minorities (1991); Frans Hemsterhuis (1995); Plato en platonisme in de Nederlandse literatuur (im Druck).

KLAUS HAMMACHER, Prof. Dr., geb. 1930, Professor für Philosophie an der RWTH Aachen. Publikationen bes. zur neuzeitlichen Philosophie, u. a.: Die Philosophie Friedrich Heinrich Jacobis (1969); Unmittelbarkeit und Kritik bei Hemsterhuis (1970); zus. mit Hans Hirsch: Die Wirtschaftspolitik des Philosophen Jacobi. Fichte-Studien Supplementa Bd. 1 (1993); Transzendentale Theorie und Praxis. Zugänge zu Fichte. Fichte Supplementa Bd. 7 (im Druck); Friedrich Heinrich Jacobi: Schriften zum Spinozastreit (im Erscheinen).

JENS HALFWASSEN, PD Dr., geb. 1958, Hochschuldozent für Philosophie an der Universität zu Köln. Veröffentlichungen bes. über die Philosophie der Antike und des deutschen Idealismus, u. a.: Der Aufstieg zum Einen. Untersuchungen zu Platon und Plotin (1992); Geist und Selbstbewußtsein. Studien zu Plotin und Numenios (1994); Hegel und der spätantike Neuplatonismus (1997).

THEO KOBUSCH, Prof. Dr., geb. 1948, Ordinarius für „Philosophisch-Theologische Grenzfragen" an der Ruhr-Universität Bochum. Veröffentlichungen u. a.: Sein und Sprache (1987); Die Entdeckung der Person. Metaphysik der Freiheit und modernes Menschenbild (1993, ²1997); Mitherausgeber: Historisches Wörterbuch der Philosophie.

HELMUT HOLZHEY, Prof. Dr., geb. 1937, Ordinarius für Philosophie, bes. für Geschichte der Philosophie an der Universität Zürich, Leiter des Hermann Cohen-Archivs. Veröffentlichungen vor allem zur Philosophie des 18. Jh. und zum Neukantianismus, u. a.: Kants Erfahrungsbegriff (1970, ital. 1997), Cohen und Natorp (1986); Redaktion der Studia Philosophica (1981–1992); Herausgeber der Reihe 18. Jh. im Grundriß der Geschichte der Philosophie, begr. von F. Ueberweg.

OTTO PÖGGELER, Prof. Dr., geb. 1928, em. Professor für Philosophie an der Ruhr-Universität Bochum und Direktor ihres Hegel-Archivs. Veröffentlichungen zur idealistischen und phänomenologischen Philosophie, u. a.: Die Frage nach der Kunst (1984); Hegels Idee einer Phänomenologie (1973 und 1993); Neue Wege mit Heidegger (1992); Schritte zu einer hermeneutischen Philosophie (1994).